GONGLU SUIDAO SHIGONG

公路隧道施工

王东杰　主　编
郗　锋　副主编
李辅元　主　审

中国电力出版社
www.cepp.com.cn

全书共十一章，按照现行的规范和规程进行编写。内容主要包括：绪论、公路隧道结构构造、围岩压力、山岭公路隧道的传统矿山法施工、公路隧道新奥法施工、公路隧道现场监控量测、盾构法施工、沉管法施工、浅埋隧道施工、隧道施工辅助稳定措施和隧道施工辅助作业。本书符合高等职业教育理论必须、够用和以学生为主体的原则，每章后附有本章小结和习题。

本书可作为高等职业技术学院隧道及地下工程、公路与城市道路、桥梁工程专业的教学用书，同时也可供交通中等职业教育师生及各类培训人员学习使用，还可供从事公路隧道监理、施工的工程技术人员参考。

图书在版编目（CIP）数据

公路隧道施工/王东杰主编. —北京：中国电力出版社，2010.2（2017.2 重印）

ISBN 978-7-5083-9866-2

Ⅰ.①公… Ⅱ.①王… Ⅲ.①公路隧道—隧道工程—工程施工—高等学校：技术学校—教材 Ⅳ.①U459.2

中国版本图书馆 CIP 数据核字（2009）第 226751 号

中国电力出版社出版发行
（北京市东城区北京站西街 19 号　100005　http://www.cepp.com.cn）
责任编辑：王晓蕾　　责任印制：陈焊彬　　责任校对：朱丽芳
北京雁林吉兆印刷有限公司印刷·各地新华书店经售
2010 年 2 月第 1 版·2017 年 2 月第 6 次印刷
787mm×1092mm　1/16·15.75 印张·392 千字
定价：35.00 元

前 言

随着我国公路建设事业的迅速发展，对交通职业教育提出了更高的要求。为了满足交通高等职业技术教育实用型人才对公路隧道基础知识的需求，根据现行规范编写了此书。书中涉及的规范主要有：《公路隧道设计规范》(JTG D70—2004)、《公路工程技术标准》(JTG B01—2003)、《公路隧道施工技术规范》(JTJ 042—1994)、《公路工程质量检验评定标准》(JTG F80/1—2004)、《锚杆喷射混凝土支护技术规范》(GB 50086—2001) 等。

本书在编写过程中坚持以培养学生职业能力为核心，在内容选择上注重实用性、时效性和可操作性，密切联系工程实际，及时快速地反映交通行业对工程专业技术人员的需求变化。对于围岩的分级，只介绍了我国现行公路隧道围岩分级法，其他围岩分级方法并没有介绍，以减少篇幅。另外，本书注重新方法、新技术和新工艺的应用，比如，盾构技术越来越多地应用到隧道施工中，因此本书对应用盾构技术修建隧道作了比较详细的介绍，从而使本书的内容更加实用。

本书深浅适度，重点突出。同时，每章后附有本章小结和习题，方便学生更好地掌握书中内容。任课教师可根据各自院校的实际情况，在教学过程中可对书中内容作适当的删减。

本书由吉林交通职业技术学院王东杰主编，陕西交通职业技术学院郗锋副主编，吉林交通职业技术学院李辅元主审。编写人员有：吉林交通职业技术学院王东杰编写绪论、第 2 章、第 3 章，陕西交通职业技术学院郗锋编写第 4 章、第 6 章、第 9 章、第 10 章，吉林交通职业技术学院郭梅、姜仁安编写第 5 章，吉林省高速公路管理局四平管理处王海军编写第 7 章。吉林交通职业技术学院张旭、刘仲波编写第 8 章，吉林交通职业技术学院申建编写第 11 章。

由于编者水平和经验所限，书中难免有谬误和疏漏之处，请读者批评指正。

编 者

目 录

第1章 绪 论

隧道是一种修建在地下的工程结构物。随着人类文明及现代工程技术的发展，隧道以其位于地下这一特点，已被广泛地应用于交通、矿山、水利及国防等领域，现已成为土木工程的一个重要分支。交通运输类隧道与其他用途的隧道相比，不仅长度长、数量多而且在施工中遇到的工程地质和水文地质条件也比较复杂，对其平面、纵断面、横断面及形状、尺寸有较为严格的要求。

1.1 隧道的概念、作用及特点

隧道一般是指用作地下通道的工程建筑物。通常可分为两大类：一类是修建在岩层中的，称为岩石隧道；一类是修建在土层中的，称为软土隧道。岩石隧道修建在山体中的较多，故又称为山岭隧道；软土隧道常常修建在水底和城市立交，故称为水底隧道和城市道路隧道。埋置较浅的隧道，一般采用明挖法施工；埋置较深的隧道则多采用暗挖法施工。用作地下通道的有公路隧道、水底隧道、城市道路隧道、地下铁道、铁路隧道和航运隧道等。本书主要讨论公路（道路）隧道。

隧道在山岭地区可用来克服地形或高程障碍、改善线形、提高车速、缩短里程、节约燃料、节省时间、减少对植被的破坏、保护生态环境；还可用来克服落石、坍方、雪崩、崩塌等危害。在城市可减少用地、构成立体交叉、解决交叉路口的拥挤阻塞和疏导交通；在江河、海峡、港湾地区，可不影响水路通航。修建隧道能使路线平顺、行车安全、节省费用，能提高舒适性，战时能增加隐蔽性和提高防护能力，并且不受气候影响。

隧道是地下工程建筑物，为保持坑道岩体的稳定，保障交通安全，需要修筑主体建筑物和附属建筑物。前者包括洞身衬砌和洞门建筑，后者包括通风、照明、防排水、安全设备等。

洞身衬砌的作用是承受围岩压力、结构自重和其他荷载，防止围岩塌落、风化、防水、防潮等；洞门的主要作用是防止洞口塌方落石、保持仰坡和边坡的稳定。通风、照明、防排水、安全设备等的作用是确保行车安全、舒适。

隧道衬砌在结构计算理论和施工方法两方面与地面结构物相比有很多不同之处，最主要的是埋置在地层里的衬砌结构所承受的荷载比地面结构复杂。所以在设计衬砌时，除计算复杂多变的围岩压力外，还要考虑围岩的自承能力以及衬砌与围岩之间的相互作用。

隧道施工与地面建筑施工也不同，空间有限、工作面狭小、光线暗、劳动条件差，给施工增加了难度。隧道在勘察设计时地质条件是重要依据之一。从规划设计初期开始，就应该在较大范围内把地质调查工作摆在头等重要位置上，做好详细的工程地质调查和水文地质调查，以便选择合理的隧道位置，考虑好与引线的接线方式，判断可能的断面形状和施工方法以及可能遇到的问题等。

1.2 公路隧道施工方法

隧道施工方法是指隧道开挖、支护与量测方法、施工技术和施工管理的总称。

根据隧道穿越地层的不同地质条件和施工技术水平的发展，公路隧道施工方法分为以下几类：

（1）山岭公路隧道施工方法。

1）矿山法（钻爆法）。

①传统矿山法。

②新奥法。

2）掘进机法。

（2）浅埋及软土隧道施工方法。

1）明挖法。

2）浅埋暗挖法。

3）地下连续墙法。

4）盖挖法。

5）盾构法。

（3）水底隧道施工方法。分为沉埋法和盾构法。

隧道施工方法的选择主要依据工程地质和水文地质条件，并结合隧道断面尺寸、长度、衬砌类型、隧道的使用功能和施工技术水平等因素综合考虑研究确定。

隧道施工技术主要研究解决各种隧道施工方法所需的技术方案和措施，隧道穿越特殊地质和不良地质地段时的施工手段，隧道施工过程中的通风、防尘、防有害气体及照明、风水电作业的方式和围岩变化的量测监控方法等。

隧道施工管理主要解决施工组织设计（含施工方案选择、施工场地布置、施工技术措施、施工进度控制、材料供应、劳动力和机具安排等）和施工中的技术管理、计划管理、质量管理、经济管理、安全管理等。

由于隧道工程遇到的地质条件的复杂性及多变性，加之地质勘探的局限性，因而在隧道施工过程中经常会遇到地质突变情况，意外塌方或涌水等问题，使原来制定的施工方案、技术措施和进度计划等也必须随之改变。因此，在隧道施工中应详细制定出灵活多变实用的隧道施工方案，以适应客观条件的变化，及时正确地处理隧道施工中所遇到的各种实际问题。

1.3 隧道工程的发展情况

人类很早以前就知道利用自然洞穴作为住处。当社会发展到能制造挖掘工具时，就出现了人工挖掘的隧道。

在我国最早有文字记载的地下人工建筑物，出现在东周初期（约公元前七百年）。《左传》中有“……掘地及泉，隧而相见……”的记载。最早用于交通的隧道为“石门”隧道（见《中国大百科全书》交通卷第 164 页“公路隧道”条目），位于今陕西省汉中市褒谷口内，建于东汉明帝永平九年（公元 66 年）。用作地下通道的还有安徽亳州城内的古地下坑道，建于宋末元初（约十三世纪），是我国最早的城市地下通道。

在其他古代文明地区有很多著名的古隧道，如公元前 2180～2160 年前后，在古巴比伦城幼发拉底河下面修筑的人行隧道，是迄今已知的最早用于交通的隧道，为砖砌构造物。古代最大的隧道建筑物可能是那不勒斯与普佐利（今意大利境内）之间的婆西里勃隧道，完成于公元前 36 年，至今仍可使用。它是在凝灰岩中凿成的垂直边墙无衬砌隧道。

约于公元 7 世纪，我国隋末唐初时的孙思邈在《丹经》一书中记载了黑火药的制法。公元 1225 年以后传入伊斯兰国家，13 世纪后期传到欧洲，17 世纪初（1627 年）奥地利的工业家首先用于开矿。1866 年瑞典人诺贝尔发明黄色炸药达纳马特，为开凿坚硬岩石提供了条件。

近代隧道兴起于运河时代，从 17 世纪起，欧洲陆续修建了许多运河隧道。法国的兰葵达克（Languedoc）运河隧道，建于 1666～1681 年，长 157m，它可能是最早用火药开凿的隧道。1830 年前后，铁路成为新的运输手段。随着铁路运输事业的发展，隧道也越来越多。1895～1906 年已出现了长 19.73km 穿越阿尔卑斯山脉的最大铁路隧道。目前最长的铁路隧道已达 53.85km。较为完善的水底道路隧道建于 1927 年，位于纽约哈德逊河底的 Holland 隧道。现在世界上的长大道路隧道（2km 以上）和长大水底隧道（0.5～2.0km）将近百条。

目前，世界上的科技发展正在开拓着两个引人注目的领域，一个是宇宙空间，一个是地下空间。隧道工程将会起着越来越重要的作用。

隧道工程的施工条件是极其恶劣的，尽管各种地下工程专用工程机械越来越多，在新奥法理论指导下使施工方法得到了根本性的改变，这得益于科技的发展，但体力劳动强度和施工难度仍然很高。历史上为了减轻劳动强度，人们曾经做过不懈的努力。在古代一直使用“火焚法”和铁锤钢钎等原始工具进行开挖，直到 19 世纪才开始钻爆作业，至今大约有一百多年的历史。在此期间发明了凿岩机，经过将近一个世纪的努力，发展成为今天的高效率大型多臂钻机，使工人们能从繁重的体力劳动解放出来。和钻爆开挖法完全不同的还有两种机械开挖法。一种是用于开挖软土地层的盾构机，发明于 1818 年，经过一个半世纪的不断改进，已经从手工开挖式盾构，发展到半机械化乃至全机械化盾构，能广泛用于各种复杂的软土地层的掘进；另一种是用于中等以上坚硬岩石地层的岩石隧道掘进机。首次试掘成功的隧道掘进机，诞生于 1881～1883 年，到现在已有一个多世纪的时间。目前，已经发展成大断面（直径 10m 以上）的带有激光导向和随机支护装置的先进的掘进机，机械化程度大大提高，加上辅助的通风除尘装置，使工作环境得到了很大改善。目前应用高压水的射流破岩技术已经过关，它能以很快的速度在花岗岩中打出炮眼，再在坑道周边用高压水切槽，然后爆破破岩。优点是减少超挖，可以开凿出任意断面形状的坑道，保护围岩，降低支护成本，并能增加自由面以减少炮眼数和降低炸药消耗量。但消耗功率较大，设备成本较高，技术上还未达到十分成熟的程度。

20 世纪初，普氏（普洛托季雅克诺夫）以均质松散体为基础，提出了地层压力的计算方法，但他把岩石假定为松散体，并把复杂的岩体之间的联系用一个似摩擦系数描写，这种做法显然过于粗糙，在工程中也常常出现失败的情况。不过，直到现在普氏理论还在应用着，因为这个方法比较简单。即使对不熟悉地质或不了解现场地质条件的人，也能运用普氏系数来进行设计。

新奥法是 20 世纪 40 年代开始发展起来的，它是以喷射混凝土和锚杆为主要支护手段的一种方法。这种方法把坑道的支护和衬砌与围岩看作是相互作用的一个整体，既发挥围岩的自承能力，又使支护起到加固围岩的作用。在确保坑道稳定的基础上，使设计更加合理、经济。目前这种方法还处于经验设计阶段，需要在实施过程中根据现场量测数据加以修正。新奥法与传统的矿山法相比，更能充分利用地层地质条件。随着理论上的日臻完善，将会在地下工程中得到更加广泛的应用。

1.4 我国公路隧道的发展情况

在全国解放后，我国公路隧道数量仅有 30 多座，其总长约为 2.5km 左右，其平均长度不足百米。1964 年在北京至山西原平的四级公路上修建了两座 200m 以上的公路隧道，已经是非常大的工程。在改革开放后，高等级公路迅猛发展，出现了为数不少的长大、特长乃至超长隧道。据不完全统计，1993 年全国有将近七百座二级以下公路隧道。2000 年，我国公路隧道已达 1684 座，里程达 628km。其中特长隧道为 54km/15 座、长隧道为 207km/135 座。2004 年，全国已拥有公路隧道 2495 座，总长 1 245 571m。随着高等级公路的继续发展，还会有更多的公路隧道出现。在高等级公路网中公路隧道发挥了突出的作用，使公路变得通畅、舒适，大大缩短了里程，对国民经济的发展起到了极大的促进作用，为用户提供了安全、方便、快捷、经济的交通运输条件。

今后，随着能源问题的矛盾日益尖锐，隧道因其在节能中的特别作用会越来越受到用户的欢迎。

隧道在为用户提供了方便的运输条件的同时，也增加了营运成本。为了使用户享有各种便捷舒适的交通环境，往往在设计过程中选择低线位，从而使路线大大减少了爬坡路段的长度，同时也节省了油耗，用户获得了最大限度的受益。但营运管理部门却不得不付出最高的成本，在交通量尚未达到足够数量之前，往往入不敷出。为此，有的甚至基本上不使用通风机，更有甚者连最基本的照明灯具也不能开启，使问题走向了反面。此外，营运安全性也变得越来越小，因为隧道越长安全隐患也越多，救援与疏散也越困难，设施的附加成本也越高。由于隧道是线状结构物，从设备的合理设计上考虑，长度大于 2～2.5km 以上的隧道，无论供电、消防、供水都会变得不经济或变得很困难，不得不增加许多附加设备，从而增加了成本。设备越多，营运、养护管理也越困难，成本也越高，尤其像秦岭那样金字塔形的纵断地形。长度过大的隧道会带来许多问题，技术性的难题用多投入建设成本尚可解决，安全隐患却难以克服，如果没有足够的管理应急预案，将会产生灾难性后果。

公路隧道工程是一门综合性学科，作为一名公路隧道工程的工程师需要具备相当多的基础知识，除一般土木工程知识外，还应具备一定的交通工程、通风、照明、机电（强电、弱电）、营运管理等方面的知识。为了更好地掌握本学科的内容，读者有必要在有关学科中获得必要的补充知识。

第2章　公路隧道结构构造

知识要点

1. 隧道建筑限界及内部轮廓；
2. 衬砌材料种类与洞身衬砌类型；
3. 明洞的类型和适用条件；
4. 洞门的类型和适用条件；
5. 隧道的内部装饰、顶棚及路面；
6. 隧道的附属设施；
7. 隧道的防排水设施。

2.1　隧道建筑限界及内部轮廓

2.1.1　公路隧道建筑限界

为了保证车辆在隧道内安全地运行，隧道必须具有一定的限界空间，这个空间称为隧道净空。隧道净空若不足，则不能保证车辆安全通行；净空若大了，则增加隧道开挖和衬砌工程数量，影响造价等。因此，必须从使用上、经济上和施工等方面综合考虑，并按公路等级决定隧道的建筑限界。

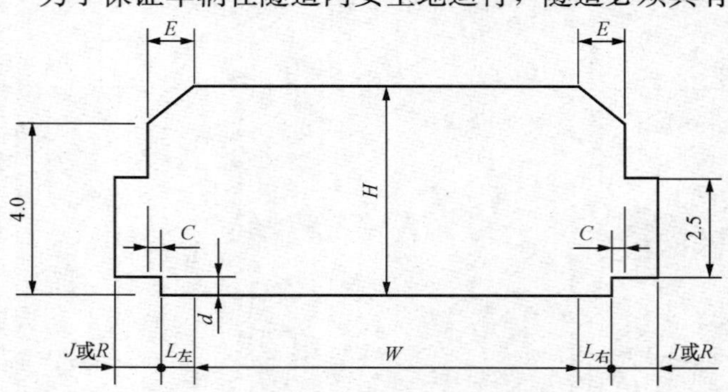

图2-1　公路隧道建筑限界

W—行车道宽度；C—当设计速度大于100km/h时为0.5m，等于或小于100km/h时为0.25m；J—隧道内检修道宽度；R—隧道内人行道宽度；d—隧道内检修道或人行道高度；E—建筑限界顶角宽度；当$L \leqslant 1$m时，$E=L$；当$L>1$m时，$E=1$m；H—净空高度，一条公路应采用同一净高，高速公路、一级公路、二级公路的净高应为5.00m，三级公路、四级公路的净高应为4.50m

公路隧道建筑限界应符合《公路工程技术标准》（JTG B01—2003）第2.0.7条关于公路建筑限界的规定。公路隧道建筑限界净空尺寸主要是指净宽和净高。公路隧道建筑限界一般规定如图2-1所示。

在隧道建筑限界内，不得有任何部件侵入。特长、长及中长隧道，应根据需要按《公路工程技术标准》第3.0.6条的规定设置紧急停车带。四级公路当采用4.5m的单车道路基时，应在适当距离内设置错车道。错车道应设在能使驾驶员看到相邻两错车道间相互驶来的车辆。设置错车道路段的路基宽度不小于6.5m，有效长度不小于20m。各级公路的行车道宽度，一般规定按《公路工程技术标准》表3.0.2布设。公路隧道按其长度分为四类，见表2-1。各级公路隧道建筑限界横断面组成最小宽度规定，见表2-2。

表2-1　　隧道按长度分类

隧道分类	特长隧道	长隧道	中隧道	短隧道
隧道长度 L/m	$L>3000$	$3000\geqslant L>1000$	$1000\geqslant L>500$	$L\leqslant 500$

注：隧道长度系指进出洞门端墙墙面之间的距离，即两端洞门墙面与路面的交线同路线中线交点间的距离。

表2-2　　公路隧道建筑限界横断面组成最小宽度　　（单位：m）

公路等级	设计速度/km/h	车道宽度 W	侧向宽度 L		余宽 C	人行道 R	检修道 J		隧道建筑限界净宽		
			左侧 L_L	右侧 L_R			左侧	右侧	设检修道	设人行道	不设检修道、人行道
高速公路 一级公路	120	3.75×2	0.75	1.25			0.75	0.75	11.00		
	100	3.75×2	0.5	1.00			0.75	0.75	10.50		
	80	3.75×2	0.5	0.75			0.75	0.75	10.25		
	60	3.50×2	0.5	0.75			0.75	0.75	9.75		
二级公路 三级公路 四级公路	80	3.75×2	0.75	0.75		1.00				11.00	
	60	3.50×2	0.5	0.50		1.00				10.00	
	40	3.50×2	0.25	0.25		0.75				9.00	
	30	3.25×2	0.25	0.25	0.25						7.50
	20	3.00×2	0.25	0.25	0.25						7.00

注：1. 三车道隧道除增加车道数外，其他宽度同表；增加车道的宽度不得小于3.5m。

2. 连拱隧道的左侧可不设检修道或人行道，但应设50cm（120km/h与100km/h时）或25cm（80km/h与60km/h时）的余宽。

3. 设计速度120km/h时，两侧检修道宽度均不宜小于1.0m；设计速度100km/h时，右侧检修道宽度不宜小于1.0m。

公路隧道横断面设计，除应符合隧道建筑限界的规定外，还应满足洞内路面、排水设施、装饰的需要，并为通风、照明、消防、监控、营运管理等设施提供安装空间，同时考虑围岩变形、施工方法影响的预留富裕量，使确定的断面形式及尺寸符合安全、经济、合理的原则。

2.1.2　隧道内部轮廓

隧道内部轮廓的类型，从使用、受力及施工三个方面的要求，分别介绍如下：

1. 使用方面要求

隧道衬砌的轮廓，应尽量接近隧道净空，以使开挖的土石方数量及衬砌的材料数量为最小。

2. 受力方面要求

隧道衬砌的内部轮廓，应尽力符合衬砌结构的受力状态，即尽力适应衬砌结构应力分布情况。在良好的地质条件下，衬砌结构承受荷载较小时，可采用直边墙（称直墙式），如图2-2（a）所示；在地质较差的条件下，衬砌结构承受荷载较大时，一般多采用曲边墙（称为曲墙式），如图2-2（b）所示；当隧道底部可能会引起基础沉陷时，可以采用带仰拱的封闭形式，如图2-2（c）所示。

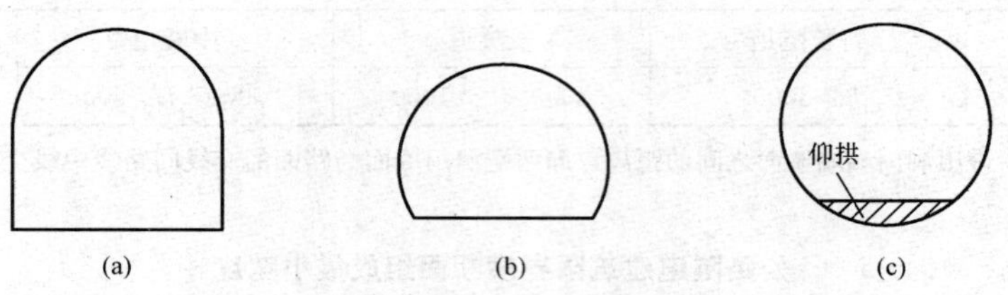

图2-2　隧道衬砌的形式

（a）直墙式；（b）曲墙式；（c）封闭式

3. 施工方面要求

隧道衬砌内部轮廓应当便于施工，因此要求衬砌内部轮廓在各种条件下（如有不同的加宽值时），变化尽量小或不变化，这样可使拱架、模板能重复周转使用。为了便于不同衬砌断面的衔接，拱圈与边墙的分界高度（称为起拱线）也最好采用同一数值，衬砌内部轮廓线的曲率要尽量一致。

2.2　衬砌材料与构造

2.2.1　衬砌材料

隧道是埋藏在地层深处的工程建筑物，其衬砌通常需要承受较大的围岩压力、地下水压力，有时还要受到化学物质的侵蚀，地处高寒地区的隧道往往还要受到冻害等。所以，要求用于衬砌的材料应具有足够的强度、耐久性、抗渗性、耐腐蚀性和抗冻性等。另一方面，隧道是大型工程构造物，每延米隧道都需要大量建筑材料，工程量很大。所以，从经济观点看，衬砌材料应价格便宜、能够就地取材、便于机械化施工。通常采用以下材料：

1. 混凝土

这种材料的优点是整体性好，既可以在现场浇筑，也可以在加工厂预制，而且可以机械化施工。其本身密实性较好，具有一定的抗渗性。如果在水泥中掺入密实性外加剂，可以提高混凝土的密实度，从而改善混凝土的防水性能。或者使用减水剂，提高混凝土的密实程度，改善混凝土的抗渗性能。混凝土可以根据需要加入其他外加剂，如低温早强剂、常温早强剂、速凝剂、缓凝剂、塑化剂、加气剂等，来满足使用和施工上的需要。

配制混凝土还可以根据需要选择合适的水泥，例如具备快硬、高强特性的有快硬硅酸盐水泥，具备快硬、早强特性的有硅酸盐膨胀水泥和石膏矾土膨胀水泥，具备抗渗防水特性的有大坝水泥和防水水泥，具备抗硫酸盐侵蚀的抗硫酸盐硅酸盐水泥，以及塑化水泥、加气水泥等。

配制有抗冻要求的混凝土时，在寒冷地区水泥强度不小于42.5MPa，在严寒地区不宜低于52.5MPa。

混凝土材料的缺点是灌筑后不能立即承受荷载，需要进行养护，达到一定强度才能拆模，占用的模板和拱架较多，同时普通混凝土的耐侵蚀能力较差。

2. 钢筋混凝土

隧道施工时，暗挖部分就地绑扎钢筋比较困难，通常是在不得已时才采用现浇钢筋混凝土。而在很多情况下是采用格栅钢架并加上连接钢筋和钢筋网等作为临时支护，在完成临时支护之后，则延用为永久支护。这样就取代了钢筋绑扎过程，起到“一举两得”的效果。在明挖地段可以采用现场绑扎方式，也有采用废旧钢轨等材料的。采用混凝土的强度等级应满足《公路隧道施工技术规范》（JTJ 042—1994）的要求。

3. 喷射混凝土

喷射混凝土是将混凝土干拌和料、速凝剂和水，用混凝土喷射机高速喷射到洁净的岩石表面上凝结而成。其密实性较高，能快速封闭围岩的裂隙，密贴于岩石表面，早期强度高，能很快起到封闭岩面和支护作用，是一种理想的衬砌材料。

4. 锚杆与锚喷支护

锚杆是用机械方法加固围岩的一种金属材料，种类很多，通常可分为机械型锚杆、粘结型锚杆以及顶应力锚杆。围岩不够稳定时，还可以张挂金属网。设置锚杆再加喷混凝土时，即为锚喷支护。

5. 石料

在隧道衬砌中不得使用裂隙和风化的石料，块石砌体、片石砌体、砂浆等的强度等级及抗压强度设计值应符合《公路隧道设计规范》（JTG D70—2004）的要求。石衬砌材料的优点是材料来源广，可以就地取材，砌好后能较早地承受荷载，可以节省水泥和模板。不过目前已很少使用石料直接作为衬砌材料，尤其是在公路隧道中更无工例可寻。其缺点是砌缝多，容易漏水，施工主要靠手工操作，费工费时，需要大量熟练工人，目前还不能机械化施工。但洞门挡墙、挡土墙、明线路缘石等仍可使用。超挖部分可以使用片石混凝土回填砌筑。

6. 装配式材料

在软土地区修筑隧道时，常用盾构法施工，其衬砌材料往往采用装配式材料，如钢筋混凝土大型预制块，有加劲肋的铸铁预制块。在修筑棚式明洞（简称棚洞）时，可用预制板或梁，即装配板式棚洞或梁式棚洞。用新奥法施工时，为了防水、防落石和美观要求，还可以加设离壁式结构。

2.2.2 洞身衬砌类型

山岭隧道与软土隧道、水下隧道相比，由于其受力、施工方法等存在差异，在结构形式上也有很大差别。即使山岭隧道，也因人们对围岩压力和衬砌结构所起作用的深入认识，而使结构形式发生很大变化。尤其是在20世纪中叶以后新奥法的发展，给隧道结构带来了深刻影响，使衬砌结构概念产生了根本改变。以下介绍的是矿山法（传统法）施工条件下的衬砌结构形式，虽然现在已经很少单独使用，但是作为一个历史发展阶段介绍它还是很有必要的。况且在新奥法施工工艺中还是不可或缺的组成部分，所以仍然有必要了解它。

1. 直墙式衬砌

直墙式衬砌形式通常用于以垂直围岩压力为主要计算荷载、水平围岩压力很小的情况，一般适用于Ⅱ、Ⅲ级围岩，有时也可用于Ⅳ级围岩。对于公路隧道，直墙式衬砌结构的拱部，可以采用割圆拱、坦三心圆拱或尖三心圆拱。三心圆拱指拱轴线由三段圆弧组成，其轴线形状比较平坦（$R_1>R_2$）时称为坦三心圆拱，形状较尖（$R_2>R_1$）时称为尖三心圆拱，若 $R_1=R_2=R$ 时即为割圆拱（图 2-3）。

2. 曲墙式衬砌

通常在Ⅳ级以下围岩中，水平压力较大，为了抵抗较大的水平压力把边墙也做成曲线形状。当地基条件较差时，为防止衬砌沉陷，可设置仰拱，使衬砌形成环状封闭结构，如图 2-4 所示。

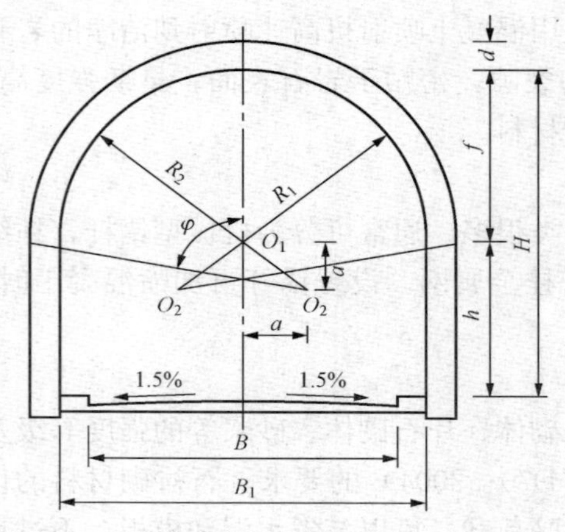

图 2-3　直墙式衬砌

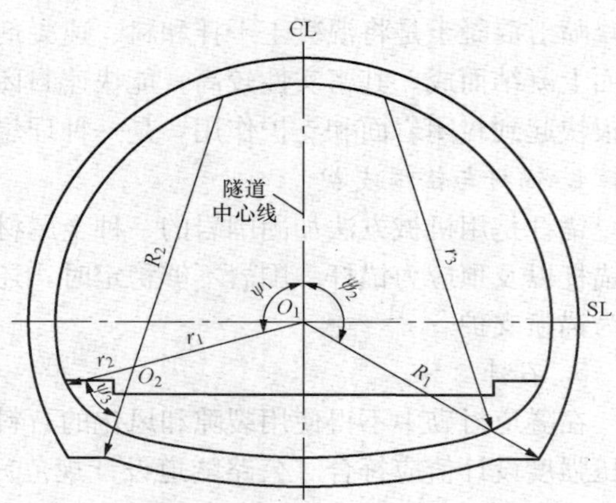

图 2-4　曲墙式衬砌

3. 喷（混凝土）锚（杆）衬砌及复合式衬砌

这些衬砌与上述传统的衬砌方法有本质上的区别，关于这方面的概念，将在第 5 章阐述，这里仅介绍其结构形式，如图 2-5（a）所示。

为了使混凝土结构的受力状态臻于理想化，要求用光面爆破开挖以使洞室周边平顺光滑，成型准确，减少超挖欠挖。然后尽快地喷混凝土，即为喷混凝土衬砌。

根据实际情况，需要安装锚杆的则先装设锚杆，再喷混凝土，即为锚喷衬砌。如果以喷混凝土、锚杆或构件支撑的一种或几种组合作为初期支护，对围岩进行加固，维护围岩稳定，防止有害松动，待初期支护的变形基本稳定后，进行现浇混凝土二次衬砌，二者合称复合式衬砌。为使衬砌的防水性能可靠，保持无渗漏水，采用防水板作复合式衬砌中间防水层是比较适宜的，如图 2-5（b）所示。

上述岩石隧道衬砌结构，往往需要进行内部装饰，关于装饰的详细内容将在本章第 5 节介绍。

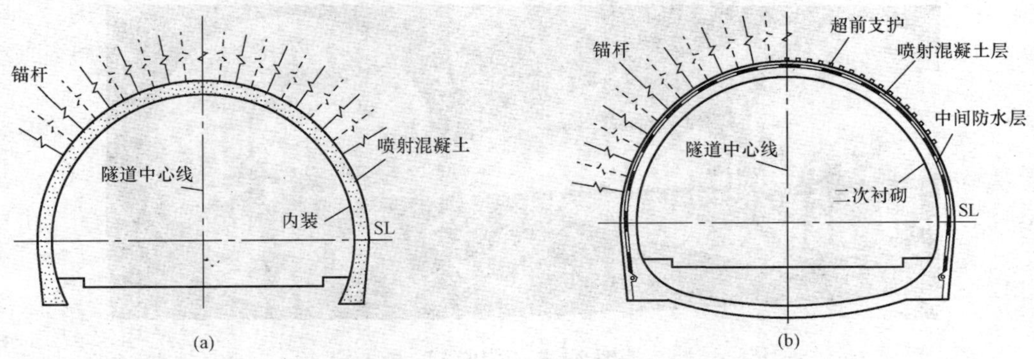

图 2-5　喷锚衬砌与复合式衬砌

(a) 喷（混凝土）锚（杆）衬砌；(b) 复合式衬砌

4. 圆形断面隧道

为了抵御膨胀性围岩压力，隧道可以采用圆形或近似圆形断面，可采用隧道掘进机（图 2-6）施工。岩石隧道掘进机是开挖岩石隧道的一种机械化切削机械，可形成圆形断面。开挖后可以用喷混凝土衬砌、锚喷衬砌或拼装预制构件衬砌等多种形式。

图 2-6　TBM 岩石隧道掘进机

水底隧道广泛使用盾构法施工（图 2-7），其断面为圆形。通常用预制的弧形管段在现场拼装。此时，在顶棚以上的空间和路面板以下的空间可以用作通风管道。车行道两侧的空间可以设置人行道或自行车道。其余空间还可以设置电缆管道、电缆桥架和其他设施等。水底隧道的另一种施工方法是沉埋法（图 2-8），有单管和双管之分，其断面可以是圆形，也可以是矩形。

5. 矩形断面衬砌

如上所述，用沉埋法施工时，其断面可以用矩形（图 2-9）形式。用明挖法施工时，尤其在修筑多车道隧道时，其断面广泛采用矩形。这种情况，回填土厚度一般较小，加之在软土中修筑隧道时，软土不能抵御较大的水平推力，因而不应修筑拱形隧道。另一方面，矩形

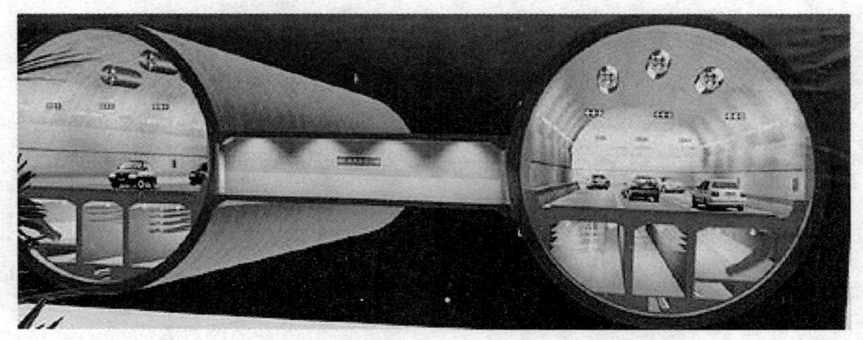

图 2-7　盾构隧道

图 2-8　沉管隧道

断面的利用率也较高。城市中的过街人行地道，通常都在软土中通过，其断面也是以矩形为基础组成的。

2.2.3　衬砌基本尺寸的初步拟定

隧道衬砌基本尺寸的拟定，包括确定衬砌内轮廓线、轴线、截面厚度以及外轮廓线等尺寸。对于矩形断面、圆形断面、直墙式衬砌断面等，在计算上一般不存在困难。但是对于三心圆拱、曲墙，特别是变截面断面等，计算时则比较繁琐。不过现代计算机的应用中都有现成的软件可以利用，作为具体的设计者，大多都会绕过这些繁琐的计算，借助于计算机能很方便地获得各种数据。

1. 确定衬砌内轮廓线时的绘制原则

(1) 满足需要。隧道净空限界，通风系统所需空间；照明系统所需空间；交通信号、情

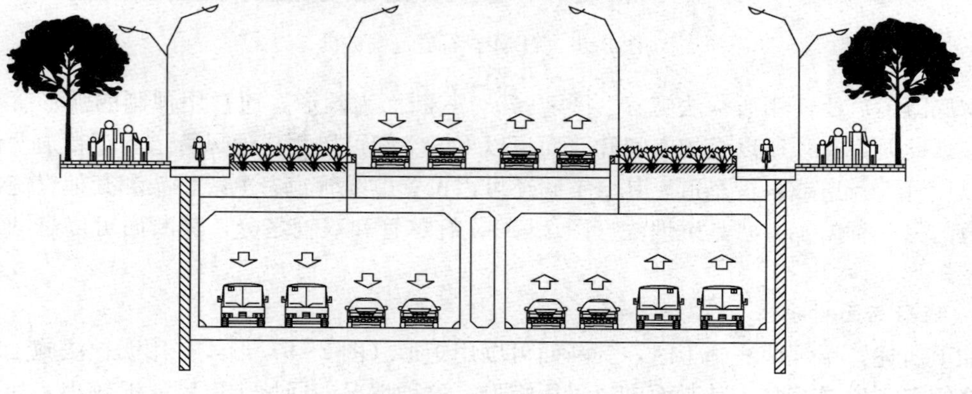

图 2-9　矩形断面隧道

报板与交通量检测、交通标志所需空间；监控系统（闭路电视、环境—CO检测、亮度检测、风速检测等）所需空间；消防系统（灭火器、消火栓、手动与自动火灾报警器等）；通信系统（应急电话、无线通信天线等）以及其他设施所需空间。凡在内轮廓线以内的各种设备，在满足规范要求的前提下，尽量节省空间，摆放合适。

(2) 压缩距离，留有余地。不浪费空间，尽量紧凑，确保内轮廓线是最小的包络。但要留有余地，有施工误差、地质条件差的隧道尤其要留有余地。

(3) 曲线段的连接过渡要圆滑，不能出现拐点。直墙式衬砌的圆弧部分与直墙的交角尽量小，以免出现过大的应力集中，还要有美观效果。

(4) 拱与墙是人为赋予的称呼，一般是以建筑限界的竖直线的顶点（现行规范为4m高）作为拱与墙的分界点。力学上，现在统称的曲墙式隧道实际上是一个拱，只不过人为地把分界点以下的部分称为墙，以上部分称为拱。从所承受荷载上分，承受垂直荷载部分称为拱，承受水平荷载部分称为边墙。设计中直墙隧道的边墙也不一定非取4m高不可。

(5) 曲线部分可以由多段圆弧组成，实际需要上是把隧道中心线两侧布置成对称形状。怎样连接才合适，这完全根据实际需要而定。当需要较平坦的拱形（有的简称为坦拱，在多车道隧道中常见）时，中拱的半径则应大于边拱的半径，这种形式的断面适合于围岩比较好的工况，此时垂直围岩压力较小；当垂直围岩压力较大时，需要较尖的拱形（有的简称为尖拱，公路隧道中少见），中拱的半径则应小于边拱的半径。如果曲线部分由三段圆弧组成，习惯上称其为三心圆拱，由五段圆弧组成的称其为五心圆拱。

(6) 各圆弧段的圆心位置，没有固定的范围，它是根据整个圆弧的形状和预留空间的大小经过反复试做逐步逼近正确位置的。通常是先确定净空限界以上高度，在隧道中线上确定一个点画出中弧线，而后试做相邻弧线，试做时应满足与相邻弧线相切并符合上述要求的形状和空间，可能需要试做多次。

关于轴线、截面厚度以及外轮廓线的画法与内轮廓线画法大同小异，其计算利用几何学方法并不存在困难。等截面拱的计算比较简便，变截面拱圈尺寸的计算则比较繁琐。

2. 隧道衬砌内轮廓线的作法

(1) 割圆形衬砌断面的作图。确定公路隧道内轮廓线时，以公路隧道建筑限界为基准，并附加上通风等所需要的断面积（这需要通过计算确定）。考虑到隧道是永久性建筑，一旦建成就无法改变，所以通风面积应该足够。其交通量应该是路线设计的最大交通量，相应的洞内通风量当然是最大通风量。洞内容许的最大风速［见《公路隧道通风照明设计规范》(JTJ 026.1—1999)］为10m/s，需要多少台多大口径的射流通风机等，以此为依据确定净空限界以上需要有多大的空间。

如果侧压力较大或者地基承载力不够或者需要考虑水压力时，还要设置仰拱，通常的做法是使其形成闭合断面，并把闭合断面作为基本形状。

割圆形断面内轮廓线作图如图2-10(a)所示，假定公路建筑限界已经确定，其控制点为a、b、c、d，由ab、ac、ad的垂直平分线，在断面对称轴上得到三个交点o_1、o_2、o_3，取其中最高（至路面）者作为圆心o。由于施工精度上要求a、b、c、d各点至少需要10cm以上的富裕量，所以在oa连线的延长线上取$aA \geqslant 0.1$m，以oA为半径画圆即可得内轮廓线的基本部分。

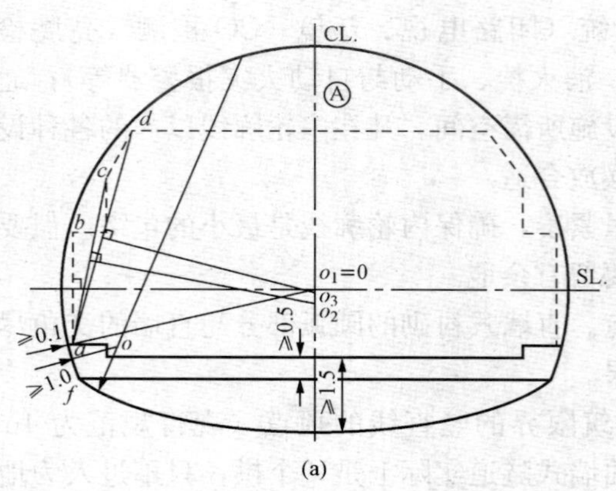

(a)

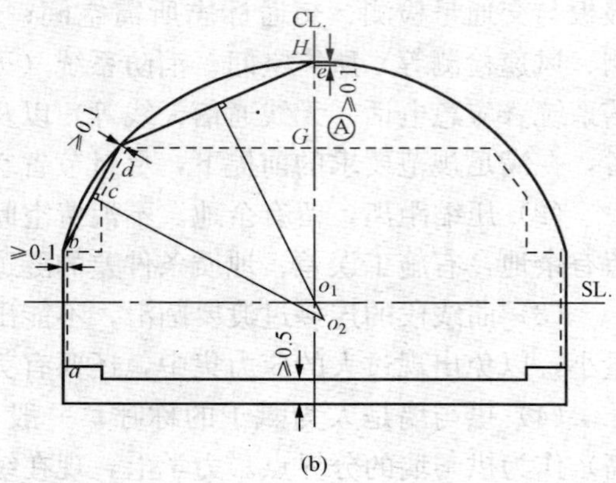

(b)

图 2-10　内轮廓线作图例

(a) 割圆形衬砌断面；(b) 不设仰拱的三心圆拱

在建筑限界以上的剩余空间Ⓐ，可以用于通风。如采用纵向诱导通风时，可悬挂射流通风机。如采用横向通风时，可吊挂顶板围成通风隧管。路面板下面剩余的空间，可以用做通风和通路，还可以用于埋设排水构造物。排水构造物的敷设深度，除高寒地区设保暖水沟需要按冰冻深度设置外，一般 0.5～0.6m 是足够的。建筑限界的两侧空余地方可以作为设置应急电话、配电箱（洞）、控制柜（洞）和放置灭火器的地方，两侧上部隅角可以安装照明灯具。圆形断面常常用于盾构法和水下隧道、膨胀性围岩以及接近圆形的山岭隧道。

(2) 直墙式衬砌断面的作图。围岩较好时，一般不产生较大的侧压力，无须设置仰拱，可以采用直墙。此时隧道的净断面积最小，如图 2-10 (b) 所示。如果在建筑限界以上设置射流通风机，则应使 GH＝射流通风机外径＋上方安装预留量＋下方富裕量，即可确定 H 点，然后按照最小包络线画图。

其他形式衬砌断面可依上述方法自行绘制。

2.3　明　　洞

当洞顶覆盖层较薄，难以用暗挖法修建隧道时；隧道洞口或路堑地段受坍方、落石、泥石流、雪害等危害时；道路之间或道路与铁路之间形成立体交叉，但又不宜做立交桥时，通常应设置明洞。

明洞一般用明挖法施工。通常根据明洞的用途、地形、地质条件、荷载分布情况、运营安全、施工难易以及经济条件等进行具体分析、比较，确定明洞型式。

明洞主要有三大类，即拱式明洞、棚式明洞和箱式明洞。按荷载分布拱式明洞又可分为路堑对称型、路堑偏压型、半路堑偏压型和半路堑单压型；按构造棚式明洞又可分为墙式、刚架式和柱式等。此外还有特殊结构明洞以适应特殊场合。

明洞所在位置，通常地形、地质条件比较复杂，明洞基础条件差，所以设置时为确保结构的安全与稳定，应当慎重处理地基。

2.3.1 拱式明洞

拱式明洞主要是由顶拱和内、外边墙组成的混凝土或钢筋混凝土结构，整体性较好，能承受较大的垂直压力和侧压力。由于内外边墙基础相对位移对内力影响较大，所以对地基要求较高，尤其外墙基础必须稳固，必要时需要加设仰拱。通常用作洞口接长衬砌的明洞，以及用明洞抵抗较大的坍方推力和支撑边坡稳定等。图 2-11 是半路堑单压型拱式明洞，图 2-12 是路堑对称型拱式明洞。

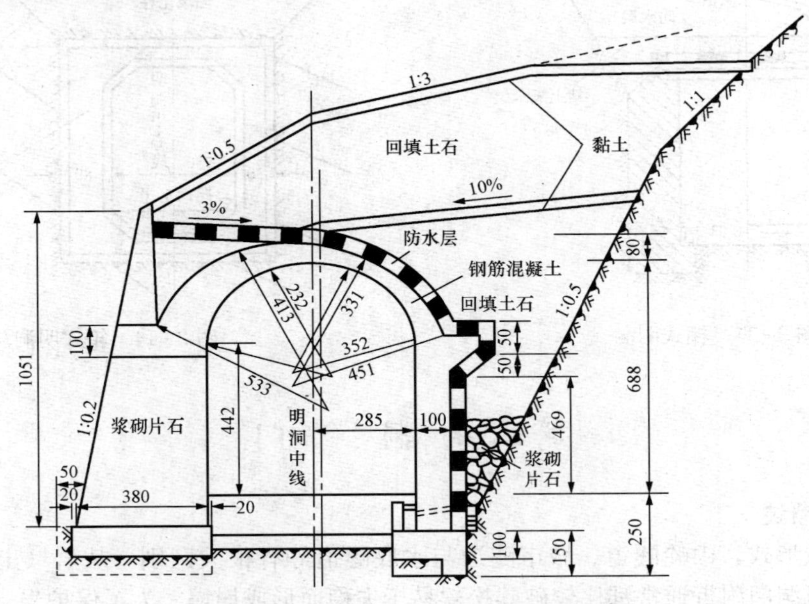

图 2-11 拱式明洞（半路堑单压型）

2.3.2 棚式明洞

当受地形地质条件限制难以修建拱式明洞时，边坡有小量坍落掉块和侧压力较小时，可以采用棚式明洞，如图 2-13 所示。棚式明洞由顶盖和内外边墙组成。顶盖通常为梁式结构。内外边墙一般采用重力式挡墙结构，并应置于基岩或稳固的地基上。当岩层坚实完整，干燥无水或少水时，为减少开挖和节省圬工，可采用锚杆式内边墙。外边墙可以采用墙式、刚架式和柱式结构。此外，还有其他形式的明洞，如减光明洞等。

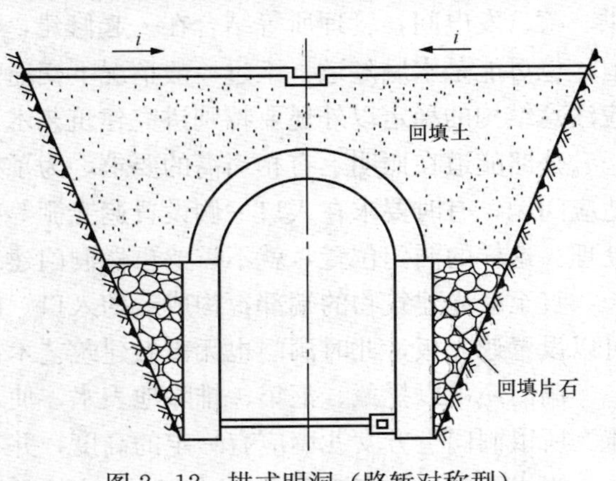

图 2-12 拱式明洞（路堑对称型）

2.3.3 箱式明洞

在明洞净高、建筑高度受到限制时或地基软弱的地方，可采用箱式明洞。图 2-14为一方形箱式明洞，全部用钢筋混凝土制成的方形整体明洞。若右侧岩层顺层滑动，利用上部回填土石的压力及底层的弹性抗力，平衡侧向岩层滑动的推力，并传于左侧岩层上。回填土高度根据两侧岩层滑动力的大小决定。需要分段施工，两侧紧贴岩层，保持原岩层不致因施工开挖而产生滑动。超挖回填片石的强度不低于该处岩石的抗压强度。

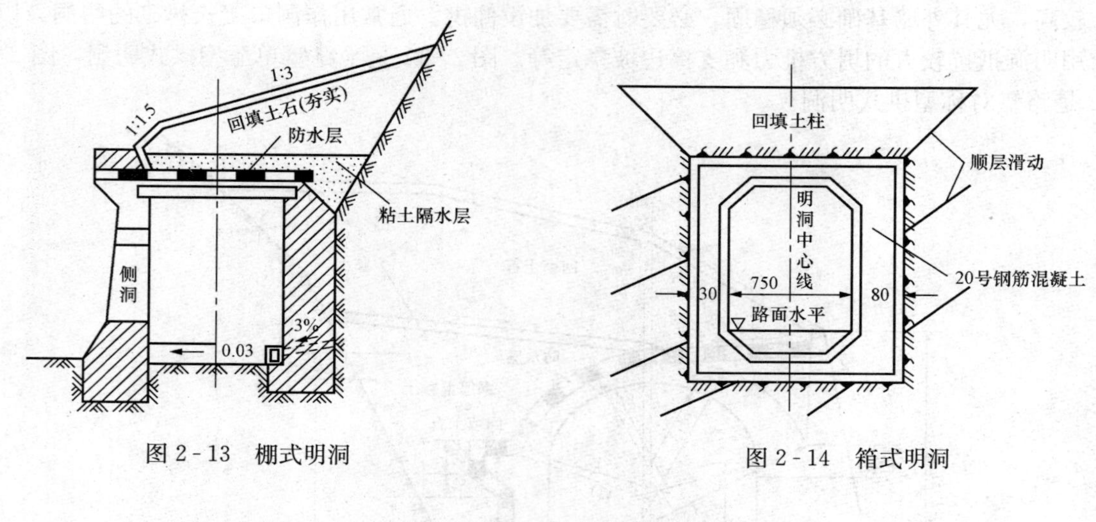

图 2-13　棚式明洞　　　　图 2-14　箱式明洞

2.4 洞　　门

2.4.1 概述

洞门构造形式，山岭隧道、城市隧道与水底隧道等有很大区别。从岩（土）体稳定上看，山岭隧道洞门附近通常都比较破碎松软易于失稳而形成崩塌。为了保护岩（土）体的稳定和使车辆不受崩塌、落石等威胁，确保行车安全，应该根据实际情况选择恰当的洞门形式修筑洞门，并对边仰坡进行适宜的护坡。洞门是各类隧道的咽喉，也是外露部分，在保障安全的同时，还应适当进行洞门的美化和环境的美化。山岭隧道惯用的洞门形式主要有端墙式、翼墙式、环框式、削竹式和遮光棚式；水底隧道的洞门通常与附属建筑物，如通风站，供、蓄、发电间，管理所等结合在一起修建，也可以是造型设计。城市隧道既可能是山岭隧道，也可能是水底隧道，不过一般情况下交通量都比较大，对建筑工艺上的要求也较高，除应注意结构的稳定以外还要特别讲究建筑艺术设计。

公路隧道在照明上有相当高的要求，为了处理好驾驶人在通过隧道时的一系列视觉上的适应问题，有时要求在入口一侧设置遮光棚等减光构造物，有时要求对洞外环境作某些减光处理。这样的洞门位置，就不需要再做洞门建筑艺术设计，而是用明洞和减光建筑将衬砌接长，直至减光建筑物的端部，构成新的入口。出口洞门的朝向如果有眩光问题，在洞门外侧可以设置遮光板，此时洞门也无需做建筑艺术设计。

洞门还可以拦截、汇集、排除地表水，使水沿排水渠道排离洞门，防止地表水沿洞门漫流。所以洞门上方女儿墙应有一定的高度，并有排水沟渠。

当岩（土）体有滚落可能时，一般应接长明洞，减少对仰、边坡的扰动，使洞门墙离开仰坡底部一段距离，确保落石不会滚落在车行道上。

2.4.2 洞门型式

1. 端墙式洞门

这是一种传统的洞门形式，适用于岩质稳定的Ⅲ级以上围岩和地形开阔的地区，是最常使用的洞门形式，如图 2-15 所示。由这种形式派生出来的还有各种形式的柱式洞门，可以有单柱或双柱。

2. 翼墙式洞门

适用于地质较差的Ⅳ级以下围岩，以及需要开挖较深路堑的地方。翼墙式洞门由端墙及翼墙组成。翼墙是为了增加端墙的稳定性而设置的，同时对路堑边坡也起支撑作用。翼墙顶面通常与仰坡坡面一致，习惯上把排水槽设置在坡面下，将端墙背后排水沟汇集的地表水顺排水槽排至路堑边沟内，如图 2-16 所示。

图 2-15 端墙式洞门

图 2-16 翼墙式洞门

3. 环框式洞门

当洞口岩层坚硬、整体性好、节理不发育，且不易风化，洞门开挖后仰坡极为稳定，并且没有较大的排水要求时采用。环框与洞口段衬砌用混凝土整体灌筑。可以紧贴岩面，也可以离开岩面，如图 2-17 所示。

4. 削竹式洞门

当洞口为松软的堆积层时，通常应避免大刷仰，一般宜采用接长明洞，恢复原地形地貌

图 2-17　环框式洞门

的办法。此时，可采用削竹式洞口，如图 2-18 所示。但洞门坡面较平缓，一般应与自然地形坡度相一致。洞门两侧边墙与翼墙一样能起到保护路堑边坡的作用，洞门四周恢复自然植被原状，或重新栽植根系发达的树木等，以使仰、边坡稳定。如果具备条件在引道两旁边沟外侧可以栽植乔木，形成林荫道，这样的总体绿化，对洞外减光十分有益。不过洞门上方及两侧仍应设置排水沟（渠）以排除地表水，防止漫流。倾斜的洞门还有利于向洞内散射自然光，增加入口段的亮度。削竹式洞门适合于洞口宽敞的场合。不过，这里要提醒一个问题，平缓的洞门边墙，容易被人或动物攀爬。

图 2-18　削竹式洞门

5. 遮光棚式洞门

当洞外需要设置遮光棚时，其入口通常外伸很远。遮光构造物有开放式和封闭式之分，前者遮光板之间是透空的，后者则用透光材料将前者透空部分封闭。但由于透光材料上面容易沾染尘垢油污，养护困难，所以很少使用后者。在形状上又有喇叭式与棚式之分。遮光棚式洞门如图 2-19 所示。

图 2-19　遮光棚式洞门

除上述基本形式外，还有一些变化形式，如端墙式用于傍山隧道时，端墙可为台阶式，根据需要还可能用各种柱式等。又如翼墙式的翼墙开度可随地形变化，也可因地制宜设置单侧翼墙等。道路隧道一般应少设或不设斜洞门，不得已必须设置时，对视线性诱导标志应有较高的要求，以便保证行车安全。

结合建筑物修建洞门，形式则更加多样化，一般应根据地形条件，与周围环境相协调地设计洞门形式。

2.5　内部装饰、顶棚及路面

2.5.1　内部装饰

为了保证行车安全，在公路隧道中必须采取措施使墙面亮度在长期的营运中保持在必要的水平以上，墙面需用适当材料加以内部装饰（简称内装）处理。内装可以提高墙面反射率，改善隧道内的环境，便于清洗。如条件允许还可以选用能吸收少许噪声的材料。

提高墙面反射率，可以增加照明效果。因此内装材料表面应当是光洁的，颜色应当是明亮的。人眼对波长 555nm 的黄绿光最为敏感，所以内装材料应当是淡黄和浅绿色。作为背景的墙面，能最显著的衬托出障碍物的轮廓，这就需要使墙面的反射率应该在波长 555nm 附近，或者具有良好的反射率的明亮颜色。为了减少眩光，希望这种反射是漫反射。

未经内装的混凝土衬砌表面粗糙，特别容易吸附引擎排出废气中的粘稠油分，可与烟雾、尘埃一起沾在表面上。在隧道内潮湿、漏水的情况下，这种污染的过程出人意料的快，能使墙面的反光率降到极低的水平。经过内装的墙面，污染仍然是不可避免的，但要求它具有不易污染、容易清洗、耐冲刷、耐酸碱、耐腐蚀，用防火涂料粉刷后能耐高温等特点，表面应该光滑、平整、明亮。

内装可以起到美观作用，使隧道漏水不露出墙面，各种管线都能隐藏在内装材料的后面。但是管线的维修应该方便，受到损坏的内装部分，应当便于更换和维修。

内装材料应该有一定的吸收噪声的作用。消除隧道内的噪声是极其困难的课题之一。隧道内噪声源主要来自两方面，即汽车行驶时引擎发出的噪声和汽车轮胎与路面的摩擦声，如果使用机械通风方式还有通风机产生的噪声。

声波在三维空间中波动，它与光波一样可以屏蔽、聚焦和定向。在均匀截面的管道中行进的波，常常是球面波，这种波从波源出发，在无阻碍地行进一段很长的距离后，可近似地视为平面波，平面波的衰减很慢。由于管径与铺贴吸声材料的吸声效果成倒数关系，在大直径隧道中铺贴吸声材料几乎无效，所以内装材料的消声效果很不理想。

通常用于隧道的内装材料有：

(1) 块状混凝土材料。其表面粗糙，容易污染而且不好清洗，但衬砌表面不需特殊处理即可设置，一般不适于公路隧道使用。

(2) 饰面板、镶板等质地致密材料。不容易污染，清洗效果好，洗净率高，板背后的渗漏水很隐蔽，即使外露也容易洗净。各种管线容易在板背后隐蔽设置，板背后的空间有利于吸收一定的噪声。

(3) 瓷砖镶面材料。表面光滑，最容易洗净，且效果良好。要求衬砌平整，以便镶砌整齐。隧道漏水部位可以考虑用排水导管疏导。镶面后面可以埋设小管线，但这种材料没有任何吸声作用。

(4) 油漆材料。比块状混凝土材料容易清洗，但不及其他两种材料，对衬砌表面要求很高，需要压光、整平，隧道不能有漏水现象，浸湿的油漆损坏很快，这种材料也没有吸声作用。

随着建筑材料工业技术的发展，新材料相继出现，许多新型材料都可以使用。但用于内装的新材料应该具有一定的耐火性：在高温条件下仍能维持一定的时间不燃烧、不分解有害成分等；耐蚀性：长期在油垢及有害气体作用下不变质，在洗涤剂等化学物质作用下不被侵蚀；不怕水：大多数隧道都存在漏水问题，在水的浸泡下、在潮湿环境中不变质、不霉烂；材料来源广泛，价格相对便宜：隧道是大型构造物，用材量很大，价格高昂的材料不适于作隧道内装。

2.5.2 顶棚

顶棚的反射率对提高照明效果有利，经过顶棚的反射使路面产生二次反射，能明显的增加路面亮度。顶棚用漫反射材料可以避免产生眩光，其颜色的明亮程度直接影响到路面亮度，所以应该是浅色的，但是又应有别于墙面，在色调和饱和度上可以有所不同。顶棚是背景的一部分，特别是在变坡点附近对识别障碍物和察觉隧道内异常现象颇有帮助。

美国在改造早期修建的隧道时，为了提高隧道内的亮度水平，曾在顶棚上用瓷砖镶面。其结果是一方面产生严重的闪烁现象，另一方面顶棚很快变脏，清洗工作又很不方便。由于脏的过程很快，所以不能获得稳定的反射亮度，这是需要今后进一步探索的问题。

顶棚可以美化隧道，特别是与整齐排列的灯具相互衬托，更可以起到美化的效果，并有明显的诱导作用。

根据实际需要可以把顶棚做成平顶或者拱顶。在自然通风或诱导通风时，可以用拱顶。在半横向或横向通风时可以用平顶。顶棚以上可以作为通风道和供管理人员使用的通道。

2.5.3 路面

对隧道内路面的讨论是在满足公路路面设计规范使其具有足够强度和耐久性的前提下进行的。作为特殊要求，有以下各点：

(1) 路面材料应具有抵御水的冲刷和含有化学物质的水的侵蚀能力。尤其地下水可能为承压水时，更为突出。路面的坡度应能迅速排除清洗用水。

(2) 因为车辆在隧道内的减速及制动次数较高，所以横向抗滑要求更高，以确保车体横向稳定。

(3) 容易修补。

(4) 路面漫反射率高，颜色明亮，才能获得良好的照明效果。路面作为发现障碍物的主要背景，与墙面和顶棚相比起更大的、关键性的作用。

路面材料主要有两种，即混凝土和沥青混凝土。由于混凝土的反射率较沥青混凝土路面高，横向抗滑性好，是过去广泛使用的材料。其最大缺点是产生裂缝时不容易修补，更换时要停止交通，为了减少更换次数，有宁愿提高路面混凝土强度等级的趋势。混凝土路面在高寒地区还要受到防滑链的损害，必须考虑设置磨耗层。沥青路面的反射率较低，为了改善路面亮度，需要在面层加入石英和铝的混合物，有的加入浅色石子和氧化钛做填充料。

路面与车道分隔线等交通标志之间应保证有明显的亮度对比和鲜明的颜色对比。

隧道内的路基应具有足够的承载力，尤其要求在有丰富地下水的条件下也能满足要求，这就要求有良好的排水设施。在衬砌背后设置盲沟和导水管之后，在车道板下面也应铺设导水管和透水性好的路基材料。在确定隧道纵坡时保证排水沟排水顺畅，保证路面有1%～1.5%的横坡等。

2.5.4 噪声的消减

噪声是指使人产生烦恼、破坏安静环境影响人们生活和工作乃至使人不快甚至发怒的声音。噪声和音乐在物理上并没有区别。音乐可以给人以快感和美感使人得到某种程度的精神享受，即使是非常美妙的音乐当它能量超过某个界限时，也会让人们难以接受。

隧道内噪声主要来源于车辆引擎的轰鸣声、轮胎与路面的冲击和摩擦声。隧道内噪声主要影响隧道内从事维修养护人员、救援救护人员以及需要使用应急电话通话（如报警）的当事人等的正常工作和交流。

隧道内的共鸣时间（噪声源发音瞬间的声能衰减到$1/10^6$时所需时间，即衰减60dB所需时间）很长，为洞外的数千倍，竟达到7～11s，而洞外仅为数百分之一秒。声波原本是以球面波传播的，但在隧道内腔是以平面（近似）波和反射波（沿不同方向，不同路径，连续反射）的叠加形成的。平面波在洞内很难衰减，但会很快的传播过去，这与在洞外的传播没有不同；而反射波是造成共鸣时间长的主要原因，因为除沿隧道轴线方向传播的平面波（其实这仅是其中的一小部分）以外，其余各个方向的声波都是反射波的来源，甚至还包括向后传播的声波（隧道粗糙的洞壁和其他反射物）的回返。不同方向的声波形成不同的反射路径，对应着不同的路径长度。路径较短的声波能较快的传出洞外，路径长的声波则在最后传出洞外，而在它们中间则分布着连续变化的路径不同的声波，反射的次数越多，能量的衰减也越多，所以声音是慢慢地衰减下来，最后是那些从相反方向回返的声波。因此整个衰减时间是很长的。弄清这个过程的意义在于，它告诉了我们声音的传播方式：声音是沿着全方位向前方传播，即声音是通过隧道的边墙、顶棚和路面反射的，消声不仅要治理边墙，而且同时也要治理顶棚和路面。所以，隧道的消声非常困难。路面是不可以随意改变的，交通功能要求决定了路面的大小、厚度和弹性。除非路面材料发生了质的改变。不过，顶棚是可以改变的，可以采用吸声材料，使它减少反射能力，破坏了顶棚的反射，路面的反射也就变成了一次性反射，共鸣时间就大大缩短了。同理，边墙也只需要改造一侧，破坏反射面，使反射墙面变成一次性反射面。这样，站在收听者的位置上能听到的声音就很少了。但绝对的吸声材料是没有的，实际上不可能变成一次性反射，只能减少反射次数。不过通过这种改造能减少共鸣时间，但不能减少噪声级。因为噪声源和反射波的叠加，是能量关系，再加上车流噪声是不稳定噪声，不可能产生真正的“共鸣”。通过上述分析，得知理想的隧道断面应该是个方匣子，如果要进行消声设计的话，只需要减小顶棚和一侧边墙的反射率。对于交通量大的重要隧道，往往需要设置应急电话等通信设备，为了达到这个目的，要求在隧道内噪声至少应当控制在可以用电话与管理所通话的程度。

在隧道内可以使用电话的标准是很高的。由于隧道是封闭结构，声能在横向无法扩散，只能沿纵轴经进出洞口向外扩散。在隧道内设置吸声材料时，如果吸声材料是绝对的好，那么可以一次吸收完毕，不再反射。实际材料在横向只能有限度地吸收一小部分，所以只能减少反射的次数。

目前吸声材料较多，多孔隙吸声材料是应用最广的基本吸声材料，其种类很多，如玻璃棉、矿棉、无机纤维材料及其成型板材等。

利用吸声结构吸声的有膜共振吸声结构、板共振吸声结构、腔共振吸声结构，如穿孔板式共振吸声结构等。吸声材料应当具有内装材料特性，吸声结构应当与内装相结合。任何吸声材料和结构形式对沿隧道轴线传播的平面声波都不起作用。

2.6 隧道的附属设施

公路隧道的附属设施是指为确保交通安全和舒适而设置的通风设施、照明设施、安全设施、监控设施、通信设施、播音设施、消防等应急设施以及公用设施等。

2.6.1 公路隧道的营运通风

1. 运营通风的必要性

汽车所排出的废气，含有多种有害成分，如一氧化碳、烟、氮氧化物、铅、二氧化硫、磷化物等，是气态和悬浮固态微粒的混合物。汽车还能携带尘土和卷起尘埃。这些物质造成了隧道内的空气污染。而隧道是个闭塞空间，一般只有进出口与大气相通，污染物不能很快扩散，所以隧道内污染空气的浓度会逐渐积累。当浓度很小时，通常影响不大。但是，剧毒性的一氧化碳浓度增加时，会使人体产生不同程度的中毒症状，直至危及生命。空气中的烟雾可以影响能见度，含烟（尘）量达到一定程度后，可使能见度下降到妨碍行车安全的程度。总之，隧道内的空气污染，既会造成对人体的危害，又会影响行车安全。

改善隧道内空气污染的途径大体上有三种：①生产无公害汽车；②使用滤毒装置还原被污染的空气；③把污染空气的有害物稀释到容许值以下。无公害汽车现在仍为有待解决的重大课题，随着对新能源的开发和对公害问题的深入研究，这个问题已经得到某种程度的解决，不过还没有达到实用化的程度。目前用滤毒装置已经可以还原含 CO 之类的有害气体，但在效率上和经济上还没有达到实用化的程度。现阶段实用的方法是从洞外引进新鲜空气，稀释隧道内的有害物质浓度，有的使用静电吸附办法减少过量尘埃，使空气质量满足卫生标准和能见度方面的要求。

2. 通风方式的选择

隧道通风方式的种类很多，选择时最主要的是考虑隧道长度和交通条件，同时还要考虑气象、环境、地形以及地质等条件。在充分考虑各种因素后，选择既有效又经济的通风方式。

按车道空间的空气流动方式，通风方式如下：

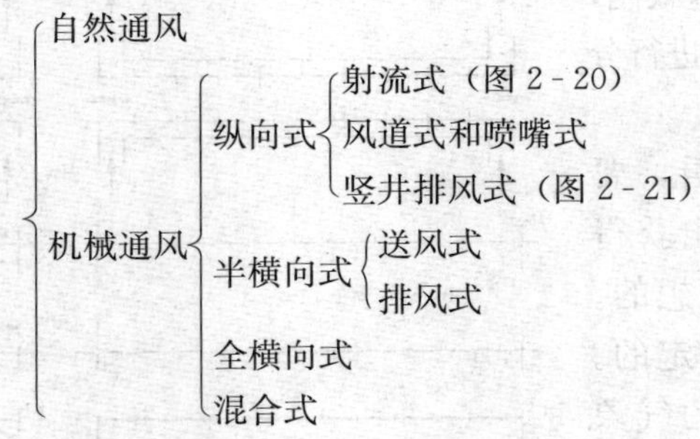

水底隧道的通风要求比较高，从重要性和安全上都希望用可靠性高的全横向式通风方式。水底隧道采用圆形断面，尤为适宜。可以利用车道板下面的空间送风，利用顶棚以上的空间排风，其可靠性相当于两套半横向式通风。也有采用半横向式通风的。

城市隧道，一般交通量较多，交通流也不稳定。而全横向式通风（图 2-22）及半横向

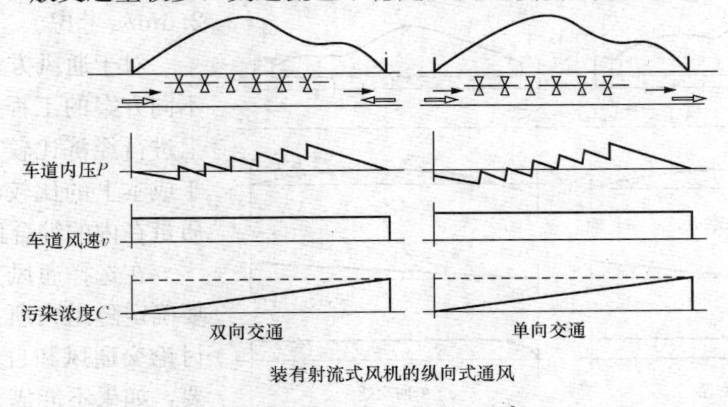

图 2-20　射流式纵向通风

式通风（图2-23）不受交通状况的影响，所以可以考虑这两种方式。如果在隧道内设置人行道和自行车道时，从安全和舒适的角度考虑，全横向通风最为理想。全横向通风的送风口通常设在两侧距车道面约1m高的位置上，行人能最先呼吸到新鲜空气。另外，这种通风方式，沿隧道纵向几乎没有风流动，可以保证自行车的稳定和安全。

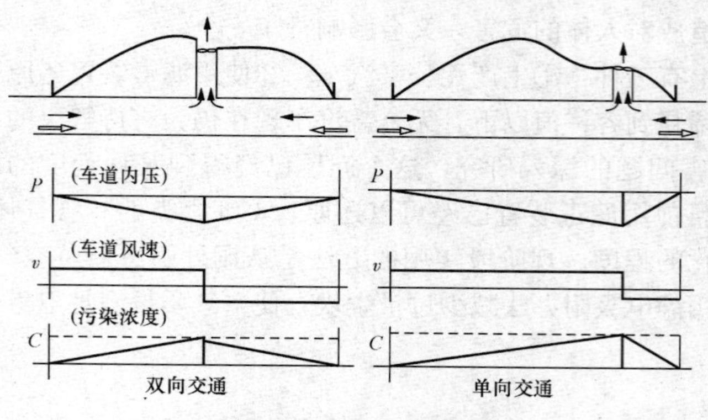

图2-21 竖井式纵向通风

山岭隧道的通风方式要更多的考虑经济性，多半采用纵向式通风和带竖井的纵向式通风，也有采用半横向式的。车道空间因纵向通风或半横向通风而引起的沿隧道纵向流动的风速过大时，对车辆和行人均有影响，使人有不快感。万一发生火灾，烟火迅速蔓延，危及下风方向的车辆和行人，所以风速应当有一定的限制。如果因隧道纵坡大或长度大，通风量很大时，风速可能超过风速限制，此时应考虑改变通风方式或进行分段通风。

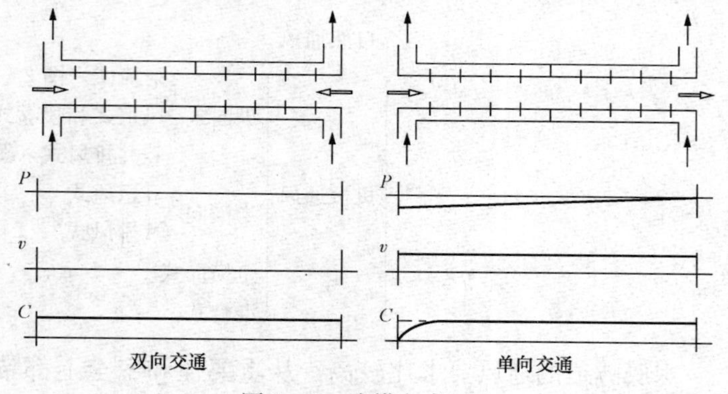

图2-22 全横向式通风

从运营通风的观点看，要求尽量节省费用，如果能获得全年稳定的自然风是最理想的。不过，自然风往往是不稳定的。通风设计应当从最不利的气象因素去考虑。在实际设计中不是考虑怎样充分利用自然风的通风效应，而是把它看作阻力。地表自然风速的大小，受地形、方向、大气环流等气象条件的影响而有很大差异，不过在隧道通风计算中，一律按其在隧道方向的速度分量为2.5m/s考虑。

对于通风方式的选择，应从不同方案的工程费、维护管理费上进行经济比较。这里不应局限于成本上的比较，而是包括通风质量在内的综合比较。

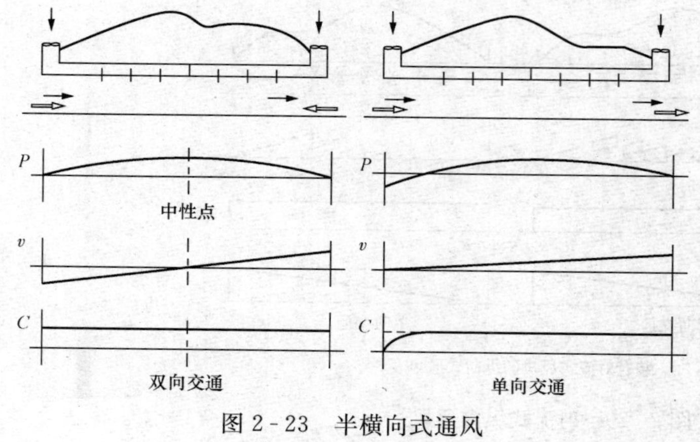

图2-23 半横向式通风

在选择通风方式时，首先需要确定隧道内所需通风量，然后讨论交通风和自然风能否满足需要，如果不能满足需要就应当采用机械通风。

2.6.2 公路隧道的营运照明

公路隧道的照明，是为了把必要的视觉信息传递给驾驶人员，防止因视觉信息不足而出现交通事故，提高驾驶的安全性和舒适性。隧道照明与道路照明的显著不同是昼间需要照明，而且昼间照明问题比夜间更加复杂。从理论上讲隧道照明与明线道路照明的共同点是需要考虑路面应具有一定的亮度水平。然而隧道照明还应进一步考虑设计车速、交通量、线形等影响因素，并从驾驶的安全性和舒适性等方面，综合确定照明水平。主要的困难问题是在隧道出入口段及洞内相邻区段需要考虑人的视觉适应过程。

在洞内没有照明设施时，驾驶人一般都会情绪紧张。汽车在经过隧道进出口时，通常都会降低速度，通过隧道内部时也小心翼翼，唯恐发生冲撞，所以汽车行驶速度一般都比较低，只有 30～40km/h。特别是会车时会降低车速，会车后又要重新换挡加速，从而排出大量尾气，对通风产生不良影响。较短的自然通风良好的隧道，当交通量很小时影响尚小，否则隧道内常常烟雾弥漫。一旦发生交通事故时车辆阻塞导致严重后果。另一方面，依靠汽车前大灯照明很不可靠，如果有穿暗色衣服的人通过，因为背景也是暗色，往往反差不够难以发现，极易发生事故。

在进入隧道之前，当隧道内没有车辆时，能看见隧道出口及其洞外景物的，称为短隧道。汽车驶入隧道后，驾驶人所看到的隧道出口外的亮度很高，而隧道内的亮度很低，由于对比度过大在出口处会造成眩光。如果在隧道周边阴影里有障碍物存在，则往往难以辨认，甚至不能察觉。由于阴影酷似“黑框”，因而将这种现象称为“黑框”效应，这种情况容易造成严重的交通事故。在驾驶人的视野里常有许多亮度不同的景物同时出现，如果反映到视网膜的各物象之间亮度差异过于悬殊，就会发生无法详细观察亮度较低的景物的现象，称为“感应现象”。如何消除它目前仍为公路隧道照明中需要解决的重要课题之一。另一种情况是看不见隧道出口及其洞外景物的较长隧道，汽车驶近隧道洞口时，在驾驶人视野中的天空、露天路面、附近建筑物等的亮度远较隧道洞口的亮度高。在感应现象的作用下，虽然实际上洞口也有相当的亮度，但驾驶人仍然感到洞口很黑，像个“黑洞”，如图 2-24 所示，以致无法辨认洞口附近的情况，连障碍物也难以发现，这种现象称为“黑洞”效应，称这种隧道

图 2-24　“黑洞效应”（左）与“白洞效应”（右）

为长隧道。“黑洞”的存在必然会危及行车安全，应当进行照明设计以消除这种效应。夜间，当汽车穿过较长的有照明的隧道之后，接近出口时同样可以产生黑洞效应，所以在洞口外部一定范围内也应进行适当的照明。白天，汽车穿过较长隧道后，由于外部亮度极高，出口看上去是个“白洞”，这时驾驶人也会因眩光作用而感到不适。

隧道洞外的野外亮度一般都很高，即使在洞内进行照明，由于考虑经济问题其亮度也只能维持在较低的水平上，洞内外的亮度差异是极悬殊的。另一方面，人的眼睛由于视觉机能的缘故，在视野景物中如果亮度发生明显的变化，眼睛瞳孔会自然地调节孔径以求适应。这个过程需要一定的时间，这段时间称为适应时间。由亮到暗则瞳孔直径发生扩大，称为暗适应。暗适应过程较长，一般约需 10s 时间。由暗到亮则瞳孔直径缩小，称为亮适应。亮适应过程较暗适应短得多，只需 1～3s 时间即可完成。亮度变化的速率越高，所需要的反应时间越长。如果亮度变化过快，视觉会产生障碍，使人感受不快和不安全。暗适应时亮度变化速率与适应时间相协调后，情况将会得到改善。

人工照明可以提高背景的亮度，增加障碍物与背景的反差，这是常用的办法。与过去使用汽车前大灯照明相比安全程度明显提高。在黑暗中前大灯射出的光束强烈耀眼，使人不敢直视。为了克服这个缺点，过去人们曾在车灯罩和风挡玻璃上使用光轴相互正交的偏振片滤光，这种方法仅对装有这种偏振片的车辆有效。如果相对行驶车辆的任何一方不完全具备时均可漏光失效。另一方面，人的眼睛不具备偏振片的功能，装有偏振片的车灯对行人来说仍然会受到强光刺激，使行人失去前进方向，同样是危险的。会车时采用关掉前大灯的办法必然影响车速。只有在单向交通的隧道里，当车速不十分高，交通量也比较少时，靠前大灯照明才不致有严重危险。即使在这种情况下，前车背后的反光也会使驾驶人感到耀眼和闪烁。

公路隧道照明，以昼间照明为研究对象，以保证设计交通且设计车速安全舒适行驶为目的。由通风知识可知，为减少废气排出量，车速以 50km/h 以上为宜。随着汽车性能的改善、高速公路的增多，隧道的设计速度也在相应提高。不过从安全角度看，目前设计车速还不宜超过 80km/h，进行隧道照明设计时应以此为限度。

尽管野外亮度和洞内照明后的亮度差异悬殊，驾驶人心理上或多或少的有减速行驶的影响。但是在洞口内外作适当的处置以后，使驾驶人眼睛适应能力与亮度变化速率相协调时，对安全驾驶不会产生影响。虽然进行适当照明后的隧道仍存在噪声大、反差也不太好、四周闭塞等问题，但是至少可以缓和驾驶人的紧张程度。另外，隧道内温度湿度较洞外均高，还不可避免地要在四周墙壁附着油垢尘埃，需要经常使用洗涤剂等化学制品清洗，因而要求照明设施应具有抗蚀能力。

2.6.3 消防设施

随着我国公路建设的发展，长隧道及特长隧道不断增多，隧道自身的消防安全问题越来越得到重视。公路隧道是为使公路从地层内部通过而修建的结构物，是一种与外界直接连通的、有限的且相对封闭的空间，隧道内有限的逃生条件和热烟排除出口使得隧道火灾具有燃烧后周围温度升高较快、持续时间长、着火范围往往较大、消防扑救与进入困难的特点，对疏散和救援人员的生命造成危险，故一旦发生火灾，往往会造成不同程度的人员伤亡、车辆烧毁、结构及各种设施的损坏，隧道衬砌和结构也受到破坏，其直接损失和间接损失巨大。

近年来随着公路建设的迅速发展，国内已涌现出大量的隧道工程，特别是长大隧道及特长隧道的不断出现，对隧道消防设施提出了更高的要求。

1. 隧道发生火灾的主要原因

（1）车辆的电气线路发生短路等意外事故导致火灾。1976 年 3 月 8 日在上海某隧道中，大客车油箱与地面露出的钢筋相撞，摩擦起火，死亡 5 人，重伤 2 人。

（2）车辆驾驶员的违规操作等因素导致火灾。1999 年 3 月 24 日，意大利、法国交界处的勃朗峰隧道一辆满载油品的卡车，因驾驶员的违规操作引起隧道大火，殃及前后车辆，大火持续燃烧了 48 小时，41 人死亡，其中消防队员 1 名，20 多辆车被毁，交通中断 3 天。

（3）车辆之间不慎碰撞、刮擦等事故导致火灾。2000 年 5 月 29 日清晨，奥地利阿尔卑斯山的一条隧道发生一起汽车连环相撞事故，造成至少 2 人死亡，71 人受伤，总共有 60 辆汽车卷入了这场事故，67 人弃车逃离了灾难现场。隧道内由于油漆燃烧所产生的浓烟和上千摄氏度的高温，给灭火和营救伤员的工作造成了巨大困难，也造成了重大的经济损失。

（4）车辆装载的货物发生自燃等导致火灾。由于自燃物品有遇高温空气积热自燃的特性，对运输车辆要求不宜采用金属车厢，以防摩擦、振动，必须采用时应落实可靠防护措施，并配置灭火器材，定期检查、保养。发现问题应立即更换或修理，应悬挂公安消防机构统一规定的危险物品运输标志。在运输时应有专人押运，随时注意检查运输物品的状态，确保安全。

（5）隧道工程发生塌方等意外事故导致火灾。

2. 隧道火灾的特点

（1）由于隧道空间狭长，如发生火灾很容易发生连环爆炸，火势发展迅猛且烟雾笼罩，能见度差，燃烧温度高，给消防人员的及时扑救工作带来较大的困难，易造成人员伤亡和重大的经济损失，给隧道造成极大的损害。

（2）人员、车辆的疏散工作十分困难。由于发生火灾时，造成交通堵塞，且燃烧产生的有毒烟雾浓度大，对人员造成致命的第二次伤害，对工作人员、消防人员的抢险救援、疏散工作带来困难。

（3）需投入的消防灭火力量多且扑救难度大。

（4）遇液化槽车泄漏、塌方等严重事故，极易造成重大的经济损失。

3. 隧道火灾的危害性

隧道内一旦发生火灾，既不容易控制火势，隧道内人员、车辆又不易逃生，往往后果严重。2001 年 10 月 24 日，世界上最长的公路隧道之一，穿越阿尔卑斯山、连接欧洲南北的瑞士圣哥达（St. Gotthard）公路隧道因两辆载货卡车在隧道南端 1km 处相撞引起大火，虽然出动了 150 名消防队员前往救火，但因浓烟滚滚无法接近出事地点，火势未能得到及时有效控制，致使 11 人死亡。

由于隧道都是狭长形的，空间小、道路窄、通风条件差，一旦发生火灾可燃物产生的浓烟将从起火部位以很快的速度向四处对流扩散，直至充满整个空间，呈现聚集不散的状态。公路隧道内发生火灾后将会有较多的车辆和随车人员堵在隧道内，既不能前进又不能后退，而且受隧道宽度的限制，绝大多数车辆更不能在隧道内掉头，人员、车辆、物资疏散困难，这种情况为火势蔓延、扩大人员伤亡和财产损失创造了条件。

较长隧道近似于密闭状态，自然排风几乎不可能，因此较长隧道内设有专用通风和照明设备，但一旦发生火灾，这些设备即被烧毁，极易造成隧道内烟雾大、温度高的局面，尤其是浓烟对人的生命构成严重威胁，消防施救较为困难，后果难以预料。

公路隧道的火灾，由于其发生的时间、地点均不可预测，所以很难完全杜绝。加之隧道内空间狭小，灾害发生时常伴随严重的交通阻塞，如果施救不及时和方法不当，必然会造成严重的人员伤亡和财产损失。

4. 隧道的防火措施

大火中人的死亡原因大都是浓烟导致的窒息，而非被火直接烧死。各国在隧道防火的研究工作中，针对不同情况提出了相应的防火措施。

(1) 较长的隧道应划分防火分区。《公路隧道通风照明设计规范》(JTJ 026.1—1999) 建议防火分区长度取1000m，是基于与避难横通道所处位置基本对应而提出来的，各个防火分区应有相应的排烟要求及人车逃离方案。长隧道的通风井与隧道之间的所有相通的门均应做成甲级防火门，耐火极限达1.2h。

(2) 隧道所用的材料耐火极限应为1.5～2h。隧道内的灯具、电话箱和灭火器箱体等也应用不燃材料制成。电缆应用阻燃电缆或耐火电缆，各类电气线路均应穿管保护。

(3) 设置机械通风的隧道，应视隧道内火灾点的位置确定送排风风向，应尽量缩短火灾烟雾在车道内的行程。

(4) 通风设备在设计选型时，必须考虑到发生火灾时排烟的要求，应当具备高温情况下能维持一定工作时间的功能，并可远距离遥控启动。排烟风机应按重要负荷供电，设两个互为备用的电源，末端应能自动切换。

(5) 设置疏散避难设施，如避难通道、定点急救避难场所等。对于双孔隧道，可把联络通道作为避难设施。同时，还应设置带蓄电池的事故照明灯、灯箱式疏散诱导标志。

5. 隧道灭火设施

隧道灭火设施的种类很多，主要包括灭火器、消火栓、固定式水成膜泡沫灭火装置和消防车等。

(1) 灭火器。灭火器是火灾扑救中常用的灭火工具，在火灾初起之时由于范围小、火势弱是扑救火灾的最佳时机，正确及时的使用灭火器可以使损失降至最低。灭火器结构简单、轻便灵活，稍经学习和训练就能掌握其操作方法。目前道路隧道内经常使用的灭火器主要有泡沫灭火器、干粉灭火器、二氧化碳灭火器、1211灭火器等。

(2) 消火栓。消火栓是为了在初期火灾时灭火和防止火灾扩大的设备。消火栓实际上是一种截止阀的阀门，是一种固定式消防供水设备。消火栓分室内消火栓和室外消火栓两种，室内消火栓可设在隧道边墙上，室外地上消火栓可设在隧道洞口间绿地上。

室内消火栓主要由阀体、密封垫、阀门、阀杆、阀盖、手轮、进出水接口等部件组成。室内消火栓配合水带、水枪使用。水带是连接消火栓或消防泵与水枪等喷射装置的输水管线，按材料分麻织、棉织涂胶、尼龙涂胶三种；按口径可分为50mm、65mm、80mm、90mm四种；按承受压力可分为甲、乙、丙、丁四级，承受最大工作水压分别为≥1MPa、

0.8～0.9MPa、0.6～0.7MPa、≤0.6MPa。选择水带时要注意到各种接口的型号、规格与性能，以便配套使用，如图 2-25 所示。

水枪是增加水流速度、射程和改变水流形状的射水灭火工具，按喷射水流不同，可分为直流水枪、开关直流水枪、开花直流水枪、喷雾水枪、带架水枪等。直流水枪是用来喷射密集充实水流的水枪；开关直流水枪是在直流水枪上安装控制开关，能控制水流大小和增加水枪射程的水枪；开花直流水枪是一种既可喷射充实水流，又可喷射伞形开花水流的水枪，开花水流能隔离辐射热，能掩护消防员以充实水流灭火；喷雾水枪是在直流水枪的枪口上安装一个双级离心喷雾头，使水流在离心力作用下，将压力水变成雾状水流，可适应于扑救油类及电器设备火灾；雾状水流能吸收大量辐射热，可以掩护消防员接近火源，提高灭火效率；带架水枪由枪管、旋转盘、操纵杆、底架等主要部件构成，适用于大面积火场及高层建筑等。

图 2-25　消火栓布置图

(3) 固定式水成膜泡沫灭火系统。隧道火灾主要是以汽车火灾为代表，也就是油类火灾。在 20 世纪 60 年代初美国 3M 公司生产出水成膜泡沫灭火剂（Aqueous Film Forming Foam），是专门为油类火灾而研制的一种高效灭火剂。水成膜泡沫又称“轻水”泡沫，英文简称 AFFF，主要由氟碳表面活性剂组成，并添加泡沫稳定剂、防腐剂等成分，是一种无毒、无味不易腐败的高效灭火剂，存放期可达 10 年以上。水成膜泡沫灭火剂除含有普通水成膜泡沫液的成分外，还添加有高分子聚合物。氟碳表面活性剂具有显著降低表面张力的能力，具有高耐热、耐化学制剂的性能，与碳氢表面活性剂复合使用表现出良好的协同效应，既能有效降低溶液的表面张力，也能降低油的界面张力。

水成膜在水溶液中能起泡，其水溶液比水轻，所以它能浮在燃液表面，因此被称作“轻水”。它对石油类灭火性能十分优异。它的灭火原理，除具有一般泡沫灭火剂的作用外，还有当它在燃烧液表面流散的同时析出液体冷却燃液表面，并在燃烧液面上形成一层水膜与泡沫层共同封闭燃液表面，隔绝空气形成隔热屏障，吸收热量后的液体汽化稀释燃液面上的空气含氧量，对燃烧液体产生窒息作用，阻止了燃液的继续升温、汽化和燃烧。它和其他灭火剂的根本区别是“轻水”泡沫具有泡沫和水膜的双重灭火作用，这是它灭火效率高、时间短的原因。

固定式水成膜泡沫灭火装置是由压力水、泡沫液容器、比例混合器、软管、泡沫枪及箱体等组成的灭火设备。

国内近年来已开始将水成膜泡沫灭火装置用于隧道上，该系统使用方便，火灾时由使用者首先拉出喷枪（在拉出喷枪的同时，引起导向架摆动，自动打开供水阀），再将软管拉至需要的长度，对准火源即可灭火，是一种高效泡沫固定灭火装置。

（4）消防专用车。

1）普通消防车。水是最常用的灭火剂，它来源广泛、价格便宜。以水为灭火剂的消防车是很普通的消防专用车，在一般中小公路隧道配备这种消防车已经足够了。目前的消防体制是由消防警察承担灭火作业和管理使用消防专用车辆。在城市道路的安全设计中，一般允许单独设置旨在专门为隧道消防服务的专门机构，或指定专门为隧道服务的专用的消防车辆，所有灭火作业都可以在消防单位的主持下开展工作。这里应当说明的是隧道火灾的灭火作业方案都是预先制定好的。在远离城市的重要公路隧道，有时需要考虑设立专门的消防编制，有专门担任消防作业的人员和专用车辆以应急需。不过在这种情况下，要求在编人员除担负灭火作业外还要完成各种救援作业，从事清理火灾现场和清扫工作及日常的维护修理工作等。总之，是一个综合性服务队伍。

2）专用消防车。在长大公路隧道、重要城市道路隧道、专运线公路隧道等场合，有时可能需要考虑扑灭车载可燃气体、可燃液体火灾，此时采用专用消防车比较方便。这类消防车机动性好，具有相当好的灭火能力，价格相对便宜，是一种较好的选择方式。一般长度超过 5000m 远离城市的特长隧道要考虑配备专用消防车，专用消防车可选用干粉泡沫联用车。

2.7 防排水设施

在公路隧道中，防排水是保持正常营运的重要因素之一。隧道漏水将损坏顶棚、内装、通风、照明以及其他各种附属设施，使之霉烂、锈蚀、变质、失效。路面积水后将改变路面反光条件引起眩光；使车辆打滑，影响正常行驶。在严寒地区，隧道渗水将产生侵入限界的“挂冰”。路面结冰会导致路面凸起和车轮打滑，结冰冻胀还会破坏衬砌。

隧道的防排水是由地质调查时开始的。为了保证在有丰富地下水地区的施工，可以使用导水法、注浆法乃至冻结法和混合法等。例如用钻孔抽水、导坑排水、井点降水等方法导水，用水泥、粘土、水玻璃系、木质素类、丙烯酰胺类、聚氨酯类、糠醛树脂类、环氧树脂类等注浆法。施工中的防排水是临时性措施，但应与永久性防排水构造相结合。

隧道的永久性防排水，是用防排水工程措施实现的，概括为“防、排、截、堵”综合治理方法。防排水措施的应用示例如图 2-26～图 2-28 所示。

“排”水是利用盲管（沟）、泄水管、渡槽、排水侧沟和中心排水沟等，将水排出洞外。盲管排水是目前普遍采用的方式，已经形成了尚未标准化的系列构件产品，其形式多种多样。盲沟是一种比较古老的形式，是在衬砌背后用片石或卵石干砌而成的厚 30～40cm，宽 100～150cm 的排水通道。盲沟可以根据需要砌至拱脚或砌至边墙底

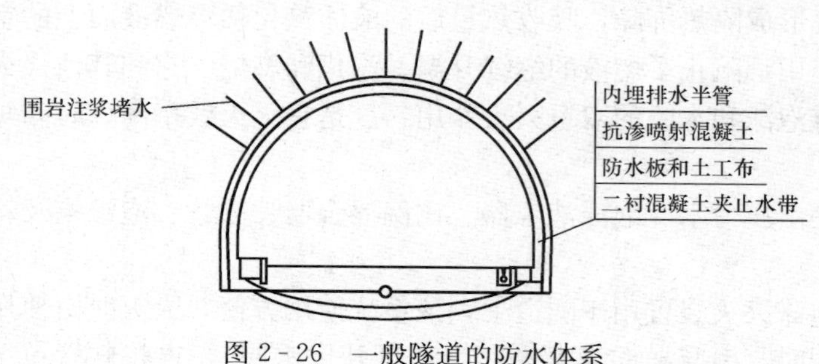

图 2-26　一般隧道的防水体系

部，然后用泄水管将水引入隧道的排水沟内。盲沟间距应因地制宜的设置。由于这种工艺对岩体破坏大，又费料、费工、费时，目前已很少采用。渡槽是在衬砌内表面设置的环向槽，其尺寸按水量大小确定，其间距一般应与筑拱环节长度配合，施工缝往往是渗水最多的位置。衬砌背后的排水盲管、渡槽等管道，目前已被定型橡塑管（蛇形管、半圆管、Ω形管、π形管）等系列产品代替。

隧道内的排水一般均采用排水沟方式，类型主要有中心排水沟和路侧排水沟，在严寒地区应设置防冻水沟。排水沟断面可为矩形或圆形，并便于清理和检查。过水面积应根据水量大小确定。沿纵向应在适当间隔处设置检查井和汇水井，但不宜设在车道中心。必须设在隧道中心时，应对井盖顶面标高作出严格限制，应与路面同高并符合路面设计标准，以确保行车时不会发生弹跳现象。

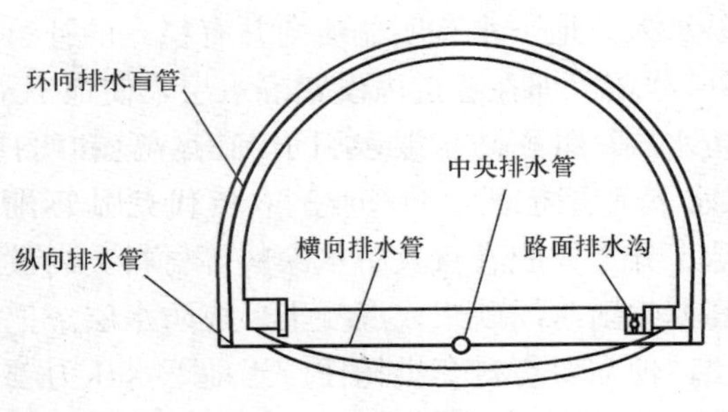

图 2-27　一般隧道排水系统

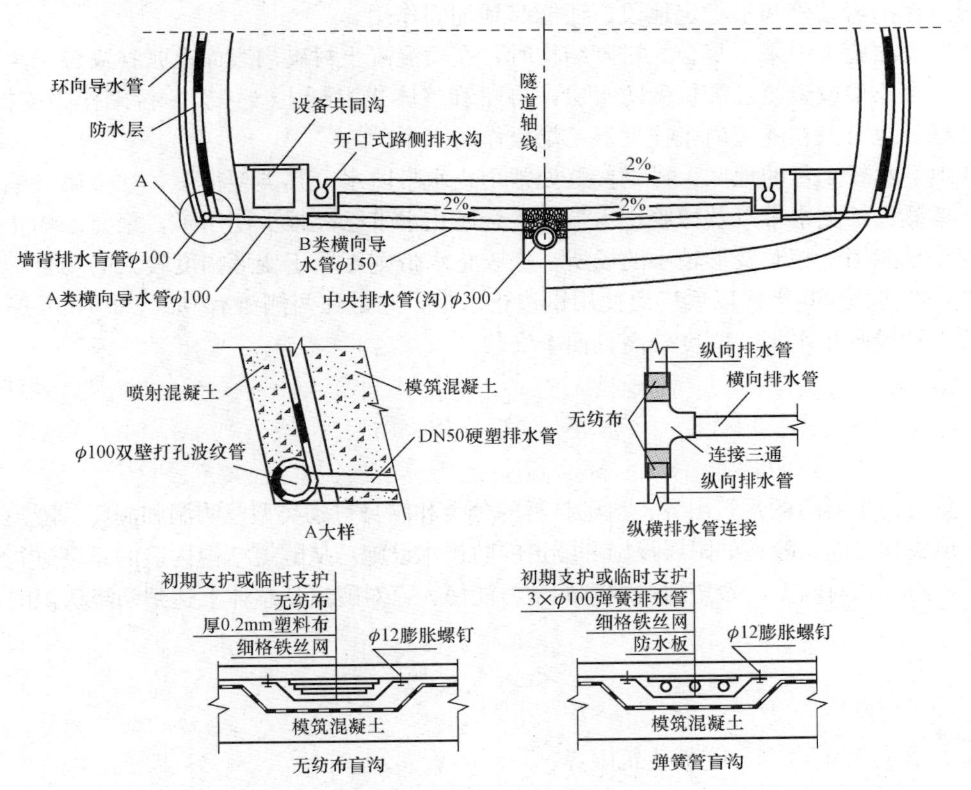

图 2-28　隧道主要防排水设施

实际工例表明，排水设计和施工是很精细的工作，简单马虎的设计和粗制滥造的施工都必然在使用不久即形成堵塞，会造成严重的病害。排水系统必须保持畅通且应该是可维修的。

“截”是切断涌向隧道的水流，即把可能流入隧道的地表水和地下水的通道截断。在隧道未开挖前地表水和地下水各自经过原有通道和孔隙流动，隧道一旦开挖之后原有的平衡被破坏便形成了新的地下通路，地下水会大量汇集并涌入隧道，地表水也会大量渗入。

在地表水和地下水都很丰富的地区应把地表水引开。例如在洞外设置截水沟使地表水不会涌向洞口和洞身上方地面。必须流经隧道上方时也应砌筑排水沟或喷、抹灰浆使地表水不易渗入。地下水有明显流向并有稳定的补给来源时可在适当位置设置截水导坑。

“堵”即在隧道内设置隔水层，使地下水不能涌入隧道。有的在衬砌外表面设置外贴式防水层。外贴防水层多用于沉管隧道和明挖隧道，暗挖隧道很难应用。早期多用钢壳防水（水下沉管隧道）。20 世纪 50 年代开始逐渐改用柔性防水层，使用沥青油毡、玻璃纤维油毡、异丁橡胶卷材及防水涂料等材料。内敷式防水层可用于暗挖隧道，它是在衬砌内表面上高速喷射水泥砂浆或混凝土形成防水层。把沥青油毡等贴在衬砌内表面时，称为内贴式防水层，但需要有衬套烘托住。当地下水压力较大或有侵蚀性时，不宜设置内贴式和内敷式防水层。20 世纪 60 年代以后，开始改用以防水混凝土为主的防水措施。

向衬砌背后压浆能填充衬砌背后的空隙，并能压入围岩的裂隙和孔洞，能起到一定的防水作用。在围岩破碎和不稳定地段，还能起到加固作用。

在新奥法施工中采用复合式衬砌结构时，在喷混凝土衬砌内表面上张挂高分子柔性防水卷材，如聚乙烯或聚氯乙烯板做防水层，再灌筑整体式混凝土（一次）衬砌作为支撑衬套，效果良好。也有只在隧道内张挂聚氯乙烯板作防水伞的。

在地下水较丰富的地区，衬砌接缝处常用止水带防水。其类型很多，如金属（铜片）止水带、聚氯乙烯止水带以及橡胶止水带等。金属止水带已经很少使用了，聚氯乙烯止水带的弹性较差只能用于相对变形较小的场所，橡胶止水带则可用于变形幅度较大的场合。在水底隧道中，20 世纪 50 年代以后广泛使用钢边止水带，它是在两侧镶有 0.6～0.7mm 厚的钢片翼缘的一种橡胶止水带，刚度较高且便于安装。

本 章 小 结

本章讨论了隧道的建筑限界；衬砌材料的分类和洞身衬砌类型；明洞和洞门；隧道的内部装饰、顶棚和路面；隧道的附属设施和隧道的防排水设施。从隧道结构构造的角度进行了全面的介绍，内容相对较多，希望通过本章的学习能使大家对隧道从整体上达到初步认识的目的。

习 题

1. 什么是隧道净空、隧道建筑限界？
2. 常用的衬砌材料有哪些？
3. 明洞有哪几种类型？各自的适用条件是什么？
4. 常用洞门型式有哪些？每种型式在什么条件下使用？
5. 我国隧道的防排水原则是什么？

第3章 围岩压力

知识要点

1. 隧道围岩的分类方法；
2. 围岩压力的形成及其影响因素；
3. 深埋隧道围岩压力的计算；
4. 浅埋隧道围岩压力的计算；
5. 围岩压力量测。

3.1 隧道围岩分级

隧道围岩是指隧道周围一定范围内对隧道稳定性产生影响的岩（土）体。隧道周围的地层不管是岩体还是土体统称为隧道围岩。不同的围岩在修建隧道时会有不同的工程地质特性。例如，在有些围岩中开挖坑道后，坑道不会坍塌能很好地保持稳定。而在有些围岩中开挖坑道后，坑道不能保持稳定而容易坍塌，要得到需要的开挖空间就必须修筑衬砌加以支护。这些情况说明了在不同围岩中开挖坑道，围岩会表现出不同的稳定性。

为满足工程设计、施工等的需要，针对各种不同的具体要求，例如爆破、支护、挖掘、编制定额等，把与这些不同的要求相应的地质条件归类，这就是围岩分级。对于设计道路隧道工程来说，主要是针对支护工程的需要而对相应的地质条件进行分级。合理的、符合工程实际的分级，对于支护设计的准确与合理有很重要的意义。

由于工程地质与水文地质条件的复杂性和多变性，国内外提出了许多隧道围岩分级方法，有的已在实践中得到广泛应用。其分类方法大体上有以下几种：

(1) 以岩石强度或岩石的物理力学性质指标为代表的分级方法。

(2) 以岩体构造、岩性特征为代表的分级方法。

(3) 与地质勘察手段相联系的围岩分级法。

(4) 以多种地质因素进行组合的分级方法。

(5) 以坑道稳定状态为代表的分级方法。

我国交通部门（包括铁、公路）采用的围岩分级法基本上有两大类：一是以岩石强度指标为基础的分级方法；二是以坑道围岩稳定性为基础的分级法。从我国大量的地下工程建筑的实践表明，坑道的破坏及围岩压力的大小，并非仅仅取决于岩体的强度，而围岩结构特征对围岩稳定性具有重要影响。例如，西北、华北地区黄土的抗压强度并不高，但岩（土）体整体性好，开挖坑道后一般都能自立不垮塌，并且实测其围岩压力也较大。因此，人们逐渐放弃了单纯以围岩强度为基础的围岩分级法，而采用综合考虑坑道围岩地质条件特征及以坑道围岩稳定性为基础的围岩分级法。

国内外现有的围岩分级有定性、定量、定性与定量相结合 3 种做法，且多以前两种做法为主。定性分级的做法是，在现场对影响岩体质量的诸因素进行定性描述、鉴别、判断，或对主要因素作出评判、打分，有的还引入部分量化指标进行综合分级。以定性为主的分级方法，如我国现行的公路、铁路隧道围岩分级（分类）等方法经验的成分较大，有一定人为因素和不确定性，在使用中往往存在不一致，随勘察人员的认识和经验的差别，对同一围岩作出级别不同的判断。采用定性分级的围岩级别，常常出现与实际差别 1～2 级的情况。定量分级的做法是根据对岩体（或岩石）性质进行测试的数据或对各参数打分，经计算获得岩体质量指标，并以该指标值进行分级，如国外 N. Barton 的 Q 分级、Z. T. Bieniawsks 的地质力学（MRM）分级、Dree 的 RQD 值分级等方法。但由于岩体性质和赋存条件十分复杂，分级时仅用少数参数和某个数学公式难以全面准确地概括所有情况，而且参数测试数量有限，数据的代表性和抽样的代表性均存在一定的局限，实施时难度较大。因此我国现行《公路隧道设计规范》（JTG D70—2004）围岩分级采用定性划分和定量相结合的综合评判方法，两者可以互相校核和检验，以提高分级的可靠性。

根据隧道工程建设的不同阶段、公路线路等级和隧道长度的不同，所进行的调查和测试工作的深度不同，对围岩分级精度的要求也不尽相同。一般在可行性研究和初勘阶段和线路等级三级以下、长度短于 500m 的隧道，围岩初步分级可以定性分级为主，或以定性与少量测试数据所确定的岩体基本质量指标 BQ 值相结合进行围岩基本质量分级。在详勘阶段和施工设计阶段，特别是施工期间，必须进行定性与定量相结合的分级，并应根据勘测测试资料和开挖揭露的岩体观察量测资料，对初步分级进行检验和修正，确定围岩详细分级。

影响围岩稳定的因素多种多样，主要是岩石（体）的物理力学性质、构造发育情况、承受的荷载（工程荷载和初始应力）、应力变形状态、几何边界条件、水的赋存状态等。这些因素中，岩体的物理力学性质和构造发育情况是独立于各种工程类型的，反映出了岩体的基本特性，在岩体的各项物理力学性质中，对稳定性关系最大的是岩石坚硬程度、岩体的构造发育状态、岩体的不连续性、节理化程度所反映的岩体完整性是地质体的又一基本属性。因此我国现行公路隧道围岩分级将岩石坚硬程度和岩体的完整程度作为岩体基本质量分级的两个基本因素。

（1）隧道围岩分级的综合评判方法宜采用两步分级，并按以下顺序进行：

1）根据岩石的坚硬程度和岩体完整程度两个基本因素的定性特征和定量的岩体基本质量指标 BQ，综合进行初步分级。

2）对围岩进行详细定级时，应在岩体基本质量分级基础上考虑修正因素的影响，修正岩体基本质量指标值。

3）按修正后的岩体基本质量指标 $[BQ]$，结合岩体的定性特征综合评判、确定围岩的详细分级。

(2) 围岩分级中岩石坚硬程度、岩体完整程度两个基本因素的定性划分和定量指标及其对应关系应符合下列规定：

1) 岩石坚硬程度可按表 3-1 定性划分。

表 3-1　　岩石坚硬程度的定性划分

名称		定性鉴定	代表性岩石
硬质岩	坚硬岩	锤击声清脆，有回弹，震手，难击碎；浸水后大多无吸水反应	未风化～微风化的花岗岩、正长岩、闪长岩、辉绿岩、玄武岩、安山岩、片麻岩、石英片岩、硅质板岩、石英岩、硅质胶结的砾岩、石英砂岩、硅质石灰岩等
	较坚硬岩	锤击声较清脆，有轻微回弹，稍震手，较难击碎；浸水后有轻微吸水反应	(1) 弱风化的坚硬岩； (2) 未风化～微风化的熔结凝灰岩、大理岩、板岩、白云岩、石灰岩、钙质胶结的砂页岩等
软质岩	较软岩	锤击声不清脆，无回弹，较易击碎；浸水后指甲可刻出印痕	(1) 强风化的坚硬岩； (2) 弱风化的较坚硬岩； (3) 未风化～微风化的凝灰岩、千枚岩、砂质泥岩、泥灰岩、泥质砂岩、粉砂岩、页岩等
	软岩	锤击声哑，无回弹，有凹痕，易击碎；浸水后手可掰开	(1) 强风化的坚硬岩； (2) 弱风化～强风化的较坚硬岩； (3) 弱风化的较软岩； (4) 未风化的泥岩等
	极软岩	锤击声哑，无回弹，有较深凹痕，手可捏碎；浸水后可捏成团	(1) 全风化的各种岩石； (2) 各种半成岩

2) 岩石坚硬程度定量指标用岩石单轴饱和抗压强度 R_c 表达。R_c 一般采用实测值，若无实测值时，可采用实测的岩石点荷载强度指数 $I_{s(50)}$ 的换算值，即按式 (3-1) 计算。

$$R_c = 22.82 I_{s(50)}^{0.75} \tag{3-1}$$

3) R_c 与岩石坚硬程度定性划分的关系可按表 3-2 确定。

表 3-2　　R_c 与岩石坚硬程度定性划分的关系

R_c/MPa	>60	60～30	30～15	15～5	<5
坚硬程度	坚硬岩	较坚硬岩	较软岩	软岩	极软岩

4) 岩体完整程度可按表 3-3 定性划分。

5) 岩体完整程度的定量指标用岩体完整性系数 K_v 表达。K_v 一般用弹性波探测值，若无探测值时，可用岩体体积节理数 J_v 按表 3-4 确定对应的 K_v 值。

表 3-3　　岩体完整程度的定性划分

<table>
<tr><th rowspan="2">名称</th><th colspan="2">结构面发育程度</th><th rowspan="2">主要结构面的结合程度</th><th rowspan="2">主要结构面类型</th><th rowspan="2">相应结构类型</th></tr>
<tr><th>组数</th><th>平均间距</th></tr>
<tr><td>完整</td><td>1～2</td><td>>1.0</td><td>好或一般</td><td>节理、裂隙、层面</td><td>整体状或巨厚层结构</td></tr>
<tr><td rowspan="2">较完整</td><td>1～2</td><td>>1.0</td><td>差</td><td rowspan="2">节理、裂隙、层面</td><td>块状或厚层状结构</td></tr>
<tr><td>2～3</td><td>1.0～1.4</td><td>好或一般</td><td>块状结构</td></tr>
<tr><td rowspan="3">较破碎</td><td>2～3</td><td>1.0～1.4</td><td>差</td><td rowspan="3">节理、裂隙、层面、小断层</td><td>裂隙块状或中厚层结构</td></tr>
<tr><td rowspan="2">>3</td><td rowspan="2">0.4～0.2</td><td>好</td><td>镶嵌碎裂结构</td></tr>
<tr><td>一般</td><td>中、薄层状结构</td></tr>
<tr><td rowspan="2">破碎</td><td rowspan="2">>3</td><td>0.4～0.2</td><td>差</td><td rowspan="2">各种类型结构面</td><td>裂隙块状结构</td></tr>
<tr><td><0.2</td><td>一般或差</td><td>碎裂状结构</td></tr>
<tr><td>极破碎</td><td>无序</td><td></td><td>很差</td><td></td><td>散体状结构</td></tr>
</table>

注：平均间距指主要结构面（1～2 组）间距的平均值。

表 3-4　　**J_v 与 K_v 对照表**

J_v 条/m³	<3	3～10	10～20	20～35	>35
K_v	>0.75	0.75～0.55	0.55～0.35	0.35～0.15	<0.15

6）K_v 与定性划分的岩体完整程度的对应关系可按表 3-5 确定。

表 3-5　　**K_v 与定性划分的岩体完整程度的对应关系**

K_v	>0.75	0.75～0.55	0.55～0.35	0.35～0.15	<0.15
完整程度	完整	较完整	较破碎	破碎	极破碎

7）岩体完整程度的定量指标 K_v、J_v 的测试和计算方法应符合《公路隧道设计规范》（JTG D70—2004）的规定。

（3）围岩基本质量指标 BQ 应根据分级因素的定量指标 R_c 值和 K_v 值按式（3-2）计算：

$$BQ = 90 + 3R_c + 250K_v \tag{3-2}$$

使用式（3-2）时应遵守下列限制条件

1）当 $R_c > 90K_v + 30$ 时，应以 $R_c = 90K_v + 30$ 和 K_v 代入计算 BQ 值。

2）当 $K_v > 0.04R_c + 0.4$ 时，应以 $K_v = 0.04R_c + 0.4$ 和 R_c 代入计算 BQ 值。

（4）围岩详细定级时，如遇下列情况之一，应对岩体基本质量指标 BQ 进行修正：

1）有地下水。

2）围岩稳定性受软弱结构面影响，且由一组起控制作用。

3）存在高初始应力。

围岩基本质量指标修正值［BQ］可按式（3-3）计算：

$$[BQ] = BQ - 100(K_1 + K_2 + K_3) \tag{3-3}$$

式中　［BQ］——围岩基本质量指标修正值；

BQ——围岩基本质量指标；

K_1——地下水影响修正系数；

K_2——主要软弱结构面产状影响修正系数；

K_3——初始应力状态影响修正系数。

K_1、K_2、K_3 值可分别按《公路隧道设计规范》（JTG D70—2004）附录 A 确定。

围岩极高及高初始应力状态的评估，可按《公路隧道设计规范》（JTG D70—2004）附录 A 规定进行。

（5）可根据调查、勘探、试验等资料，岩石隧道的围岩定性特征，围岩基本质量指标 BQ，或修正的围岩质量指标［BQ］值，土体隧道中的土体类型、密实状态等定性特征，按表 3-6 确定围岩级别。

表 3-6　　　　公路隧道围岩分级

围岩级别	围岩或土体主要定性特征	围岩基本质量指标 BQ 或 修正的围岩基本质量指标［BQ］
Ⅰ	坚硬岩，岩体完整，巨整体状或巨厚层状结构	＞550
Ⅱ	坚硬岩，岩体较完整，块状或厚层状结；较坚硬岩，岩体完整，块状整体结构	550～451
Ⅲ	坚硬岩，岩体较破碎，巨块（石）碎（石）状镶嵌结构；较坚硬岩或较软硬岩层，岩体较完整，块状体或中厚层结构	450～351
Ⅳ	坚硬岩，岩体破碎，碎裂结构； 较坚硬岩，岩体较破碎～破碎，镶嵌碎裂结构； 较软岩或软硬岩互层，且以软岩为主，岩体较完整～较破碎，中薄层状结构	350～251
	土体：1. 压密或成岩作用的粘性土及砂性土； 2. 黄土（Q_1、Q_2）； 3. 一般钙质、铁质胶结的碎石土、卵石土、大块石土	
Ⅴ	较软岩，岩体破碎； 软岩，岩体较破碎～破碎； 极破碎各类岩体，碎、裂状，松散结构	≤250
	一般第四系的半干硬至硬塑的粘性土及稍湿至潮湿的碎石土，卵石土、圆砾、角砾土及黄土（Q_3、Q_4）。非粘性土呈松散结构，粘性土及黄土呈松软结构	
Ⅵ	软塑状粘性土及潮湿、饱和粉细砂层、软土等	

注：本表不适用于特殊条件的围岩分级，如膨胀性围岩、多年冻土等。

当根据岩体基本质量定性划分与［BQ］值确定的级别不一致时，应重新审查定性特征和定量指标计算参数的可靠性，并对它们重新观察、测试。

在工程可行性研究和初步勘测阶段，可采用定性划分的方法或工程类比的方法进行围岩级别划分。

（6）各级围岩的物理力学参数宜通过室内或现场试验获取，无试验数据和初步分级时，可按《公路隧道设计规范》（JTG D70—2004）附录A选用；岩体结构面抗剪断峰值强度参数可按《公路隧道设计规范》（JTG D70—2004）附录A选用。

（7）各级围岩的自稳能力宜根据围岩变形量测和理论计算分析来评定，也可按《公路隧道设计规范》（JTG D70—2004）附录A作出大致的评判。

3.2 围岩压力及成拱作用

3.2.1 围岩压力

如前所述，隧道围岩分级是以围岩稳定性为基础的。但在隧道设计中，往往把围岩的稳定性转化为对支护结构的荷载—围岩压力进行处理的，也就是说，在隧道设计中所关注的往往是围岩压力的大小及其特征（分布情况、围岩压力方向、分布形状等）。围岩级别不同，其稳定性也不同，相应的围岩压力也不同。

在地层中开挖坑道，如果开挖后不加以支护，可能会遇到如下一些情况：有的围岩在开挖后会迅速坍塌，甚至会填满整个坑道，在地表还可形成一个与坑道相仿的坍塌区；有的围岩在坑道开挖后会发生岩块错动、掉块，甚至塌方；有的围岩开挖后能维持暂时稳定，仅在个别地方产生掉块。这些情况表明，开挖坑道破坏了围岩的原有平衡状态，在坑道周围一定范围内产生了不同程度的扰动，地质情况不同，其扰动影响范围、程度不同。

为保证坑道正常使用需要的净空和安全，坑道开挖后一般是必须进行支护的，也就是阻止坑道周围的围岩产生移动或掉落。被扰动后的围岩要移动或要变形，而支护结构要阻止其移动或变形，围岩就必会对支护结构施加力，这个力就是围岩压力，又称地层压力。

3.2.2 坑道开挖前后围岩应力状态

1. 坑道开挖前后围岩应力状态

坑道开挖前，围岩处于初始平衡状态，如图3-1所示。在距地面H深度处取一单元体，此时，单元体处于三向应力状态，变形受到约束，即岩体在“初始应力状态”时处于相对平衡状态，是稳定的。在上覆围岩自重力作用下，初始应力大小为：

$$\sigma_z = \gamma \cdot H \tag{3-4}$$

$$\sigma_x = \sigma_y = \lambda \cdot \sigma_z = \lambda \cdot \gamma \cdot H \tag{3-5}$$

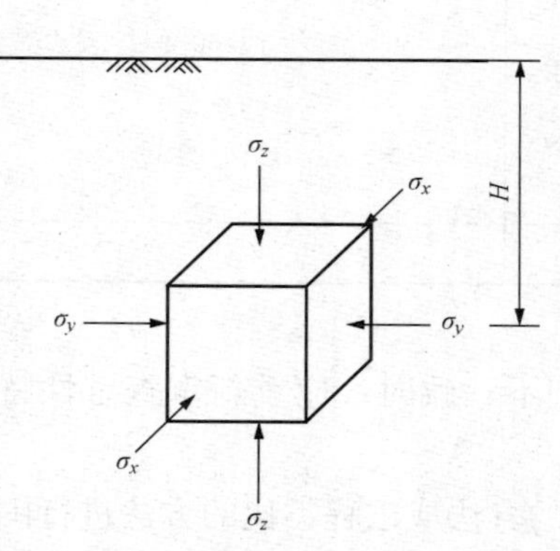

图3-1 初始应力状态

式中 σ_x、σ_y、σ_z——分别为单元体侧向及垂直应力（MPa）；

γ——围岩的天然容重（kN/m^3）；

H——单元体距地表的深度（m）；

λ——侧压力系数，在围岩未扰动情况下$\lambda=\frac{\mu}{1-\mu}$，$\mu$为单轴受压下的横向变形系数，或称泊松系数，其值由岩体性质决定。

此处，λ 的计算没有考虑岩体在构造运动中残留的构造应力。实际上，构造应力会改变自重应力形成的“初始”应力状态。因此，真正的初始应力状态要复杂得多，不过目前还很难确定构造应力的影响，在分析中往往略去这一因素。

以垂直应力 σ_z 为例，分析一下坑道开挖前后的变化。开挖前，在距地表深 H 处的平面上，垂直应力都相等，如图 3-2 所示，各点均处于三向应力状态。

由于在 H 水平面开挖坑道，原先的平衡状态被破坏了，如图 3-2 所示。因此，坑道周边处的应力发生重新分布。图 3-2 表明了硬岩及软岩在开挖后应力重新分布的情况，这可由实验或理论分析得到。对于坚硬岩层，坑道周边应力急剧增长，经一定距离后逐渐减小到初始的应力状态；对于松软或破碎岩层，则由于岩体强度低，不能承受急剧增大的周边应力而形成一低应力区，高应力向岩体深部移动，到一定距离后也逐渐减小到初始应力状态。

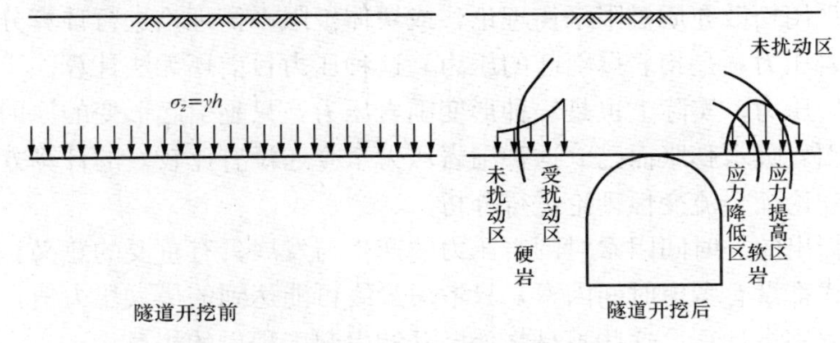

图 3-2　坑道开挖前后 σ_z 的分布

也就是说，坑道开挖后，在坑道周围一定范围内影响了初始应力状态，这个范围的大小与地质条件有关，一般为坑道开挖跨度的 0.5～2.5 倍。岩体强度高，影响范围小，亦即由于坚硬岩层能承受周边急剧增大的应力，可使坑道保持稳定，一般只有弹性变形而不破坏。而在松软、破碎岩体中，由于岩体不能承受增大的应力，在一定范围内的土石就要松动、破坏，向坑道内坍塌。可见，在软弱、破碎岩体中，开挖坑道后在一定范围内的围岩要松动、坍塌，该范围内的围岩就会对支护结构施加力，这也就是所谓的围岩压力。岩体强度低、松软，则松动破坏范围就大，严重情况下，不但坑道顶部围岩坍塌，甚至底部围岩上拱而产生底压。

由上述可知，一般情况下围岩压力有垂直压力、侧压力、底压力，它们分别作用在隧道支护的顶部、侧帮及底部，如图 3-3 所示。在某些倾斜岩层中，因隧道平面布置方向不同，可能在横断面或纵断面上出现倾斜围岩压力，后者又称纵向压力。对水平隧道来说，垂直围岩压力是主要的，而且是围岩压力理论研究中的基本对象。因而以下将介绍垂直围岩压力的实质及其计算方法。

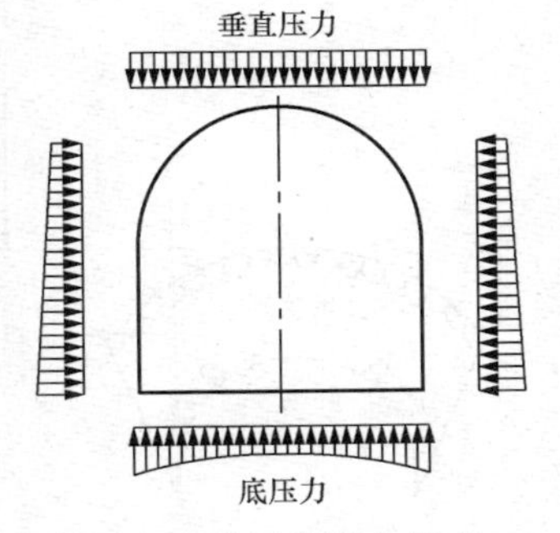

图 3-3　围岩压力组成

围岩压力是作用在隧道等地下结构物上的主要计算荷载，它的性质、大小与分布直接影响到隧道临时支护和永久衬砌结构的合理类型、形状与尺寸，以及与之相适应的施工方法（反之，也会影响到围岩压力的大小与分布）。因此，比较详细地了解不同条件下的围岩压力计算方法是极为必要的。

2. 围岩压力分类

根据围岩变形破坏机理，围岩压力可分为四类，即形变压力、松动压力、冲击压力、膨胀压力。

(1) 形变围岩压力，是指由围岩塑性变形所引起的作用在支护衬砌上的挤压力。围岩的塑性变形分两种情况：一种是开挖前岩体处于弹性状态，开挖后由于围岩周边应力集中，其值超过了围岩的屈服极限，使围岩产生塑性变形圈，从而对支护衬砌产生压力；另一种是开挖前岩体就处于潜塑状态，此种岩体一旦开挖，围岩就向洞内产生塑性变形，对支护衬砌作用以很大压力。这两种形变围岩压力都可采用塑性理论计算。

(2) 松动围岩压力，是指围岩中松动坍塌部分的岩块重量或它的分量对支护衬砌的压力。这种压力可采用松散介质极限平衡理论，或块体极限平衡理论进行计算分析。

(3) 冲击围岩压力，是指岩爆引起的压力。这种压力目前还无法计算。

(4) 膨胀围岩压力，实际上也是一种形变围岩压力，只是引起形变的原因是由于亲水性矿物组成的某些围岩吸水膨胀而已。这种围岩压力至今还没有比较好的计算方法，但原则上可以采用弹塑性理论配合流变性理论进行分析。

此外，还应指出的是时间因素对围岩压力的产生与发展具有重要的意义。但目前常用的围岩压力计算公式都没有考虑时间因素，只考虑最终可能达到的最大压力值，而且一般都是针对松动围岩压力进行计算。这些不足之处已开始引起工程界的注意。

3.2.3 围岩的成拱作用

在工程实践中人们发现，当隧道在多裂隙围岩（包括一般土层）中埋置较深时，作用在支护结构上的围岩压力远远小于其上覆层自重所造成的压力。这可以用围岩的“成拱作用”来作解释。在上述条件下，当坑道开挖后，如果任意让其变形、松动和坍塌，最后将会看到在坑道上方形成一个相对稳定的拱形洞穴，如图 3-4 所示。人们常称之为“天然拱”或“平衡拱”。它上方的一部分岩体承受着上覆地层的全部重力，如同一个承载环一样，并将荷载向两侧传递，这就是所谓围岩的成拱作用。

3.2.4 影响围岩压力的因素

影响围岩压力的因素很多，一类是工程地质因素，主要包括初始应力状态、岩石的力学性质、岩体的结构面等；另一类是工程结构因素，包括施工方法、支护设置时间、支护本身的刚度、坑道形状和尺寸、埋置深度等。其中起决定作用的是围岩的地质条件，它是内因，其对围岩压力的影响已在围岩分级中述及。其他因素如下：

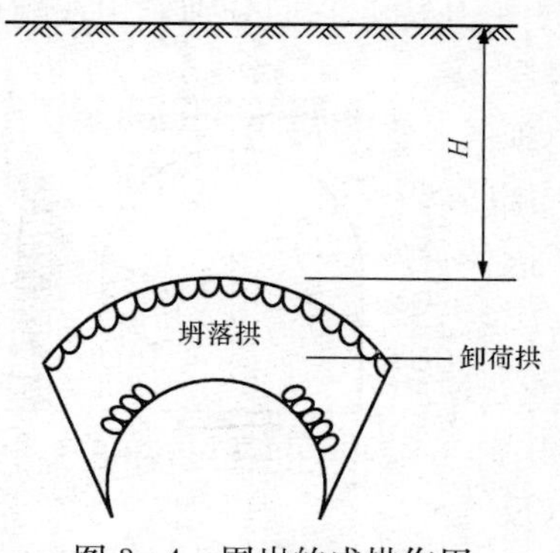

图 3-4 围岩的成拱作用

(1) 时间因素。不论何种围岩，在坑道开挖后的暴露时间均是越短越好。从另一个方面讲，就是要修筑永久性衬砌并使之能提供所需的支护力的时间不宜过迟。否则，要受到较大的松动围岩压力作用。按照一般混凝土衬砌的修筑方法，从开挖到做完衬砌并使之具有一定的强度，往往需要较长的时间，因此衬砌结构一开始就要受到很大的松动围岩压力。衬砌结构就要做得相对厚些。而采用喷射混凝土技术来支护围岩，可使围岩的暴露时间较短，能及时制止围岩的变形，防止变形过大而产生较大的松动压力，充分利用围岩自身的承载能力。

（2）坑道的尺寸与形状因素。围岩压力是随着坑道的尺寸增大而增大的，当坑道有引起应力集中的形状，即有明显的拐角时，围岩压力相对较大。

（3）坑道的埋深因素。当坑道的埋置深度在一定范围内时，围岩压力是随着埋深的增大而增大；当坑道埋深超过此范围时，则围岩压力的大小基本不受埋深变化的影响。

（4）支护因素。有支护的坑道围岩压力要比无支护的坑道小；支护及时要比支护晚的围岩压力小；支护与坑道周边密贴的越好则围岩压力越小；支护的刚度较小即柔性支护时，坑道的围岩压力相对较小。

（5）爆破因素。采用爆破法开挖对围岩的稳定极为不利，尤其是对地质条件较差的围岩，爆破的扰动很大，能造成围岩压力过大，岩体松动甚至坍方。因此在隧道施工中应严格控制爆破用药量，提倡采用光面爆破、预裂爆破等先进的爆破技术。

（6）超挖回填因素。衬砌背后的超挖部分在施工时回填不密实，使围岩得不到很好的支护而继续松动，严重时会造成围岩坍塌，引起衬砌开裂甚至破坏。

3.3 深埋隧道围岩压力的确定

我国公路隧道推荐围岩压力计算方法如下。

1. 深埋隧道围岩垂直均布压力

由前面分析可知，围岩压力值受到许多因素影响，但主要取决于岩体构造和结构面的组合等地质因素，并且压力分布很不均匀（指径向压力而言），岩质多裂隙岩体比土质岩体中压力分布更不均匀。在某些围岩中，可见到呈拱形的暂时稳定的平衡拱。除粘性土及某些塑性岩石外，荷载的时间效应不显著，压力增长很快，在较短时间内就趋于稳定。基于这些情况，以及对我国 400 余座铁路隧道施工塌方资料进行统计分析，提出了用下式确定结构上的垂直均布荷载：

$$q = 0.45 \times 2^{s-1} \gamma \cdot \omega \tag{3-6}$$

式中 q——垂直均布围岩压力（kPa）；

γ——围岩的天然容重（kN/m^3）；

s——坑道围岩级别；

ω——跨度影响系数，其值为 $\omega = 1 + i(B_t - 5)$；

B_t——坑道宽度（m）；

i——以 $B_t = 5.0$m 的垂直均布压力为准，B_t 每增减 1m 时的围岩压力增减率；当 $B_t < 5.0$m 时，取 $i = 0.2$；$B_t > 5$m 时，$i = 0.1$。

因该式是根据单线铁路隧道施工塌方资料统计归纳的，所以，在应用时要注意下述适用条件：

(1) $\frac{H_t}{B_t}<1.7$，其中 H_t 为隧道开挖高度，B_t 为隧道开挖宽度。在高边墙的地下坑道中，由于控制坑道稳定的是坑道侧壁，故不宜采用上式。当边墙较高，无不良地质构造时，可参考选用上式，否则要加大荷载值，或用其他适合高边墙坑道的荷载计算公式。

(2) 不产生显著偏压及膨胀力的一般围岩，因为在这些围岩中的荷载分布、数值、时间效应等有显著差异，故不宜采用上式。

(3) 适用于矿山法施工条件，当采用其他施工方法时，如掘进机、盾构法等，荷载值可适当减少。

(4) 对于喷射混凝土、锚杆支护，因荷载性质有很大不同，也不宜采用。

(5) 适用于深埋隧道。

各级围岩的天然容重参见表 3-7。

表 3-7　　各级围岩的天然容重

围岩级别	Ⅰ	Ⅱ	Ⅲ	Ⅳ	Ⅴ	Ⅵ
$\gamma/(kN/m^3)$	26～28	25～27	23～25	19～22	17～20	15～16

2. 深埋隧道围岩水平均布压力

水平均布压力按表 3-8 的规定确定。

表 3-8　　围岩压力的均布水平分力 e

围岩级别	Ⅰ、Ⅱ	Ⅲ	Ⅳ	Ⅴ	Ⅵ
e	0	$<0.15q$	$(0.15\sim0.3)q$	$(0.3\sim0.5)q$	$(0.5\sim1)q$

坑道围岩压力的水平分力计算公式的适用条件与垂直压力计算公式相同。水平压力为对称的、均布的，但在确定压力值时需要考虑下述几点：

(1) Ⅰ、Ⅱ级围岩，因坑道稳定，侧压力较少出现，即使有也是局部岩块松动引起的，对结构设计不产生影响。但在Ⅰ、Ⅱ级围岩中，结构与围岩的相互作用较为显著。

(2) Ⅲ、Ⅳ级围岩主要产生垂直荷载，因坑道侧壁比较稳定，故侧压力值也不会太大。这两类围岩的不均匀性和不连续性较突出，故可能出现局部的较大侧压力。

(3) Ⅴ、Ⅵ级围岩的侧压力比较大，对结构设计影响较大，在取值时应慎重。

事实上围岩压力的分布是很不均匀的，上述计算公式没有反映支护结构特性的影响，显然不够完善，而且围岩压力还受施工条件等许多因素的影响。因此，仅用上述均布荷载来进行结构设计还不全面，还必须考虑荷载的不均布情况，即设计的支护结构应能满足多种荷载图形的要求。根据围岩压力的实地测量及对塌方资料分析，各类荷载图形（垂直的）如图 3-5所示。这些荷载图形的选择，应根据围岩级别、施工条件及结构的要求而定。在通常的情况下，以垂直均布图形为主要荷载图形进行结构设计，用偏压或不均布图形进行校核。主动土压仍可按均布考虑。图中 q_1、q_2、q_3 等荷载值，可根据非均布压力的总和与均布压力总和相等的原则确定。

如前所述，支护结构对围岩压力的影响是用支护结构与围岩相互作用的围岩抗力来表达

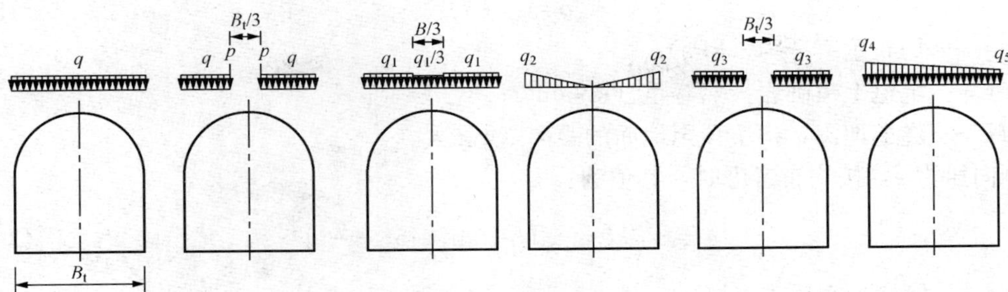

图 3-5　垂直围岩压力分布图形

的。实质上，松弛荷载加上围岩抗力是对支护结构与坑道围岩相互作用力学模型的一个简化假定。因此，在以松弛荷载作为设计荷载时，必须同时考虑围岩抗力的作用。

3.4　浅埋隧道围岩压力的确定

3.4.1　深埋隧道与浅埋隧道的判别

浅埋隧道是指采用暗挖法施工、埋深较浅的隧道。在隧道埋深不大时，往往会使整个覆盖层产生扰动，较易发生洞顶坍塌，有时会使地表开裂下沉，因此会产生较大的围岩压力。

对公路隧道来说，浅埋隧道多出现在洞口段。深埋和浅埋隧道的分界，判定标准很多，一般是以坑道上方能否形成稳定的深埋隧道压力值来区分的，并且结合具体的地质、施工条件等因素综合确定。

要形成稳定的深埋围岩压力值，显然前述的松动范围之外还需有足够厚度的岩（土）体，否则松动范围会一直扩展到地表。也就是说，深、浅埋隧道的分界深度要比荷载等效高度大，所谓荷载等效高度（h_q）即为用式（3-6）计算而得的压力 q 除以 γ：

$$h_q = \frac{q}{\gamma} \tag{3-7}$$

式中　q——用式（3-6）算得之垂直均布围岩压力（kPa）；

γ——围岩天然容重（kN/m^3）。

深、浅埋隧道分界深度 H_p 可用下述经验公式计算：

$$H_p = (2 \sim 2.5)h_q \tag{3-8}$$

式中　H_p——深、浅埋隧道分界深度（m）；

h_q——荷载等效高度（m），用式（3-7）计算。

在矿山法施工条件下，Ⅳ～Ⅵ级围岩取 $H_p=2.5h_q$，Ⅰ～Ⅲ级围岩取 $H_p=2h_q$。

3.4.2　浅埋隧道围岩压力计算

浅埋隧道围岩压力分下述两种情况分别计算。

1. 埋深（H）小于或等于等效荷载高度（h_q）时

在这种情况下，坑道上覆岩（土）体较薄，从安全考虑，略去坑道上方土体下滑时周围土体所产生的阻力，亦即将上覆土柱全部重力作为围岩压力，视为均布时垂直压力 q 为：

$$q = \gamma \cdot H \tag{3-9}$$

式中 q——均布垂直压力（kPa）；

γ——坑道上覆围岩天然容重（kN/m^3）；

H——隧道埋深，指坑顶至地面的距离（m）。

侧向压力 e，按均布考虑时，其值为：

$$e = \gamma\left(H + \frac{1}{2}H_t\right)\tan^2\left(45° - \frac{\varphi_g}{2}\right) \tag{3-10}$$

式中 e——侧向均布压力（kPa）；

γ——围岩天然容重（kN/m^3）；

H——隧道理深（m）；

H_t——隧道高度（m）；

φ_g——围岩计算内摩擦角（°），其值见表 3 - 9。

表 3 - 9　　各级围岩计算摩擦角（φ_g）

围岩级别	Ⅰ	Ⅱ	Ⅲ	Ⅳ	Ⅴ	Ⅵ
φ_g	＞78°	70°～78°	60°～70°	50°～60°	40°～50°	30°～40°

2. 埋深大于 h_q、小于 H_p 时

坑道上覆土体下滑时要考虑滑面阻力的影响，否则会得到过大的压力值。

如图 3 - 6 所示，由于坑道开挖的影响而引起上覆岩（土）体下沉，即图中 $EFHG$ 下沉。而它的下沉必受到左右岩（土）体的阻碍，或者说两侧的围岩要被它带动下沉。这个阻碍作用在计算围岩压力时需予以考虑，为便于分析，根据实测和试验作如下假定：

（1）假定土体中形成的破裂面是一条与水平成 β 角的斜平面（图 3 - 6）。

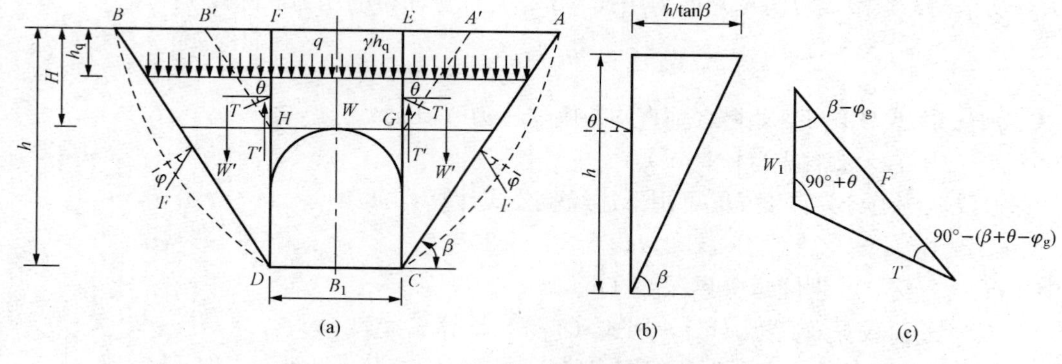

图 3 - 6　浅埋围岩压力计算示意图

（2）$EFHG$ 岩（土）体下沉，带动两侧三棱土体（如图中 FDB 及 ECA）下沉，整个土体 $ABDC$ 下沉时，又要受到未扰动岩（土）体的阻力。

（3）斜平面 AC 或 BD 是假定的破裂面，分析时考虑黏聚力 c 并采用了计算摩擦角 φ_g。另一滑面 FH 或 EG 并非破裂面，因此，滑面阻力要小于破裂面的阻力，若该滑面的摩擦角

为 θ，则 θ 值应小于值 φ_g，无实测资料时，一般可参考表 3-10 采用。

表 3-10　　各级围岩的 θ 值

围岩级别	Ⅰ、Ⅱ、Ⅲ	Ⅳ	Ⅴ	Ⅵ
θ 值	$0.9\varphi_g$	$(0.7\sim0.9)\varphi_g$	$(0.5\sim0.7)\varphi_g$	$(0.3\sim0.5)\varphi_g$

设图 3-6 中：

坑道上覆岩体 $EFHG$ 的重力为 W；

两侧三棱岩体 FDB 或 ECA 的重力为 W_1；

未扰动岩体对整个滑动土体的阻力为 F；

$EFHG$ 下沉，两侧受到的阻力为 T 或 T'；

由图 3-6 可见，作用于 HG 面上的垂直压力总值 $Q_浅$ 为；

$$Q_{浅} = W - 2T' = W - 2T \cdot \sin\theta \tag{3-11}$$

三棱体自重为：

$$W_1 = \frac{1}{2}\gamma h \frac{h}{\tan\beta} \tag{3-12}$$

式中　γ——围岩天然容重（kN/m³）；

h——坑道底部到地面的距离（m）；

β——破裂面与水平面的夹角（°）。

由图 3-6，根据正弦定理可得：

$$\frac{T}{\sin(\beta-\varphi_g)} = \frac{W_1}{\sin[90°-(\beta-\varphi_g+\theta)]}$$

即

$$T = \frac{\sin(\beta-\varphi_g)}{\sin[90°-(\beta-\varphi_g+\theta)]}W_1 \tag{3-13}$$

将式（3-12）代入式（3-13）

$$\begin{aligned} T &= \frac{\sin(\beta-\varphi_g)}{\sin[90°-(\beta-\varphi_g+\theta)]} \cdot \frac{1}{2}\gamma h \frac{h}{\tan\beta} \\ &= \frac{1}{2}\gamma h^2 \frac{\tan\beta-\tan\varphi_g}{\cos\theta\tan\beta[1+\tan\beta(\tan\varphi_g-\tan\theta)+\tan\varphi_g\tan\theta]} \\ &= \frac{1}{2}\gamma h^2 \frac{\lambda}{\cos\theta} \end{aligned} \tag{3-14}$$

式中，

$$\lambda = \frac{\tan\beta-\tan\varphi_g}{\tan\beta[1+\tan\beta(\tan\varphi_g-\tan\theta)+\tan\varphi_g\tan\theta]} \tag{3-15}$$

λ 为侧压力系数，其他符号意义同前。

由式（3-14）及式（3-15）可知：β 值是未知的，也就是说 T 值是随 β 值的大小而变化的。在达到极限平衡状态的破裂面位置时，亦即阻力了达到最大值时

$$\frac{d\lambda}{d\beta} = 0$$

由此可求得：

$$\tan\beta = \tan\varphi_g + \sqrt{\frac{(\tan^2\varphi_g + 1)\tan\varphi_g}{\tan\varphi_g - \tan\theta}} \tag{3-16}$$

至此，极限最大阻力 T 值可求得，得到 T 值后，代入式（3-11）可求得作用在 HG 面上的总垂直压力 $Q_{浅}$：

$$Q_{浅} = W - 2T \cdot \sin\theta = W - \gamma \cdot h^2 \cdot \lambda \cdot \tan\theta \tag{3-17}$$

由于 GC、HD 与 EG、FH 相比往往较小，而且衬砌与土之间的摩擦角也不同，前面分析时均按 θ 计，当中间土块下滑时，由 FH 及 EG 面传递，考虑压力稍大些对设计的结构也偏于安全。因此，摩阻力不计隧道部分而只计洞顶部分，即在计算中用埋深 H 代替 h。这样，式（3-17）为：

$$Q_{浅} = W - \gamma \cdot H^2 \cdot \lambda \cdot \tan\theta$$

由于

$$W = B_t \cdot H \cdot \gamma$$

故

$$Q_{浅} = B_t \cdot H \cdot \gamma - \gamma \cdot H^2 \cdot \lambda \cdot \tan\theta = H \cdot \gamma \cdot (B_t - H \cdot \lambda \cdot \tan\theta) \tag{3-18}$$

式中 B_t——坑道宽度（m）；

γ——围岩天然容重（kN/m^3）；

H——洞顶至地面距离，即埋深（m）；

λ——侧压力系数。

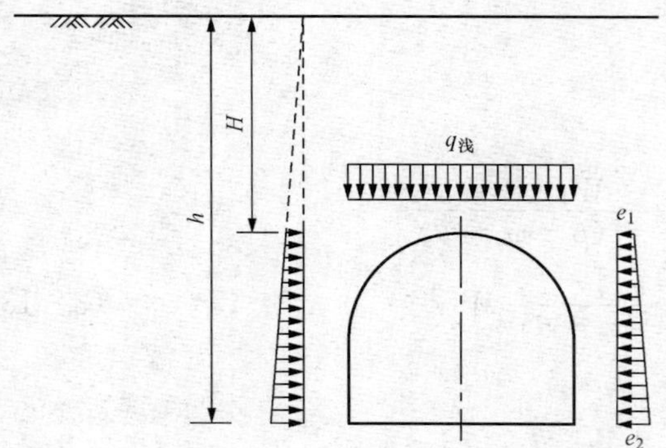

图 3-7　支护结构所受均布荷载示意图

换算为作用在支护结构上的均布荷载，如图 3-7 所示。

$$q_{浅} = \frac{Q_{浅}}{B_t} = \gamma \cdot H \cdot \left(1 - \frac{H}{B_t} \cdot \lambda \cdot \tan\theta\right) \tag{3-19}$$

式中 $q_{浅}$——作用在支护结构上的均布荷载（kPa）；

其他符号意义同前。

作用在支护结构两侧的水平侧压力为：

$$e_1 = \gamma \cdot H \cdot \lambda$$
$$e_2 = \gamma \cdot h \cdot \lambda \tag{3-20}$$

侧压力视为均布压力时为：

$$e = \frac{1}{2}(e_1 + e_2) \tag{3-21}$$

由式（3-19）可见，当坑道在某岩（土）体中，若 γ、λ、θ、B_t 等均为常数时，则有 $\frac{dq_{浅}}{dH} = 0$ 可得 q_{max} 时的深度 H：

$$\frac{dq_{浅}}{dH} = \gamma - \frac{2\gamma \cdot H}{B_t} \cdot \lambda \cdot \tan\theta = 0$$

此时 $H = H_p$，得

$$H_p = \frac{B_t}{2\lambda\tan\theta} \tag{3-22}$$

代入式（3-19）可得 q_{max} 值：

$$q_{max} = \frac{\gamma \cdot B_t}{4\lambda \cdot \tan\theta} \tag{3-23}$$

由此可见，浅埋隧道围岩压力是随坑道埋深 H 增加而增加的，当 $H > H_p = \frac{B_t}{2\lambda \cdot \tan\theta}$ 以后，则要逐渐减小；当等于深埋隧道荷载时，则围岩压力将维持不变。

在判定深、浅埋隧道的分界时，若用理论式（3-22），也可得出 H_p 值，往往与式（3-8）所求得的出入较大。事实上，用理论式计算时，一些参数（如 λ 等）就带有主观性，公式的推导又是由匀质材料出发，把围岩视作各向同性体与实际有出入。目前，一般按式（3-8）判别，理论式（包括其他理论式，如泰沙基公式等）、检算卸载拱法或其他经验判断法等作参考。

3.5 围岩压力量测简介

坑道形状的选择、支护结构设计、围岩压力理论以及坑道施工等的进一步深入研究，都需要更好地判断围岩稳定性，也即需要更好地确定围岩压力的大小、分布、方向等，因此对于围岩压力的实测工作，一直受到设计、研究、施工人员的重视。

围岩压力量测，一般可通过量测支护结构的变形或内力，然后推算围岩压力的间接量测方法，或用直接量测作用在支护结构上的压力的方法。

量测支护结构的变形或内力的方法很多，如可采用各种类型的支柱测力计（有机械式、电测式及液压式等），或在衬砌内埋设各种量测元件（如电阻应变片、钢筋应变计、遥测应变计、混凝土应变砖等）量测衬砌的应变。

直接量测作用在支护结构上的压力，可采用各种类型（机械作用式、电测式、液压式等）的压力盒。

此外，还量测围岩的变形情况（量测中常采用量测锚杆或量测坑道断面开挖后的收敛）及围岩深部的应力情况（采用量测围岩深部应力的应力计）。在实验室，还用模型试验的方法推算结构上作用的压力及围岩变形情况。

但是，时至今日在直接量测压力时仍无法既量测切向压力又量测法向压力（在同一测点处）；测得的压力值为围岩与衬砌间的接触应力（包含了主动压力和弹性压力），从测得的接触应力中来确定围岩压力值往往不能办到；由支护结构测得变形或内力来反推围岩压力值，则仍需要假定压力分布形状、分布范围等，这也就难于达到正确确定围岩压力问题的预期目的，加上就量测技术本身来说，在精确度及稳定性方面还存在问题，有待于进一步改进提高；量测元件的设置、仪表的操作等对量测结果也会产生影响，这与操作人员的技术水平及熟练程度有很大关系。因此，在围岩压力量测方面还有待于深入研究、改进、提高。

本 章 小 结

本章着重介绍了隧道围岩分级的方法；围岩压力的形成及影响因素；深埋隧道和浅埋隧

道的判别。同时对围岩压力的量测作了简要叙述。在围岩压力计算部分，应重点掌握我国公路隧道推荐的深埋隧道围岩压力计算公式，知道该公式的应用条件，理解公式中参数的含义，并能应用公式进行计算。

习　题

1. 有哪些隧道围岩分级方法？我国公路隧道围岩分级采用的是哪种方法？
2. 解释围岩、围岩压力。
3. 什么是围岩的成拱作用？
4. 影响围岩压力的因素有哪些？
5. 如何判别隧道是深埋还是浅埋？
6. 围岩压力量测的目的是什么？

第 4 章　山岭公路隧道的传统矿山法施工

知识要点

1. 隧道施工基本方法；
2. 隧道矿山法施工程序、原则、顺序、要求和基本方法；
3. 隧道开挖；
4. 隧道支撑；
5. 隧道衬砌施工。

4.1　隧道施工的基本方法

隧道施工是指修建隧道及地下洞室的施工方法、施工技术和施工管理的总称。

山岭公路隧道施工方法的选择，主要根据工程地质条件、水文地质条件、埋深大小、断面形状及尺寸、长度、衬砌类型、隧道的使用功能、施工技术条件和施工技术水平及工期要求等因素综合考虑研究确定，并考虑地质条件变化的情况下，变化施工方法的可能性，因此，隧道施工方法的分类并不是绝对的，选择施工方法时要按实际情况而定。所选择的施工方法应体现出技术先进、经济合理及安全适用。根据隧道穿越地层的不同情况和目前隧道施工方法的发展，隧道施工方法通常按下列分类：

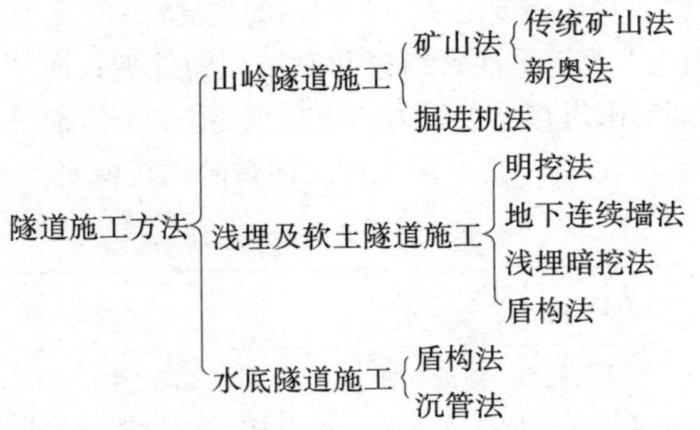

隧道施工既有一般土建工程施工特点，又有地下工程施工的特点。浅埋隧道往往采用先将地面开挖，修筑完成支护结构以后再回填土石的明挖法施工；深埋隧道则采用不挖开地面

的暗挖法施工，即在地下开挖及修筑支护结构。

隧道工程建筑都是在应力岩（土）体中开拓的地下空间，在选择施工方法时，应当根据具体地下工程的各方面条件综合考虑，选择最经济、最理想的设计和施工方案，甚至是多种方案的综合应用，因而这是一个受多种因素影响的动态的择优过程。

总之，在选择施工方法时，要根据各种因素并结合地质条件变化的实际情况，采取变换有效的多种施工方法。

4.1.1 隧道工程设计与施工两大理论

在修建隧道和地下工程的实践中，人们已普遍认识到，隧道及地下工程的核心问题，是开挖和支护两个关键工序。即应如何开挖，才能更有利于围岩的稳定和便于支护；若需要支护时，又如何支护才能更有效地保证坑道稳定和便于开挖。这是隧道及地下工程设计与施工中两个相互促进又相互制约的问题。

在国内外公（铁）路隧道及地下工程的设计施工中，针对上述核心问题，经过实践和研究，人们提出了两大理论体系，每一种理论体系都包含和解决（或正在研究解决）了从工程认识（概念认识）、力学原理、工程措施到施工方法（工艺流程）等一系列地下工程建筑问题。

一种理论是20世纪20年代提出的“松弛荷载理论”，其核心内容是：稳定的岩体有自稳能力，不产生荷载；而不稳定的岩体则可能产生坍塌，需要用支护结构予以支承。这样，作用在支护结构上的荷载就是围岩在一定范围内由于松弛并可能塌落的岩（土）体的重力。这是一种传统的理论，其代表人物有泰沙基（K. Terzaghi）和普氏（苏联学者M. M. 普洛托季雅可诺夫）等人。它类似于地面工程建筑考虑问题的思路，至今仍被广泛地应用着。

另一种理论是20世纪50年代提出的现代支护理论，或称为“岩承理论”。其核心内容是：围岩稳定显然是岩体自身有承载自稳能力；不稳定围岩丧失稳定是具有一个过程的，如果在这个过程中提供必要的支护或限制，则围岩仍然能够保持稳定状态。这种理论体系的代表人物有腊布希维兹（K. V. Rabcewicz）、米勒—菲切尔（Miller-Fechel）、芬纳—塔罗勃（Fenner-Talobre）和卡斯特奈（H. Kastener）等人。这是一种比较现代的理论，它已脱离了地面工程建筑考虑问题的思路，而更加接近于地下工程建设实际，近半个世纪以来已被广泛认可、接受及推广应用，并且表现出了十分广阔的发展前景。

显然，“松弛荷载理论”更着重注意结果和对结果的处理；而“岩承理论”则更加注意过程和对过程的控制，即对围岩自承载能力的充分利用。因此，两大理论体系在原理和方法上各自表现出不同的特点，表4-1是对两大理论体系的比较说明。

表4-1　两大理论体系的比较说明

	松弛荷载理论	岩 承 理 论
认识	围岩虽然有一定的承载能力，但极有可能因松弛的发展而致失稳，结果是对支护结构产生荷载作用，即视围岩为荷载的来源	围岩虽然可能产生松弛破坏而导致失稳，但在松弛的过程中围岩仍有一定的承载能力，对其承载能力不仅要尽可能地利用，而且应当保护和增强，即视围岩为承载的主体，具有三位一体特性*

续表

		松弛荷载理论	岩承理论
力学原理		土力学，视围岩为散粒体，计算其对支撑结构产生的荷载大小和分布 结构力学，视支撑和衬砌为承载结构，验算其内力并使之合理 建立的是“荷载—结构”力学体系，是以最不利荷载组合作为结构设计荷载	岩体力学，视围岩为应力岩体，分析计算应力—应变状态及变化过程，并视支护为应力岩体的边界条件，起控制围岩的应力—应变作用，检验作用的效果并使之优化 建立的是“围岩—支护”力学体系以实际的应力—应变状态作为支护的设计状态考虑
工程措施	支护	考虑到隧道开挖后，围岩很可能松弛坍塌，故分部开挖后及时用刚度较大的构件进行临时支撑；待隧道开挖成形后逐步将临时支撑撤换下来，而用整体式厚衬砌作为永久性支护	需要时，用锚杆和喷射混凝土等柔性构件组合起来进行初期支护，以控制围岩松弛变形的过程，维护和增强围岩的自承能力；初期支护作为承载结构的一部分，与二次衬砌（也包括围岩）共同构成复合式承载结构体系
	开挖	隧道开挖常采用分部开挖，以便于构件支撑的施作；钻爆法或中小型机械掘进	隧道开挖常采用大断面开挖，以减少对围岩的扰动；钻爆法或大中型机械掘进
	优缺点	构件临时支撑直观，容易理解，工艺较简单，易于操作 围岩松散破碎甚至有水时，需满铺背材，也能奏效 拆除临时支撑既麻烦，更不安全，不能拆除时，既浪费，又使衬砌受力条件不好	锚喷初期支护按需设置，适应性强，工艺较复杂，对围岩的动态量测要求较高 围岩松散破碎甚至有水时，需采用辅助工法（如注浆）来支持，才能继续施工 初期支护无需拆除，施工较安全，支护结构受力状态较好
理论要点		1. 开挖隧道后，围岩产生松弛是必然的，但产生坍塌却是偶然的，故应准确判断各类围岩产生坍塌的可能性大小 2. 即使围岩不产生坍塌，但松弛同样向支护结构施加荷载，故应准确确定荷载的大小、分布 3. 为保证围岩稳定，应根据荷载的大小和分布，设计临时支撑和永久衬砌作为承载结构，并使结构受力合理 4. 尽管承载结构是按最不利荷载组合来设计的，但施工时应尽量避免松弛的发展和坍塌的产生	1. 围岩是主要承载部分，故在施工中尽可能地保护围岩，减少扰动 2. 初期支护和永久衬砌仅对围岩起约束作用，它应既允许围岩产生有限变形，以发挥其承载能力，又阻止围岩变形过度而产生失稳，故初期支护宜采用薄壁柔性结构 3. 围岩的应力—应变动态预示着它是否能进入稳定状态，因此以量测作为手段掌握围岩动态进行施工监控和修改设计，以便适时提供适当支护，并先柔后刚，按需提供 4. 整体失稳通常是由局部破坏发展所致，故支护结构应尽早封闭，全面约束围岩，尤其是围岩破碎软弱时，应及时修仰拱，使支护和围岩共同构成一个封闭的承载环

* 围岩的三位一体特性是指围岩既是产生围岩压力的原因，又是承受这个压力的承载结构，且是构成这个结构的天然材料。

4.1.2 山岭公路隧道施工方法

山岭公路隧道施工方法一般采用矿山法（又称钻爆法）和掘进机法，矿山法又分为传统矿山法和新奥法两种。矿山法施工是山岭公路隧道的常规施工方法，因最早应用于采矿坑道而得名。

在矿山法施工中，多数情况下都需要采用钻眼爆破进行开挖，故称为钻爆法。从隧道工程的发展趋势来看，钻爆法仍将是山岭隧道最常用的开挖方法。

在矿山法中，坑道开挖后的支护方法，一般分为钢木构件支撑和锚杆喷射混凝土支护两类。作为隧道施工方法，人们习惯上将采用钻爆开挖加钢木构件支撑的施工方法，称为“传统的矿山法”；而将钻爆开挖加锚喷支护的施工方法称之为“新奥法”。

1. 传统矿山法

传统矿山法是人们在长期的施工实践中发展起来的。它是通过钻爆法开挖，以木或钢构件作为临时支撑，待隧道开挖成型后，逐步将临时支撑撤换下来，而代之以整体式厚衬砌作为永久性支护的施工方法。

木构件支撑由于其耐久性差和对坑道形状的适应性差，支撑撤换工作既麻烦又不安全，且对围岩有所扰动，因此，目前已很少采用。

钢构件支撑具有较好的强度、刚度和耐久性以及对坑道形状的适应性较好等优点，施工中既可撤换，也可以不完全撤换或不予以撤换。钢木构件支撑类似于地上的“荷载—结构”力学体系，它作为一种维持坑道稳定的措施是很有效的，容易被施工人员理解和掌握。因此这种方法常被应用于不便采用锚喷支护的隧道中，或处理塌方等。

2. 新奥法

新奥法即新奥地利隧道施工方法的简称，原文是 New Austrian Tunnelling Method，简写为 NATM。它是以控制爆破（光面爆破和预裂爆破等）作为开挖方法，喷射混凝土、锚杆作为主要支护手段，通过监测控制围岩的变形，动态修正设计参数和变动施工方法，以充分发挥围岩自承能力的施工方法。

新奥法的概念是奥地利学者腊布希维兹（K. v. Rabcewicz）教授于 20 世纪 50 年代首先提出的，并于 1954～1955 年首次应用于奥地利的普鲁茨—伊姆斯特电站的压力输水隧洞中。以后，经瑞典、意大利及其他国家同行们的理论研究和实践，于 1963 年在奥地利的萨尔茨堡召开的第八次土力学会议上正式命名为新奥法，并取得了专利权。之后在欧洲、美国和日本等许多地下工程中得到了极为迅速的发展，已成为现代隧道工程新技术的标志之一。

新奥法在我国是 20 世纪 70 年代末开始被人们了解和接受的。从 20 世纪 80 年代开始，在一些隧道设计中贯彻了新奥法的原理，近 30 年来，通过科研、设计、施工相结合，在 100 余座公（铁）路隧道工程修建中，根据中国的特点成功地应用了新奥法，取得了较多的经验，积累了大量的数据，现已进入普遍推广使用阶段。目前，新奥法几乎成为在软弱的破碎围岩地段修建隧道的一种基本方法，技术经济效益显著。

新奥法与传统的矿山法相比，不仅仅是手段上的不同，更重要的是工程概念、力学概念和设计原理的不同，是人们对隧道及地下工程问题的进一步的认识和理解。新奥法应用岩体力学的理论，以维护和利用围岩的自承能力为基点，采用锚喷为主要支护手段，能及时地进行支护，达到控制围岩的变形和松弛，使围岩也成为支护体系的组成部分，并通过对围岩和支护结构的测量、监控来及时而正确的指导隧道和地下工程设计施工。

由于新奥法的应用和发展，导致隧道及地下工程理论步入到现代理论的新领域和高水平，从而使隧道及地下工程的设计和施工更符合地下工程实际，即设计理论—施工方法—结构（体系）工作状态（结果）的一致，因此，新奥法已在世界范围内得到广泛的应用。

本章将重点介绍山岭公路隧道采用矿山法的基本施工方法和基本作业等内容。新奥法施工中的开挖，支护和量测等内容将分别在第5、6章详细介绍。

4.2 隧道矿山法施工

采用钻爆法开挖，以木或钢构件作为临时支撑，待隧道开挖成型后，逐步将临时支撑撤换下来，而代之以整体式厚衬砌作为永久性支护的施工方法称为传统的矿山法。传统的矿山法主要特点是采用大量的钢、木支撑和刚度较大的单层衬砌，不进行施工量测等。近几年，随着施工机械的发展，传统矿山法明显不符合围岩力学的基本原理，并且不经济，已逐渐被新奥法所取代，只有在一些不便采用喷锚支护的地质条件时或缺少大型机械的短隧道中采用。

本节主要介绍隧道采用传统矿山法施工的施工程序和基本原则、施工工序以及施工基本要求等。

4.2.1 矿山法施工程序及基本原则

1. 传统矿山法施工程序

传统矿山法施工程序可用框图表示，如图4-1所示。

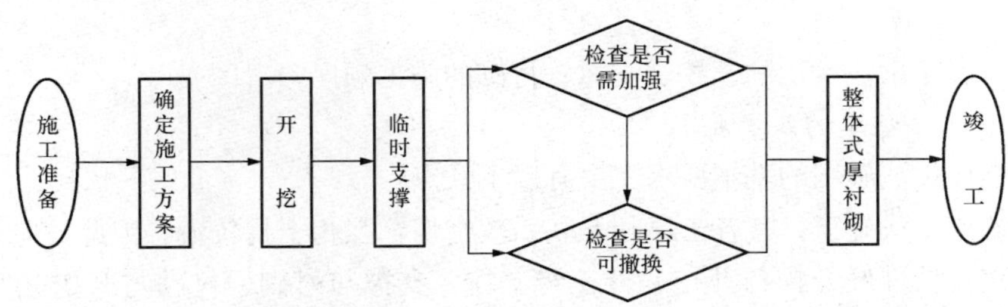

图4-1 传统矿山法施工程序

2. 传统矿山法施工的基本原则

传统矿山法施工的基本原则是：少扰动、早支撑、慎撤换、快衬砌。

（1）少扰动，是指在进行隧道开挖时，要尽量减少对围岩的扰动次数、强度、范围和持续时间。采用钢支撑，可以增大一次开挖断面的跨度，减少分部开挖次数，从而达到减少对围岩的扰动次数。

（2）早支撑，是指开挖坑道后应及时施作临时构件加以支撑，使围岩不致因变形松弛过度而产生坍塌失稳，并能承受围岩松弛变形产生的压力—早期松弛荷载。定期检查支撑的工作情况，若发现变形严重或出现损坏征兆，应及时增设支撑予以加固和加强。作用在临时支撑上的早期松弛荷载大小，可比照设计永久衬砌的计算围岩压力大小来确定。临时支撑的结构设计，也采用类似于永久衬砌的设计计算方法，即结构力学方法。

(3) 慎撤换，是指拆除临时支撑而代之以永久性模筑混凝土衬砌时应慎重，即要防止在撤换过程中围岩坍塌失稳。每次撤换的范围、顺序和时间要视围岩稳定性及支撑的受力状况而定。若预计到不能拆除，则应在确定开挖断面大小及选择材料时就予以研究决定。使用钢支撑作为临时支撑，一般可以避免拆除支撑带来的麻烦和不安全因素。

(4) 快衬砌，指拆除临时支撑时要及时修筑永久性混凝土衬砌，并使其能尽早承载参与工作。若采用的是钢支撑又不必拆除，或无临时支撑时，也应尽早施作永久性混凝土衬砌，防止坑道壁裸露时间过长风化侵蚀围岩、强度降低、产生变形过大等情况的发生。

4.2.2 矿山法施工工序和基本要求

1. 传统矿山法施工工序

传统矿山法的施工工序，可按衬砌的施作顺序分为先墙后拱法和先拱后墙法两种。

(1) 先墙后拱法（又称为顺作法）。它通常是在隧道开挖成形后，再由下至上施作模筑混凝土衬砌。先墙后拱法施工速度较快，施工各工序及各工作面之间相互干扰较小，衬砌结构的整体性较好，受力状态也比较好。

(2) 先拱后墙法（又称为逆作法）。它是先将隧道上部开挖成形并施作拱部衬砌后，在拱圈的掩护下再开挖下部并施作边墙衬砌。先拱后墙法施工速度较慢，上部施工较困难。但是当上部拱圈完成之后，下部施工就较安全和快速。先拱后墙法施工衬砌结构的整体性较差，受力状态不好，并且拱部衬砌结构的沉落量较大，要求的预拱度较大，增加了开挖工作量。

(3) 传统的矿山法常用的开挖、支撑、衬砌的施工顺序参看图 4-2。

2. 传统矿山法施工的基本要求

采用传统矿山法施工的基本要求主要有以下几点：

(1) 传统矿山法施工，其各工序相互联系较密切，互相干扰较大。因此，应注意统一组织和协调，重视处理好开挖与开挖、开挖与支撑、支撑与衬砌、衬砌与开挖之间的相互关系。若围岩较稳定或支撑条件较好，则应尽量将各工序沿隧道纵向展开，以减少相互干扰，保证施工安全、施工质量和施工进度等。

(2) 临时支撑容易受爆破的影响，因此在采用钻爆法掘进时，除应注意严格控制爆破对围岩的扰动外，还应尽量减少爆破对支撑的冲击破坏。

(3) 考虑到隧道开挖后，围岩的松弛变形、衬砌的承载变形、立模时放线和就位误差的存在，为了保证衬砌厚度及其净空不侵入建筑限界，在隧道开挖及衬砌立模时均应预留沉落量。

开挖预留变形量应根据围岩级别、断面大小、埋置深度、施工方法和支护情况等条件来确定，采用工程类比法预测，当无预测值时可参照表 4-2 选用，并应根据现场监控量测结果进行调整。

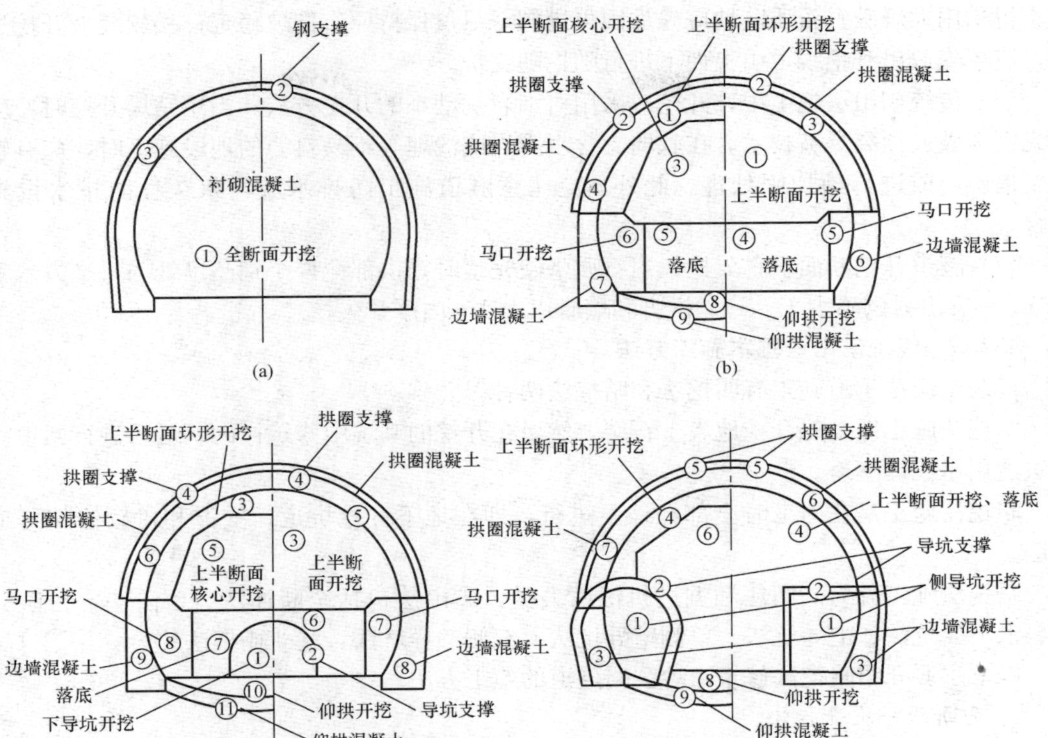

图 4-2　传统矿山法施工顺序

(a) 全断面法；(b) 上半断面超前法；(c) 下导坑超前上半断面施工法；
(d) 侧导坑超前上半断面施工法

表 4-2　　**预 留 变 形 量**　　(单位：mm)

围岩级别	两车道隧道	三车道隧道	围岩级别	两车道隧道	三车道隧道
Ⅰ	—	—	Ⅳ	50～80	80～120
Ⅱ	—	10～50	Ⅴ	80～120	100～150
Ⅲ	20～50	50～80	Ⅵ	现场量测确定	

(4) 采用先拱后墙法施工时，边墙马口（即指先拱后墙法施工时的边墙部位）的开挖应左右交错开挖，不得对开。同一侧的马口宜跳段开挖，不宜顺开。先开马口，应开在边墙围岩较破碎的区段，且长度不能太长，一般不超过 2～4m，并且及时施作边墙衬砌。后开的马口应待相邻边墙刹肩（即墙顶与拱脚封口）混凝土达到一定强度后方可开挖。马口开挖顺序还应与拱部衬砌施工缝、衬砌变形缝、辅助洞室位置统一考虑，合理确定。马口开挖时，应严格控制爆破，以防止炸裂拱圈。采取以上措施的目的均是为了减少拱部衬砌下沉和防止掉拱。洞身开挖必须清除大块浮石。

(5) 传统矿山法隧道施工必须注意安全生产。在保证工程质量的前提下提高经济效益，除完整稳定围岩外，施工时必须配合开挖及时支护，确保施工安全。明洞和洞口工程土石开挖不得采用大爆破；石质陡坡应先加固再进洞，尽量保持原有仰坡稳定；松软缓坡开挖边坡时，应事先放出开挖线，由上而下进行随挖随支护。

(6) 传统矿山法施工中，开挖应采用对围岩扰动小的开挖方法。当用钻爆开挖时，应采用光面爆破或预裂爆破技术。在软弱、含水围岩或浅埋等不易自稳的地段施工时，应有辅助施工措施，或进行预加固处理。此外，应注意隧道施工防排水应与永久性防排水设施相结合。

(7) 隧道开挖断面不宜欠挖。当石质坚硬完整时，拱部允许个别凸出处（每平方米不大 $0.1m^2$）突出衬砌不大于5cm。拱脚和墙脚以上1m内严禁欠挖。

4.2.3 传统矿山法基本施工方法

传统矿山法隧道施工有明挖法和暗挖法两种。

明挖法施工即是先开挖地表土石层，然后在开挖的基坑中修筑衬砌，最后进行回填。此方法适用于浅埋隧道。

暗挖法施工是在施工时全部在地下进行，即在地下开挖坑道、支撑和衬砌修筑隧道的方法。

暗挖法施工分为矿山法和掘进机法两大类。矿山法包括全断面法、台阶法，台阶分部法、上下导坑法、上导坑法、单侧壁导坑法、双侧壁导坑法、漏斗棚架法等。

以下主要介绍暗挖法修筑山岭公路隧道的施工方法。

1. 全断面一次开挖法

(1) 施工顺序。全断面一次开挖法就是按照设计轮廓将断面一次爆破成型，然后支护再修筑衬砌的施工方法（图4-3）。它的施工顺序是：

1) 使用钻孔台车全断面一次钻眼，并进行装药连线。

2) 钻孔台车后退到安全地点，引爆炸药，开挖出整个隧道断面。

3) 排除危石后，用装渣机将石渣装入出渣车运出洞外。

4) 钻孔台车再推进到下一个开挖断面就位，开始下一个循环的钻爆作业，同时进行边墙和拱部衬砌。

(2) 适用条件。

1) 一般适用于Ⅰ～Ⅲ级围岩。

2) 必须配有钻孔台车和高效率装运机械设备的石质隧道。

3) 隧道长度或施工区段长度不宜太短，否则采用大型机械设备的经济性差，根据经验，这个长度不应小于1km。

(3) 全断面一次开挖法具有以下主要优点：

1) 开挖断面大，作业空间大，钻爆效率高，可以采用深眼爆破的方法，掘进速度快。

2) 施工工序少，互相干扰小，便于施工组织和施工管理。

3) 坑道空间大，便于组织大型机械化施工，减轻工人的劳动强度，提高劳动生产率，降低工程造价，施工速度快，质量好。

4) 开挖一次形成，对围岩扰动少，有利于围岩的稳定。

目前，全断面一次开挖法是隧道工程施工技术的一个发展方向，但是在推广使用这种方

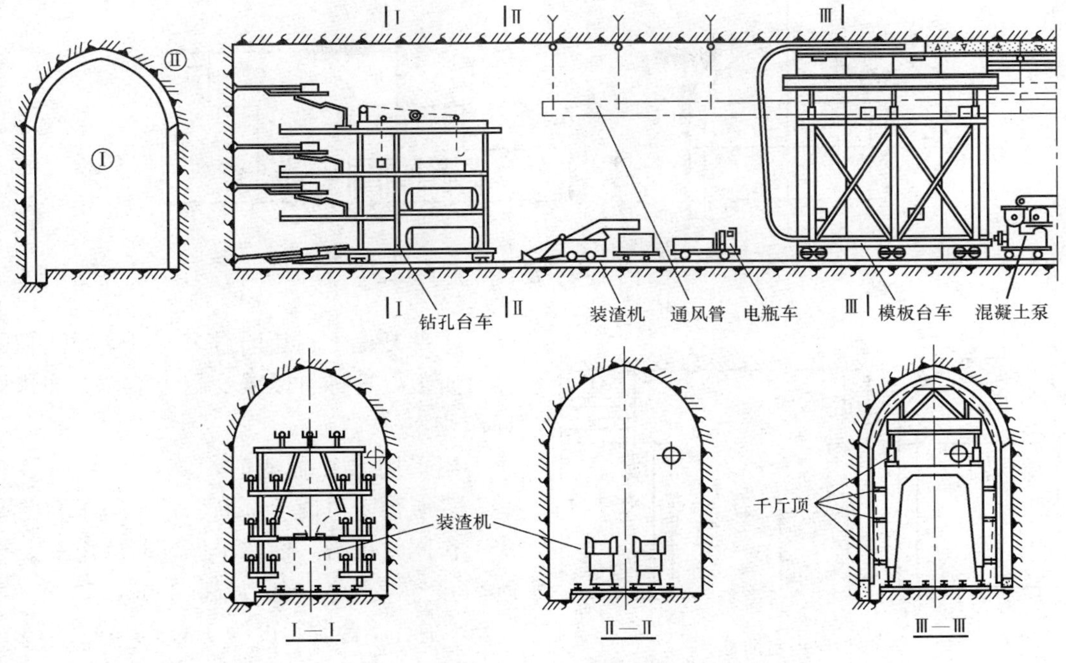

图 4-3　全断面一次开挖法

法时，要注意下面几个问题：摸清开挖前方的地质情况，加强对工程地质和水文地质的调查，对不良地质情况要及时预报、量测，分析研究，随时做好应急措施（包括改变施工方法等），以确保施工安全；施工机械设备要配套，充分发挥机械设备的效率，以保证各项施工工作顺利进行；加强各种辅助作业和设备的管理，要保持良好的技术状态；加强和重视施工操作人员的技术培训，使其能熟练掌握各种机械设备和推广新技术，不断提高工效，改进施工管理，这些直接关系到施工的效果。

2. 台阶开挖法

台阶开挖法一般是将设计断面分为上半部断面和下半部断面两次开挖成型，有反台阶法和正台阶法两种方法。

（1）反台阶法。该法由漏斗棚架法发展而来，施工顺序如图 4-4 所示。当坑道开挖后，围岩稳定，不需临时支护，如Ⅰ、Ⅱ级围岩，且无大型装渣等施工机具时，可采用该法。因道路隧道跨度较大，漏斗棚架需大量木材、钢材。采用该法施工既能使工序减少、施工干扰少、下部断面可一次挖至设计宽度、空间大、便于出渣运输和布置管线，又能节省大量材料。

（2）正台阶法。当围岩稳定性较好，开挖后不需或仅需临时支护的坑道，且有能力较强的装渣出渣机具设备，则可采用如图 4-5 所示的正台阶施工方法。施工顺序为先挖上部弧形断面（高一般为 2.0～2.4m），然后挖下面部分，下部也可分若干台阶，装渣机械有足够能力时，应尽量减少分层，以一次开挖为宜，这可使开挖面平整，便于爆破，减少翻渣工作量。

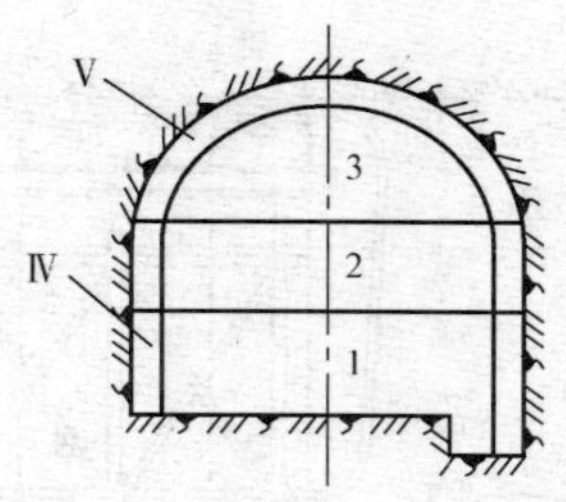

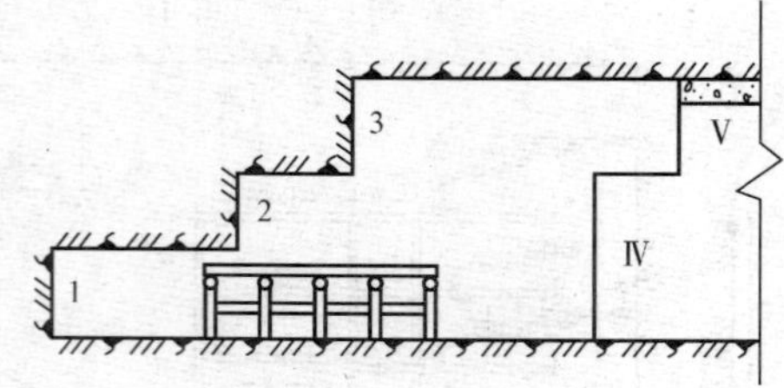

图 4-4 反台阶法

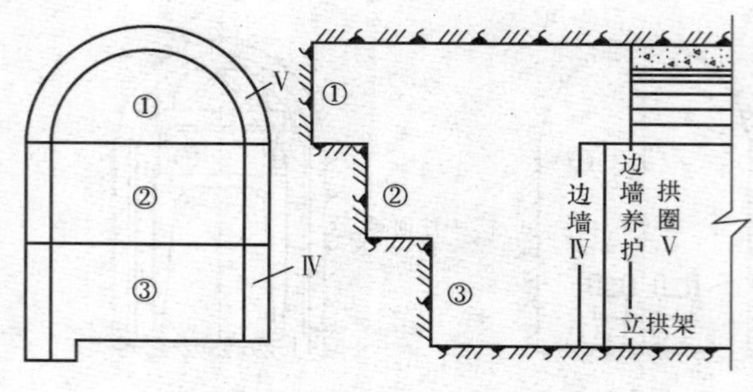

图 4-5 正台阶法

①部开挖不宜超前过多，以免石渣积聚在台阶上，这样可以减少翻渣工作，加快循环作业。

当采用人工翻渣时，该法宜台阶数多些，多层台阶可使上部断面钻眼与下台阶翻渣工作同时进行，使整个循环时间缩短。台阶高度和宽度一般为高 2.0m 左右，宽 1.5m 左右。台阶斜度为 1∶0.3～1∶0.6。

该法工序少，干扰少，爆破效果好。但在围岩条件变化较大而需变换为其他施工方法时，则比较困难。

(3) 台阶开挖法优缺点。

1) 台阶开挖法具有较大的工作空间和较快的施工速度，但上下部作业有相互干扰影响。

2) 台阶开挖法有利于开挖面的稳定，尤其是上部开挖支护后，下部断面作业就较为安全。但台阶开挖增加了对围岩的扰动次数，应注意下部作业对上部稳定性产生的不良影响。

3) 台阶法开挖宜采用轻型凿岩机打眼，而不宜采用大型凿岩台车。

(4) 采用台阶法开挖应注意事项。

1) 台阶数不宜过多，台阶长度要适当，一般一个台阶垂直开挖到底，保持平台长度 2.5～3m 为宜，易于掌握炮眼深度和减少翻渣工作量，装渣机应紧跟开挖面，减少扒渣距离以提高装渣运输效率；应根据两个条件来确定台阶长度：一是初期支护形成闭合断面的时间要求，围岩稳定性越差，闭合时间越短；二是上半部断面施工开挖、支护、出渣等机械设备所需空间大小的要求。

2) 上部开挖，因临空面较大，易使爆破面石渣块过大，不利于装渣，应适当密布中小炮眼，控制开挖厚度，合理利用药量，并应采取防护措施，避免损伤拱圈及确保施工安全。

3) 下部开挖时，应注意上部的稳定。若围岩稳定性较好，则可以分段序开挖；若围岩稳定性较差，则应缩短下部掘进循环进尺；若围岩稳定性很差，则应左右侧互相错开施工，或先拉中槽后挖边帮。

4) 采用钻爆法开挖，应采用光面爆破或预裂爆破技术，尽量减少扰动围岩的稳定性。

5）注意妥善解决上、下部半断面相互干扰的问题，即应进行周密的施工组织安排，劳动力的合理组合等。长台阶基本上上下部作业面已拉开，干扰较少；短台阶上下部作业相互干扰较大，要注意施工组织、质量监控和安全管理；微台阶基本上是合为一个工作面进行同步施工。对于短隧道，可将上半部断面先贯通，再进行下半部断面的施工。

6）采用台阶法开挖的关键问题是台阶的划分。台阶划分要求做到爆破后扒渣量较少，钻眼作业和出渣运输干扰少。因此，一般分为1～2个台阶进行开挖（图4-6）。

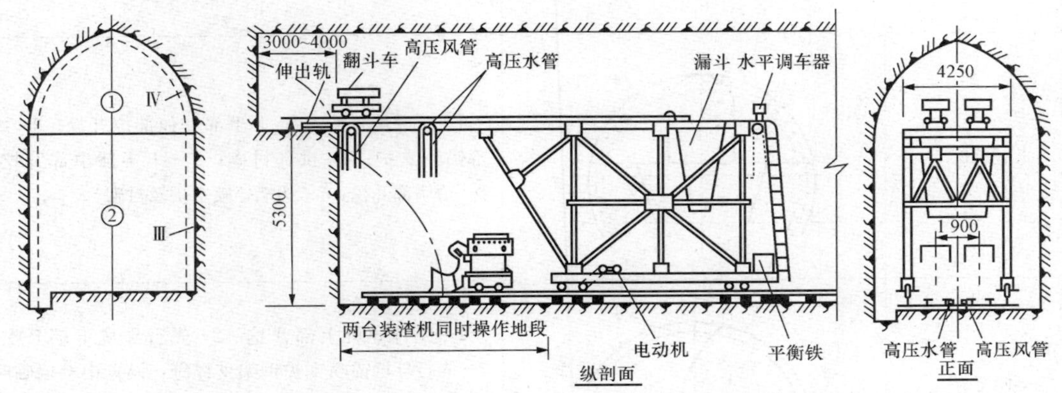

图4-6　正台阶悬臂工作台车开挖法（尺寸单位：mm）

3. 分部开挖法

分部开挖法是将隧道断面分部开挖逐步成型，且一般将某部超前开挖，故也可称为导坑超前开挖法。常用的有上下导坑超前开挖法、上导坑超前开挖法、单侧壁导坑法、双侧壁导坑超前开挖法等（图4-7）。

（1）分部开挖法的优缺点。

1）分部开挖因减少了每个坑道的跨度，能显著增强坑道围岩的相对稳定性，且易于进行局部支护，因此它主要适用于围岩软弱破碎的隧道或设计断面较大的隧道施工。但分部开挖由于作业面较多，各工序相互干扰较大，且增加了对围岩的扰动次数以及施工组织和管理的难度，若采用钻爆掘进，则更不利于围岩的稳定。

2）导坑超前开挖，有利于提前探明地质情况，并予以及时处理或变更施工手段等。但若采用的导坑断面过小，则施工速度较慢而且影响总工期等。

（2）分部开挖时应注意以下事项：

1）因工作面较多，作业面小，相互干扰大，应注意组织协调，实行统一指挥。

2）由于多次开挖对围岩的扰动较大，不利于围岩的稳定，应特别注意加强对爆破开挖用药量的控制，尽量减少对围岩的扰动而影响其稳定性。

3）应尽量创造条件，减少分部次数，尽可能争取用大断面开挖，创造较良好的地下施工条件。

4）凡下部开挖，均应注意上部支护或衬砌的稳定，减少对上部围岩及支护、衬砌的扰动和破坏，尤其是边帮部位开挖时。

分部开挖法分类	图　示	施 工 顺 序
上下导坑法	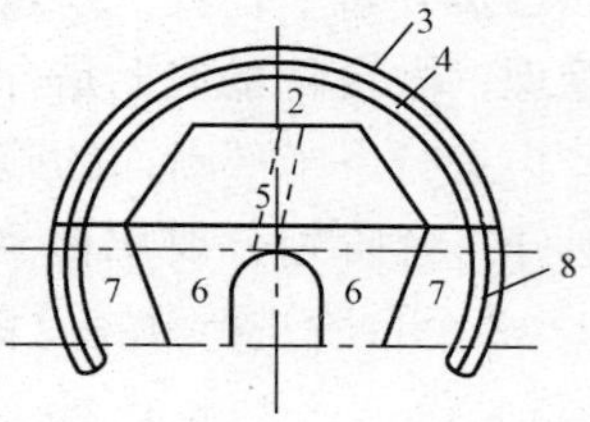	1—下导坑开挖；2—上弧形导坑开挖；3—拱部锚喷支护；4—拱部衬砌；5—设漏斗，随着推进开挖中核；6—下半部中部开挖；7—边墙部开挖；8—边墙锚喷支护衬砌
上导坑法	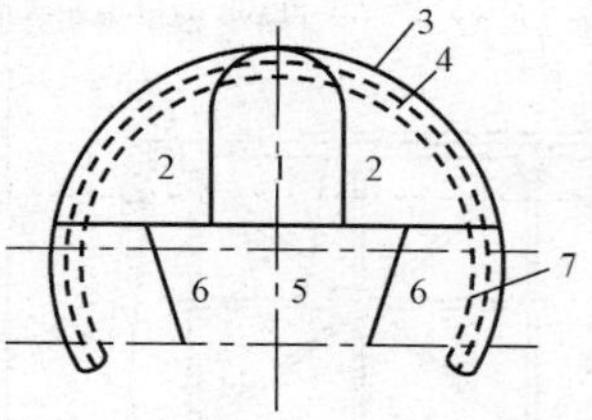	1—上导坑开挖；2—上半部其他部位开挖；3—拱部锚喷支护；4—拱部衬砌；5—下半部中部开挖；6—边墙部开挖；7—边墙锚喷支护及衬砌
单侧壁导坑法	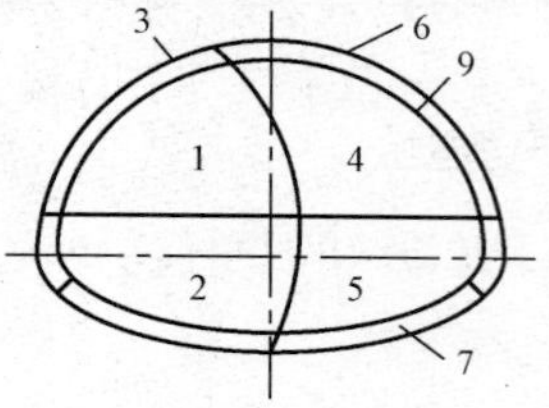	1—先行导坑上部开挖；2—先行导坑下部开挖；3—先行导坑锚喷支护钢架支撑等，设置中壁墙临时支撑（含锚喷钢架）；4—后行洞上部开挖；5—后行洞下部开挖；6—后行洞锚喷支护、钢架支撑；7—灌筑仰拱混凝土；8—拆除中壁墙；9—灌筑全周衬砌
双侧壁导坑法	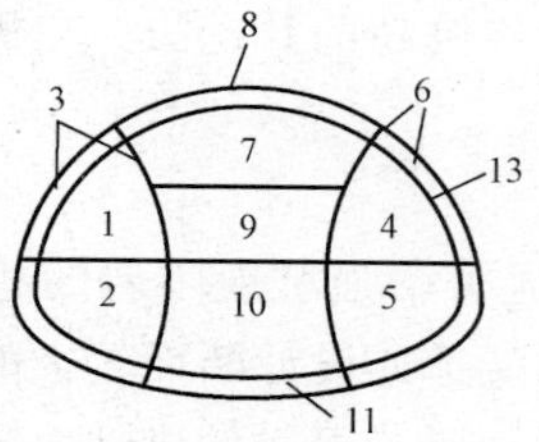	1—先行导坑上部开挖；2—先行导坑下部开挖；3—先行导坑锚喷支护、钢架支撑等，设置临时壁墙支撑；4—后行导坑上部开挖；5—后行导坑下部开挖；6—后行导坑锚喷支护、钢架支撑等，设置临时壁墙支撑；7—中央部拱顶开挖；8—中央部拱顶锚喷支护、钢架支撑等；9、10—中央部其余部开挖；11—灌筑仰拱混凝土；12—拆除临时壁墙；13—灌筑全周衬砌

图 4-7　分部开挖法（均省略了锚杆）

4.3 隧道开挖

隧道施工的基本作业包括：隧道开挖、支护和衬砌。本节主要详细介绍山岭隧道的开挖方法。

4.3.1　隧道开挖基本要求和掘进方法

修筑隧道首先要在隧道所穿越的地层内开挖出一个符合设计要求的空间。开挖作业占整个隧道施工工程量的比重较大，造价占25%～40%，是隧道施工中关键的基本工作。

隧道开挖作业包括：钻眼、装药、爆破等几项工作。

1. 隧道开挖的基本要求

(1) 隧道开挖前，必须先探明隧道工程地质和水文地质情况，方可进行开挖。

(2) 合理确定开挖的步骤和循环进尺，保持各开挖工序相互衔接，均衡施工。

(3) 开挖的断面尺寸应符合设计要求。

(4) 开挖作业中，不得损坏支护、衬砌和设备，并应保护好测量用的测点。

(5) 应严格控制断面欠挖。开挖轮廓要预留支撑沉落量和变形量，以防止出现净空不够的情况。当岩层完整、岩石抗压强度大于 30MPa 并确认不影响衬砌结构稳定和强度时，允许岩石个别突出部分（每 $1m^2$ 内不大于 $0.1m^2$）欠挖，但其隆起量不得大于 5cm。拱、墙脚以上 1m 内断面严禁欠挖。

(6) 隧道洞身开挖，必须清理危石。除完整坚硬岩层外，均应做好支撑，不良地质地段应结合地形开挖侧向安全洞。

(7) 岩石隧道的爆破应采用光面爆破或预裂爆破技术，施工中应提高钻眼效率和爆破效果，降低工料消耗。爆破后，对开挖面和未衬砌地段应进行检查，对可能出现的险情，应采取措施及时处理。对有瓦斯溢出的隧道，应根据工点的地质情况、瓦斯溢出程度和设备条件，确定适宜的施工方案。

(8) 开挖爆破应选用适当的炸药品种和型号，在漏水和涌水地段应采用非电导爆管起爆。

(9) 隧道双向开挖接近贯通时，两端施工应加强联系，统一指挥，并采取浅眼低药量，控制爆破。当两开挖面间的距离剩下 15m 时，应改为单向开挖，直到贯通为止。

(10) 双洞开挖时，应根据两洞的轴线间间距、洞口里程距离、地质条件及其他自然条件，选择适宜的开挖方法、确定好两洞开挖的时间差，并采取措施防止后行洞开挖对先行洞周壁产生不良的影响。

2. 山岭隧道施工掘进方法

山岭隧道施工的掘进方式是指对坑道涉及范围内岩体的破碎及挖除方式。目前常见的掘进方式有钻眼爆破掘进、单臂掘进机掘进和人工掘进三种方式。一般山岭隧道最常用的是钻眼爆破掘进。

(1) 钻眼爆破掘进。钻眼爆破掘进即是用钻眼装炸药爆破坑道范围内的岩体。钻眼爆破掘进前首先应进行钻爆设计，应根据地质条件、水文条件、开挖断面、开挖方式、钻眼机具、循环进尺、爆破材料和出渣能力等因素综合考虑。

由于钻眼爆破掘进法对围岩的扰动破坏较大，有时可能由于爆破的震动致使围岩产生坍塌，故一般只适用于石质隧道。硬岩一般采用光面爆破，软岩宜采用预裂爆破。

钻眼爆破掘进的顺序是按照钻眼爆破的设计进行钻眼、装药、连线和引爆。山岭隧道工程中常用的凿岩机有风动凿岩机、液压凿岩机、内燃凿岩机和电动凿岩机等，但后两者应用较少。将多台凿岩机安装在一个专门的移动设备上，实现多机同时作业，集中控制，称为多臂凿岩台车。

(2) 单臂掘进机掘进。单臂掘进机掘进是采用装在可移动式机械臂上的切削头来破碎岩体，并挖除坑道范围内的岩体。单臂掘进机可以连续掘进，挖掘任意形状和大小跨度的隧道，并且对围岩的稳定性影响较小，扰动破坏性少。但只适用于软岩及土质隧道。常用的单臂掘进机是铁盘式采矿机，挖斗式挖掘机和铲斗式装渣机也可以用于隧道掘进，机动灵活，适应能力较强等。

(3) 人工掘进。人工掘进是采用十字镐、风镐等简易工具来挖除岩土体。人工掘进速度较慢，劳动强度很大，一般在不能采用爆破掘进的软弱破碎围岩和土质隧道中，若隧道工程量不太大，工期要求不太紧，又无机械或不宜采用机械掘进，或长大隧道机械掘进中的局部小工作面，则可以采用人工掘进。人工掘进施工中应做好安全防护措施，并应安排专人负责工作面的安全观察。

隧道施工中，掘进方式是影响围岩稳定的重要因素，因此在选择掘进方式时应根据坑道范围内的地质条件、岩石的坚硬程度、围岩的稳定性、支护条件、经济性以及掘进时不同的掘进方式对围岩的扰动情况等相关因素进行综合考虑分析，选用恰当的掘进方式。

综上所述，钻眼爆破掘进较为实用经济，但对围岩的扰动较大，尤其是对软弱破碎围岩的稳定性不利；掘进机法掘进速度快，对围岩的扰动较小，但机械和设备的投资较大；人工掘进对围岩的扰动最小，但掘进速度很慢且工人的劳动强度太大。

实际工程中掘进方式的选择，应充分考虑岩体的坚固性、围岩的稳定性、经济性和又不会严重影响围岩稳定性的掘进方式。由于隧道内的地质情况变化很大，所以三种基本掘进方式要机动灵活配合采用。

无论采用机械掘进或人工掘进，均应注意掌握好掘进速度，要做到及时支护，不要让围岩暴露时间过长产生风化作用及变形过大。若开挖面不能自稳，则应同时采取相应而有效的辅助稳定措施。

4.3.2 隧道开挖的钻爆设计和钻眼机械

1. 钻爆设计

钻爆设计应根据隧道工程地质条件、水文条件、开挖断面、开挖方法、掘进循环进尺、钻眼机具、爆破材料和出渣能力等因素综合考虑。

钻爆设计的内容包括：炮眼（掏槽眼、辅助眼、中空眼、周边眼等）的布置、数目、深度和角度、装药量和装药结构、起爆方法和起爆顺序等。设计图应包括：炮眼布置图、周边眼装药结构图、钻爆参数表、主要技术指标以及必要的说明。

钻爆作业必须按照钻爆设计的顺序进行钻眼、装药、连线和引爆。

2. 钻眼机械

隧道工程中常使用的凿岩机有风动凿岩机和液压凿岩机，另外还有电动凿岩机和内燃凿岩机，但较少采用。其工作原理都是利用镶嵌在钻头体前端的凿刃反复冲击并转动破碎岩石而成孔。凿岩机有的可通过调节冲击功大小和转动速度以适应不同硬度的石质，达到最佳成孔效果。

(1) 钻头和钻杆。钻头直接连接在钻杆前端（整体式）或套装在钻杆前端（组合式），钻杆尾套装在凿岩机的机头上，钻头前端则镶入硬质高强耐磨合金钢凿刃。

凿刃起着直接破碎岩石的作用，它的形状、结构、材质、加工工艺是否合理都直接影响凿岩效率和其本身的磨损。

凿刃按其形状可分为片状连续刃和柱齿不连续刃两类。片状连续刃又有一字形、十字形等几种形式；柱齿刃又有球齿、锥形齿、楔形齿等形式。一字形片状连续刃钻头构造简单、修磨简单、对岩性的适应性强，但钻眼速度较慢，且在节理裂隙发育的岩石中容易卡钻，适用于功率较小的风动凿岩机在中硬以下岩石中钻眼。十字形片状连续刃钻头和柱齿刃钻头的制造和修磨较复杂，适用于功率较大和冲击频率较高的重型风动或液压凿岩机在各种岩石中钻眼，尤其在高硬度岩石中或节理裂隙发育的岩石中钻眼效果良好，速度也快。

常用钻头的钻孔直径有 38mm、40mm、42mm、45mm、48mm 等，用于钻中空孔眼的钻头直径可达 102mm，甚至更大。钻头和钻杆均有射水孔，压力水即通过此孔清洗岩粉。钻头构造如图 4-8 所示。

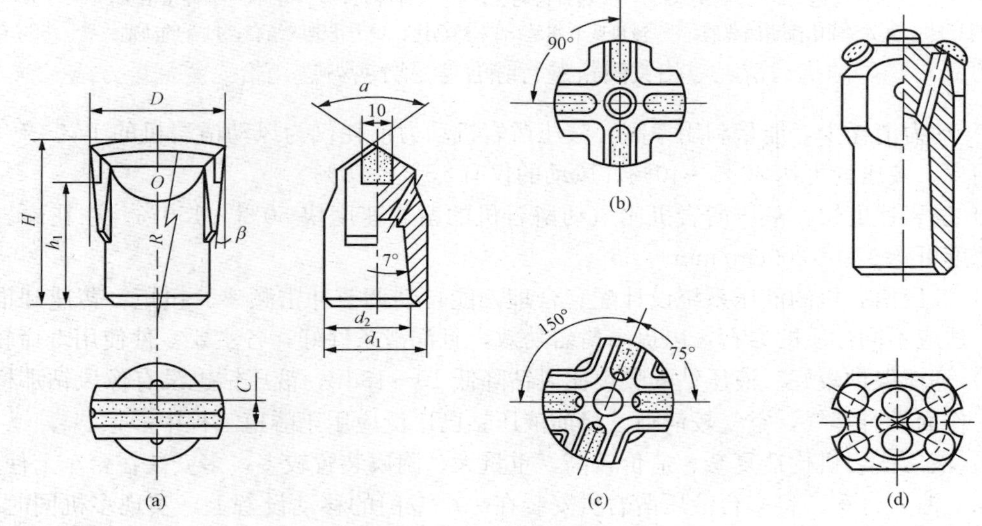

图 4-8　钻头构造

(a) 一字形刃钻头；(b) 十字形刃钻头；(c) X 形刃钻头；(d) 柱齿刃钻头

钻眼速度受以下几个因素的影响：冲击频率、冲击功、钻头型式、钻孔直径、钻孔深度及岩石质量等。另外还与钻头与钻杆、钻杆与机头的套装紧密程度，钻头和钻杆的质量，钻杆轴线与机头轴线重合程度以及凿岩机手的操作技术水平等有关。若套装不紧密、钻杆轴线与机头轴线重合不好或钻杆硬度小，钻杆较粗，都会损耗冲击功而降低钻眼速度。

(2) 风动凿岩机。风动凿岩机俗称风钻，它是以压缩空气为驱动力。其具有结构简单，制造维修简便，操作方便，使用安全的优点，但压缩空气的供应设备比较复杂，机械效率低、能耗大、噪声大，凿岩速度比液压凿岩机低。其构造如图4-9所示。

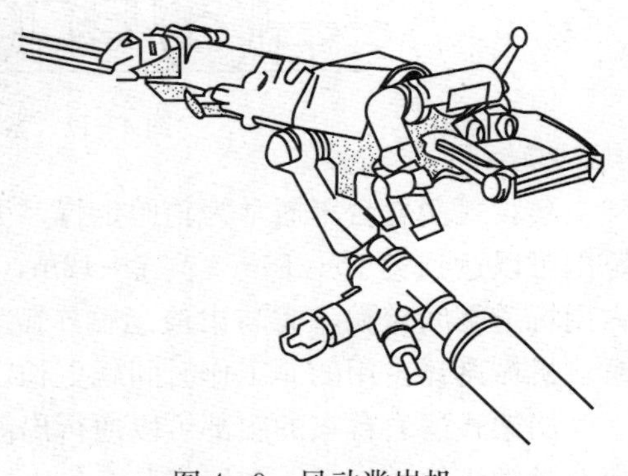

图 4-9　风动凿岩机

(3) 液压凿岩机。液压凿岩机是以电力带动高压油泵，通过改变油路，使活塞往复运动，实现冲击作用。其工作原理如图 4-10 所示。

液压凿岩机与风动凿岩机比较，具有以下主要特点：

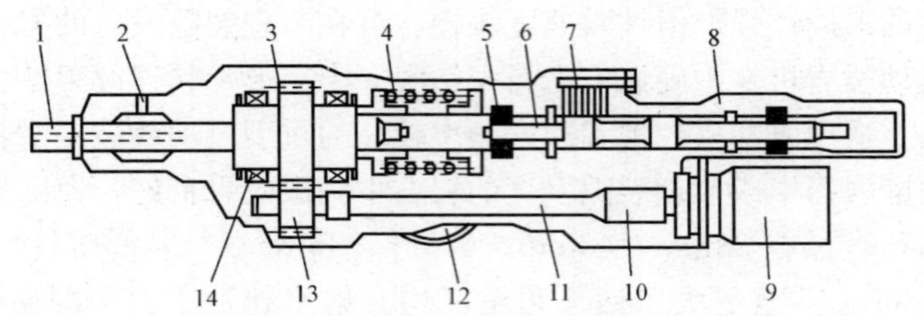

图 4-10 液压凿岩机工作原理

1—杆尾；2—旁侧供水口；3—转杆齿轮套；4—缓冲弹簧；5—密封；6—冲击活塞；
7—油压流量调节器；8—流量调节螺丝；9—油马达；10—花键联结套；11—传动轴；
12—蓄能器；13—驱动齿轮；14—滚动轴承

1）动力消耗少，能量利用率高。液压凿岩机动力消耗仅为风动凿岩机的 1/3～1/2；能量利用率，液压的可达 30%～40%，风动的仅有 15%～20%。

2）凿岩速度快。液压凿岩机比风动凿岩机的凿岩速度快 50%～150%。在花岗岩中纯钻进速度可达 170～200cm/min。

3）液压凿岩机的液压系统设计配套合理，能自动调节冲击频率、扭矩、转速和推力等参数，适应不同性质的岩石，以提高凿岩功效，且润滑条件好，各主要零件使用寿命较长。

4）环境保护较好。液压钻的噪声比风钻降低 10～15dB；液压钻也没有像风钻那样的排气，工作面没有雾气，空气较清晰。目前液压钻已广泛应用于隧道工程中。

5）液压凿岩机构造复杂、造价较高、重量大、附属装置较多，多安装在台车上使用。

（4）凿岩台车。将多台液压凿岩机安装在一个专门的移动设备上，实现多机同时作业，集中控制，称为凿岩台车。凿岩台车按其走行方式可分为轨道走行、轮胎走行式及履带走行式；按其结构形式可分为实腹式和门架式两种。图 4-11 是工程中应用较多的实腹式结构轮胎走行的全液压凿岩台车。

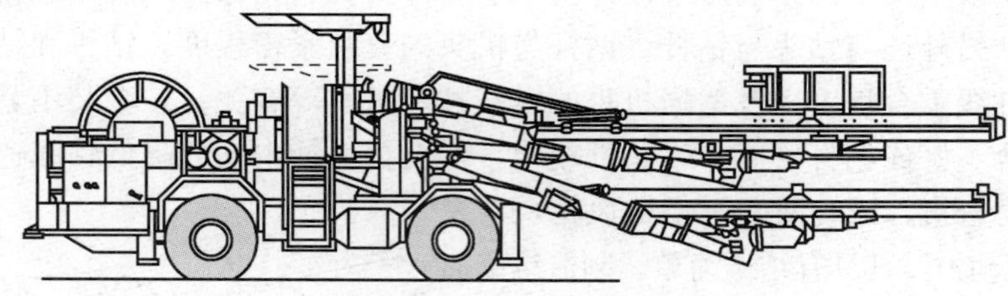

图 4-11 凿岩台车（实腹式轮胎走行）

实腹式凿岩台车通常为轮胎走行，可以安装 1～4 台凿岩机及一支工作平台臂。其工作范围可以达到宽 10～15m，高 7～12m，分别可适用不同断面的隧道中。但实腹式凿岩台车占用坑道空间较大，需与出渣运输车辆交会避让，占用循环时间，尤其是在隧道断面不大时，机械避让占用的非工作时间就更长。故实腹式凿岩台车多应用于较大断面的隧道中。

门架式凿岩台车的腹部可以通行出渣运输车辆，可大量减少机械避让时间。门架式凿岩台车通常为轨道走行，一般安装 2～3 台凿岩机。多适用于中等净空断面（20～80m²）的隧道开挖，开挖断面过小或过大则多不采用。

按其控制的自动化程度来分，凿岩车可以分为人工控制、电脑控制和电脑导向三种。

人工控制是由人工控制操纵杆来实现钻机的定位、定向和钻进的。钻眼位置由工程师标出，钻眼方向则由操作手按经验目测确定。电脑控制凿岩台车的所有动作都在电脑的控制下进行，必要时可由操作手进行干预。电脑导向凿岩台车不仅具有电脑控制功能，而且可以在隧道定位（导向）激光束的帮助下进行自动定位和定向，因此能进一步缩短钻眼作业时间，提高钻眼精度、减少超欠挖量。

4.3.3 爆破材料

1. 爆破对固体介质的破坏作用

炸药的爆炸反应是有机物的氧化还原反应，具有高温、高压和高速度的特点。炸药的爆炸过程是爆轰波的传播过程，也是爆炸生成气体和初始做功的过程。当炸药在围岩中爆炸时，爆炸波轰击岩面，以冲击波形式向岩体内部传播，形成动态应力场。冲击波作用时间短，能量密度很高，使炮孔周围岩石产生粉碎性破坏。爆炸气体静压和膨胀做功，有使岩石质点作远离药包中心运动的倾向，岩石受切向拉力，其强度达到岩石抗拉强度时，则岩石破坏，产生径向裂隙。在爆炸结束的瞬间，随着温度下降，气体逸散，介质又为释放压缩能而回弹，从而又可能产生环向裂缝。在爆破力作用下，在偏离径向45°的方向上还可能产生剪切裂缝。在这些裂缝的交错切割和剩余爆破力的作用下，岩石即被破碎和移位。

假定将药包埋置在无限介质中进行爆破，则在远离药包中心不同的位置上，其爆破作用是不相同的。大致可以划分为三个区域，如图4-12所示。

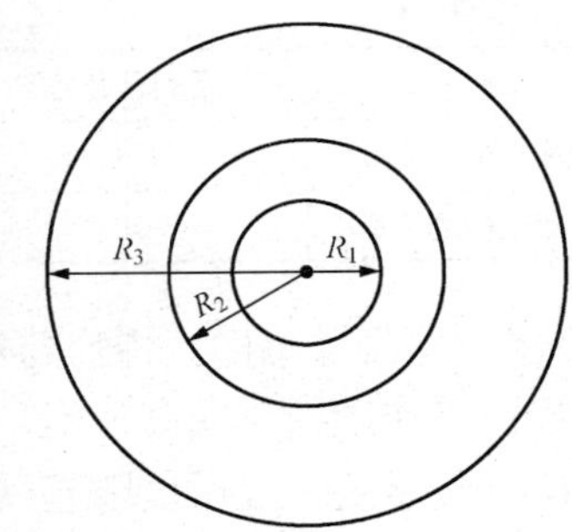

图4-12 爆破的内部作用

R_1—压缩粉碎区半径；R_2—破裂区半径；R_3—震动区半径

(1) 压缩粉碎区。它是指半径为 R_1 范围的区域。该区域内介质距离药包最近，受到的压力最大，故破坏最大。当介质为土壤或软岩时，压缩形成一个环形体孔腔；介质为硬岩时，则产生粉碎区破坏，故称为压缩粉碎区。

(2) 破裂区。R_1 与 R_2 之间的范围叫破裂区。在这个区域内介质受到的爆破力虽然比压缩粉碎区小，但介质的结构仍然被破坏成碎块。

(3) 震动区。R_2 与 R_3 之间的范围叫震动区。在此范围内，爆炸能量只能使介质发生弹性变形不能产生破坏作用。

当炮眼装药长度远大于横截面的直径时，形成圆柱状延长药包，简称柱状药包。它是工程爆破中应用最为广泛的药包。球型药包爆破应力波的传播方向，是以药包中心为圆心成球面状向四周传播。当炮眼方向垂直于临空面，即最小抵抗线与炮眼装药轴线重合时，柱状药包爆破作用力的方向是平行于临空面而指向岩体内部，即爆破作用受到岩体的挟制作用，但一般仍能形成倒圆锥漏头，易残留炮窝。

2. 炸药的性能

炸药爆炸是一种高速化学反应过程。在这个过程中炸药物质成分发生改变，生成大量的气体物质并释放大量的热能，表现为对周围介质的冲击、压缩、破坏和抛掷作用。炸药的性能取决于所含的化学成分。掌握炸药等爆破材料的性能，对正确使用、储存、运输，确保安全和提高爆破效果，具有重要意义。炸药的主要性能如下：

(1) 敏感度。炸药的敏感度简称感度，是指炸药在外界爆能作用下发生爆炸反应的难易程度，也就是炸药爆炸对外能的需要程度。根据外能的形式不同，炸药感度主要有：

1) 热敏感度。也称爆发点，即使炸药爆炸的最低温度，它表示炸药对热的敏感度。工程中几种常见炸药的爆发点见表4-3。

表4-3　几种炸药的爆发点

炸药名称	爆发点/℃	炸药名称	爆发点/℃
EL系列乳化炸药	330	2号岩石硝铵炸药	186～230
2号煤矿硝铵炸药	180～188	黑火药	290～390
梯恩梯	290～295	硝化甘油	200
黑索金	230	特屈尔	195～200

2) 火焰敏感度。表示炸药对火焰（明火星）的敏感度。有些炸药虽然对温度反应比较迟钝，但对火焰却很敏感，如黑火药一接触明火星便易燃烧爆炸。

3) 机械敏感度。指炸药对机械能（撞击、摩擦）作用的敏感程度。一般来说，对撞击比较敏感的炸药，对摩擦也比较敏感。一般以试验次数的爆炸百分率来表示，见表4-4。

表4-4　几种炸药的撞击、摩擦感度

炸药名称	EL系列乳化炸药	2号岩石硝铵炸药	硝化甘油	黑索金	特屈尔	黑火药	梯恩梯
撞击感度(%)	≤8	20	100	70～75	50～60	50	4～8
摩擦感度(%)	0	—	—	90	24	—	0

4) 爆轰敏感度。指炸药对爆炸能的敏感程度。通常在起爆作用下，炸药的爆炸是由冲击波、爆炸产物流或高速运动的介质颗粒的作用而激发的。不同的炸药所需的起爆能也不同。爆轰感度一般用极限起爆药量表示。

(2) 爆速。炸药爆炸时爆轰波在炸药内部的传播速度称为爆速。不同成分的炸药有不同的爆速，但一般来说密度越大的炸药其爆速也越高。同一种成分的炸药其爆速还受装填密实程度、药量多少、含水量大小和包装材料等因素的影响，几种炸药的爆速见表4-5。

表4-5　几种炸药的爆速

炸药名称	铵梯炸药	硝化甘油	梯恩梯	特屈尔	黑索金	太安
密度/(g/cm³)	1.40	1.60	1.60	1.59	1.76	1.72
爆速/(m/s)	5200	7450	6850	7334	8660	8083

(3) 爆力（威力）。炸药爆炸时对周围介质做功的能力称为爆力（或威力）。炸药的爆力越大，其破坏能力越强，破坏的范围及体积也越大。一般地，爆炸产生的气体物质越多，或爆温越高，则其爆力越大。炸药的爆力通常用铅柱扩孔实验法测定。铅柱扩孔容积等于280cm³时的爆力称为标准爆力。几种炸药的爆力见表4-6。

表 4-6　　　　　　　　　　　　　　**几种炸药的爆力**

炸药名称	2号铵梯岩石炸药	硝化甘油	梯恩梯	特屈尔	黑索金	太安
密度/(g/cm³)	1.0～1.1	1.60	1.50	1.60	1.70	—
爆力/cm³	· 320	600	285	300	600	580

(4) 猛度。炸药爆炸后对与之接触的固体介质的局部破坏能力称为猛度。这种局部破坏表现为固体介质的粉碎性破坏程度和范围大小。一般地，炸药的爆速越高，则其猛度也越大。炸药的猛度通常用铅柱压缩法测定，以铅柱被爆炸压缩的数值表示，见表 4-7。

表 4-7　　　　　　　　　　　　　　**几种炸药的猛度值**

炸药名称	2号铵梯岩石炸药	EL系列乳化炸药	RJ系列乳化炸药	硝化甘油	梯恩梯	特屈尔	黑索金	太安
密度/(g/cm³)	0.9～1.0	1.1～1.2	1.1～1.25	—	1.0	1.6	1.7	—
猛度/mm	12～14	16～19	15～19	22.5～23.5	16～17	21～22	25	23～25

(5) 爆炸稳定性和临界直径、最佳密度、管道效应。爆炸稳定性是指炸药经起爆后，能否连续、完全爆炸的能力。它主要受炸药的化学性质、爆轰感度以及装药密度、药包大小(或药卷直径)、起爆能量等因素的影响。

1) 临界直径。工程爆破采用柱状装药时，常用药卷的“临界直径”来表示炸药的爆炸稳定性。“临界直径”是在柱状装药时被动药卷能发生殉爆的最小直径 ϕ_{min}。临界直径越小，则其爆炸稳定性越好。如铵梯炸药的爆炸稳定性较好，其临界直径为 15mm。浆状炸药的爆炸稳定性较差，其临界直径为 100mm，但加入敏化剂后其临界直径降为 32mm，也能稳定爆炸。

工程爆破中，为保证装药能稳定爆炸而不发生断爆，在选择药卷直径时应注意以下两点：

①药卷的直径应不小于炸药的临界直径。装药直径越大，其爆炸越稳定。但当药卷直径超过某值（极限直径）后，爆炸稳定性即不随药卷直径而变化。

②若因需减少炸药用量而缩小装药（药卷）直径时，则应相应选用爆轰感度较高的炸药或加入敏化剂以降低其临界直径。

2) 最佳密度。对于单质猛炸药，其装药密度越大，则其爆速越大，爆炸越稳定。对于工程用混合炸药，在一定密度范围内，也有以上关系。炸药爆炸稳定，且爆速最大时的装药密度称为“最佳密度”。如硝铵类炸药的最佳密度为 0.9～1.19g/cm³，乳化炸药一般为 1.05～1.30g/cm³。但随后爆速又随着密度的增加而下降，直至某一密度时，爆炸不稳定，甚至拒爆，这时炸药的密度称为“临界密度”。

3) 管道效应。工程爆破中，常采用钻孔柱状药卷装药，若药卷直径较钻孔直径小，则在药卷与孔壁之间有一个径向空气间隙。药卷起爆后，爆轰波使间隙中的空气产生强烈的空气冲击波，这股空气冲击波速度比爆轰波速度更高，它在爆轰波未到达之前，即将未爆炸的炸药压缩，当炸药被压缩到临界密度已上时，就会导致爆速下降，甚至断爆，这种现象称为管道效应。为了减少管道效应，可减小间隙，或采用高感度、高爆速的炸药。

(6) 殉爆距离。一个药包爆炸（主动药包）后，能引起与它不相接触的邻近药包爆炸

(被动药包)，这种现象称为被动药包的“殉爆”。发生殉爆的原因是主动药包爆炸产生冲击波和高速物流，使邻近药包在其作用下而爆炸。是否会发生殉爆，则主要取决于主动药包的药量和爆力、被动药包的爆轰感度、主动与被动药包之间的距离和介质性质。当主动、被动药包采用同性质炸药的等直径药卷时，则用被动药包能发生殉爆的最大距离来表示被动药包的殉爆能力，称为“殉爆距离”。当然它也反应了主动药包的致爆能力。工程爆破中，常采用柱状间隔（不连续）装药来减少炸药用量和调整装药集中度，但应注意使药卷间距不大于殉爆距离。实际殉爆距离应通过现场试验确定。

(7) 安定性。炸药的安定性是指其物理化学性质的安定性，主要表现为吸湿、结块、挥发、渗油、老化、冻结和化学分解等。如硝铵炸药吸湿性很强，也容易结块。结块时需人工解潮和碾碎后再使用。胶质炸药易老化和冻结，老化的胶质炸药敏感度和爆速降低，威力减小；冻结的胶质炸药感度高，使用危险，必须解冻后才允许使用。硝铵炸药的安定性差，易分解，运输存放中，应通风避光，不宜堆放过高。

3. 隧道工程常用的炸药和起爆材料

隧道工程中使用的爆破材料有炸药、导火索、雷管、导爆管、继爆管及起爆材料等。

(1) 隧道工程常用的炸药。工程用炸药一般以某种或几种单质炸药为主要成分，另加一些外加剂混合而成。目前在隧道爆破施工中使用最广的是硝铵类炸药。硝铵类炸药品种极多，但其主要成分是硝酸铵，占60%以上，其次是梯恩梯或硝酸钠（钾），占10%～15%。

1) 铵梯炸药。在无瓦斯坑道中使用的铵梯炸药，简称岩石炸药，其中2号岩石炸药是最常用的一种；在有瓦斯坑道中使用的炸药，简称煤矿炸药，它是在岩石炸药的基础上外加一定比例食盐作为消焰剂的煤矿用安全炸药。

2) 浆状（水胶）炸药。是一种新型安全炸药。由于这类炸药含水量较大，爆温较低，比较安全，发展前景良好。浆状炸药是由氧化剂水溶液、敏化剂和胶凝剂为基本成分组成的混合炸药。浆状炸药是在浆状炸药的基础上应用交联技术，使之形成塑性凝胶状态，进一步提高了炸药的化学稳定性和抗水性，炸药结构更均一，提高了传爆性能。浆状（水胶）炸药具有抗水性强、密度高、爆炸威力较大、原料广、成本低和安全性能好等优点，常应用于露天有水深孔爆破中。

3) 乳化炸药。通常是指以硝酸铵、硝酸钠水溶液与碳质燃料通过乳化作用，形成的乳脂状混合炸药，也称为乳胶炸药。其外观随制作工艺不同而呈白色、淡黄色、浅褐色或银灰色。乳化炸药具有爆炸性能好、抗水性能强、安全性能好、环境污染小、原料来源广和生产成本低，且爆破效率比浆状及水胶炸药更高等优点，尤其适用于硬岩爆破。

4) 硝化甘油炸药。又称胶质炸药，是一种高猛度炸药，它的主要成分是硝化甘油（或硝化甘油与二硝化乙二醇的混合物）。硝化甘油炸药抗水性强、密度高、爆炸威力大，因此适用于有水和坚硬岩石的爆破。但它对撞击摩擦的敏感度高，安全性差，价格昂贵，保存期不能过长，容易老化而导致性能降低，甚至失去爆炸性能。一般只在水下爆破中使用。

隧道爆破使用的炸药，一般是由厂制或现场加工成药卷形式，药卷直径有ϕ22mm、ϕ25mm、ϕ32mm、ϕ35mm、ϕ40mm等，长度为165～500mm，可按爆炸设计的装药结构和用药量来选择使用。隧道工程中，常用的几种炸药成分、性能、规格和适用范围见表4-8。各种炸

表 4-8　隧道内常见炸药的规格、性能及其他

序号	炸药名称	药卷规格			药卷性能							适用范围	备注
		直径/mm	长度/mm	质量/g	密度/(g/m³)	爆速/(m/s)	猛度/mm	爆力/m	殉爆/cm	有害气体/(L/kg)	保存期/月		
1	二号岩石硝铵炸药(标准型)	35	165	150	0.95	3050	12	320	7	<43	6	适用于一般岩石隧道，孔径 40mm 以下的炮眼爆破；大孔径的光爆	属常用的标准炸药卷，且为铵梯炸药，韶关 309 厂生产
2	二号岩石小药卷	22	270	105	0.84	2200		320	3	<43	6	适用于一般岩石隧道的周边光爆	曾在大窑山隧道使用过，309 厂生产
3	一号抗水岩石硝铵(大直径)	42	500	450	0.95	3850	14	320	12	<45	6	适用于一般有水的岩石隧道，孔径 42mm 的深孔炮眼爆破	专为大窑山隧道爆破而研制的，309 厂生产
4	一号抗水岩石硝铵(小直径)	25	165	800	0.96	2400	12	320	6	<45	6	适用于一般有水岩石隧道的周边光面爆破	曾在大窑山隧道使用过 309 厂产品
5	RJ-2 乳胶炸药(大直径)	40	330	490	1.2	4100	13～16	340	13	<42	6	适用于坚硬岩石隧道，孔径 48mm 的深炮眼爆破；且适用于有水隧道	为 70 年代才问世的一种新型乳胶状抗水炸药，南岭化工厂生产
6	RJ-2 乳胶炸药(标准型)	32	200	190	1.2	3600	12	340	9	<42	6	适用于一般有水岩石隧道，孔径 40mm 以下的炮眼爆破，大孔径光爆	属新型乳胶抗水炸药，也属一般炮眼法爆破标准型的炸药，南岭化工厂场产品

续表

序号	炸药名称	药卷规格			药卷性能							适用范围	备注
		直径/mm	长度/mm	质量/g	密度/(g/m^3)	爆速/(m/s)	猛度/mm	爆力/m	殉爆/cm	有害气体/(L/kg)	保存期/月		
7	粉状硝化甘油炸药（标准型）	32	200	170	1.10	4200	16	380～410	15	<40	8	适用有一定涌水量的隧道、竖井、斜井掘进爆破中	用的不多，原因有毒，避免皮肤直接接触，其次机械感度高一些，注意安全，庆阳化工厂产品
8	粉状硝化甘油炸药（2号光爆）	22	500	152	1.10	2300～2700	13.7	410	10	<40	8	适用于岩石隧道的周边光面爆破	属庆阳化工厂专为光面爆破研制的光爆炸药
9	SHJ-K型水胶炸药	35	400	650	1.05～1.30	3200～3500		340	3～5			适用于岩石隧道，孔径48mm的深炮眼爆破，且属于防水型炸药	国营兴安化学材料厂生产
10	EJ-102乳化炸药（标准型）	32	200	170	1.15～1.35	4000	15～19	88～143	10～12	22～29		适用于一般有水岩石隧道的炮眼爆破	龙烟铁矿210厂产品，属新型抗水型炸药
11	EJ-102乳化炸药（小直径）	20	500	190	1.15～1.35	4000	15～19	88～143	2	22～29		适用于一般有水岩石隧道的周边光面爆破	龙烟铁矿210厂产品，属新型抗水型炸药

药的炸药成分、性能、密度、爆速、猛度、爆力、殉爆以及稳定性等详见有关资料及产品说明书。

(2) 起爆材料。设置传爆起爆系统的目的是在装药（药包或药卷）以外的安全距离处通过发爆（点火、通电或激发枪）和传递，使安在药包或药卷中的雷管起爆，并引发药包或药卷爆炸，从而爆破岩石。

1) 导火索与火雷管。

①导火索是用来传递火焰给火雷管，并使火雷管在火焰作用下爆炸的传爆材料之一。

导火索的燃烧速度取决于索芯黑火药的成分和配比，一般在110～130s/m范围内，缓燃导火索则为180～210s/m或240～350s/m。导火索具有一定的防潮耐水能力，在1m深常温静水中浸2h后，其燃烧速度和燃烧性能不变。普通导火索不能在有瓦斯或有矿尘爆炸危险的场所使用。

②火雷管是最简单的一种雷管，如图4-13所示。火雷管成本低，使用比较简单灵活，不受杂散电流的影响，应用广泛，但受撞击、摩擦和火花等作用时能引起爆炸。火雷管全部是即发雷管（一点火，就爆炸）。

雷管号数按其起爆能量的大小分为十个等级（号数）。号数愈大，起爆能力愈强。工程中常用的是8号和6号雷管。其他雷管号数也同此划分。

2) 电雷管。电雷管是在火雷管中加设电发火装置而成的。它是用导电线传输电流使装在雷管中的电阻发热而引起雷管爆炸的。

①电雷管可分为即发电雷管和迟发电雷管。即发电雷管如图4-14所示。

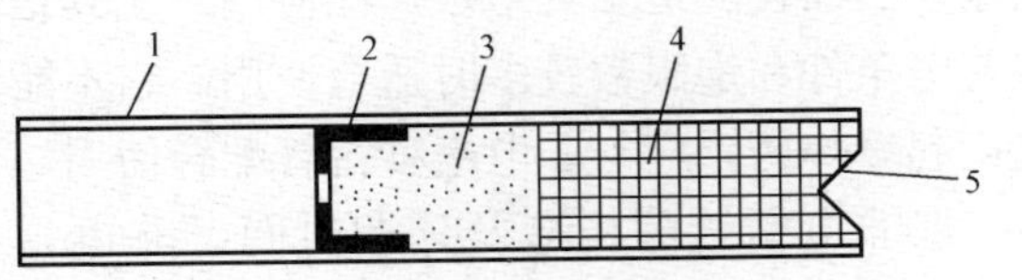

图4-13　火雷管

1—管壳；2—加强帽；3—正起爆药；4—副起爆药；5—聚能穴

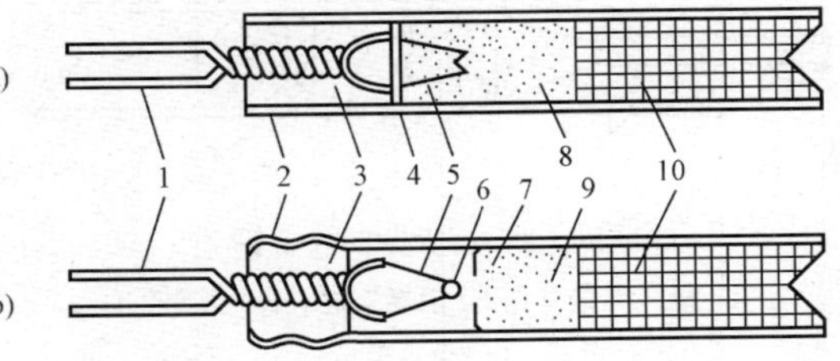

图4-14　即发电雷管

(a) 直插式；(b) 引火头式

1—脚线；2—管壳；3—密封塞；4—纸垫；5—桥丝；6—引火头；7—加强帽；8—DDNP；9—正起爆药；10—副起爆药

为实现延期起爆，迟发电雷管的延期时间是在即发雷管中加装延期药来实现的（图4-15）。延期时间的长短均用段数来表示。

②迟发电雷管按其延期时间差可分为秒迟发电雷管和毫秒迟发电雷管系列。

国产秒迟发电雷管按延期时间的长短分为七段，段数越大，延期时间越长。最长延期时间为(7.0+1.0)s，见表4-9。

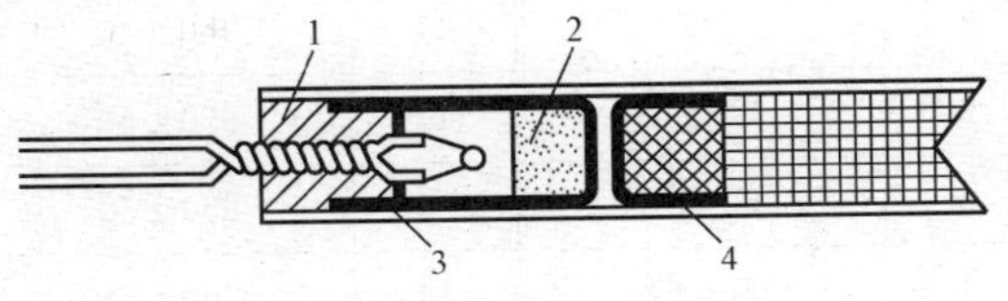

图4-15　迟发电雷管

1—塑料塞；2—延期药；3—延期内管；4—加强帽

表 4-9　　**秒迟发电雷管的延期时间**

段别	1	2	3	4	5	6	7
延期时间/s	<0.1	1.0+0.5	2.0+0.6	3.1+0.7	4.3+0.8	5.6+0.9	7.0+1.0
脚线颜色	灰蓝	灰白	灰红	灰绿	灰黄	灰蓝	黑白

国产毫秒迟发电雷管有五个系列。其中第二系列是工程中常用的一个时间系列；第一、第五系列为高精度系列；第三、第四系列的延期时间间隔分别为100ms和300ms。

③发爆电源可用交、直流照明或动力电源，也可以用各种类型的专用电起爆器。在有杂散电流时，应采用抗杂散电流电雷管。目前，电线、电雷管起爆系统在隧道工程中已较少采用。

3）塑料导爆管与非电雷管。

①塑料导爆管的传爆原理及优点。塑料导爆管是用来传递微弱爆轰波给非电雷管，使之爆炸的传爆材料。因其是由瑞典科学家诺雷尔（Nonel）首创的一种新型传爆材料，故又称诺雷尔管。它是在聚乙烯塑料管［外径（2.95±0.15)mm，内径（1.4±0.10)mm］的内壁涂有一层高能炸药［主要成分是奥托金，(16±2)mg/m］，管壁上的高能炸药在冲击波作用下可以沿着管道方向连续稳定爆轰，而将爆轰波传播到非电雷管使雷管起爆。弱爆轰在管内的传播速度为1600～2000m/s，但因其微弱，不至于炸坏塑料管。

塑料导爆管有以下优点：抗电、抗火、抗冲击性能好；起爆传爆性能稳定，甚至扭结、180°对折、局部断药，管端对接均能正常传爆；运输和使用过程中抗破坏能力强；安装简单，使用方便，价格便宜，且可作为非危险品运输，因而在隧道工程中被广泛应用。尤其是在有电条件和炮眼数较多时适合使用。它不能直接起爆炸药，应与非电毫秒雷管配合使用。

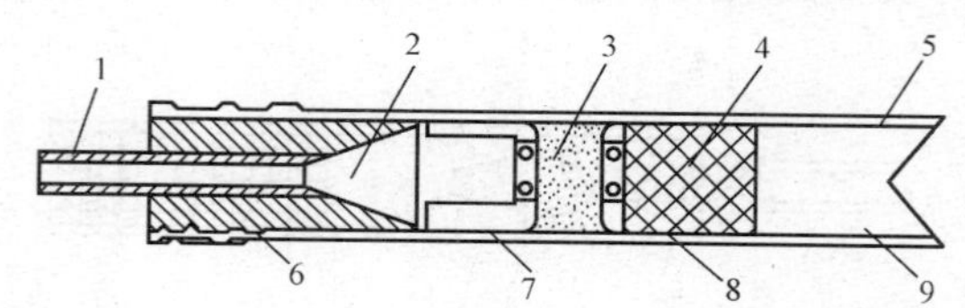

图 4-16　迟发非电雷管

1—塑料导爆管；2—消爆空腔；3—延期药；4—正起爆药；5—金属管壳；6—塑料连接套；7—空信帽；8—加强帽；9—副起爆药

②非电雷管的构造及延期时间。非电雷管须与塑料导爆管配合使用，其构造如图4-16所示。

国产非电雷管的延期时间分为毫秒、半秒、秒迟发三个系列，见表4-10。

表 4-10　　**迟发非电雷管的段别及延期时间**

毫秒迟发雷管（第二系列）				半秒迟发雷管		秒迟发雷管	
段别	延期时间/ms	段别	延期时间/ms	段别	延期时间/ms	段别	延期时间/ms
1	≥13	11	460±40	1	≤0.13	1	≤1.0
2	25±10	12	550±45	2	0.5±0.15	2	2.0±0.5
3	50±10	13	650±50	3	1.0±0.15	3	4.0±0.6
4	$75\pm^{10}_{15}$	14	760±55	4	1.5±0.20	4	6.0±0.8
5	110±15	15	880±60	5	2.0±0.20	5	8.0±0.9

续表

毫秒迟发雷管（第二系列）				半秒迟发雷管		秒迟发雷管	
段别	延期时间/ms	段别	延期时间/ms	段别	延期时间/ms	段别	延期时间/ms
6	150±20	16	1020±70	6	2.5±0.20	6	10.0±1.0
7	$220\pm^{20}_{25}$	17	1200±90	7	3.0±0.20	7	$14.0\pm^{2.0}_{1.0}$
8	250±25	18	1400±100	8	3.5±0.20	8	19±2.0
9	310±30	19	1700±130	9	3.8～4.5	9	25.0±2.5
10	380±35	20	2000±150	10	4.6～5.3	10	32.0±3.0

③导爆管的发爆及连接网络。导爆管可用 8 号火雷管、导爆索、击发枪和专用激发器引爆。其连接和分支可集束捆扎雷管继爆，也可以用连通器连接继爆（图 4-17 和图 4-18）。

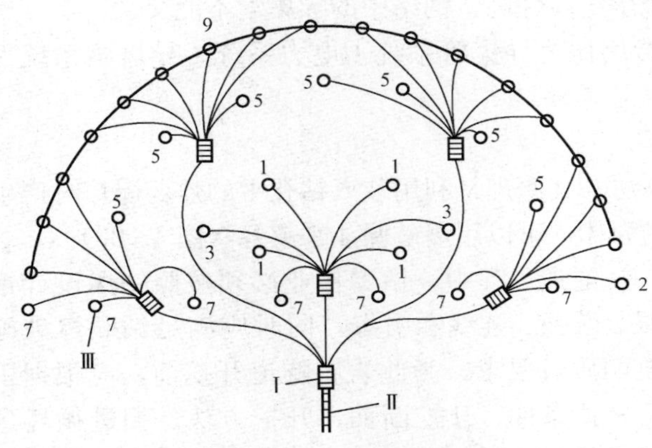

图 4-17　导爆管—非电雷管起爆网络之一

Ⅰ—火雷管；Ⅱ—导火索；Ⅲ—图中○符号为炮眼，旁边数字为毫秒雷管段别

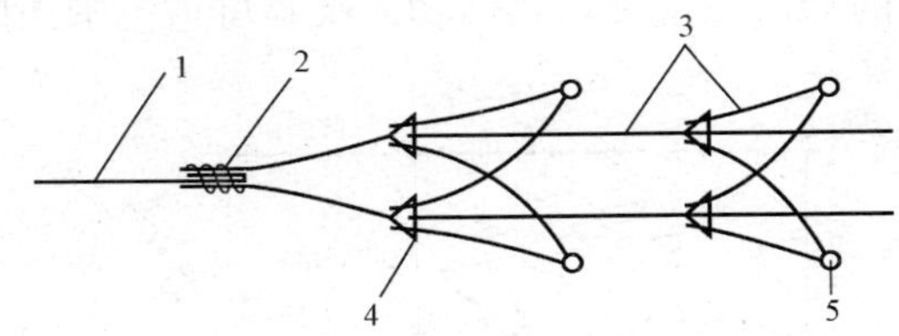

图 4-18　导爆管—非电雷管起爆网络之二

1—导爆索；2—8 号雷管及胶布；3—导爆管；4—连接块；5—炮眼

4）导爆索与继爆管。

①导爆索是以单质猛炸药黑索金或太安作为索芯的传爆材料。它经雷管起爆后，可以直接引爆其他炸药。根据适用条件不同，导爆索主要分为普通导爆索和安全导爆索两种。

普通导爆索是目前生产和使用较多的一种，它具有一定的防水性能和耐热性能。但在爆轰传播过程中火焰强烈，所以只能用于露天爆破和没有瓦斯的地下爆破作业，其爆速不小于 6500m/s。安全导爆索是在普通导爆索的药芯或外壳内加了适量的消焰剂，使爆轰过程中产生的火焰小，温度低，不会引爆瓦斯或矿尘，专供有瓦斯或矿尘爆炸危险的地下爆破作业使用。其爆速不小于 6000m/s。

因导爆索能直接引爆炸药，故在隧道工程中，若采用小直径药卷间隔装药时，常用导爆索将各被动药卷与主动药卷相连接，以使被动药卷均能连续爆炸，从而减少了雷管数量和简化了装药结构，实现减少装药量，达到有控制的弱爆破目的。在装药计算时，应将导爆索的爆力计入炸药用量中。

②继爆管是一种专门与导爆索配合使用的，具有毫秒延期作用的起爆器材（图 4-19）。

导爆索与继爆管具有抵抗杂散电流和静电引起爆炸危害的能力，装药时可不停电，增加了纯作业时间，所以导爆索—继爆管起爆系统在矿山和其他工程爆破中得到了应用。缺点是

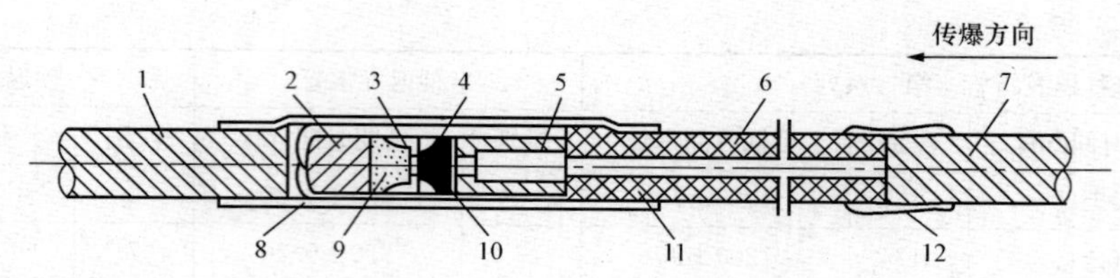

图 4-19　导爆管与继爆管

1—导火索；2—副起爆药；3—加强帽；4—缓冲剂；5—大内管；6—消爆管；7—导爆管；8—雷管壳；9—正起爆药；10—纸垫；11—外套管；12—连接管

成本比毫秒电雷管系统高，且在有瓦斯环境中危险性高，网络中的导爆索不能交叉。

有些资料表明，以上三种起爆系统的费用比为导爆管系统：电力系统：导爆索系统＝1：1.2：3.0。

4.3.4　隧道工程钻眼爆破法

在石质隧道中，采用最多的是钻眼爆破法。其原理是利用装入钻孔中的炸药爆炸时产生的冲击波及爆炸物做功来破碎坑道范围内的岩体，可以用爆破漏斗来解释（图 4-20）。

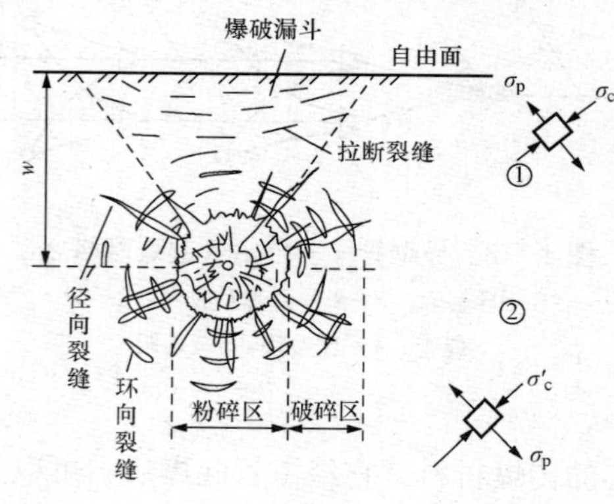

图 4-20　爆炸碎岩机理

隧道工程中，钻爆作业必须按照钻爆设计钻眼、装药、连线和引爆，同时应满足钻眼爆破施工的质量要求。为此岩石隧道开挖前，应根据工程地质条件、开挖断面、开挖方法、掘进循环进尺、钻眼机具、爆破器材和出渣能力等因素综合考虑。做好钻爆设计，合理地确定炮眼布置、数目、深度和角度、装药量和装药结构、起爆方法和起爆顺序等，安排好循环作业等，以正确指导钻爆施工，达到预期的效果。

隧道工程中，一般要求钻眼爆破应满足以下条件：

（1）开挖轮廓成型规则，岩面平整，超欠挖量符合规定要求。

（2）爆破对围岩的扰动破坏小，以保证围岩（坑道）的稳定性。

（3）爆破后的石渣块度大小适中，抛掷范围相对集中，符合装渣作业要求。

（4）钻眼工作量少，耗用炸药等爆破材料少等。

（5）防止对周围设备的破坏，减少对环境尤其是水的污染。为此应充分研究下面的问题：岩石的抗爆破性及抗钻性；炸药品种及用量；炮眼布置形式和炮眼数量、直径、长度；装药结构；起爆顺序和起爆网络等。

1. 炮眼的布置

炮眼布置首先应确定施工开挖轮廓线，然后进行炮眼布置。因此钻眼前应定出开挖断面中线、水平线和断面轮廓，标出炮眼位置，经检查符合钻爆设计要求后方可钻眼。而炮眼的布置、深度、角度、间距等应按钻爆设计要求确定。

隧道爆破通常采用掏槽爆破，即将开挖断面上的炮眼分区布置和分区顺序起爆，逐步扩大完成一次爆破开挖，分区是按照炮眼的位置、作用的不同有三种炮眼：即掏槽眼、辅助眼和周边眼。这三种炮眼除共同完成一个循环进尺的爆破掘进外，还各有其作用，并各有不同的布置要求及长度、方向和间距等要求。

(1) 隧道洞身开挖轮廓线及预留变形量。坑道开挖后，围岩由于失去部分约束而产生向坑道方向的收缩变形，所以施工开挖轮廓线应在设计开挖轮廓线的基础上适当加大，称为预留变形量。

预留变形量的大小，主要取决于围岩级别、开挖断面大小，隧道跨度大小、开挖方法、掘进方式、支撑或支护方法等因素的影响，变形量的大小可以根据实际测量数据分析确定，并可进行调整。

(2) 隧道钻爆开挖中炮眼的布置。隧道开挖爆破的炮眼数目与隧道断面的大小有关，多在几十至数百范围内。炮眼按其所在位置、爆破作用、布置方式和有关参数的不同可分为如下几种。

1) 掏槽眼的布置。

①掏槽眼的作用是将开挖面上适当部位先掏出一个小型槽口，以形成新的临空面，为后爆辅助炮创造更有利的临空面，提高爆破效率。

②掏槽眼本身只有一个临空面，且受周围岩石的夹制作用，故常采用较大的炸药单耗量 k 值和较大的装药系数 a 值，以增大爆破粉碎区，并利用爆炸冲击波及爆炸产物作功，将岩石抛掷出槽口。

③为保证掏槽炮能有效地将石渣抛出槽口，常将掏槽眼比设计掘进进尺加深 10～20cm，并采用孔底反向连续装药和双雷管起爆。

④槽口尺寸常在 1.0～2.5m^2 之间，要与循环进尺、断面大小和掏槽方式相协调。要求掏槽眼口间距误差和眼底间距误差不得大于 5cm。

⑤合理布置掏槽眼，应掌握好炮眼的三度：深度、密度和斜度，并通过计算确定用药量及放炮顺序。

⑥掏槽方式一般可分为斜眼掏槽和直眼掏槽两大类，如图 4-21 和图 4-22 所示。

斜眼掏的特点是掏槽眼与开挖断面斜交，常用的形式有垂直楔形掏槽、锥形掏槽、爬眼掏槽等。斜眼掏槽具有操作简单、精度要求较直眼掏槽低，能按岩层的实际情况选择掏槽方式和掏槽角度，容易把石渣抛出，掏槽眼的个数较少且炸药的消耗量低等优点，但斜眼掏槽钻眼的方向不易准确，炮眼深度易受坑道断面尺寸的限制，不易提高循环进尺，也不便于多台钻机同时作业。

直眼掏槽是以空眼作为增加的临空面，利用炸药爆炸的能量将槽内岩石破碎，借助爆破产生气体的余能将已破碎的岩石从槽口抛出。直眼掏槽由若干个垂直于开挖面的炮眼组成。掏槽眼的深度不受围岩软弱和开挖断面尺寸的限制，可以实现多台钻机同时钻眼，也可采用深孔爆破，实现钻眼机械化，从而为加快掘进速度提供了有利条件。由于直眼掏槽作业较方便，不需随循环进尺的改变而变化掏槽方式，仅需改变炮眼的深度，且石渣的抛掷距离也可缩短，但直眼掏槽的炮眼数目较多，炸药单耗量值也要加大，炮眼位置和方向要求有较高的

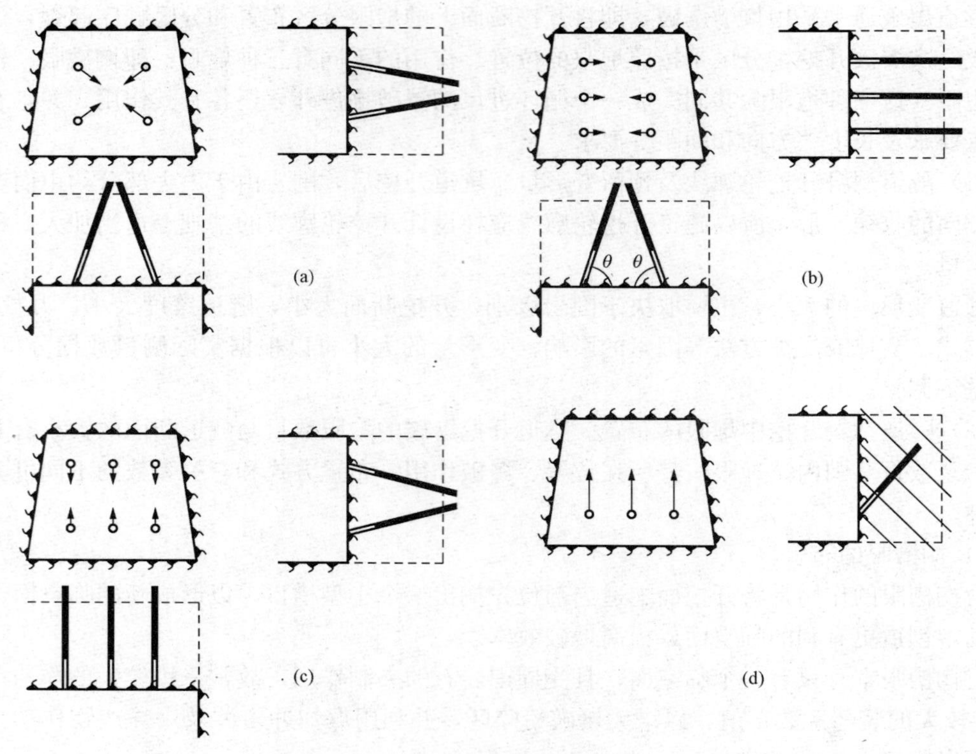

图 4-21　斜眼掏槽布置
(a) 锥形；(b)、(c) 楔形；(d) 爬眼

精度，才能保证良好的爆破效果。因地质多变，几种掏槽方式可以混合使用。

⑦中空眼的作用。近年来由于重型凿岩机的投入使用，使得钻大直径（>100mm）孔眼并不困难。直眼掏槽中多采用大直径空眼，其作用相当于为装药掏槽眼提供了临空面，并取得了良好的掏槽效果。一般在中硬和坚硬岩层中，对于设计循环进尺为 3.5m 左右时，采用双空孔形式最佳；对 3.5～5.15m 的深孔掏槽，则采用三空孔形式最好；对 3m 以下的浅眼掏槽，采用单空孔形式较好。为保证掏槽炮眼爆炸后岩渣有足够的膨胀空间，一般要求空眼体积为掏槽眼体积的 10%～20%为宜。

当前国内外掘进的坑道，大都采用直眼掏槽和深眼爆破，可以节省大量辅助作业时间，如通风排烟、检查找顶等。

斜眼掏槽和浅眼爆破适用人工施工或机械设备不足的施工条件。

选择掏槽方式时，要根据具体的施工条件，因地制宜加以选用。

2）辅助眼的布置。辅助眼的作用是进一步扩大槽口体积和爆破量，并逐步接近开挖断面形状，为周边眼创造有利的爆破条件。

辅助眼的布置主要是解决间距 E 值和最小抵抗线 W 问题。其布置原则可参照后述周边眼的布置原则进行，只是 W、E 值及单孔装药量 q 值较大些。一般取 $E/W=0.6\sim0.8$ 为宜，并采用孔底连续装药。

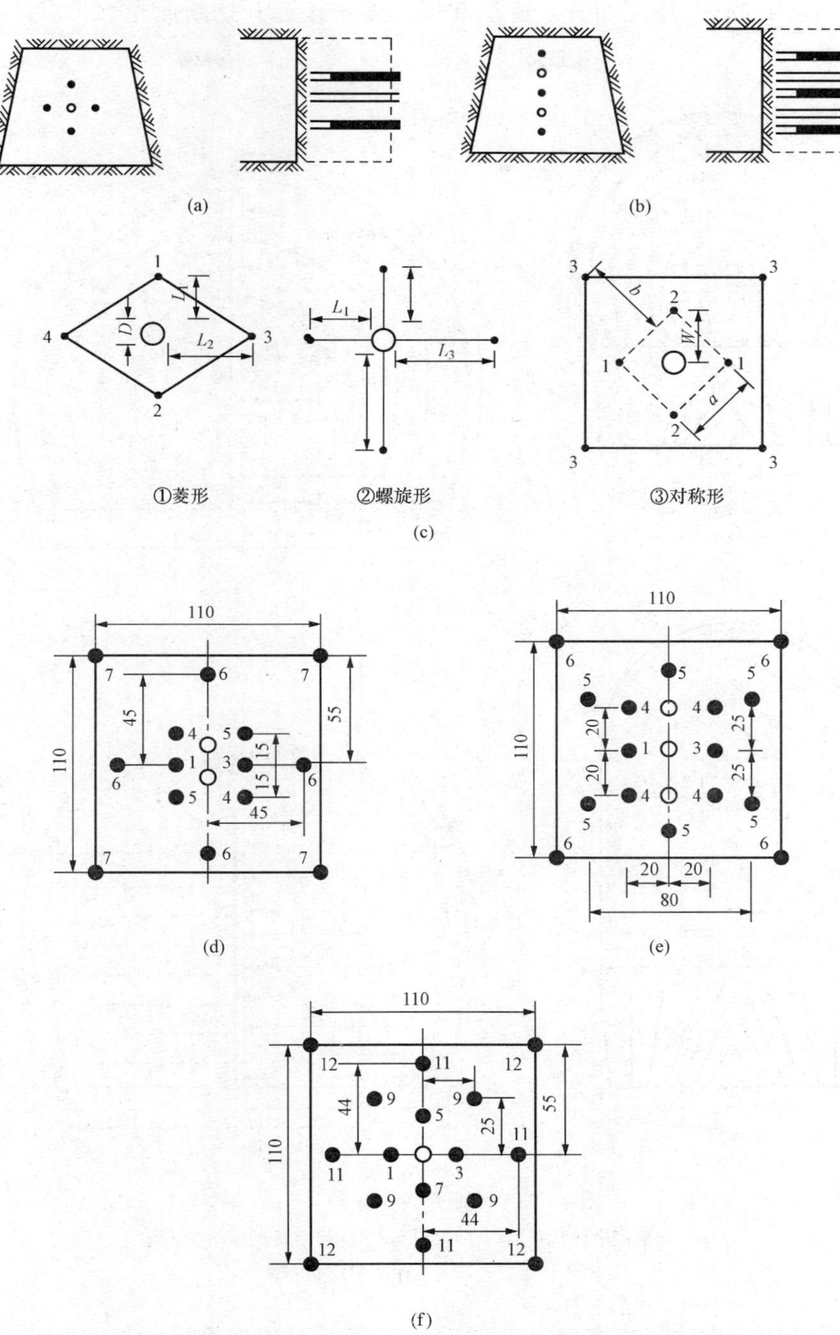

图 4-22　直眼掏槽（单位：cm，炮眼旁数字为毫秒雷管段别）

(a)、(b) 直眼；(c) 大直径中空直眼掏槽基本类型；(d) 双临空孔型；

(e) 三临空孔型；(f) 单临空孔型

辅助眼应由内向外，逐层布置，逐层起爆，逐步接近开挖断面轮廓形状，如图 4－23 所示。

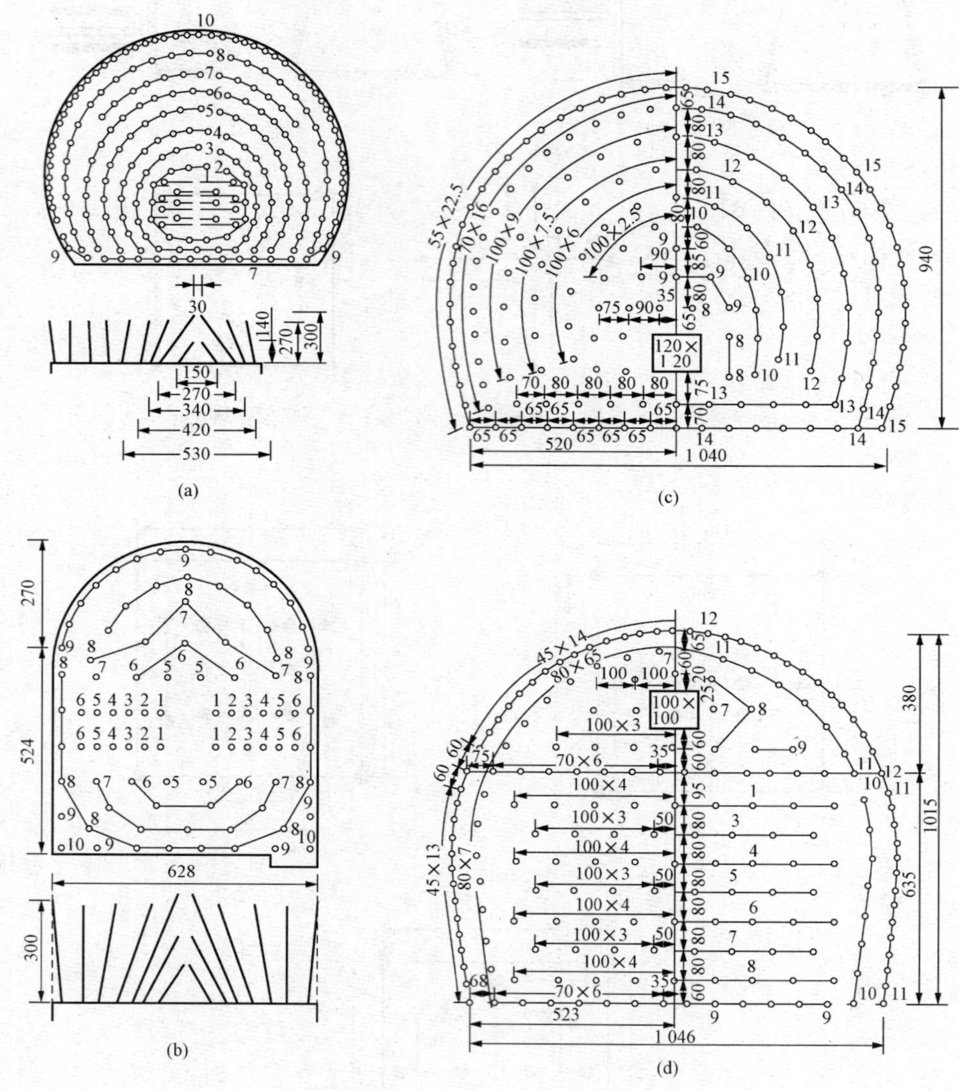

图 4－23 炮眼布置（单位：cm）

（a）楔形掏槽环状布置；（b）楔形掏槽线形布置；（c）直眼掏槽环状布置；（d）直眼掏槽层状布置

3）周边眼布置。周边眼的作用是爆破后使坑道断面达到设计的形状和尺寸，目的是成型。

周边眼的位置一般应沿设计轮廓线均匀布置，其炮眼的间距和最小抵抗线长度均比辅助眼小，目的是使爆破出坑道的轮廓较为平顺和控制超欠挖量。

当岩质较软或较破碎时，炮眼口则应放在开挖轮廓线以内。炮眼底则应根据岩石的抗爆破性来确定其位置，应将炮眼方向以3%～5%的斜率外插。一方面是为了控制超欠挖，另一方面是为了便于下次钻眼时好落钻开眼；对于松软岩层一般眼底应落在设计轮廓线上；对于中硬岩及硬岩，眼底应落在设计轮廓线以外10～15cm。底板眼的眼底一般都落在设计轮廓线以外。此外，为保证开挖面平整，辅助眼及周边眼的深度应使其眼底落在同一垂直面上，必要时应根据实际情况调整炮眼深度。

周边眼的爆破，在很大程度上影响到开挖轮廓的质量和对围岩的扰动破坏程度，超挖量大，一般在10%～20%，且不能按照设计轮廓线准确成型，开挖面容易起伏不平，故周边眼同掏槽眼一样须慎重考虑。如采用光面爆破或预裂爆破，目的是使爆破后岩石的表面能按设计轮廓线成型，表面平整，超欠挖量最小。工程实践证明，光面爆破和预裂爆破是国内外公认的一项先进的爆破技术。

2. 光面爆破和预裂爆破、毫秒爆破

(1) 光面爆破。光面爆破是通过调整周边眼的各爆破参数，使爆炸先沿各孔的中心连线形成贯通的破裂缝，然后内圈岩体裂解，并向临空面方向抛掷。这种爆破在围岩中产生的裂缝较少，使爆破后的岩石表面能按设计轮廓线成型，表面较为平整，超欠挖量小。

1) 光面爆破的基本原理。实现光面爆破，就是要使周边炮眼起爆后优先沿各孔的中心线形成贯通裂缝，然后由于爆炸气体的作用，使裂解的岩体向洞内抛散。裂缝形成的机理，国内外进行过不少的研究，但目前还缺少一致的认识。有代表性的理论有三种：一种是认为裂缝的形成主要是由于爆破应力波的动力作用引起的，提出了应力波理论；另一种则认为裂缝主要是由爆破高压气体准静应力的作用引起的，提出了静压力破坏理论；第三种是应力波与爆破气体压力共同作用理论，这是更多人赞同的一种理论。

2) 光面爆破的主要参数和技术要求。

①适当加密周边眼间距，调整间距抵抗比E/W值。光面爆破的特点是：周边眼间距比一般爆破的间距小，适当缩小周边眼间距要视岩石的抗爆性、炸药性能、炮眼直径和装药量而定，一般可取炮眼直径$d=(38\sim48)$mm，$E\approx(40\sim70)$cm。选择时，对于坚硬和破碎岩石宜取较小E值；对于软质或完整性好的岩石宜取较大的E值。为了保证孔间贯通裂缝优先形成，须使周边眼的最小抵抗线大于炮眼间距，通常取$E/W=0.8$为宜，即$W\approx$ 50～90cm。

②选择合理的炸药品种、炸药量和装药结构。周边眼宜采用小直径药卷和低爆速炸药。可借助传爆线以实现空气间隔装药。用于光面爆破的炸药，与主体爆破的炸药相比，应选用爆速较低、猛度较低、爆力较大、传爆性能良好的炸药。但底板眼则宜选用高爆力炸药，既可以克服上覆石渣的压制，又起到了翻渣作用。周边眼装药量应既具有破岩所需的应力能，又不致造成对围岩的严重破坏，施工中应根据孔距E、光面层厚度（即最小抵抗线）W、石质及炸药种类等因素综合考虑选择和调整。一般地，单位炮眼长度装药量控制在0.04～0.4kg/m，称为线装药密度。

周边眼的装药结构，可采用小直径药卷连续或间隔装药。炮眼、药卷直径不偶合系数λ可控制在1.25～2.0之间。但药卷直径不小于炸药的临界直径，以保证稳定传爆。必要时采用导爆索传爆（孔内串联）。

③保证周边眼同时起爆。据测定，各炮眼的起爆时差超过 0.1s 时，就等同于各个炮眼单独爆破，不能形成贯通裂缝。周边眼各个炮眼同时起爆，能使炮眼间爆炸力共同作用，比较容易炸成平面。因此，要求周边眼必须采用同段雷管同时起爆，并尽可能减少同段雷管的延期时间差（雷管的制造误差），如使用高精度系列迟发雷管或用导爆索作为孔内传爆等。对石质稍差的岩石，宜采用毫秒迟发电雷管起爆周边眼，它既具有同时起爆的爆破威力，又可以减少对轮廓线外围岩的扰动。

光面爆破的分区起爆顺序是：掏槽眼—辅助眼—周边眼—底板眼。辅助眼则应由里向外逐层起爆。为使光面爆破有较好的效果，除上述要求外，还应使辅助炮眼爆破后尽量接近开挖轮廓形状，即使光面爆破层厚度尽可能一致，并应注意不要使爆破落下的石渣堵死周边眼的临空面。

（2）预裂爆破。预裂爆破法又称为缓冲爆破法，它实际上是在光面爆破的基础上发展起来的一种爆破方法。预裂爆破是先起爆周边眼，在其他炮眼未爆破之前先沿开挖轮廓线预裂爆破出一条用以反射爆破地震应力波的裂缝而得名的，其爆破原理与光面爆破原理相同，只是分区起爆顺序不同。预裂爆破的分区起爆顺序为：周边眼—掏槽眼—辅助眼—底板眼。由于这个预裂面的存在，对后爆破的掏槽眼、辅助眼的爆轰波能起到反射和缓冲作用，可以减少爆轰波对围岩的破坏影响，保持岩体的完整性，使爆破后的开挖面整齐规则。

由于成洞过程和破岩条件不同，在减轻对围岩的扰动程度上，预裂爆破较光面爆破的效果更好。所以，预裂爆破很适用稳定性较差而又要求控制开挖轮廓的软弱围岩，但预裂爆破的周边眼间距和最小抵抗线都要比光面爆破小，相应地要增多炮眼数量，钻眼工作量增大。

预裂爆破只要求先在周边眼之间炸出贯通裂缝，因而单孔装药量可较少，炸药分布比较均匀，对围岩的破坏扰动更小。由于贯通裂缝的存在，使得主体爆破产生的应力波在向围岩传播时受到大量衰减，从而更有效地减少了对围岩的扰动，所以预裂爆破更适用于稳定性较差的软弱破碎岩层中。

（3）毫秒爆破法。毫秒爆破法是隧道施工开挖的一项现代爆破新技术。其实质是以毫秒雷管严格按一定顺序起爆炸药包组，使爆破前后阶段的时间间隔极其短促，以毫秒计算。爆破产生的岩石破坏作用力（应力波或冲击波）可以叠加，促使岩石易于被炸碎；同时前后段爆破传递到围岩内部的冲击波又互相干扰和相互抵消，使冲击波对围岩的震动破坏大为减弱。该爆破法具有下列优点：

1）满足光面爆破的技术要求，可以获得良好的爆破效果。

2）毫秒爆破对围岩的震动破坏最少；同时可以减少滞炮和滞炮带来的麻烦。

3）把毫秒爆破一次爆破的总延长时间控制在 130 毫秒以内，即使有瓦斯也尚来不及泄出就爆破完毕，可提高掘进速度。

实现毫秒爆破一般有两个方法：一是毫秒雷管和毫秒起爆器（用延长仪器控制延发时间）；另一种方法是使用毫秒雷管起爆。

3. 装药结构

装药结构是指继爆药药卷和起爆药药卷在炮眼中的布置形式。按起爆药卷在炮眼中的位置和其中雷管聚能穴的方向可以分为正向装药和反向装药；按其连续性则可分为连续装药和间隔装药（图 4 - 24）。

（1）正向装药。是将起爆药卷放在眼口第二个药卷位置上，雷管聚能穴朝向眼底，并用炮泥堵塞眼口，即每一个炮眼内从眼底向眼口的装药顺序为：先装普通药卷→次装引爆药卷→后用炮眼泥堵塞眼口。这种装药结构过去使用得较多。

（2）反向装药。是将起爆药卷放在眼底第二个药卷位置上，雷管聚能穴朝向眼口，即每一个炮眼内的眼底向眼口的装药顺序是：先装引爆药卷→次装普通药卷（雷管聚能穴朝向眼口）。国内外实践证明，反向装药结构能提高炮眼利用率，减少瞎炮率，减少石渣块度，便于运输，增大抛掷能力和降低炸药消耗量。炮眼越深，反向装药的效果越好。

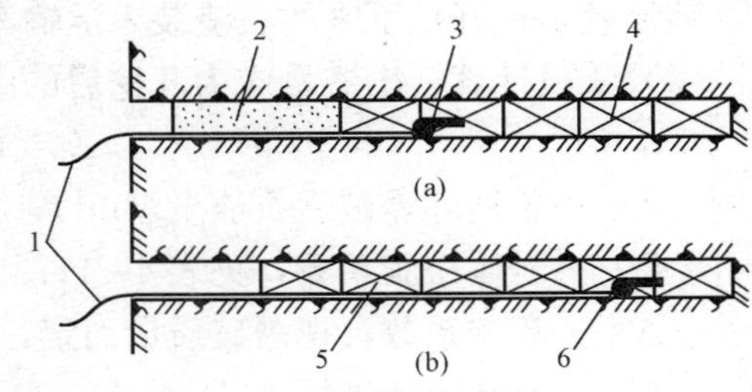

图 4 - 24　装药结构

（a）正向装药；（b）反向装药

1—引线；2—炮泥；3、6—引爆药卷；4、5—普通药卷

掏槽眼和辅助眼多采用大直径药卷在孔底连续装药。周边眼可采用小直径药卷连续装药或大直径药卷间隔装药。

4. 起爆顺序及时差

（1）除预裂爆破的周边眼是最先起爆外，在一个开挖断面上，起爆顺序是由内向外逐层起爆。这个起爆顺序可以用迟发雷管的不同延期时间（段别）来实现。

（2）试验和研究表明，各层（卷）炮之间的起爆时差越小，则爆破效果越好。常采用的时差为 10～200ms，称为微差爆破。

（3）内圈炮眼先起爆，外圈炮眼后起爆，这个顺序不能颠倒，否则爆破效果大受影响，甚至完全失败。为了保证内外圈先后起爆顺序，实际使用中，常跳段选用毫秒雷管。但应注意，在深孔爆破时，要将掏槽炮与辅助炮之间的时差稍加大，以保证掏槽炮眼在此时差内将石渣抛出槽口，防止槽口淤塞，为后爆辅助炮眼提供有效的临空面。

（4）同圈炮必须同时起爆，尤其是掏槽眼和周边眼，以保证同圈炮眼的共同作用效果。

（5）延期时间可以由孔内控制或孔外控制。孔内控制是将迟发雷管装入孔内的药卷中来实现微差爆破。这是常用的方法，但装药要求严格，一旦差错就影响爆破效果。孔外控制是将迟发雷管装在孔外，在孔内药卷中装入激发雷管实现微差爆破，这样便于装药后进行系统检查（段数）。但先爆雷管可能会炸断其他管线，造成瞎炮，影响爆破效果。由于毫秒雷管段数较多和延期时间精度提高，现多采用孔内控制微差爆破，而较少采用孔外控制。若一次爆破孔眼数量较多，雷管段数不够用时，可采用孔内、孔外混合及串联、并联混合网络。

4.3.5　出渣与运输

出渣是隧道作业的基本作业之一。出渣作业能力的强弱，决定了它在整个作业循环中所占时间的长短（一般在 40%～60%），因此，出渣运输作业能力的强弱在很大程度上影响施工速度。因此在选择出渣方式时，应对隧道或开挖坑道断面的大小、围岩的地质条件、一次开挖量、机械配套能力、经济性及工期要求等相关因素综合考虑，正确选择并准备足够的装渣运输方法，维修好运输线路，减少相互干扰，提高装渣效率是加快隧道施工速度，尤其是特长隧道的施工速度的关键。

出渣作业包括：装渣、运渣、卸渣三个环节，分述如下。

1. 装渣

装渣就是把开挖下来的石渣装入运输车辆。

（1）渣量计算。出渣量应为开挖后的虚渣体积，可按下式计算：

$$Z = R \cdot \Delta \cdot L \cdot S$$

式中 Z——单循环爆破后石渣量（m^3）；

R——岩体松胀系数，见表4-11；

Δ——超挖系数，视爆破质量而定，一般可取1.15～1.25；

L——设计循环进尺（m）；

S——开挖断面面积（m^2）。

表4-11 岩体松胀系数 R 值

岩体类别	Ⅵ		Ⅴ		Ⅳ	Ⅲ	Ⅱ	Ⅰ
土石名称	砂砾	粘性土	砂夹卵石	硬粘土	石质	石质	石质	石质
松胀系数 R	1.15	1.25	1.30	1.35	1.60	1.70	1.80	1.85

（2）装渣方式。装渣的方式可采用人力装渣或机械装渣。人力装渣，劳动强度大，速度慢，仅在短隧道缺乏机械或断面小而无法使用机械装渣时才考虑采用。机械装渣速度快，可缩短作业时间，目前隧道施工中经常采用，但仍需配少数人工辅助。

（3）装渣机械。隧道常用的装渣机又称装岩机，要求外形尺寸小，坚固耐用，操作方便和生产效率高。装渣机械的类型很多，按其扒渣机型式可分为：铲斗式、蟹爪式、立爪式、挖斗式。铲斗式装渣机为间歇性非连续装渣机，有翻斗后卸、前卸和侧卸式三个卸渣方式。蟹爪式、立爪式和挖斗式装渣机是连续装渣机，均配备刮板（或链板）转载后卸机构。

装渣机的走行方式有轨道走行和轮胎走行两种，也有配备履带走行和轨道走行两套走行机构的。轨道走行式装渣机须铺设走行轨道，因此其工作范围受到限制。但有些轨道走行式装渣机的装渣机构能转动一定角度，以增加其工作宽度。必要时，可采用增铺轨道来满足更大的工作宽度要求。轮胎走行式装渣机移动灵活，工作范围不受限制。但在有水土质围岩的隧道中，有可能出现打滑和下陷。

装渣机扒渣的方式不同，走行方式不同，装备功率不同，则其工作能力各不相同。装渣机的选择应充分考虑围岩及坑道条件、工作宽度及其与运输车辆的匹配和组织，以充分发挥各自的工作效能，缩短装渣的时间。

（4）隧道施工中几种常用的装渣机。

1）翻斗式装渣机（图4-25），又称为铲斗后卸式装渣机。这种装渣机多采用轨道走行机构。它是利用前方的铲斗铲起石渣，然后后退并将铲斗后翻，把石渣倒入停在机后的运输车内。翻斗式装渣机构造简单，操作方便，采用风动或电动，对洞内无废气污染。但其工作宽度一般只有1.7～3.5m，工作长度较短，须将轨道延伸至渣堆，且一进一退间歇装渣，工作效率较低，其斗容量小，工作能力较低，一般只有30～120m^3/h（技术生产率），主要适用于小断面或规模较小的隧道中。

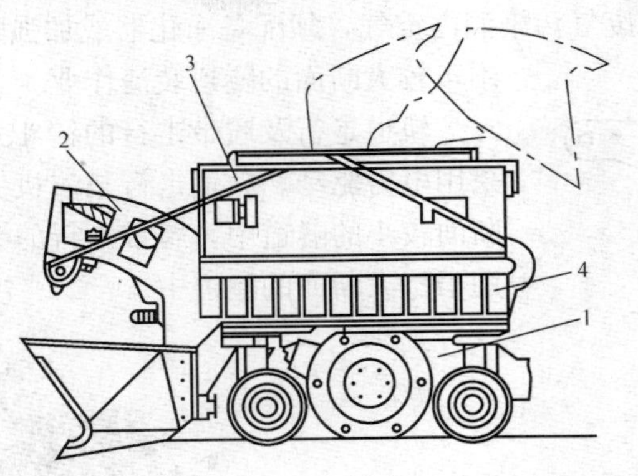

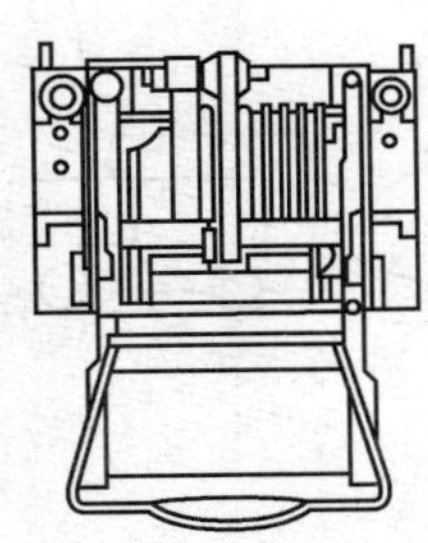

图 4-25　翻斗式装渣机

1—行走部分；2—铲斗；3—操纵箱；4—回转部分

2）蟹爪式装渣机（图 4-26）。这种装渣机多采用履带走行，电力驱动。它是一种连续装渣机，其前方倾斜的受料盘上装有一对由曲轴带动的扒渣蟹爪。装渣时，受料盘插入岩堆，同时两个蟹爪交替将岩渣扒入受料盘，并由刮板输送机将岩渣装入机后的运输车内。因受蟹爪拨渣限制，岩渣块度较大时，其工作效率显著降低，故主要用于块度较小的岩渣及土的装渣作业。工作能力一般在 60～80m^3/h 之间。

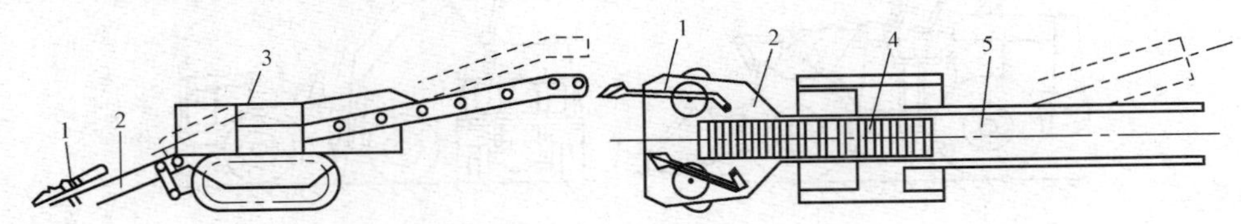

图 4-26　蟹爪式装渣机

1—蟹爪；2—受料机；3—机身；4—链板输送机；5—带式输送机

3）立爪式装渣机（图 4-27）。这种装渣机多采用轨道走行，也有采用轮胎走行或履带走行的。以采用电力驱动、液压控制的较好。装渣机前方装有一对扒渣立爪，可以将前方或左右两侧的石渣扒入受料盘，其他同蟹爪式装渣机。立爪式装渣机的性能较蟹爪式的好，对岩渣的块度大小适应性强，轨道走行时，其工作宽度可达 3.8m，工作长度可达到轨道前方 3.0m，工作能力一般在 120～180m^3/h 之间。

4）挖斗式装渣机（图 4-28）。这种装渣机（如 ITC312H4 型）是近几年发展起来的较为先进的隧道装渣机。其扒渣机构为自由臂式挖掘反铲，其他同蟹爪式装渣机，并采用电力驱动和全液压控制系统，配备有轨道走行和履带走行两套走行机构。立定时，工作宽度可达 3.5m，工作长度可达轨道前方 7.11m，且可以下挖 2.8m 和兼作高 8.34m 范围内清理工作面及找顶工作。生产能力为 250m^3/h。

5）铲斗式装渣机。这种装渣机多采用轮胎走行，也有采用履带走行或轨道走行的。轮胎走行的铲斗式装渣机多采用铰接车身，燃油发动机驱动和液压控制系统（图 4-29）。

轮胎走行铲斗式装渣机转弯半径小，移动灵活；铲取力强，铲斗容量大，工作能力强；可侧卸也可前卸、卸渣准确，但燃油废气污染洞内空气，须配备净化器或加强隧道通风，常用于较大断面的隧道装渣作业。

轨道走行及履带走行的铲斗式装渣机，多采用电力驱动。轨道走行装渣机一般只适用于断面较小的隧道中，履带走行的大型电铲则适用于特大断面的隧道中。

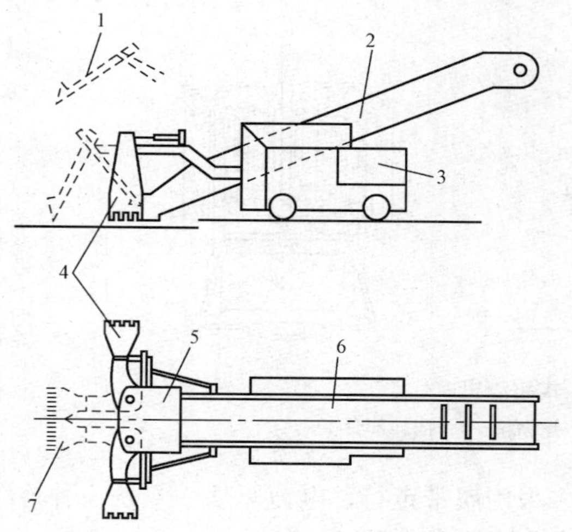

图 4-27　立爪式装渣机

1—立爪；2、6—链板输送机；3—机体；4—立爪（左右位置）；5—机架；7—立爪（前方位置）

图 4-28　挖斗式装渣机

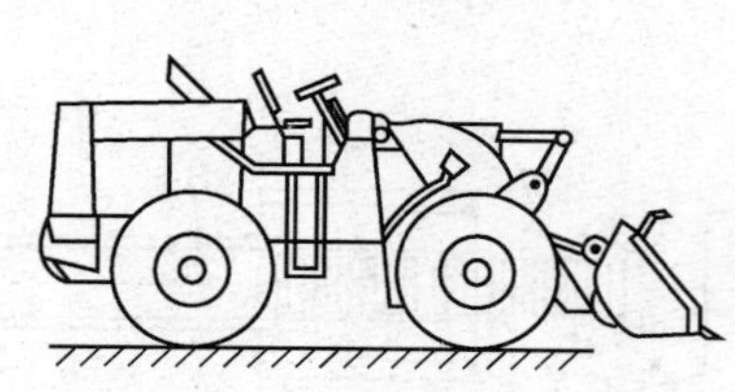

图 4-29　轮胎走行铲斗式装渣机

2. 运输

隧道施工的洞内运输（出渣和进料）可以分为有轨运输和无轨运输两种方式。

有轨运输是铺设小型轨道，用轨道式运输车出渣和进料。有轨运输多采用电瓶车及内燃机车牵引，斗车或梭式矿车运渣，它既适应大断面开挖的隧道，也适用于小断面开挖的隧道，尤其适应于较长的隧道运输（3km 以上），是一种适应性较强的和较为经济的运输方式。

无轨运输是采用各种无轨运输车出渣和进料。其特点是机动灵活，不需要铺设轨道，能适用于弃渣场离洞口较远和道路坡度较大的场合。缺点是由于多采用内燃驱动，作业时，在整个洞中排出废气，污染洞内空气，故一般适用于大断面开挖和中等长度的隧道中，并应注意加强通风。

运输方式的选择应充分考虑与装渣机的匹配和运输组织，隧道的长度、开挖方式的选择机械设备还应考虑与开挖速度及运量的匹配，以尽量缩短运输和卸渣时间。必要时应作技术经济合理性分析，以求方案最佳。

(1) 有轨运输。

1) 运输车辆。常用的轨道式运输车辆有斗车、梭式矿车、槽式矿车、窄轨平板车、窄轨矿车等。

①斗车。斗车结构简单，使用方便，适应性强，经济性好。按其容量大小可分为小型斗车（容量小于 $3m^3$）和大型斗车（单车容量可达 $20m^3$），采用动力机车牵引。

小型斗车轻便灵活，满载率高，调车便利，一般均可人力翻斗卸渣。在无牵引机械时还可以人力推送，它是最常用的运输车辆。大型斗车单车容量较大，可达 $20m^3$，须用动力机车牵引，并配用大型装渣机械装渣才能保证快速装运。根据斗车类型采用驼峰机构侧卸或翻车机构卸渣；对轨道要求严格，但可以减少装渣中调车作业次数，而缩短装渣时间。

②梭式矿车。梭式矿车采用整体式车体，下设两个转向架，车厢底部设有刮板式或链式转载机构，便于将整体车箱装满和转载或向后卸渣，如图 4-30 所示。它对装渣机械要求条件不高，能保证快速运输，但机构复杂，使用费较高。

梭式矿车单车容量为 $6\sim18m^3$，可单车使用，也可 2～4 节搭接使用，以减少调车作业次数。其刮板式自动卸渣机构，可以向后（即码头前方）卸渣，也可以使前后转向架分别置于相邻的两股道上，实现向轨道侧面卸渣，扩大弃渣的范围。轨道间距为 2.0～2.5m，车体与轨道交角可达 35°～40°。

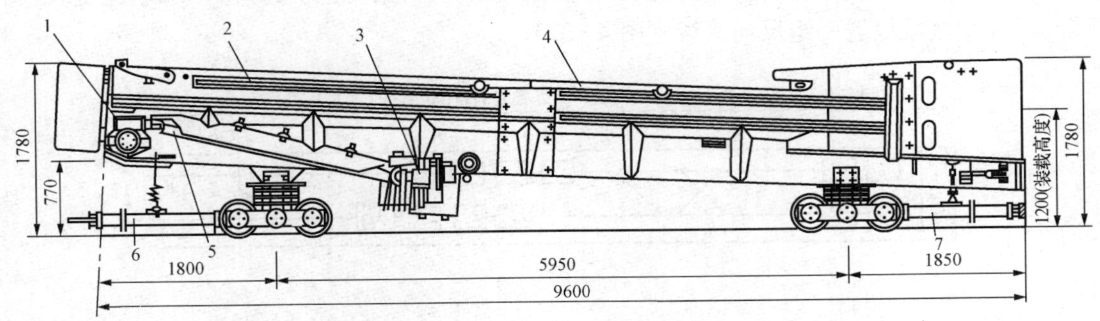

图 4-30　梭式矿车（尺寸单位：mm）

1—涡轮减速器；2—前车体；3—电动机托架及链传动；4—后车体；
5—万向传动轴；6—牵引杆；7—搭接牵引杆

③槽式矿车。槽式矿车是由一个接渣车、若干个仅有两侧侧板而没有前后挡板的斗车单元和一个卸渣车串联组成的长槽型列车，在其底板处安装有贯通整个列车的链板式输送带。使用时装渣机向接渣车内装渣，装满接渣车后，开动链板传送带使石渣在列车内位移到一个车位，如此反复装移石渣，即可装满整个列车。卸渣时，采用类似的操作，由卸渣车将石渣卸去。

2) 有轨运输牵引类型。常用的轨道式牵引机车有电瓶车、内燃机车，主要用于坡度不大的隧道运输牵引。当采用小型斗车和坡度较缓的短隧道施工时，还可以采用人力推送。电瓶车牵引无废气污染，但电瓶须充电，能量有限。必要时可增加电瓶车台数，以保证行车速度和运输能力。

内燃机车牵引能力较大，但增加洞内噪声污染和废气污染。必要时，须配备废气净化装置和加强通风。

3）单线运输。单线运输能力较低，常用于地质条件较差或小断面开挖的隧道中。单线运输时，为调车方便和提高运输能力，在整个路线上应合理布设会让站（错车道）。会让站间距应根据装渣作业时间和行车速度计算确定，并编制和优化列车运行图，以减少避让等待时间。会让站的站线长度应能够容纳整列车，并保证会车安全（图 4-31）。

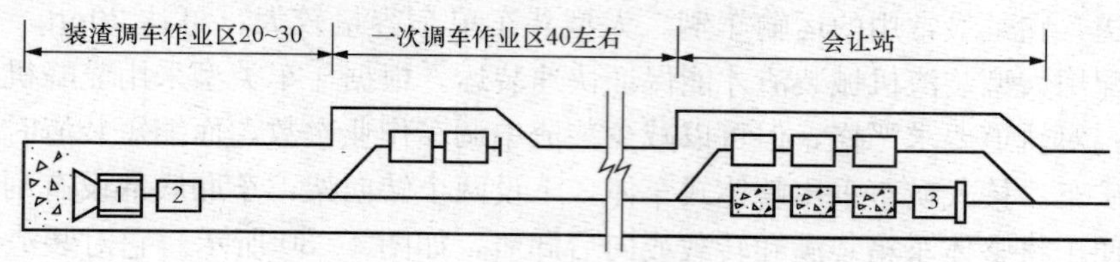

图 4-31　单线运输轨道布置图

1—翻斗式装渣机；2—斗车；3—牵引电瓶车

4）双线运输。双向运输时，进出车分道行驶，无须避让等待，故通过能力较单线有显著提高。为了调车方便，应在两线间合理布设渡线。

渡线间距应根据工序安排及运输调车需要来确定，一般间距为 100～200m，或更长，并每隔 2～3 组渡线设置一组反向渡线（图 4-32）。

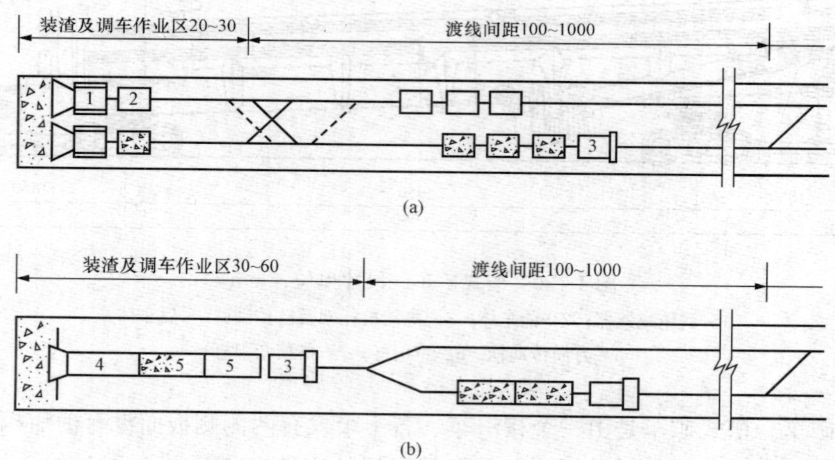

图 4-32　双线运输轨道布置图（尺寸单位：mm）

（a）双机装渣；（b）单机装渣

1—翻斗式装渣机；2—斗车；3—牵引电瓶车；4—立爪装渣机；5—梭斗式矿车

5）工作面轨道延伸及调车措施。

①工作面的轨道延伸，应及时满足钻眼、装渣、运输机械的走行和作业要求，并避免轨道延伸与其他工作的干扰。有时需延至开挖面，延伸的方法可以采用浮放“卧轨”、“爬道”及接短轨。待开挖面向前推进后，将连接的几根短轨换成长轨。

②工作面附近的调车措施，应根据机械走行要求和转道类型来合理选择确定，并尽量离开挖面近一些，以缩短调车的时间。

单线运输时，首先应利用就近的会让站调车；当开挖面距离会让站较远时，则可以设置临时岔线、浮放调车盘或平移调车器来调车，并逐步前移。

双线运输时，应尽量利用就近的渡线来调车，当开挖面距渡线较远时，则可以设置浮放调车盘，并逐步前移。

6）洞口轨道布置。洞口外轨道布置包括卸渣线、上料线、修理线、机车整备线以及调车场等。卸渣线应搭设卸渣码头，其重车方向应设置一段0.5%～1.0%的上坡，并在轨端加设车挡，以保证卸渣车列安全。其他各线均应满足使用要求（图4-33）。

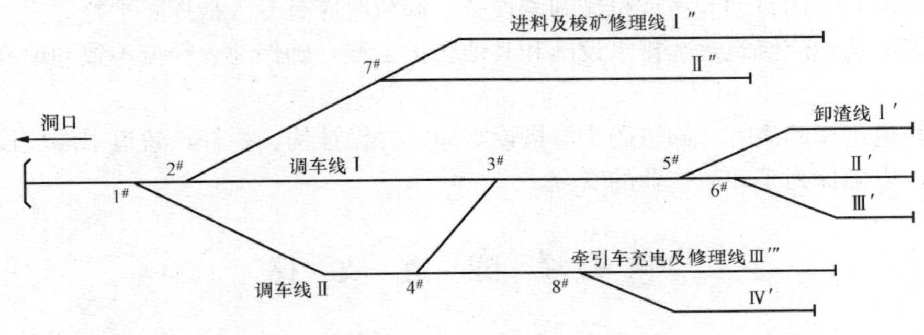

图4-33　洞外轨道布置

7）轨道铺设要求。

①轨距常用的有600mm、762mm、900mm三种。双线线间净距不小于20cm；单线会让站线间净间距不小于40cm。车辆距坑道壁式支撑净间距不小于20cm；双线不另设人行道；单线须设人行道，其净宽不小于70cm。

②轨道平面最小曲线半径，在洞内应不小于机车车辆轴距的7倍；洞外不小于10倍；使用有转向架的梭式矿车时，最小曲线半径不小于12m，并应尽量使用较大的曲线半径。

③洞内轨道纵坡按隧道坡度设置。洞外轨道除卸渣线设置上坡外，其余尽量设置为平坡或0.5%以下的纵坡。

④钢轨重量有15kg/m、24kg/m、30kg/m、38kg/m、43kg/m几种，轨枕截面有10cm×12cm、10cm×15cm、12cm×15cm、14cm×17cm（厚×宽）几种。钢轨和枕木的选择，应根据各种机械的最大轴重来确定，轴重较大时应选用较重的钢轨和较粗的枕木，枕木间距一般不大于70cm。

⑤轨道铺设可利用开挖下来的碎石渣作为道渣，并铺设平整、顺直、稳固。若有变形和位移，应及时养护和维修，保证线路处于良好的工作状态。

（2）无轨运输。隧道用无轨运输车的品种很多，多为燃油式动力、轮胎走行的自卸卡车。载重量2～25t不等。为适应在隧道内运输，有的还采用了铰接车身或双向驾驶的坑道专用车辆。

无轨运输车的选择应注意与装渣机的匹配，尤其是能力配套，充分发挥各自的工作效率，提高整体工作能力。此外，一般要求选用载重自重比大，体型小、机动灵活、能自卸、配有废气净化器的运输车。

洞内转向，还可以局部扩大洞径，设置车辆转向站，或设置机械转向盘。

3. 卸渣

卸渣工序的安排与卸渣场码头的设置，应适应每个洞口出渣高峰期的需要，并尽量减少调车时间，做到安全、有效、快速卸渣。

公路隧道施工中卸渣作业应符合下列条件：

（1）应根据弃渣场地形条件、弃渣利用情况、车辆类型，妥善布置卸渣线，卸渣时应在布置的卸渣线上依次进行。

（2）卸渣宜采用自动卸渣或机械卸渣设备，卸渣时应有专人指挥、平整。

（3）卸渣场地应修筑永久排水设施和其他防护工程，确保地表径流不致冲蚀弃渣堆，重视环境保护。

（4）轨道运输卸渣时，卸渣码头应搭设牢固，并设挂钩、栏杆，轨道末端应设置可靠的挡车装置，以确保列车卸渣作业的安全。

4.4 隧 道 支 撑

坑道开挖后，为防止开挖后因围岩松动而引起的坍塌，往往需要及时架设临时支护，临时支护也称为支撑。

4.4.1 支撑材料和支撑类型

1. 支撑材料

一般有木材、钢轨、锚杆、混凝土和钢筋混凝土等。

2. 支撑类型

木支撑、钢支撑、喷射混凝土及锚杆支撑等型式。

3. 支撑方式

隧道支撑方式一般分为先挖后支（适用于Ⅳ级以上围岩）、随挖随支（适用于Ⅳ、Ⅴ级围岩）和先支后挖（适用于Ⅴ、Ⅵ级围岩）三种。

4. 支撑基本要求

能及时架设、使用可靠、构造简单、便于拆装、运输方便；能防止突然失效，便于修筑永久支护，经济安全，能多次周转使用。

4.4.2 各种支撑型式的结构特点

1. 木支撑

（1）木支撑的优缺点。木支撑是传统的支撑方法，它具有构造简单、易加工、质量轻、拆装运输方便以及破坏前有声音预兆等优点。其缺点是木材损耗较多、受载变形较大、承载能力较小、周转次数少、利用率低及不利于机械化施工等。

（2）木支撑常见结构型式。

1）导坑木支撑。导坑木支撑是由立柱、横梁、纵撑和背板所组成，如图 4-34 所示。

2）插板法支撑。当围岩不稳定时，需先支后挖，可采用插板支撑，其施工顺序是：开挖前先立一排架，沿坑道顶部打入第一排插板或轻型钢轨等护顶构件，否则会随挖随塌，故此应随挖随打入插板，插板略往上翘。当挖至第二排时，先架设排架，并用横梁托住第一排插板，横木下采用高木楔与框架楔紧。由于高木楔把横木架起，故可在横木与排架支撑的横梁间的空隙处继续打下一排插板。插板到位后，它与横木间用固定木楔楔紧。如此循环作业，即可在插板保护下进行开挖。当围岩极不稳定时，在正面也需要挡板支护，掘进是从上至下分段进行，挖一部分架好挡板，再挖下面（每次开挖时，需拆除部分挡板）逐渐推进，如图 4-35 所示。

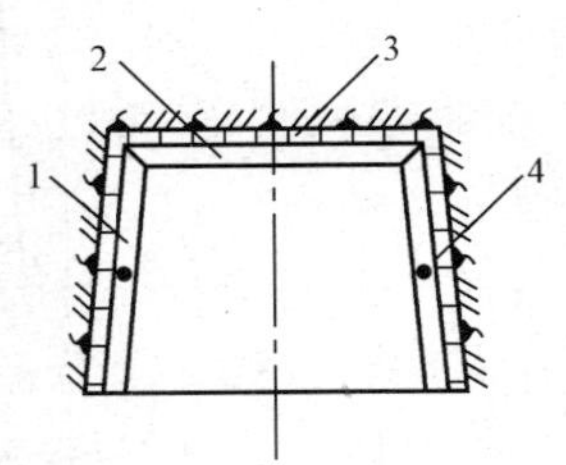

图 4-34　导坑木支撑

1—立柱；2—横梁；3—背板；4—纵撑

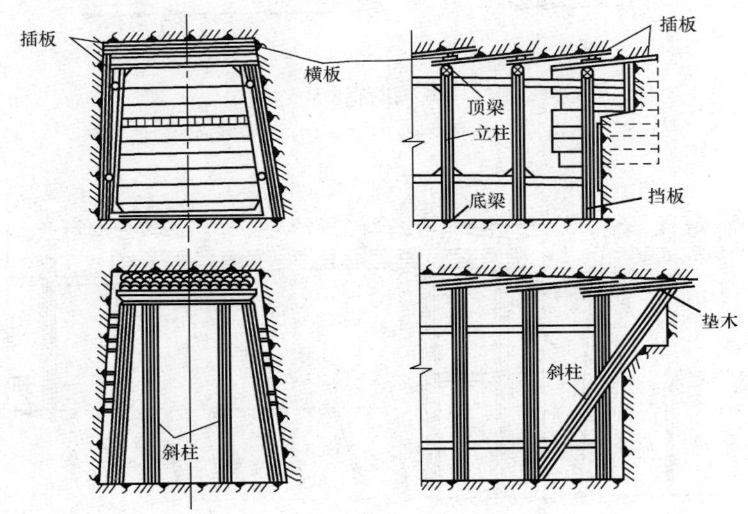

图 4-35　插板支撑

3）拱部扩大支撑。扩大支撑包括拱部扩大、挖底、马口、仰拱等开挖时的支撑。拱部扩大支撑为扇形支撑，随挖随支，当地层较软时，立柱下应设底梁，以防立柱下沉。

拱部扩大支撑应预留变形量，避免由于各种原因造成的支撑下沉而使开挖轮廓线不够设计要求，并且考虑到地质情况较差时，顶部支撑不能拆除，这些不能拆除的支撑构件应在设计轮廓线之外，如图 4-36 所示。

4）先拱后墙法施工。在采用先拱后墙法施工中，当上导坑需落底时，则需用临时支柱（短柱）顶住顶部的支撑，待开挖底部后再抽出短柱，换上长柱，当侧压力较大时，为防止拱圈顶下沉及拱脚内移，在开挖起拱线以下部分前，应用横木（卡口梁）撑于拱脚之间。在不良地质处开挖马口，应注意用斜撑或立柱顶住拱脚，以防拱圈下沉，如图 4-37 所示。

2. 钢支撑

钢支撑具有承载力大，构造简单、经久耐用、周转率高、占用空间小、节约木材等优点，但一次投资费用较高，比木支撑重。一般适用于围岩压力较大的隧道施工中使用。钢支

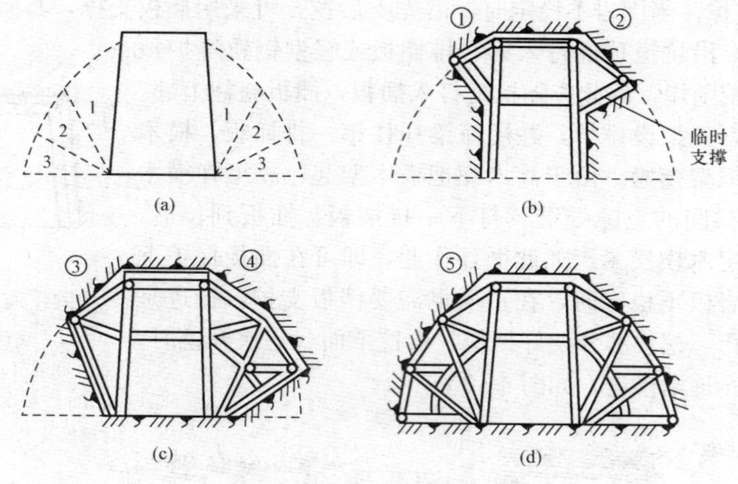

图 4-36　拱部扩大支撑

(a) 扩大顺序；(b) 支撑；(c) 支撑；(d) 拱部断面的扇形支撑

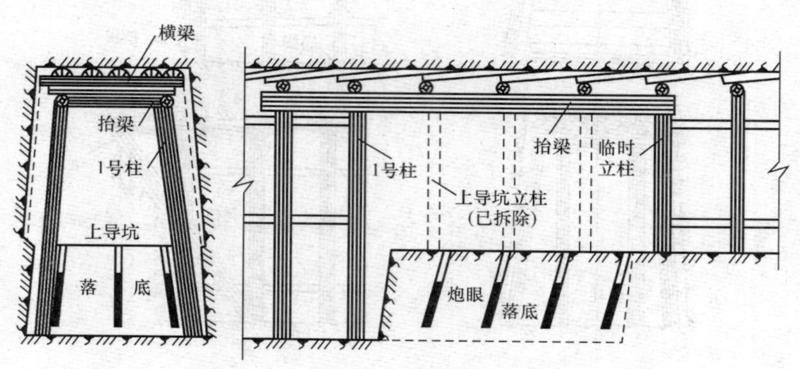

图 4-37　先拱后墙法的支撑

撑一般采用工字钢、槽钢和废旧的钢轨等制成，其形式有钢框架、钢拱架、无腿钢拱支撑等。钢框架一般为直梁式，当围岩压力较大时多采用曲梁式，用于导坑支护。钢拱架适用于先拱后墙法施工的隧道。全断面钢拱架适用于全断面开挖后需支护的隧道。无腿钢拱支撑适用于全断面开挖后拱部稳定性差而侧壁较稳定的情况。

3. 喷射混凝土及锚杆支撑

锚喷支护是目前通常采用的一种围岩支护手段。喷射混凝土支护能及时支撑坑道并控制围岩在开挖坑道后的初期变形，锚杆支撑能锚固地层，提高围岩的稳定性。采用锚喷支护可以充分发挥围岩的自承能力，并有效地利用洞内的净空，既提高了作业的安全性，又提高了作业效率。锚喷支护能适应软弱岩层和膨胀性岩层中隧道的开挖，也能用于整治坍方和隧道衬砌的裂损。因此，锚杆支撑与木支撑不同，不是“被动”的支撑，它锚固在围岩中，并对围岩预加压力，从而防止了围岩发生裂缝、变形、破坏，使围岩受力发展不到超出其强度的程度，从而使围岩始终保持稳定状态。

喷锚支护包括锚杆支护、喷射混凝土支护、喷射混凝土锚杆联合支护、喷射混凝土钢筋网联合支护、喷射混凝土与锚杆及钢筋网联合支护、喷钢纤维混凝土支护、喷钢纤维混凝土锚杆联合支护，以及上述几种类型加设型钢（或钢拱架）而成的联合支护。前五种为常用的基本类型，后两类较少使用。

4.4.3 临时支撑的架设

在传统的矿山法施工中，临时支撑的结构设计可以比照永久性衬砌的设计方法进行。习惯上，临时支撑的设计工作是由施工方负责完成的。

1. 早期作用在临时支撑上的松弛荷载

作用在临时支撑上的荷载为早期松弛荷载。早期松弛荷载的大小可以根据围岩稳定性的好坏，按全部松弛荷载的一部分或全部来确定。但由于受到多种因素的影响，使得围岩松弛压力的发展程度难以准确预料和把握。因此，为安全起见，可以将早期松弛荷载值取大一些。工程中可采用两种方法确定早期松弛荷载。

(1) 泰沙基松弛荷载。以往多采用泰沙基松弛荷载作为临时支撑的设计荷载，荷载高度见表 4-12。

表 4-12　泰沙基松弛荷载高度 h_g　（单位：m）

类　别	围岩的状态	h_g	建议的支撑型式
一	坚硬未受侵蚀的岩体	0	有掉石及岩爆时需简易支撑
二	坚硬层状或片状岩体	$0\sim0.5B$	荷载随地点的不同而作不规则变化，采用简易支撑
三	大块状岩体，节理一般	$0\sim0.25B$	
四	一般块状岩体，有裂隙	$0.25B\sim0.35(B+H)$	无侧压，简易支撑
五	碎块状岩体，裂隙较多	$(0.35\sim1.10)(B+H)$	无侧压或侧压很小，普通支撑
六	破碎严重，但未受化学侵蚀的岩体	$1.10(B+H)$	有相当侧压，建议采用圆形支撑，当漏水使隧道下部软化时，须在支撑下面设安全的基础
七	有缓慢挤出现象，中等埋深的岩体	$(1.10\sim2.10)(B+H)$	有较大侧压，及相当底压，宜采用圆形支撑，建议设底撑封闭
八	有缓慢挤出现象，埋深很大的岩体	$(2.10\sim4.50)(B+H)$	
九	膨胀性地质条件	与 $(B+H)$ 无关，超过 80m	膨胀压力大，须采用封闭圆形支撑；膨胀显著时，宜采用可缩式圆形支撑

注：1. 此表适用于在埋深大于 $1.5(B+H)$ 时计算作用在钢支撑拱上的松弛荷载高度，其中 B、H 分别为隧道开挖面的跨度和高度。

2. 此表各值皆在隧道顶部处于地下水位以下时适用，但当隧道顶部永久处于地下水位以上时，表中四～六项可减少 50%。

3. 荷载大小可按式 $g=\gamma h_g$ 计算，γ 为岩体容重。

(2) 折算荷载。目前，我国隧道工程施工单位多采用折算荷载作为作用在临时支撑上的早期松弛荷载，即是将全部松弛荷载进行折减，按式（4-1）计算早期松弛荷载大小。

$$q' = \mu \cdot q \quad (4-1)$$

式中 q'——钢拱架承受的早期松弛荷载；

q——围岩松弛荷载，按松弛荷载统计公式计算，见《公路隧道设计规范》（JTGD 70—2004）；

μ——钢拱架的荷载系数，一般取 0.1～0.4，即按 10%～40%来考虑。

关于采用钢支撑的力学原理，传统的矿山法与新奥法是一致的。只是因传统的矿山法不采用锚喷支护，而主要靠钢拱架作为临时支撑，故此其 μ 值取较大一些，也是为安全起见。

2. 临时支撑的结构设计

（1）材料及结构形式。临时支撑材料可采用圆木或钢材，但以工字钢、旧钢轨为常用。

木支撑可以构成矩形或扇形支撑，但木支撑对隧道断面形状的适应性较差、易变形、易损坏，且耐久性较差，还需要在模筑混凝土衬砌时予以拆除。其拆除工作既麻烦又不安全，目前已很少采用。

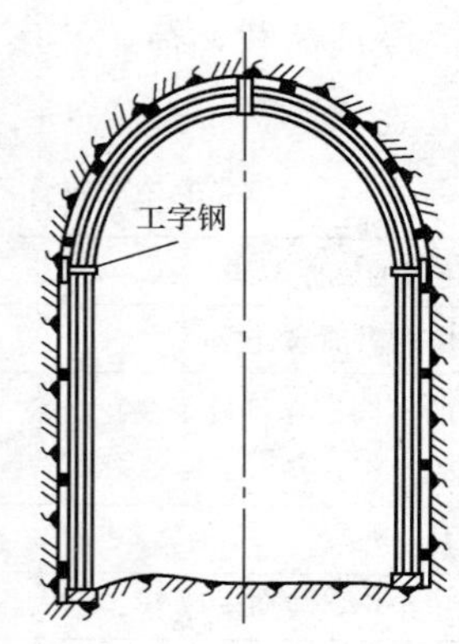

图 4-38　钢支撑结构

钢支撑主要是用型钢或钢筋加工成拱形支撑，它能较好地适应隧道断面形状的要求，且具有较大的承载能力和很好的耐久性，可以留在混凝土衬砌背后或浇筑在其中。因此，施工变得简便又安全，目前已得到广泛应用。也常与其他支护方式联合应用在不良地质或特殊地质条件的隧道工程中。常用钢支撑的结构形式如图 4-38所示。

（2）架设间距。临时支撑的架设间距应视坑道断面尺寸、早期松弛荷载大小、支撑构件的承载能力，并结合掘进循环进尺决定。

（3）临时支撑的构造。

1）接头。为便于架设和拆除，木支撑构件接头常用凹口缝连接或简易企口缝连接。钢支撑每榀分为 2～6 节，节数应与开挖分部方法相适应；为保证接头刚度，常用端板拴接或夹板拴接（图 4-39）。

2）楔块。为了阻止围岩松弛变形和承受早期松弛荷载，要求支撑及时有效地参与工作，应在支撑与围岩之间尽快尽多地打入楔块，以增加支撑与围岩的接触点，即传力点。

3）垫板。钢支撑构件下端断面积较小，应设底板，以增加支承面积。若围岩软弱承载力不足，为防止支撑下沉，应在其下加设钢板、木板、片石铺垫，必要时设混凝土基座或纵向托梁。

4）纵向联系。为保证支撑的纵向稳定性，各榀支撑之间应设有足够的纵向联系。当有纵向荷载（包括爆破冲击荷载）时，则应设置纵向斜撑，加强纵横向稳定。

5）背板。对于软弱破碎围岩，为阻止各榀支撑之间围岩的掉块、坍塌，除可以考虑适当减小支撑间距外，一般采用在支撑之间加设纵向背板的方法。背板有两种做法：一种是先开挖后安设背板，称为铺板法，常用于工作面尚能稳定的围岩；另一种是沿开挖轮廓线先向工作面前方打入背板，其尾端支承在钢拱上，形成超前支撑后，再进行开挖，称为插板法。插板法常用于松散土质围岩条件下，有水时则可满铺封闭，可防止流砂。铺板宜使用硬木或钢板、钢管。

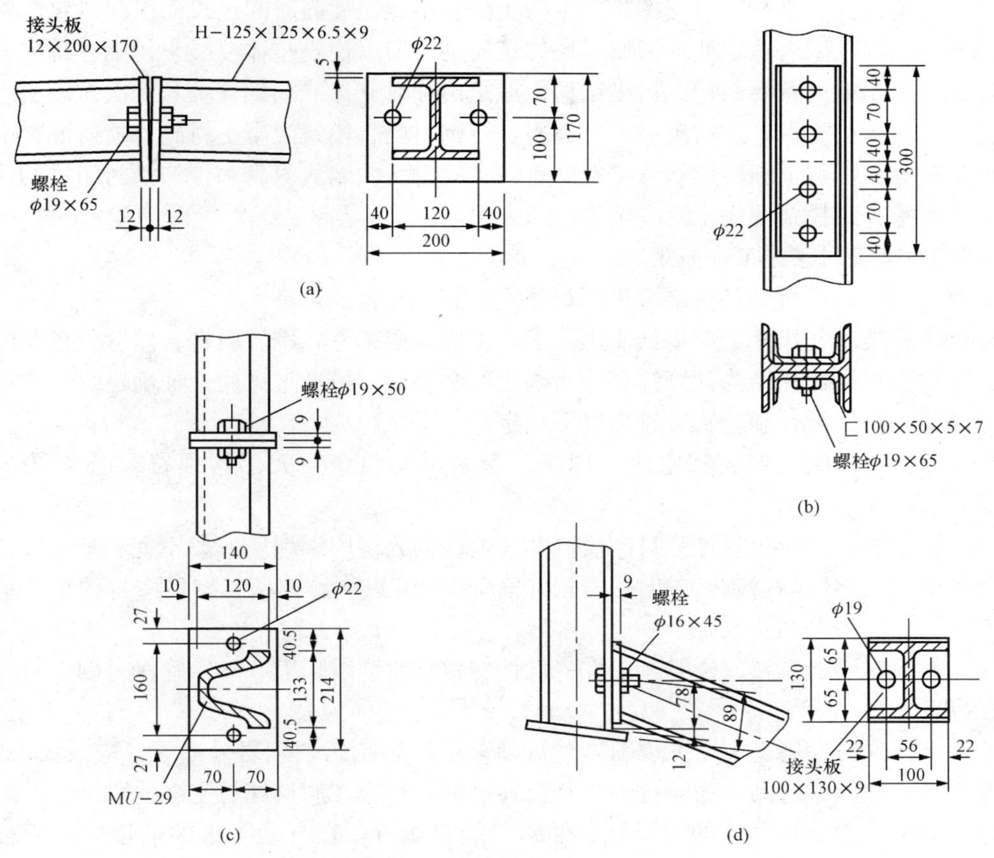

图 4-39 钢支撑构造

(a) 拱顶接头；(b) 上部和下部构件的接头（加强板）；
(c) 上部和下部构件接头（接头板）；(d) 与仰拱的接头

3. 临时支撑的架设和加强

应严格按照临时支撑的设计进行架设。开挖坑道轮廓线要尽量平顺，开挖后要及时架设支撑。架设支撑前应清除周边危石，防止落石伤人，这称为找顶。

每榀支撑应按要求的中线、高程和断面尺寸架设在隧道横断面内。支撑构件的接头应连接牢固，基脚铺垫应坚实稳固。各榀支撑之间应加设足够的联系使构成整体，支撑与围岩之间的楔块应打设紧密，并应对称打设。

对所架设的临时支撑应设专人经常检查，发现支撑变形严重、倾斜及楔块松脱时，必须立即予以加强或顶替。支撑构件的顶替应先顶后拆，以免引起围岩进一步松弛甚至坍塌。

4.5 隧道衬砌施工

隧道作为地下构造物，除要满足公路运输在使用上的安全性要求外，还必须具有耐久性，因此隧道开挖并进行临时支撑后，为防止围岩不致因暴露时间过长而引起风化、松动和塌落的发展，降低围岩稳定性，需要尽快修筑衬砌，所以模筑整体混凝土衬砌在传统上就是持久保证隧道功能的重要结构。衬砌结构一般是由临时支撑或初期支护和二次衬砌所组成。

衬砌又称永久支撑，按衬砌材料分类有：石砌衬砌、模筑混凝土衬砌、喷射混凝土衬砌和锚喷衬砌等。按隧道断面形状分类有：直墙式衬砌、曲墙式衬砌和带仰拱封闭式的曲墙衬砌。本节着重介绍模筑混凝土衬砌施工。

4.5.1 隧道衬砌施工一般规定

公路隧道一般应衬砌，衬砌可采用整体式衬砌或复合式衬砌。

衬砌结构类型和尺寸，应根据使用要求、工程地质条件、围岩级别、埋置位置及施工条件等，通过工程类比和结构计算综合分析确定。必要时，可通过试验论证确定。

公路隧道衬砌设计和施工应符合以下规定：

(1) 隧道衬砌施工时，其中线，标高、断面尺寸和净空大小均须符合公路隧道设计要求。

(2) 隧道洞口内应设置加强衬砌段，其长度以伸入洞内深埋段一般不宜小于10m。

(3) 围岩较差段的衬砌，应向围岩较好段延伸5m以上。偏压衬砌段应延伸至一般衬砌段内5m以上。

(4) 模筑衬砌的模板放样时，允许将设计的衬砌轮廓线扩大5cm，确保衬砌不侵入隧道建筑限界。

(5) 整体式衬砌施工中，发现围岩对衬砌有不良影响的硬软岩分界处，应设置沉降缝。在严寒地区，整体式衬砌、锚喷衬砌或复合式衬砌，均应在洞口和易受冻地段设置伸缩缝。

衬砌的施工缝应与设计的沉降缝、伸缩缝结合布置，在有地下水的隧道中，所有施工缝、沉降缝和伸缩缝均应进行防水处理。

(6) 施工中发现工程地质及水文地质情况与设计文件不符时，需进行变更设计时，应履行正式变更设计手续。

(7) 凡属隐蔽工程，经质量检查验收合格后，方可进行隐蔽工程施工。

4.5.2 隧道模筑混凝土衬砌施工

隧道模筑混凝土衬砌施工主要工序有：模筑前的准备工作、拱（墙）架与模板、混凝土制备与运输、混凝土浇筑工艺、混凝土的养护与拆模等。

1. 模筑衬砌施工前的准备工作

在模筑衬砌施工之前，应进行清理场地、进行中线和水平施工测量、检查开挖断面是否符合设计要求，对欠挖部分加以修凿，然后放线定位，架设衬砌模板支架或架立拱架等。同时，准备衬砌材料、机具、劳动力组织计划安排等。

这些准备工作，除应按模筑混凝土工程的一般要求进行外，还应注意以下几点：

(1) 断面检查。根据隧道中线和水平测量，检查开挖断面是否符合设计要求，欠挖部分按规范要求进行修凿，并作好断面检查记录。

墙脚地基应挖至设计标高，并在灌筑前清除虚渣，排除积水，找平支承面。

(2) 放线定位。根据隧道中线和标高及断面设计尺寸，测量确定衬砌立模位置，并放线定位。

采用整体移动式模板台车时，实际是确定轨道的铺设位置。轨道铺设应稳固，其位移和沉降量均应符合施工误差要求。轨道铺设和台车就位后，都应进行位置、尺寸检查。放线定位时，为了保证衬砌不侵入建筑限界，须预留误差量和预留沉落量，并注意曲线加宽。

预留误差量是考虑到放线测量误差和拱架模板就位误差，为保证衬砌净空尺寸一般将衬砌内轮廓尺寸扩大 5cm。

预留沉落量是考虑到未凝混凝土的荷载作用会使拱架模板变形和下沉；后期围岩压力作用和衬砌自重作用（尤其是先拱后墙法施工时的拱部衬砌）会使衬砌变形和下沉。故须预留沉落量。这部分预留沉落量根据实测数据确定或参照经验确定。

预留误差量和预留沉落量应在拱架模板定位放线时一并考虑确定，并按此架设拱架模板和确定模板架的加工尺寸。

2. 拱（墙）架与模板施工

（1）拱架模板准备。使用拼装式拱架模板时，立模前应在洞外样台上将拱架和模板进行试拼，检查其尺寸、形状，不符合要求的应予修整。配齐配件，模板表面要涂抹防锈剂。洞内重复使用时也应注意检查修整。拱架模板尺寸应按计算的施工尺寸放样到放样台上，并注意曲线加宽后的衬砌及模板尺寸。

使用整体移动式模板台车时，在洞外组装并调试好各机构的工作状态，检查好各部尺寸，保证进洞后能投入正常使用。每次脱模后应予检修。

（2）立模。根据放线位置，架设安装拱架模板或模板台车就位。安装和就位后，应作好各项检查，包括：位置、尺寸、方向、标高、坡度、稳定性等，并注意处理好以下几个问题。

1）每排拱架应架设在垂直于隧道中线的竖直平面内，不得倾斜；对于曲线隧道，因曲线外弧长、里弧短，则应分段调整拱架方向和模板长度。

2）拱架应立于稳固的地基上。拱架下端一般应焊接端头板，以增大支承面，减少下沉；当地基较软弱时，应先用碎石垫平，再用短枕木支垫，此垫木不得伸入衬砌混凝土中。当采用整体移动式模板台车时，其走行轨道应铺设稳定，轨枕间距要适当，道床要振捣密实，必要时可先施作隧道底板，防止过量下沉。

3）拱架的架设要牢固稳定，保证其不产生过量位移。拱架立好后还应对其稳定性进行检查。固定的方法：横向有过河撑（断面较小时采用）、斜撑（断面较大时采用）、锚杆（锚固于围岩，穿过衬砌、模板、墙架、带木，用螺栓垫板固定拉住墙架）；纵向有带木，拱架间撑木，拉杆及斜撑；拱架与围岩之间的顶撑等。其中锚杆应先行安设，并作抗拔力的施工检算。拱架模板的架设和加强，均应考虑其腹部的通行空间，以保证洞内运输的畅通。

4）挡头模板应同样安装稳固，挡头板常用木板加工，现场拼铺，以便于与岩壁之间的缝隙嵌堵严密；也可以采用气囊式堵头。

5）设有各种防水卷材、止水带时，应先行安装好，并注意挡头板不得损伤防水材料，以免影响防水效果。

3. 混凝土的制备和运输

隧道模筑衬砌混凝土的配合比应满足设计要求。目前，现场多是采用机械拌和混凝土，在混凝土制备中应严格按照重量配合比供料，特别要重视掌握加水量，控制水灰比和坍落度等。

在边墙处混凝土坍落度为1～4cm；在拱圈及其他不便施工处为2～5cm。当隧道不长时，搅拌机可设在洞口。

混凝土拌和后，应尽快浇筑。混凝土的运送时间一般不得超过45min，以防止产生离析和初凝，禁止在运送途中加水，并且在运输中坍落度损失不应超过30%。原则上应采用混凝土搅拌运输车，采用其他方法运送时，应确保混凝土在运送中不产生损失及混入杂物，已经达到初凝的剩余混凝土，不得重新搅拌使用。因此运输工具的选择应注意装卸方便，运输快速，保证拌好的混凝土在运输过程中不发生漏浆、离析泌水、坍落度损失和初凝现象。可结合工程实际情况，选用各种斗车、罐式混凝土运输车或输送泵等机械。

4. 模筑衬砌混凝土的浇筑工艺要求

隧道模筑混凝土衬砌的浇筑应分节段进行，节段长度应根据围岩状况、施工方法和机具设备能力等确定。为保证拱圈和边墙的整体性，每节段拱圈或边墙应连续进行灌筑混凝土衬砌，以免产生施工工作缝。各部位模筑衬砌混凝土灌筑施工工艺要求介绍如下：

（1）拱圈混凝土衬砌施工。混凝土衬砌施工应符合下列要求：

1）拱圈浇筑顺序应从两侧拱脚向拱顶对称进行，间歇及封顶的层面应成辐射状。

2）分段施工的拱圈合拢宜选在围岩较好处。

3）先拱后墙法施工的拱圈，混凝土浇筑前应将拱脚支承面找平。石质隧道支承面可用碎石垫平，上铺2～3cm砂子，用水洒湿。土质隧道宜横铺一层5cm原木板。

4）与辅助坑道交汇处的拱圈应置于坑道两侧基岩上。

5）钢筋混凝土衬砌先做拱圈时，应在拱脚下预留钢筋接头，使拱墙连成整体。

6）拱圈浇筑时，应使混凝土充满所有角落，并应充分进行捣固密实。

（2）边墙衬砌混凝土施工。边墙衬砌混凝土施工应符合下列要求：

1）浇筑混凝土前，必须将基底石渣、污物和基坑内积水排除干净，严禁向有积水的基坑内倾倒混凝土干拌和物。墙基松软时，应做加固处理。

2）边墙扩大基础的扩大部分及仰拱的拱座，应结合边墙施工一次完成。

3）采用片石混凝土时，片石应距模板5cm以上，片石间距应大于粗骨料的最大粒径，并应分层掺放，捣固密实。

4）采用先拱后墙法施工时，边墙混凝土应尽量平行浇筑，以避免对拱圈产生不良影响。墙顶刹尖混凝土也应捣固密实。

（3）拱圈封顶。拱圈封顶应随拱圈的浇筑及时进行。墙顶封口应留7～10cm，在完成边墙灌筑24h后进行，封口前必须将拱脚的浮渣清除干净，封顶、封口的混凝土均应适当降低水灰比，并捣固密实，不得漏水。

（4）仰拱施工。仰拱施工应符合下列要求：

1）应结合拱圈和边墙施工抓紧进行，使结构尽快封闭。

2）仰拱浇筑前应清除积水、杂物、虚渣。

3）应使用拱架模板浇筑仰拱混凝土。

（5）拱墙背后回填。拱墙背后的空隙必须回填密实，并应按下列要求与衬砌同时施工。

1）先拱后墙法施工时，拱脚以上 1m 范围内的超挖，应用与拱圈相同强度混凝土同时浇筑。

2）边墙基底以上 1m 范围内的超挖，宜用与边墙相同强度混凝土同时浇筑。

3）其余部位（包括仰拱），超挖在允许范围内可用与衬砌相同强度混凝土同时浇筑；超挖大于规定时，宜用片石混凝土或 M10 浆砌片石回填，不得用渣体随意回填，严禁片石侵入衬砌断面（或仰拱断面）。当围岩稳定并干燥无水时，可先用干砌片石回填，再在衬砌背后压浆。仰拱以上与路面基层以下部分应用浆砌片石或低强度混凝土回填。

（6）具有侵蚀性地下水采取的措施。隧道通过含有侵蚀性地下水时，应对地下水作水质分析，衬砌应采用抗侵蚀性混凝土。

5. 衬砌混凝土养护与拆模

衬砌混凝土灌筑后 10～12h 应开始洒水养护，以保持混凝土良好的硬化条件。养护时间应根据衬砌施工地段的气温、空气相对湿度和使用的水泥品种确定，使用硅酸盐水泥时，养护时间一般为 7～14d。寒冷地区应做好衬砌混凝土的防寒保温工作。

拱架、边墙支架和模板的拆除时间，应满足下列要求：

（1）不承受荷载的拱、墙混凝土强度达到 5.0MPa 或在拆模时混凝土表面及棱角不被损坏并能承受自重。

（2）承受较大围岩压力的拱、墙、封顶和封口混凝土达到设计强度 100%时。

（3）受围岩压力较小的拱和墙、封顶和封口混凝土达到设计强度的 70%时。

另外，在混凝土衬砌拆除时，如果围岩压力较大，应先支顶后拆除。衬砌断面以外的支撑和背板均应拆除。塌方地段的衬砌背后未能取出的木料，应做记录附于竣工文件资料。塌方地段的衬砌应重新进行变更设计。

另外，在许多有渗漏水的坑道地段，多采用防水混凝土作为模筑衬砌，施工中应满足下列要求：

（1）砂石骨料应符合级配要求，水泥强度不低于 42.5MPa。

（2）水灰比不应大于 0.55，严寒地区不应大于 0.50；最小水泥用量不应少于 200kg/m^3，拱顶封顶部分不应少于 350kg/m^3。

（3）冬季施工的防水混凝土，应掺用加气剂降低原有的水灰比，并按冬季施工有关要求施工。

（4）调制混凝土拌和物时，水泥重量偏差不得超过±2%，骨料重量偏差不得超过±5%，水及加气剂重量偏差不得超过±2%。

（5）混凝土浇筑前，必须清除模板上泥污杂物，且须用水湿润，确保模板不漏浆。

（6）有承压水时应先引流再浇筑防水混凝土。

本 章 小 结

本章主要介绍山岭公路隧道采用传统矿山法施工的施工原则、要求、顺序及其艺流程，并针对开挖、支撑、衬砌做了详细的介绍。其中，在隧道开挖部分，重点介绍了钻爆开挖方法。虽然除了钻爆开挖方法之外，还有几种其他方法，但是，目前钻爆开挖依然是主要的开挖方法之一。钢木临时支撑在现阶段已经很少采用，但作为过去曾经大量采用过的支撑方式，我们依然有必要对其进行了解。

习 题

1. 简述公路隧道常用的施工方法。
2. 简述传统矿山法施工的程序和基本原则。
3. 简述隧道采用全断面一次开挖法施工的顺序以及优缺点。
4. 简述隧道采用台阶法的适用条件以及施工注意事项。
5. 简述隧道采用分部开挖法的优点及注意事项。
6. 试述隧道采用钻爆法开挖各种炮眼的布置以及各炮眼的作用。
7. 试述隧道采用预裂爆破和光面爆破的区别。
8. 试述隧道采用各种支撑的结构特点。
9. 试述隧道衬砌施工的一般规定及施工流程。

第5章 公路隧道新奥法施工

知识要点

1. 新奥法的基本原理；
2. 新奥法施工的基本方法及其选择；
3. 新奥法施工开挖的实施；
4. 锚杆、喷射混凝土的施工及钢架的制作、安装；
5. 二次衬砌的施工。

5.1 隧道新奥法的基本原理与施工程序

5.1.1 新奥法的基本原理

1. 新奥法的发展过程

Rabcewicz（腊布希维兹）最早把新奥法思想用于奥地利阿尔卑斯山深埋硬岩隧道的建设，采用柔性支护旨在充分利用“拱效应”——地层的自承能力。20世纪60年代中期，Muller（米勒）把新奥法用于法兰克福、慕尼黑等城市地铁软岩（土）隧道，其地层大都为泥灰岩、粘土、粉质砂土、砂砾石，隧道直径一般为8～13m，顶部覆盖层厚度约3m，由于地表建筑物的存在，这些软岩（土）隧道的结构设计和施工对地表沉陷有严格限制。因此，Muller（米勒）强调软岩（土）隧道与硬岩隧道开挖用新奥法应有区别，体现在软岩（土）地层中隧道在近地表的情况下覆盖层薄，它不可能承受应力重分布的荷载，覆盖土的重力作用较大，如果仍沿用硬岩隧道中的柔性支护，就不可避免产生错误，增加风险，显然不合适。亦即对处于软弱破碎围岩中的浅埋隧道，不能用硬岩隧道的新奥法原则，无法利用围岩的自承能力，不允许围岩有较大变形，也就不能使用一次柔性支护等。并且隧道的变形会很快反映到地表沉降，开挖和支护必须在短时间内完成，初期支护必须很快闭合。软岩（土）中衬砌了的隧道是以“管”的形式工作的，通常采用地层预加固和具有足够强度和刚度的预支护等方法，才能调动和利用围岩的自承能力，这就是硬岩隧道与软岩隧道应用新奥法的本质区别。德国学者格拉兹尔研究在岩石条件下和土质条件下采用新奥法修建地下工程的差别时指出：开挖具有相当地应力的硬岩隧道，锚喷支护应采用柔性支护，以便有控制地释放部分地应力，使围岩在新的条件下达到稳定；在不稳定的软岩（土）层条件下开挖隧道，锚喷支护应具有足够的刚度，以防止地层产生过大扰动，同时也防止地表过大沉降，且在土层中采用锚杆，其作用不如在岩石中明显。

我国引入新奥法后得到迅速推广，取得了良好的效益。无论在硬岩隧道还是在软岩（土）隧道中，应用新奥法都有令人骄傲的成功工程实例，积累了许多经验，制定了众多的“规程”或“标准”。在软岩（土）隧道中采用新奥法，一开始就抓住了问题的关键，提出了既科学又全面的“管超前、严注浆、短开挖、强支护、快封闭、勤量测”的十八字诀，避免了国际隧道界围绕新奥法的激烈争论和有些国家照搬硬岩隧道新奥法经验的弯路。但是，我国应用新奥法也存在发展不平衡的问题。实际上，软岩（土）中的新奥法与硬岩中的新奥法是有原则区别的，需充分了解隧道开挖过程中地层发生的变化，采取相应的加固方法和相应的支护措施，达到安全、经济的目的，这才是新奥法的精神实质。

2. 新奥法的基本原理

由于新奥法在隧道工程中的成功应用，当前已被国内外作为隧道结构设计和施工的重要方法。新奥法的理论基础是最大限度地发挥围岩的自承作用。以喷射混凝土、锚杆加固和量测技术为三大支柱的新奥法，有一套尽可能保护隧道围岩原有强度、容许围岩变形，但又不致出现强烈松弛破坏、及时掌握围岩和支护变形动态的隧道开挖与支护原则，使隧道围岩变形与限制变形的结构支护抗力保持动态平衡，使施工方法具有很好的适用性和经济性。新奥法的基本原理如下：

（1）围岩是隧道结构的主要承载部分，隧道开挖应减小对围岩的扰动，爆破设计要遵循最小能量（耗能）原则，实现对围岩的最小扰动，保护围岩的原始强度。

（2）开挖后需对围岩进行加固，以使围岩在开挖卸载后不失去原有的强度。隧道围岩支护过程中，应尽量减少围岩卸载位移的程度。施工过程中，应特别注意工程荷载对隧道受力的影响。为了尽量限制开挖后隧道围岩二次应力重分布程度和松动圈形成的范围，应尽可能减少开挖次数，或至少拱部采用一次开挖方案。

（3）在隧道围岩支护过程中，一方面允许围岩有一定的位移，从而产生受力环区；另一方面，又必须限制围岩位移的程度以避免围岩变形过大而产生严重松弛卸载。

（4）初期支护的主要作用不是用来承担隧道围岩所失去的承载力，而是保持围岩的自承状态，防止严重的松弛和卸载。初期支护的建造应是及时的，延时支护可能使围岩在开挖后形成有害变形，围岩局部破坏，不利于形成承力保护区。初期支护只要没有被破坏，即可视为整体承重结构的一部分。

（5）围岩自稳时间的评定，一方面通过对围岩地质条件的初步调查来评定，另一方面可通过在建造过程中量测隧道洞周的位移来评定。

（6）喷射混凝土具有可填平凸凹面、与围岩密贴等特点，使围岩的受力条件不发生严重的应力重分布，常被用来作为初期支护，必要时还使用锚杆、钢筋网和钢拱架。喷混凝土本身具有强度高和可变形的特点，其整体的结构效应通常可视为薄壳，具有可塑性和可收缩性的能力。

（7）隧道开挖后应及时闭合隧道断面，在破碎和软弱围岩中需及时建造仰拱，以形成封闭结构。为了提高隧道结构的安全度及达到密封的效果，可建造内薄层衬砌，使结构内不产生过大的弯曲应力，内层与外层相互之间只传递压力。为了增加衬砌的强度，一般不增加其厚度而增加钢筋含量（即钢拱），增大整个结构的刚度可通过增加锚杆的根数或增大锚杆的长度以形成围岩受力环区来实现。

(8) 对整体结构系统稳定性和安全度的评价，以及设计结构需要加强的必要性以及设计结构刚度的减小，均根据建造过程中的应力及变形状态的测量结果来确定。

(9) 控制外源水压和静水压力的手段是通过在外壳（必要时也在内壳）上设置软管及足够的密封排水装置来实现。

新奥法体现了围岩加固设计理念上的重大进步，不再把围岩简单地看作是作用在支护结构上的荷载，而是认识到围岩是隧道结构的主要承载部分。努力保持围岩的原有强度，从而更有效地发挥围岩的承载能力，是新奥法的另一重要施工要求。在隧道的开挖过程中，应尽可能保护围岩的原有强度和变形特性，力求防止围岩松动和大范围变形，避免围岩应力出现单轴和双轴应力状态。实现这一要求的手段是通过现场量测掌握围岩的变形，并通过适时支护达到围岩变形控制的目标。一方面允许围岩产生变形而发挥围岩的自承能力，另一方面通过即时支护保障围岩不出现过大变形而出现有害的松弛。为了最大限度地发挥围岩的自承能力，最终支护既不能太早，也不能太迟，初期支护和永久支护必须是薄壳型柔性结构，以减少衬砌受弯变形和挠曲断裂，其必要强度靠锚杆、钢筋网、格栅或钢拱架达到，而不是加厚衬砌或支护截面。

新奥法的核心在于充分发挥围岩的自承作用。喷射混凝土、锚杆等起加固围岩的作用，把围岩看作是支护结构的重要组成部分，并通过监控量测，实行信息化设计和施工，有控制地调节围岩的变形，以最大限度地利用围岩自承能力。

5.1.2 新奥法的施工程序

采用新奥法施工的公路隧道，应视其规模、地质条件以及安全要求、施工方法，并充分利用现场监控、量测信息来指导施工，严格施工程序，不得有任何省略。新奥法的特征之一是采用现场监控、量测信息指导施工，即通过对隧道施工中量测数据和对开挖面的地质观察等进行预测、预报和反馈，并根据已建立的量测为基准，对隧道施工方法（包括特殊的、辅助的施工方法）、断面开挖步骤及顺序、初期支护的参数等进行合理调整，以保证施工安全、坑道围岩稳定、工程质量和支护结构的经济性等。

山岭隧道工程的主要施工程序如图 5-1 所示。

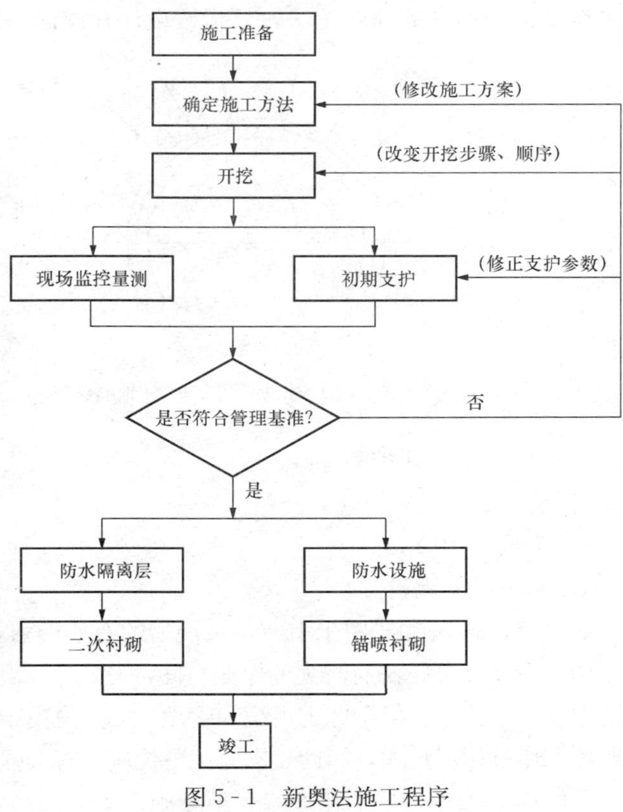

图 5-1 新奥法施工程序

5.2 新奥法施工的基本方法

5.2.1 隧道施工方法的选择

隧道施工方法的选择，主要根据工程地质及水文地质条件、施工条件、围岩级别、隧道埋置深度、隧道断面尺寸大小和长度、衬砌类型来定，应以施工安全为前提，以工程质量为核心，并结合隧道的使用功能、施工技术水平、施工机械装备、工期要求和经济可行性等因素综合考虑研究选用。

当选择施工方法（包括开挖及支护）因隧道施工对周围环境产生不利影响时，应把隧道工程的环境条件作为选择施工方法的因素之一，同时应考虑围岩变化时施工方法的适应性及其变更的可能性，以免造成隧道工程失误和增加不必要的工程投资。采用新奥法施工时，还应考虑施工全过程中的辅助作业方式和对围岩变化的量测监控方法，以及隧道穿越特殊地质地段时的施工手段等，进行合理的选择。

5.2.2 新奥法隧道施工方法分类

隧道工程采用新奥法施工时常用的施工方法，一般分为全断面法、台阶法和分部开挖法（台阶分部法、中隔墙法、双侧壁导坑法、交叉中隔壁法等）三大类。

1. 全断面法

全断面法即全断面开挖法，是指按设计开挖面一次开挖成型，如图 5-2 所示。

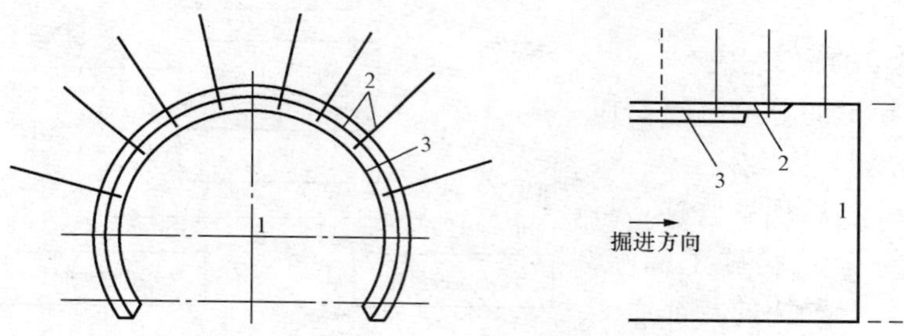

图 5-2 全断面开挖法

1—全断面开挖；2—锚喷支护；3—模筑混凝土衬砌

（1）全断面法开挖顺序。

1）全断面开挖。

2）锚喷支护。

3）灌筑混凝土衬砌。

（2）全断面法常适用于Ⅰ～Ⅲ级硬岩的石质隧道，该法可采用深孔爆破。

（3）全断面开挖法有较大的作业空间，有利于采用大型配套机械化作业，提高施工速度，且工序少、干扰少，便于施工组织和管理。缺点是由于开挖面较大，围岩相对稳定性降低，且每循环工作量相对较大，因此要求施工单位应具有较强的开挖、出渣与运输及支护能力。

全断面法施工开挖工作面大，钻爆施工效率较高，采用深眼爆破可加快掘进速度，且爆破对围岩的震动次数较少，有利于围岩稳定。缺点是每次深孔爆破震动较大，因此要求进行精心的钻爆设计和严格的爆破作业控制。

(4) 全断面开挖法的主要工序是：使用移动式钻孔台车，首先全断面一次钻孔，并进行装药连线，然后将钻孔台车后退到 50m 以外的安全地点，再起爆，使一次爆破成型，出渣后钻孔台车再推移至开挖面就位，开始下一个钻爆作业循环，同时进行支护与衬砌作业。

全断面法是目前Ⅰ～Ⅲ级围岩的隧道工程施工技术发展的一个方向，但是在采用全断面开挖时应注意以下事项：

(1) 加强对开挖面前方的工程地质和水文地质的调查。对不良地质情况要及时预测、预报、分析研究，随时准备好应急措施（包括改变施工方法），以确保施工安全和工程进度。

(2) 各工序机械设备要配套，如钻眼、装渣、运输、模筑、衬砌支护等主要机械和相应的辅助机具（钻杆、钻头、调车设备、气腿、凿岩钻架、注油器、集尘器等）。在尺寸、性能和生产能力上都要相互配合，工作方面能环环紧扣，不致彼此互受牵制而影响掘进，以充分发挥机械设备的使用效率和各工序之间的协调作用，并要注意经常维修设备及备有足够的易损零部件，以确保各项工作的顺利进行。

(3) 加强以各种辅助作业和辅助施工方法的设计与施工检查，尤其在软弱破碎围岩中使用全断面法开挖时，应对支护后的围岩动态进行量测与监控，对各种辅助作业的三管两线（即高压风管、高压水管、通风管、电线和运输路线）要求保持技术上的良好状态。

(4) 重视和加强对施工操作人员的技术培训，使其能熟练掌握各种机械和推广新技术，不断提高工效，改进施工管理，加快施工速度。

(5) 全断面法开挖选择支护类型时，应优先考虑锚杆和锚喷混凝土、挂网、钢拱架等支护型式为佳。

2. 台阶法

台阶法一般是将设计断面分成上半断面和下半断面两次开挖成型，如图 5-3 所示。

(1) 台阶法开挖顺序。

1) 上半部开挖。

2) 拱部锚杆喷射混凝土支护。

3) 拱部衬砌。

4) 下半部中央部分开挖。

5) 边墙部分开挖。

6) 边墙锚杆喷射混凝土支护及衬砌。

(2) 台阶法开挖的适用性及特点。

1) 台阶法多适用于Ⅳ、Ⅴ级较软而节理发育的围岩中，可分别采用以下三种变化方案。

①长台阶法：上下台阶距离较远，一般上台阶超前

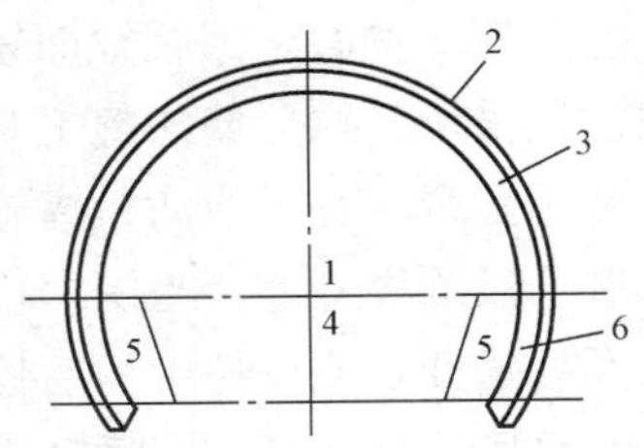

图 5-3　台阶法

1—上半部开挖；2—拱部锚喷支护；3—拱部衬砌；4—下半部中央部开挖；5—边墙部开挖；6—边墙锚喷支护及衬砌

50m 以上，施工中上下部可配属同类较大型机械进行平行作业，当机械不足时也可交替作业。当遇短隧道时，可将上部断面全部挖通后，再挖下半断面。该法施工干扰较少，可进行单工序作业。

②短台阶法：上台阶长度 5～50m，可缩短仰拱封闭时间，改善初期支护受力条件，但施工干扰较大，当遇到软弱围岩时需慎重考虑，必要时应采用辅助开挖措施稳定开挖面，以保证施工安全。

③微台阶法：也称超短台阶法。上台阶仅超前 3～5m，断面闭合较快。此法多用于机械化程度不高的各类围岩地段，当遇软弱围岩时需慎重考虑，必要时应采用辅助施工措施稳定开挖工作面，以保证施工安全。

2）台阶法开挖的特点。

①台阶法开挖具有足够的作业空间和较快的施工速度。台阶法有利于开挖面的稳定性，尤其是上部开挖支护后，下部作业则较为安全。

②台阶法开挖的缺点是上下部作业有互相干扰，所以应注意下部作业时对上部稳定性的影响，台阶开挖会增加对围岩的扰动次数等。

③台阶法开挖宜采用轻型凿岩机打眼，而不宜采用大型凿岩台车。

3）台阶法开挖的注意事项。

①台阶数不宜过多，台阶长度要适当，一般以一个台阶垂直开挖到底，易于掌握炮眼深度和减少翻渣工作量，装渣机应紧跟开挖面，减少扒渣距离以提高装渣运输效率。此外，还应根据两个条件来确定台阶长度：一是初期支护形成闭合断面的时间要求，围岩稳定性愈差，闭合时间要求愈短；二是上半部断面施工时开挖、支护、出渣等机械设备所需空间大小的要求。

②个别破碎地段可配合喷锚支护和挂钢筋网施工。如遇到局部地段围岩稳定性较差时，应及时架设临时支护或考虑变换施工方法，留好拱脚平台，采用先拱后墙法施工，以防止落石和崩塌。

③应重视解决上下半断面作业相互干扰的问题。微台阶基本上是合为一个工作面进行同步掘进；短台阶上下部作业相互干扰较大，要注意作业施工组织、质量监控及安全管理；长台阶上下部作业面已拉开，干扰较少。

④上部开挖时，因临空面较大，易使爆破石渣块度过大，不利于装渣，应适当密布中小炮眼。但采用先拱后墙法施工时，对于下部开挖，应注意上部的稳定，必须控制下部开挖的厚度和用药量，并采取防护措施，避免损伤拱圈及确保施工安全。若围岩稳定性较好，则可以采取分段顺序开挖；若围岩稳定性较差，则应缩短下部掘进循环进尺；若稳定性更差，则可以左右错开，或先拉中槽后挖边帮。

⑤采用钻爆法开挖石质隧道时，应采用光面爆破或预裂爆破技术，尽量减少扰动围岩的稳定性。

⑥采用台阶法开挖最关键的问题是台阶形式的划分。台阶划分要求做到爆破后扒渣量较少，钻眼作业与出渣运输干扰少。

3. 分部开挖法

分部开挖法可分为台阶分部法、中隔墙法、双侧壁导坑法、交叉中隔壁法等。它是将隧道开挖断面进行分部开挖逐步成型，并且将某部分超前开挖，故此可称为导坑超前开挖法。

(1) 台阶分部法。台阶分部法又称环形开挖留核心土法，如图5-4所示，适用于一般土质或易坍塌的软弱围岩地段。上部留核心土可以支挡开挖工作面，利用及时施作拱部初期支护增强开挖工作面的稳定，核心土及下部开挖在拱部初期支护下进行，施工安全性较好。一般环形开挖进尺不宜过长，上下台阶可用单臂掘进机开挖。

台阶分部开挖法的主要优点是，与微台阶法相比，台阶可以加长，一般双车道隧道为1倍洞跨，单车道隧道为2倍洞跨；而较双侧壁导坑法的机械化程度高，机械化施工可加快施工速度。

(2) 中隔墙法（CD法）。适用于围岩较差、地表沉陷难于控制或浅埋跨度较大的隧道。特点是单侧导坑超前，中壁和另侧正台阶法施工，极大地降低了拱顶和边墙位移，但仰拱为薄弱环节，施工中易出现开裂，且围岩变化时不易调整施工方法。此法的开挖与支护顺序如图5-5所示。

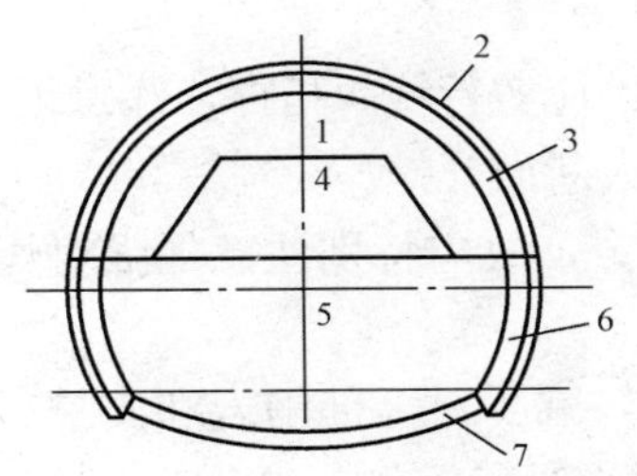

图5-4　台阶分部法

1—上弧形导坑开挖；2—拱部锚喷支护；3—拱部衬砌；4—中核开挖；5—下部开挖；6—边墙锚喷支护及衬砌；7—灌筑仰拱

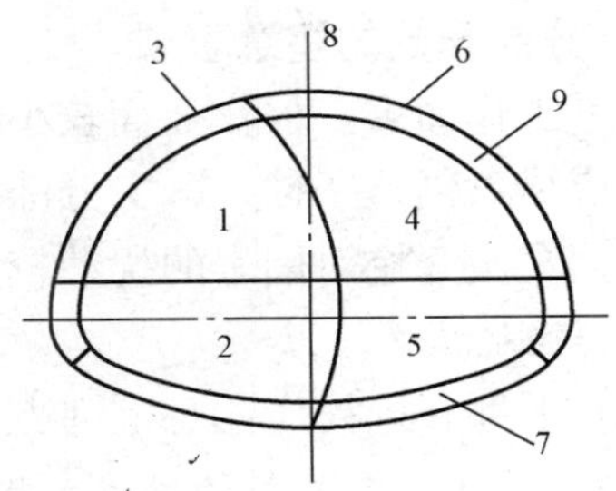

图5-5　中隔墙法

1—先行导坑上部开挖；2—先行导坑下部开挖；3—先行导坑锚喷支护、设置中隔墙临时支撑；4—后行导坑上部开挖；5—后行导坑下部开挖；6—后行导坑锚喷支护；7—灌筑仰拱混凝土；8—拆除中隔壁；9—灌筑全周衬砌

(3) 双侧壁导坑法。适用于浅埋大跨度隧道，地表下沉量要求严格，围岩条件特别差时采用。双侧壁导坑法的开挖与支护顺序如图5-6所示。此法的优点是，施工安全可靠，但施工速度较慢，造价较高。

(4) 交叉中隔壁法（CRD法）。为了增加开挖面的稳定，控制下沉量，可采用增设临时仰拱的措施封闭成环，即交叉中隔墙法，施工顺序如图5-7所示。

此法适用于浅埋软岩的大跨或特大跨隧道，它具有台阶法及侧壁导坑法的优点，与侧壁导坑法相比具有较快的施工速度。同时，本法通过中隔墙的减跨、临时仰拱及时封闭成环组成有力的支护体系，能非常有效地控制拱部下沉与收敛。此法最适用于上软下硬或半软半硬的地层，一旦下部围岩变硬，马上可以转化为上弧形导坑法施工，半软半硬地层转化为CD法施工，施工方法比较灵活。

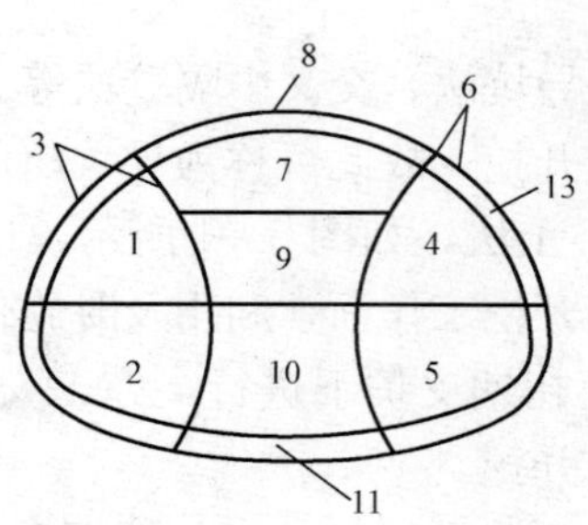

图 5-6　双侧壁导坑法

1—先行导坑上部开挖；2—先行导坑下部开挖；3—先行导坑锚喷支护，设置临时壁墙支撑；4—后行导坑上部开挖；5—后行导坑下部开挖；6—后行导坑锚喷支护，设置临时壁墙支撑；7—中央部拱顶开挖；8—中央部拱顶锚喷支护；9、10—中央部其余部开挖；11—灌筑仰拱混凝土；12—拆除临时壁墙；13—灌注全周衬砌

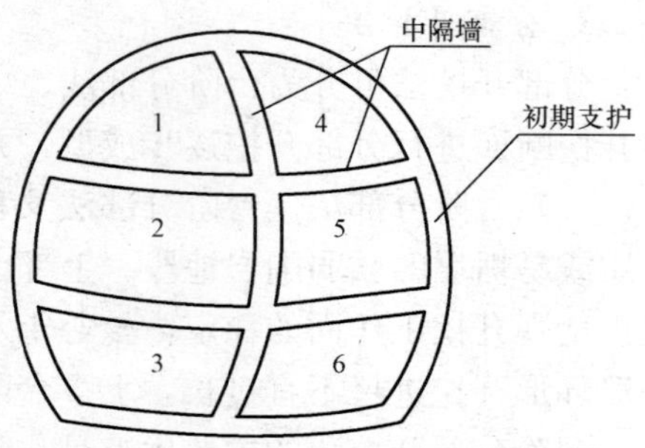

图 5-7　CRD 法开挖顺序

1—左侧上部开挖；2—左侧中部开挖；3—左侧下部开挖；4—右侧上部开挖；5—右侧中部开挖；6—右侧下部开挖

(5) 分部开挖的注意事项。

1) 其工作面多，但作业面较小，因而相互干扰较大，应实行统一指挥，注意组织协调。

2) 应尽量创造条件，减少分部次数，尽可能争取用大断面开挖。

3) 因多次开挖对围岩的扰动较大，不利于围岩的稳定，故应特别注意加强对爆破开挖的设计与控制。

4) 凡下部开挖均应注意上部支护或衬砌结构的稳定，减少对上部围岩和支护、衬砌结构的扰动和破坏，尤其是边帮部开挖时必须采用两侧交错挖马口施作，避免上部断面两侧拱脚同时悬空。

5) 认真加固拱脚，如扩大拱脚、打拱脚锚杆、加强纵向连接等，使上部初期支护与围岩形成完整体系；尽量单侧落底或双侧交错落底，落底长度视围岩状况而定。一般为 1～3m，不得大于 6m。下部边墙开挖后必须立即喷射混凝土，并按设计规定做好加固与支护。

6) 量测工作必须及时，以观察拱顶、拱脚和边墙中部的位移值，当发现速率值增大时，应立即进行仰拱封闭。

4. 施工方法比较

施工方法的比较见表 5-1。

表 5-1　　施工方法比较表

项　目	台阶法	CD 法	双侧壁导坑法	CRD 法
工法的安全性	不够安全	较安全	安全	安全
施工技术难度	较低	较高	高	高
施工机械类型	大、中型	中、小型	小型	小型
施工工序	较简单	较多	多	多
工程造价	较高	较高	高	高

续表

项　　目	台阶法	CD 法	双侧壁导坑法	CRD 法
开挖面的稳定性	较差	较好	好	好
地表沉陷	较大	较小	小	小
周边收敛控制	较差	较好	好	好
适用范围	地质条件较好、技术熟练	地质条件较差、安全要求高	跨度大、安全要求高	地质条件差、安全要求高

5.3 隧道施工开挖

5.3.1 隧道施工开挖一般规定

按新奥法施工时，应根据隧道工程地质、水文地质条件、机械设备等条件，尽量采用对围岩扰动少的开挖方法。

1. 隧道施工开挖方法的分类

(1) 开挖方法有钻爆开挖法、机械开挖法、人工和机械混合开挖法等三种。

(2) 隧道施工开挖方法的选用应根据隧道地质条件、环境情况、机械设备、安全要求等综合考虑进行选用，并与支护衬砌施工相协调。

2. 隧道施工开挖方法的适用条件

(1) 钻爆法可用于各类岩层中，是隧道施工开挖中普遍采用的方法。当用钻爆法开挖坑道时，应采用光面爆破、预裂爆破技术，能使开挖轮廓线符合设计要求、减少超欠挖量，并能减小对围岩的扰动破坏等。

(2) 机械开挖法一般适用于软弱破碎围岩，在全断面一次开挖法中宜采用大型机械掘进；在分部开挖法中多选用小功率、小尺寸的小型挖掘机或单壁掘进机，它具有耗能较少、灵活性好、生产效益较高等优点。

5.3.2 钻爆法开挖设计

采用钻爆法开挖坑道时，为了减少超挖、欠挖和控制对围岩的扰动，应综合研究地质情况、开挖断面大小、开挖进尺快慢、爆破器材性能、钻眼机具和出渣能力等因素，在此基础上编制钻爆设计。

1. 钻爆设计的内容

钻爆设计包括炮眼（掏槽眼、辅助眼、周边眼）的布置图、数目、深度和角度、装药量和装药结构图、起爆方法和爆破顺序等。

2. 爆破设计图

爆破设计图包括炮眼布置图、周边眼装药结构图、钻爆参数表、主要技术经济指标及设计施工有关的必要文字说明。

3. 开挖和爆破方法选用

根据隧道工程地质条件选用施工开挖方法及爆破方法。对硬质岩，采用全断面一次开挖时，应采用光面爆破法；对软质岩，宜采用预裂爆破法；对松软地层采用分部开挖时，宜采用预留光面层光面爆破法。

5.4 锚 杆 施 工

5.4.1 锚杆类型

锚杆（索）是用金属或其他高抗拉性能的材料制作的一种杆状构件。其使用某些机械装置和粘结介质，通过一定的施工操作，将其安设在地下工程的围岩和其他工程结构体中。

锚杆种类很多，若按其与被支护体的锚固形式来分有以下几种，如图 5-8 所示。

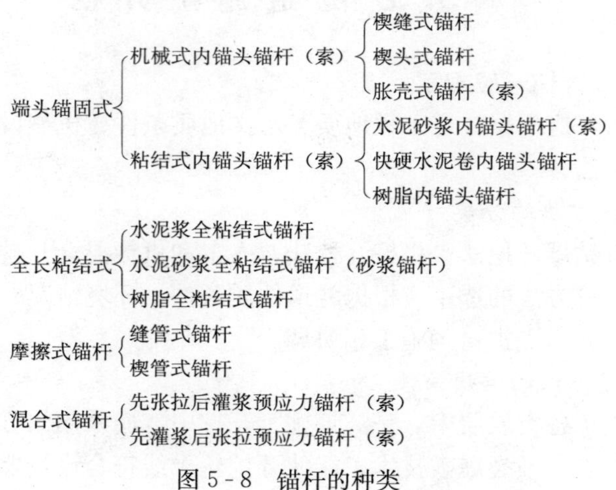

图 5-8 锚杆的种类

锚杆的施工，不论什么锚杆都要进行以下工作：

(1) 锚杆施工作业应在初喷混凝土后进行。

(2) 检查锚杆材料、类型、规格、质量以及性能是否与设计相符。

(3) 根据锚杆类型、规格及围岩情况选择钻孔机具。

(4) 钻孔前应根据设计要求定出孔位，作出标记，孔位允许偏差为±15mm。

(5) 钻孔应圆而直，钻孔方向宜适当调整使其尽量与岩层主要结构面垂直。

5.4.2 锚杆构造组成及设计施工要点

1. 普通水泥砂浆锚杆

(1) 构造组成。普通水泥砂浆锚杆，是以普通水泥砂浆作为胶粘剂的全长粘结式锚杆，其构造如图 5-9 所示。

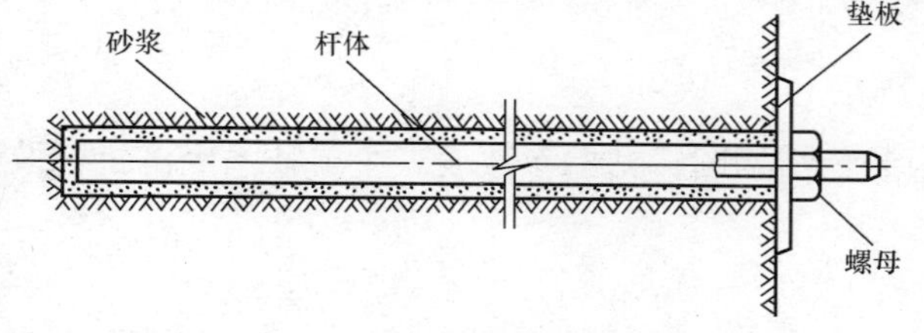

图 5-9 普通水泥砂浆锚杆

(2) 施工安设要点。

1) 钻孔前应根据设计要求定出孔位，作出标记，孔位允许偏差为±15mm。

2) 钻孔应圆而直，钻孔方向宜尽

量与岩层主要结构面垂直，水泥砂浆锚杆孔径应大于杆体直径15mm，并用高压风或高压水清孔。

3）钻孔深度允许偏差为±50mm。

4）砂浆配合比（质量比），水泥∶砂∶水宜为1∶（1～1.5）∶（0.45～0.5）。砂的粒径不宜大于3mm，拌和均匀，随拌随用，一次拌和的砂浆应在初凝前用完。

5）锚杆及胶粘剂材料应符合设计要求，锚杆应按设计要求的尺寸截取，并调直、除锈和除油，外端不用垫板的锚杆应先弯制弯头。

6）注浆开始或中途暂停超过30min时，应用水润滑灌浆罐及其管路，注浆孔口压力不得大于0.4MPa，注浆管应插至距孔底5～10cm处，随水泥砂浆的注入缓慢匀速拔出，随即迅速将杆体插入，锚杆杆体插入孔内的长度不得短于设计长度的95%，若孔口无砂浆流出，应将杆体拔出重新注浆。

7）锚杆安设后不得随意敲击，其端部3d内不得悬挂重物。

2. 早强水泥砂浆锚杆

早强水泥砂浆锚杆的构造、设计和施工与普通水泥砂浆锚杆基本相同，不同的是早强水泥浆的胶粘剂是由硫铝酸盐早强水泥、砂、早强剂和水组成。因此，它具有早期强度高、承载快、不增加安装困难等优点，弥补了普通水泥砂浆锚杆早期强度低、承载慢的不足。尤其是在软弱、破碎、自稳时间短的围岩中显示出其一定的优越性，但要注意的是注浆作业开始或中途停止超过30min时，应测定砂浆坍落度，其值小于10mm时，不得注入罐内使用。

3. 楔缝锚杆

（1）构造组成。楔缝式锚杆由杆体、楔块、垫板和螺母组成，如图5-10所示。

（2）施工要点。

1）楔缝式锚杆安装前，应将杆体与部件（楔子、胀壳、托板）组装好，锚杆插入钻孔时楔子不得偏斜或脱落，锚头必须楔紧，保证锚固可靠；安设杆体后应立即上好托板，拧紧螺帽；锚杆施加预张拉力时，其拧紧力矩不应小于100N·m。

2）打紧楔块时不得损坏螺栓。

3）楔缝锚杆一昼夜后应再次紧固，要定期检查，如发现有松弛情况，应再行紧固。

4）楔缝式锚杆只能作为临时支护，如作为永久支护，应补注水泥浆或水泥砂浆。

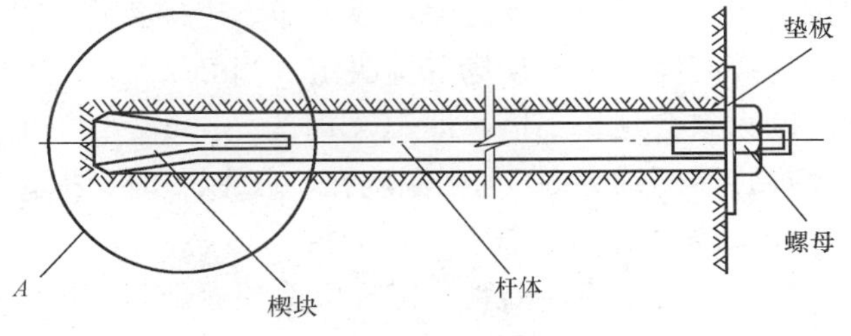

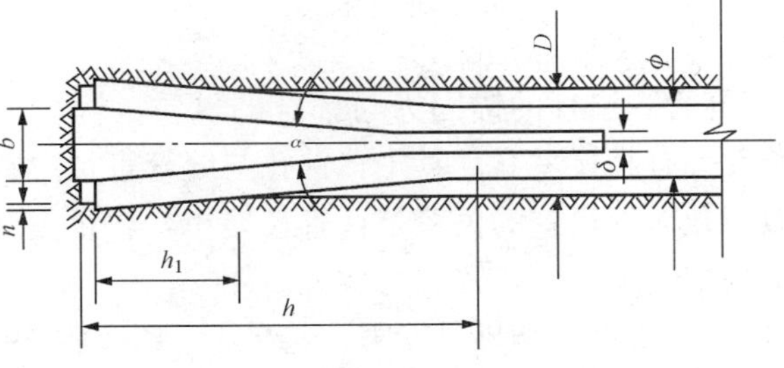

图5-10　楔缝式内锚头锚杆

D—钻孔直径；ϕ—锚杆杆体直径；δ—锚杆杆体楔缝宽度；b—楔块端头厚度；α—楔块的楔角；h—楔块长度；h_1—楔头两翼嵌入钻孔壁长度；n—楔缝两翼嵌入钻孔壁深度

4. 早强药包锚杆

（1）构造组成。早强药包内锚头

锚杆，是以快硬水泥卷或早强砂浆卷或树脂卷作为内锚固剂的内锚头锚杆。其构造如图 5-11 所示。

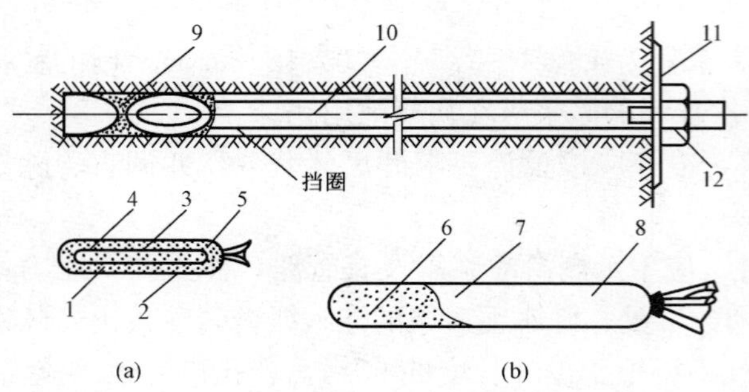

图 5-11　早强药包内锚头锚杆

1—不饱和聚酯树脂＋加速剂＋填料；2—纤维纸或塑料袋；3—固化剂＋填料；4—玻璃管；5—堵头（树脂胶泥封口）；6—快硬水泥；7—湿强度较大的滤纸筒；8—玻璃纤维纱网；9—树脂锚固剂；10—带麻花头杆体；11—垫板；12—螺母

（2）施工要点。

1）钻眼要求同前所述，但孔眼应比锚杆长度短 4～5cm。

2）用直径 2～3mm、长 150mm 的锥子，在快硬水泥卷端头扎两个排气孔，然后将水泥卷竖立放于清洁水中，保持水面高出水泥卷约 10cm。浸水时间以不冒气泡为准，但不得超过水泥的初凝时间，必要时要作浸水后的水灰比检查。

3）将浸好水的水泥卷用锚杆送至眼底，并轻轻捣实。若中途受阻，应及时处理，若处理时间超过水泥终凝时间，则应换装新水泥卷或钻眼作废。

4）将锚杆外端套上连接套筒（带有六角旋转头的短锚杆，断面打平后对中焊上锚杆螺母），装上搅拌机，然后开动搅拌机，带动锚杆旋转，搅拌水泥浆，并用人力推进锚杆至眼底，再保持 10s 的搅拌时间。

5）轻轻卸下搅拌机头，用木楔楔紧杆体，使其位于钻眼中心，自浸水后 20min，快硬水泥有足够强度时，才能使用扳手卸下连接套筒（可准备多个套筒周转使用）。

搅拌时间应根据现场气温决定。当 20℃时，固化时间为 5min；当温度下降 5℃时，固化时间大致会延长 1 倍，即 15℃时为 10min，10℃时为 20min。因此，地下工程在正常温度下，搅拌时间约为 30s，当温度在 10℃以下时，搅拌时间可适当延长为 45～60s。

5. 缝管式摩擦锚杆

（1）构造组成。缝管式锚杆由前端冠部制成锥体的开缝管杆体、挡环以及垫板组成，如图 5-12 所示。

（2）施工要点。

1）缝管式锚杆的锚固力与锚杆的材质、构造尺寸、围岩条件、钻孔与锚管直径之差、锚固长度等有直接关系。其中，钻孔与缝管直径之差是设计与施工要严格控制的主要因素。锚固力与孔、管径差的关系是：管径差小，锚杆安装推进阻力小，锚固力亦小；管径差大，锚杆安装推进阻力大，锚固力也大。

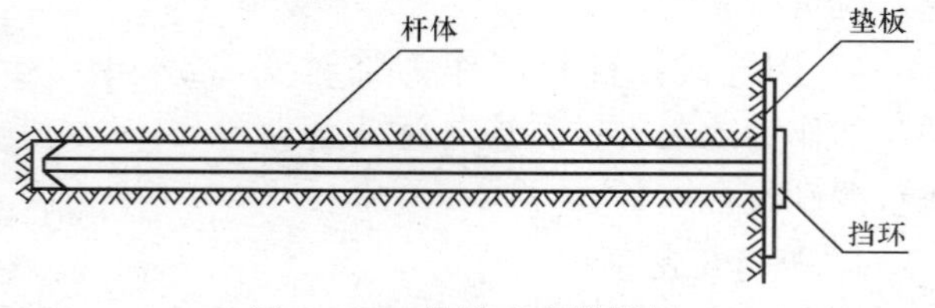

图 5-12　缝管式摩擦锚杆

2）可根据需要和机具能力，选择不同直径的钻头和管径，通过现场试验确定最佳径差。另外，施工中还应考虑因钻头磨损导致孔径缩小等情况。

3）缝管式锚杆的杆体一般要求材质

有较高的弹性极限。

4）安装时先将锚杆套上垫板，将带有挡环的冲击钎杆插入锚管内（钎杆应在锚管内自由转动），钎杆尾端套入凿岩机或风镐的卡套内，调正方向，开动凿岩机，即可将锚杆打入钻孔内，至垫板压紧围岩为止，停机取出钎杆即告完成。

5）若作为永久支护，则应作防锈处理，并灌筑有膨胀性的砂浆。

另外，还有一种楔管式锚杆，它是楔缝式锚杆与缝管式锚杆相结合的一种锚杆。其施工与缝管式锚杆相同。

6. 胀壳式内锚头预应力锚索

(1) 构造组成。胀壳式内锚头预应力锚索主要由机械胀壳内锚头、锚索（钢绞线）外锚头以及灌筑的粘结材料等组成，如图5-13所示。

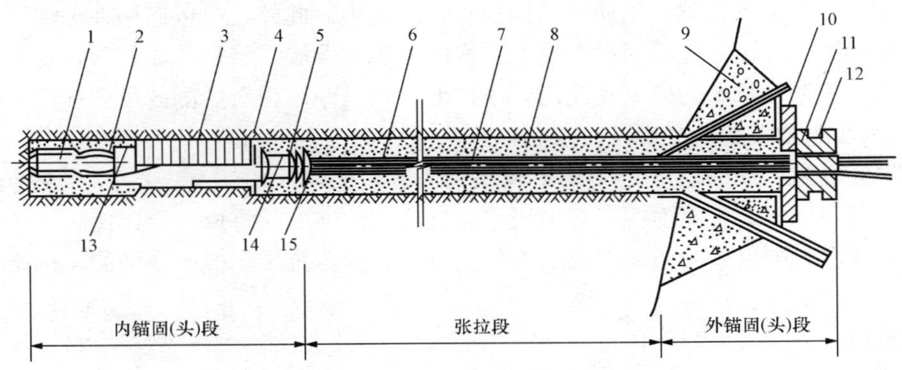

图5-13 胀壳式内锚头钢绞线预应力锚索

1—导向帽；2—六棱锚塞；3—外夹片；4—挡圈；5—顶簧；6—套管；7—排气管；8—粘结砂浆；9—现浇混凝土支墩；10—垫板；11—锚环；12—锚塞；13—锥筒；14—顶簧套筒；15—托圈

(2) 性能和应用范围。胀壳式内锚头预应力锚索是锚杆的发展，是一种新型锚固方法。常用在中等以上的围岩中。它具有施工工序紧密简单、安装迅速方便的特点，是能立即起作用的大型预应力锚杆，可以在较小的施工现场中作业。常用于高边坡、大坝以及大型地下洞室的支护、抢修加固。目前的预应力值一般为600kN。内锚头采用机械加工比较复杂，且价格较高，在软弱围岩中不能使用。施工中还要及时注浆，以减少预应力损失。

(3) 施工要点。

1）胀壳式内锚头预应力锚索的加工应符合设计质量要求，在运输、存放及安装过程中不能有损伤、变形。

2）钻孔一般采用冲击式潜孔钻，也可以选用各种旋转式地质钻。钻后应予以清洗，并做好孔口支墩。

3）锚索安装要平直不紊乱，同时安装排气管。

4）锚索推送就位后，即可进行张拉。一般先以20%～30%的预应力值预张拉1～2次，使各相连部位紧密接触，绞线平直。最终应有5%～10%的超张拉，以保证预应力损失后仍能达到设计预应力值要求。张拉时，千斤顶后严禁站人。

5）预应力无明显衰减时，才最后锁定，且48h内再检查。

6）注浆应饱满，注浆达到设计强度后，进行外锚头封盖。

5.5 喷混凝土施工

喷射混凝土是使用混凝土喷射机，按一定程序，将掺有速凝剂的混凝土拌和料快速喷至围岩表面而形成的人造石材。

喷射混凝土既是一种新型的支护结构，又是一种新的工艺。因为其灵活性很大，可以根据需要分次追加厚度，所以可以作为隧道工程围岩的永久支护和临时支护，也可以与各种类型的锚杆、钢纤维、钢拱架、钢筋网等构成复合式支护。此外，也可应用在边坡防护、基坑加固、结构补强等方面。随着喷射混凝土技术的进步和发展，特别是原材料、速凝剂及其他外加剂、施工工艺、机械的研究和应用，喷射混凝土的使用将有广阔的发展前景。

5.5.1 喷射混凝土的原理及特点

喷射混凝土施工已广泛应用于隧道及地下工程、水利水电工程、矿山开采、道路施工等，它是通过使用混凝土喷射机，利用压缩空气或其他动力，将按一定比例配合的拌和料通过管道输送并高速喷射到受喷面上，迅速凝固成具有一定抗压、抗拉强度的支护结构，从而对围岩起到一定的支护作用。

采用喷射混凝土具有以下优点：

（1）前期准备工作少，不必像混凝土施工进行立模等繁复工作，操作较为简单。

（2）施工速度快、支护及时、安全性好。

（3）支护质量好、强度高、密实度好、防水性能好。

（4）施工灵活性大，可以根据需要分次喷射混凝土追加厚度，以满足工程设计和使用要求。

5.5.2 喷射混凝土工艺流程种类

喷射混凝土的工艺流程有干喷、潮喷、湿喷和混合喷射4种。它们之间的主要区别是：各工艺流程的投料程序不同，尤其是加水和速凝剂的时机不同。其中湿喷混凝土按其输送方式的不同，可分为风送式、泵送式、抛甩式和混合式，应根据实际情况选用。

（1）干喷。用搅拌机将骨料和水泥拌和好，投入喷射机料斗，同时加入速凝剂，用压缩空气使干混合料在软管内呈悬浮状态，压送到喷枪，在喷头处加入高压水混合，以较高速度喷射到岩面上，其工艺流程如图5-14所示。

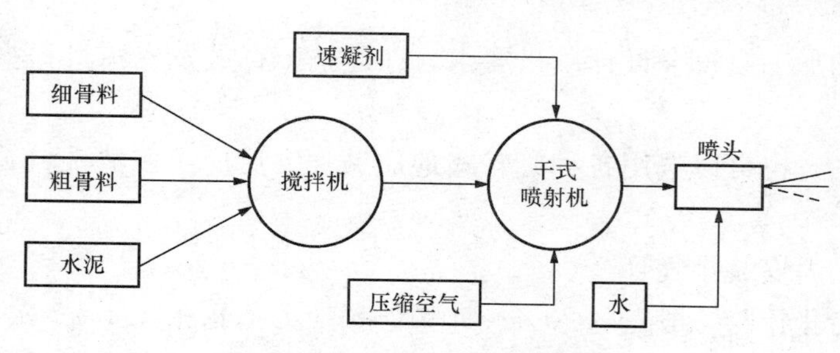

图5-14　干喷与潮喷工艺流程

1）干喷法的优点：使用的干喷机结构较简单，体积小、重量轻，便于移动，适于高边坡及狭窄部位；机械清洗较容易，出现故障时可快速拆卸处理。

2）干喷法的缺点：①由于输料不均匀、不稳定，工作风压突然变化等原因，造成喷射过程中产生大量的粉尘；②回弹量大，一般超过15%；③加水由阀门控制，水灰比不稳定，常出现干斑或流淌现象，混凝土质量难以控制。④干喷机生产能力低，每小时产量 $5m^3$ 以下。

（2）潮喷。潮喷是将骨料预加少量水，使之呈潮湿状，再加水泥拌和，从而降低上料、拌和及喷射时的粉尘，但大量的水仍是在喷头处加入和从喷嘴射出的，其潮喷工艺流程和使用机械同干喷工艺，如图5-14所示。目前隧道施工现场较多使用的是潮喷工艺。

1）潮喷法的优点：使用干喷机械，一方面具有干喷优点，另一方面在混合料拌制过程中预加少量的水，降低上料、拌和和喷射过程中产生的粉尘。

2）潮喷法的缺点：大量的水仍由阀门控制，水灰比不稳定，混凝土质量难以控制，回弹量仍然较大。

（3）湿喷。湿喷是将骨料、水泥和水按设计比例拌和均匀，用湿式喷射机压送拌和好的混凝土混合料到喷头处，再在喷头上添加速凝剂后喷出，其工艺流程如图5-15所示。湿喷混凝土的质量较容易控制，喷射过程中的粉尘和回弹量较少，是适应当前发展、推广应用的喷射工艺。但对湿喷机械要求较高，机械清洗和故障处理较困难。对于喷层较厚的软岩和渗水隧道，不宜采用湿喷混凝土工艺施工。

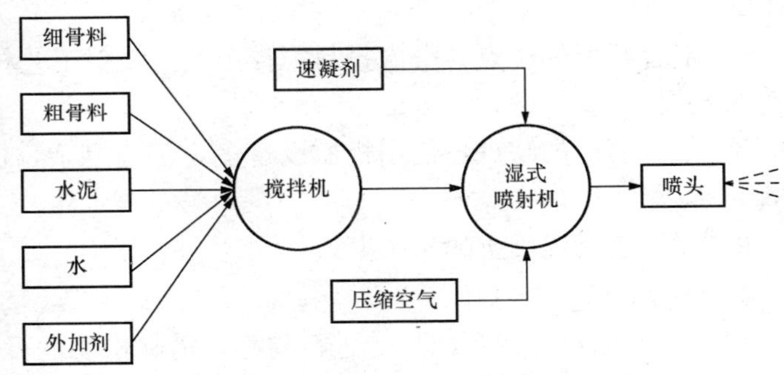

图5-15　湿喷工艺流程

1）湿喷法的优点：①由于采取湿式拌和，大大降低了施工区的粉尘浓度，消除了对工人健康的危害；②湿喷混凝土混合料按水灰比精确控制，拌和及水化作用充分，速凝剂按比例计量添加，喷射质量较易控制，提高了混凝土的匀质性；③回弹量小，回弹率可降低到10%以下；④喷层厚度有可靠保证，支护质量得以提高。

2）湿喷法的缺点：①采用液态速凝剂，成本相对较高；②对湿喷机械要求较高，机械清洗较困难，出现故障时难以处理；③设备体积较大，移动相对困难。

（4）混合喷射（SEC式喷射）。此法又称水泥裹砂造壳喷射法，分别由泵送砂浆系统和风送混合料系统两套机具组成。其先是将一部分砂加第一次水拌湿，再投入全部用量水泥，强制拌和成以砂为核心外裹水泥壳的球体；然后加第二次水和减水剂拌和成SEC砂浆；再将另一部分砂与石、速凝剂按配合比配料，强制搅拌成均匀的干混合料；然后再分别通过砂浆泵和干式喷射机，将拌和成的砂浆及干混合料由高压胶管输送到混合管混合；最后由喷头喷出。其工艺流程如图5-16所示。

混合式喷射是分次投料搅拌工艺与喷射工艺相结合，其关键是水泥裹砂（或砂、碎石）造壳工艺技术。混合式喷射工艺使用的主要机械设备与干喷工艺基本相同，但混凝土的质量较干喷混凝土的质量好，且粉尘和回弹量大幅度降低。混合式喷射使用机械数量较多，工艺技术较复杂，机械清洗和故障处理较麻烦。因此，一般只在喷射混凝土量大和大断面隧道工程中使用。

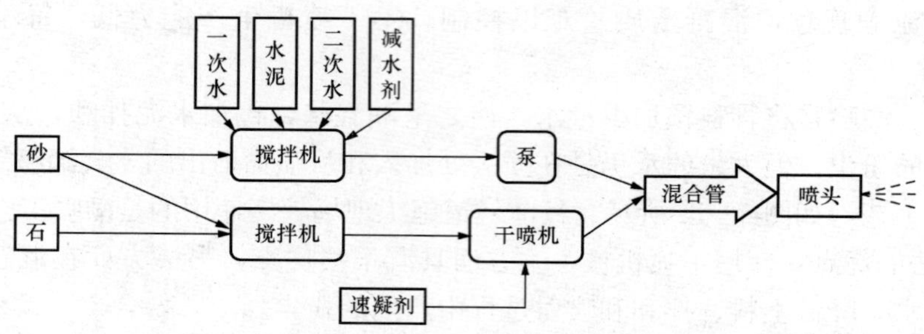

图 5-16　混合式喷射工艺流程

混合喷射混凝土强度可达到 C30～C35，而干喷和潮喷混凝土强较低，一般只能达到 C20。

1）混合喷射的优点：分次投料搅拌工艺与喷射工艺相结合，喷混凝土质量好、粉尘少、回弹量小。

2）混合喷射的缺点：使用机械设备多，工艺复杂，机械清洗较困难，出现故障时难以处理。

5.5.3　喷射混凝土的施工要点

1. 喷射前的检查及准备

(1) 喷前应对开挖断面尺寸进行检查，清除松动危石，欠挖超标严重的应予处理。

(2) 根据石质情况，用高压风或水清洗受喷面。

(3) 受喷岩面有集中渗水时，应做好排水引流处理；无集中水时，应根据岩面潮湿程度，适当调整水灰比。

(4) 埋设喷层厚度检查标志，一般是在石缝处钉铁钉，或用快硬水泥安设钢筋头，并记录其外露长度。

(5) 检查调试好各机械设备的工作状态。

2. 喷射混凝土的施工要点

(1) 喷射作业施工准备做好后，严格掌握规定的速凝剂掺量，并添加均匀。喷射时应严格控制水灰比，使喷层表面平整光滑，无干斑或滑移流淌现象。

(2) 在未上混凝土拌和料之前，先开高压风及高压水，如喷嘴风压正常，喷出来的水和高压风应呈雾状。

(3) 喷射应该分段、分块按先墙后拱，由下而上地进行喷射。喷嘴需对受喷岩面作均匀的顺时针方向的螺旋运动，一圈压半圈的横向移动，螺旋直径为 20～30cm，如图 5-17 所示。

(4) 掌握喷嘴与受喷岩面的距离和角度，喷嘴至岩面距离为 0.8～1.2m，喷嘴与受喷面垂直，并稍微偏向刚喷射的部位（倾斜角不宜大于 10°），要注意控制好喷射程序。

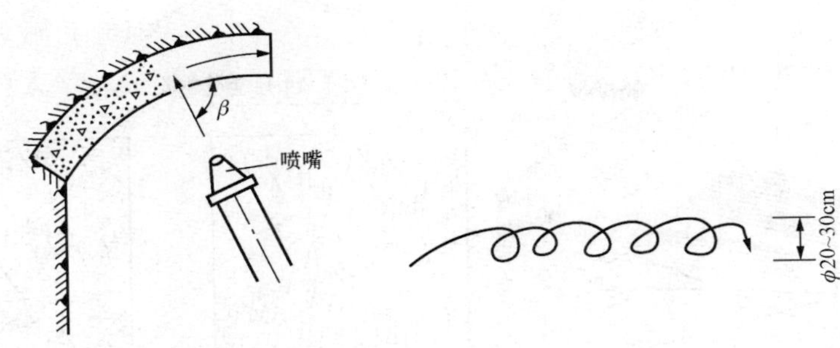

图 5-17　喷枪操作

(5) 调节好风压与水压。风压与喷射质量有密切关系。过大的风压会造成喷射速度太高而加大回弹量，损失水泥；风压过小会使喷射力减弱，混凝土密实性差。

(6) 一次喷射厚度问题。一次喷射的厚度不得太厚或太薄。一次喷射太厚，在自重作用下，喷层会出现错裂而引起大片坍落；喷射太薄，大部分粗骨料会回弹，使受喷面上仅留下一层薄薄的砂浆，影响工程质量。它主要与喷射混凝土层与受喷面之间的粘结力和受喷部位有关，并应根据是否掺入速凝剂、喷射效率、回弹损失率等因素而定，一般按表 5-2 确定。

表 5-2　　喷　射　厚　度　（单位：cm）

项目	一次喷射厚度	
	掺速凝剂	不掺速凝剂
拱部	5～6	3～4
边墙	7～10	5～7

(7) 分层喷射的间隔时间。应根据水泥品种、速凝剂种类及掺量、施工温度、水灰比大小等因素并视喷射的混凝土终凝情况而定。

(8) 喷射混凝土的养护。为使水泥充分水化，使喷射混凝土的强度均匀增长，减少混凝土的收缩开裂，确保喷射混凝土质量，喷射后需要有良好的养护。应在终凝 1～2h 后进行洒水养护，养护时间不小于 7d。

3. 钢纤维喷射混凝土的施工要点

钢纤维喷射混凝土是在喷射混凝土中加入钢纤维，弥补喷射混凝土的脆性破坏缺陷，改善喷射混凝土的物理力学性能，如图 5-18 所示。

(1) 性能特点。

1) 钢纤维喷射混凝土中的钢纤维主要在喷射平面内呈二维分布，且相当均匀。根据统计，平行于喷射平面的钢纤维根数，约占总根数的 70%～80%。这种结构保证了钢纤维喷射混凝土在喷射平面内力学强度的均匀性和在此平面上力学强度的优势。

2) 钢纤维喷射混凝土的破坏呈塑性破坏，因此容许有较大的变形，裂缝出现后仍有一定的承载能力。

3) 在一般掺量的情况下（约为喷混凝土重量的 1%～1.5%），钢纤维喷射混凝土比普通喷射混凝土的抗压强度能提高 30%～60%，抗拉强度提高 50%～80%，抗弯强度提高 40%～70%。

4) 在一般掺量的情况下，钢纤维喷射混凝土的韧性（加载至试件完全破坏所做的功）

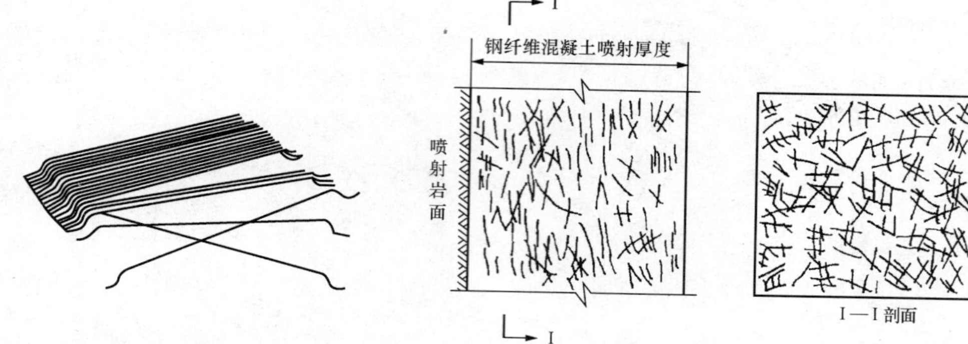

图 5-18　钢纤维喷射混凝土

为普通喷射混凝土的 20～50 倍，抗冲击性能提高 8%～30%，抗磨损性能提高 30%（钢纤维掺量要大于 1.5%）。

（2）应用范围。

1）由于钢纤维喷射混喷土具有许多优良的物理力学性能，故可用于承受强烈振动、冲击动荷载的结构物的构筑，也适用于要求耐磨或不便配置钢筋但又要求有较高强度和韧性的工程中，如用于地下工程中的受动荷载部位的结构，地上建筑物的补强加固，以及机场跑道、高速公路路面等。

2）在软弱破碎围岩隧道中，采用钢纤维喷射混凝土的支护效果，优于采用挂钢筋网喷射混凝土的支护效果。因此，可以采用钢纤维喷射混凝土代替挂钢筋网喷射混凝土，作为软弱破碎围岩隧道的初期支护，甚至作为永久性衬砌。目前，我国公路等部门做过一些实用性试验研究，但在各类隧道工程中应用钢纤维喷射混凝土的还很少，有待进一步推广。

（3）钢纤维喷射混凝土的施工要点。

1）钢纤维喷射混凝土，应选用经过实用检验的喷射机械。主要问题是防止钢纤维结团堵管。目前，已有一些钢纤维产品采用水溶性胶粘剂将钢纤维粘结成片状，在搅拌过程中可以方便地分离成单一纤维，较好地解决了结团问题。

2）钢纤维和基料必须拌和均匀，避免造成喷射机拔料盘堵塞或堵管。方法是先将水泥、砂、石拌和均匀，然后掺入钢纤维和速凝剂，再拌和均匀，装入运输车。

3）钢纤维喷射混凝土操作同普通喷射混凝土，但输料管的磨耗大，一般要高于普通喷射混凝土 30%～40%，尤其是拐弯处。每班可将胶管翻转 1～2 次，以延长胶管寿命。

4）风压要比普通喷射混凝土高 0.02～0.05MPa。当输送距离不大于 40m 时，风压一般可为 0.05～0.18MPa。

4. 钢筋网喷射混凝土

钢筋网喷射混凝土是在喷射混凝土之前，在岩面上挂设钢筋网，然后再喷射混凝土。其物理力学性能基本上同钢纤维喷射混凝土，只是其配筋均匀性较钢纤维差。目前，我国在各类隧道工程中应用钢筋网喷射混凝土支护的比较多，主要用于软弱破碎围岩，而更多的是与锚杆或者钢拱架构成联合支护。

（1）构造组成。钢筋网通常作环向和纵向布置。环向筋一般为受力筋，由设计确定，直径ϕ12左右；纵向筋一般为构造筋，直径ϕ6～ϕ10；网格尺寸一般为20cm×20cm、20cm×25cm、25cm×25cm、25cm×30cm或30cm×30cm。围岩松散破碎严重的，或土质和砂土质隧道，可采用细一些的钢丝，直径一般小于ϕ6，网格尺寸亦应小一些，一般为10cm×10cm、10cm×15cm、15cm×15cm、15cm×20cm、20cm×20cm。

（2）施工要点。

1）钢筋网应根据被支护围岩面上的实际起伏形状而铺设，且应在喷射一层混凝土后再行铺设。钢筋与岩面或与初喷混凝土面的间隙应不小于3～5cm，钢筋网的保护层厚度不小于3cm，有水部位不小于4cm。

2）为便于挂网安装，常将钢筋网先加工成网片，长宽可为100～200cm。

3）钢筋网应与锚杆或锚钉头连接牢固，并应尽可能多点连接，以减少喷射混凝土时使钢筋发生"弦振"。锚钉的锚固深度不得小于20cm。

4）开始喷射时，应缩短喷头至受喷面之间的距离，并适当调整喷射角度，使钢筋网背面混凝土密实。对于干燥土质隧道，第一次喷射不能太厚，以防起鼓剥落。

5.6 钢架制作与安设

无论是采用喷射混凝土还是锚杆（或是加长、加密锚杆），或是在混凝土中加入钢筋网、钢纤维，都主要是利用其柔性和韧性，而对其整体刚度并未过多要求。这对支护不太破碎的围岩（Ⅳ级硬岩至Ⅱ级围岩）使其稳定是可行的。当围岩软弱破碎严重（Ⅳ级软岩至Ⅵ级围岩），其自稳性差，开挖后就要求早期支护具有较大的刚度，以阻止围岩的过度变形和承受部分松弛荷载。钢拱架就具有这样的力学性能。

5.6.1 钢拱架构造、性能特点和使用条件

1. 使用条件

下列情况，一般可以使用钢架喷射混凝土支护：

（1）自稳时间很短的Ⅴ、Ⅵ级围岩隧道。

（2）浅埋、偏压隧道，当早期围岩压力增长快，需要提高初期支护的强度和刚度时；如前所述，钢架具有较大的支护强度和刚度，可承受开挖时引起的松动压力，架设后宜及时喷射混凝土，与超前支护配合使用，支护效果会更好。

（3）砂卵石、土夹石地层，大面积淋水地段，以及为了抑制围岩大的变形需要增强支护抗力时。

（4）当需施作超前支护，需要设置钢架作为超前锚杆（或超前钢管等）的支承构件时。

2. 构造组成

钢拱架可以采用型钢、工字钢、钢管或钢筋制成。现场采用以钢筋制作的格栅钢架较多，如图5-19所示。

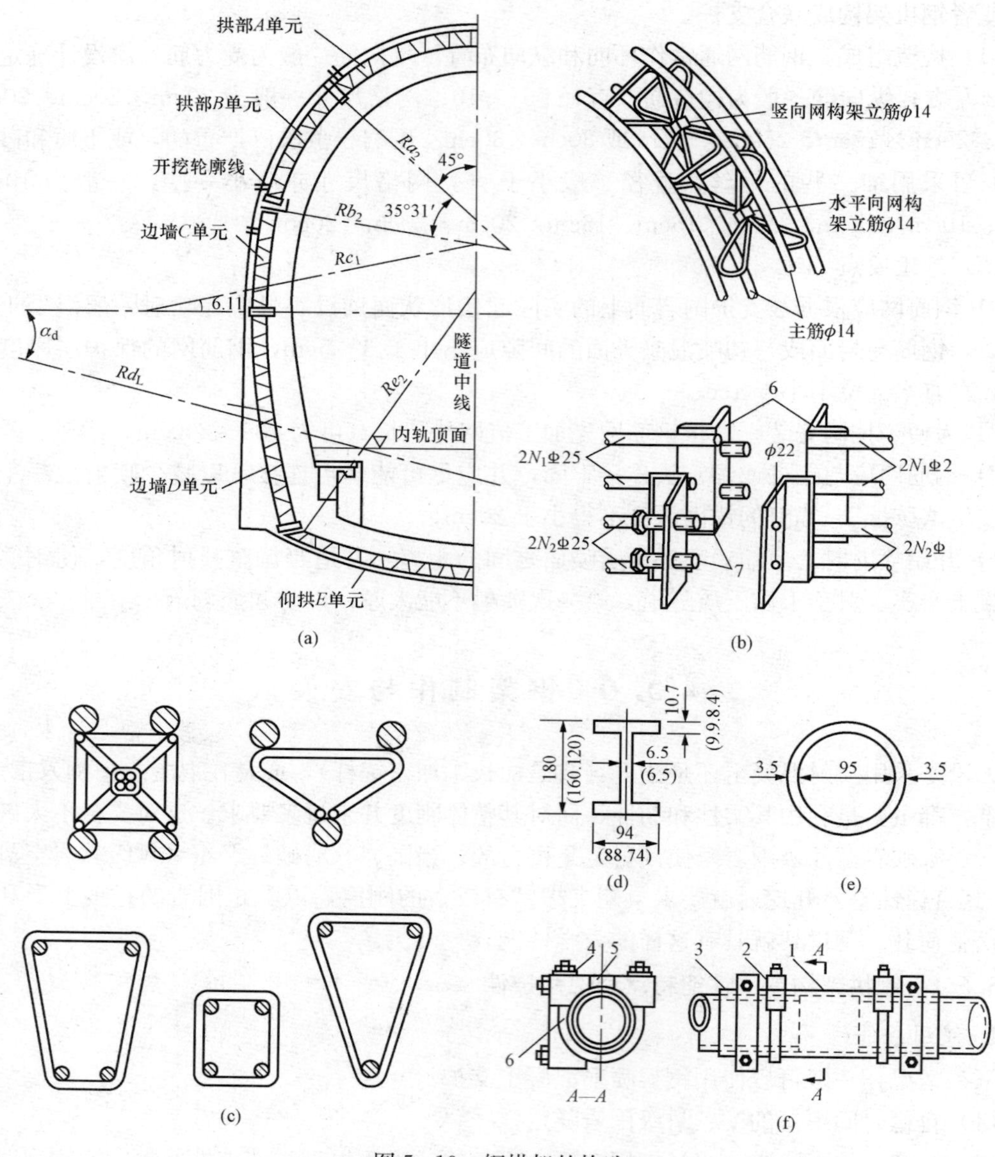

图 5-19　钢拱架的构造

(a) 格栅钢拱架组合；(b) 接头；(c) 格栅钢架断面；(d) 工字钢钢架；(e) 钢管钢架；(f) 钢管钢架可缩接头

3. 钢拱架的制作

钢拱架一般在现场制造，采用冷弯或热弯加工焊接而制成。钢筋格栅钢拱架的腹部八字单元可以在工厂制作，装运到隧道施工现场按比例为 1：1 的胎模热弯加工及焊接或铆接而成。钢拱架加工后要进行试拼，拼装允许误差，沿隧道周边轮廓线的误差不应大于±3cm，平面（翘曲）应小于±2cm。接头连接要求每榀之间可以互换，即采用冷弯、冷压、热弯、热压、电焊加工制作钢拱架构件时，要求尺寸准确、弧形圆顺、结构安全可靠。钢拱架的截面尺寸，应满足强度、刚度稳定性的要求，因此，应按设计计算要求进行选材、加工、制作及检算验收等。

4. 性能特点

(1) 钢拱架的整体刚度较大，可以提供较大的早期支护刚度；型钢拱架较格栅钢架能更早承载。

(2) 钢拱架可以很好地与锚杆、钢筋网、喷射混凝土相结合，构成联合支护，增强支护的有效性，且受力条件较好，尤以格栅钢架结合最好。

(3) 格栅钢架采用钢筋现场加工制作，技术难度和要求并不高，对隧道断面变化的适应性好。

(4) 钢拱架的安装架设方便。

5.6.2 钢拱架安设与施工

在围岩软弱破碎较严重、自稳性差的隧道地段，坑道开挖后要求早期支护，必须具有较大的刚度，以阻止围岩过度变形和承受部分松弛荷载。钢拱架具有这样的力学性能，其整体刚度较大，可以提供较大的早期支护刚度；钢架支撑可很好地与锚杆、钢筋网、喷射混凝土合理组合，构成联合支护，增强支护功能的有效性，且受力条件较好，对隧道断面变形的适应性好。

1. 钢拱架安设

(1) 钢拱架应按设计位置安设，钢架之间必须用钢筋纵向连接，拱脚必须放在特制的基础上或原状土上，钢拱架与围岩之间应尽量接近，留 2～3cm 间隙作为保护层。在安设过程中当钢拱架与围岩之间有较大的间隙时，应设垫块垫紧。

(2) 钢拱架应垂直于隧道中线，上下左右偏差应小于±5cm，钢拱架倾斜度应小于±2°。当拱脚标高不准确时，不得用土回填，而应设置钢板调整，使拱脚位于设计标高位置。钢拱架的安设应在开挖后 2h 内完成。

(3) 为方便安设，每榀钢拱架一般应分为 2～6 节，并保证接头的刚度。节数应与断面大小及开挖方法相适应。每榀钢架之间应纵向设置不小于 ϕ22 的钢拉杆连接。

2. 施工要点

(1) 钢拱架应架设在隧道横向竖直平面内，其垂直度允许误差为±2°。

(2) 钢拱架的拱脚应有一定的埋置深度，以保证拱架脚的稳定（少沉降、少挤入）。一般可以采取的措施有垫石、垫板、纵向托梁、锁脚锚杆等。

(3) 钢拱架的安设应在开挖后的 2h 内完成。

(4) 钢拱架应尽可能多地与锚杆焊接，以增强其联合支护效应。

(5) 可缩性钢拱架的可缩性节点不宜过早喷射混凝土，应待其收缩合拢后，再补喷混凝土。

(6) 喷射混凝土时，应注意将钢拱架与岩面之间的间隙喷射密实。

(7) 喷射混凝土应分层分次喷射完成，初喷混凝土应尽早进行，复喷混凝土应在量测指导下进行，以保证其适时、有效。

5.7 防水层及二次衬砌施工

隧道在开挖时或在喷射混凝土施工后，有渗漏水出现，以及在隧道开挖时或喷射混凝土施工后虽未发生渗漏水现象，但隧道工程中，地下水的存在是必然的，根据围岩的状况，将来仍有可能出现渗漏水，因而需要设置相应的衬砌防水工程。尤其对于隧道洞口段，为保证充分安全，不管有无渗漏水发生都要设置防水工程。衬砌防水工程可采取浇筑抗渗混凝土与铺设防水层相结合的办法进行处理。

抗渗混凝土是混凝土中掺入防水剂，可提高防水抗渗效果。防水层一般采用外贴式防水层。对复合式衬砌，设置夹层防水层。防水材料常用合成树脂与土工布聚合物制作的防水薄膜和防水板。防水板分橡胶防水板、塑料防水板。隧道施工多采用塑料防水板，所以本节主要介绍塑料板防水层及二次衬砌施工。

5.7.1 防水层的铺设

山岭隧道复合衬砌中的防水层是隧道防排水技术的核心。防水层由防水板及其垫层组成。防水板的作用是将地层渗水拒于二次衬砌之外，以免水与二次衬砌接触并通过二次衬砌中的薄弱环节渗入隧道。垫层的主要作用是保护防水板，使防水板免遭尖锐物的刺伤。

防水板多为合成高分子卷材，且种类繁多。目前，工程上使用较多的有 PVC、EVA、HDPE、LDPE 等。防水板铺设时有不同的工艺，其差别主要表现在防水板的固定上和板间的搭接方法上。防水卷材在厚度和宽度上有不同的规格，使用时有环向铺设和纵向铺设两种。为了保证接茬的密封质量，一般在两幅卷材接茬处都要搭接 10cm。卷材接茬有冷粘法和热合法两种。冷粘法主要用于 PVC 等防水卷材的胶合。使用时将专用胶合剂用刷子涂刷于接缝边缘，待胶合剂稍干后将两幅卷材粘合在一起。其特点是施工方便，施工速度快。热合法主要用于 EVA 和 LDPE 等防水卷材的搭接。施工时将两幅卷材平行放好，压茬宽度为 10cm，然后用专门的热合焊缝机将两幅卷材边缘压合于一起。目前工程上使用的焊缝机多为双缝焊机。其特点是便于在施工期间进行质量检测。防水卷材往洞壁上的固定方法也有两种，一种是有钉铺设法，另一种是无钉铺设法。下面以复合式衬砌防水层的施工为例介绍防水层的施工过程。

1. 喷射混凝土基面的处理

由于喷射混凝土基面粗糙、凹凸不平，以及锚杆头外露等对铺设防水层的质量有很大的影响，因此，防水层铺设前必须对喷射混凝土基面进行处理。处理要求及要点如下：

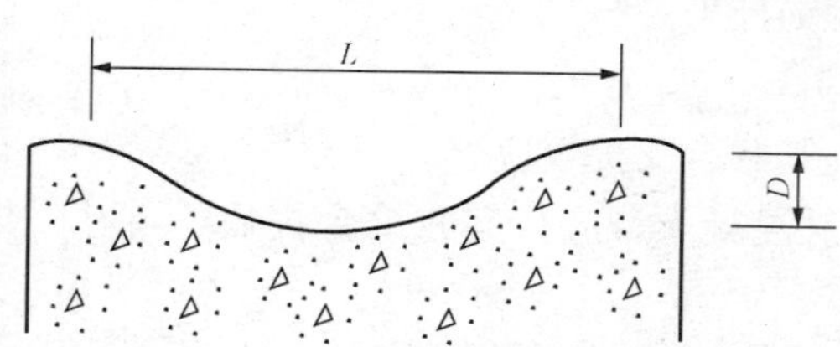

图 5-20 喷射混凝土平整度检测
L—喷射混凝土相邻两凸点的间距；
D—喷射混凝土相邻两凸点的凹深

（1）基面要求。

1）喷射混凝土平整度要求：$D/L \leqslant 1/6$，拱顶 $D/L \leqslant 1/8$，如图 5-20 所示，否则要进行基面处理。

2）基面不得有钢筋、凸出的管件等尖锐突出物，否则要进行割除，并在割除部位用砂浆抹成圆曲面，以免防水层被扎破。

3）隧道断面变化或转弯时的阴角应抹成 $R\geqslant5$cm 的圆弧。

4）底板基面要求平整，无明显的凹凸起伏。

5）喷射混凝土强度要求达到设计强度。

6）防水层施工时基面不得有明水，如有明水应采取封堵或引排措施。

（2）处理要点。

1）有突出钢筋、钢丝时，则应按图 5-21 所示施工顺序进行处理。

2）当有钢管突出时，则应按图 5-22 所示施工顺序进行处理。

3）当金属锚杆端部外露较长时，则应从螺帽开始留 5mm 切断后，再用砂浆进行覆盖处理，按图 5-23 要求施工。

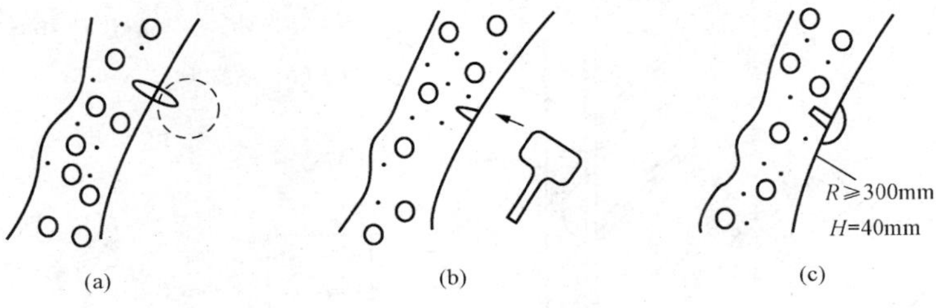

图 5-21　基面处理方法一

（a）切断；（b）铆平；（c）砂浆抹平

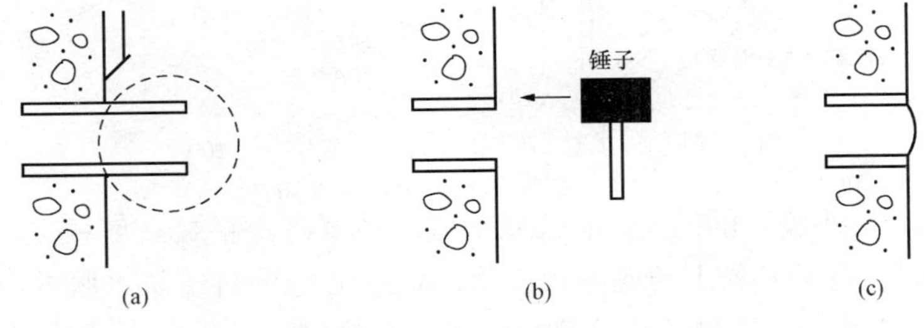

图 5-22　基面处理方法二

（a）切断；（b）表面处理；（c）砂浆抹平

2. 防水卷材施工

在初期支护施工完毕并达到要求的平整度后，就可以进行防水卷材的铺设。目前防水卷材的铺设工艺有三种：无钉热合铺设法、有钉冷粘铺设法、多点复合免钉穿铺设法。

（1）无钉热合铺设法。为了防水可靠和便于施工，先将 PE 泡沫塑料（或土工布）垫衬用机械方法铺设在喷射混凝土基面上，然后用“热合”方法将 EVA、LDPE 或其他卷材粘贴在固定 PE 泡沫塑料（或土工布）

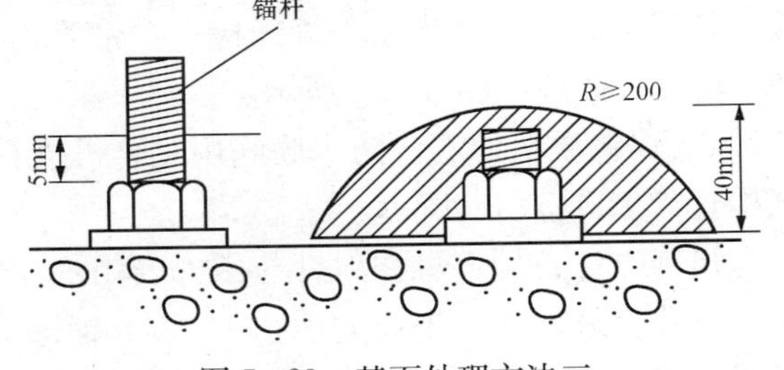

图 5-23　基面处理方法三

第5章　公路隧道新奥法施工

垫衬的圆垫片上，从而使 EVA、LDPE 或其他卷材无机械损伤。其施工程序如下：

1）垫衬的施工。垫衬的常用材料有土工布和 PE 泡沫。施工时，在喷混凝土隧道拱顶正确标出隧道纵向的中心线，再使垫衬的横向中心线与喷混凝土上的这一标志相重合，从拱顶开始向两侧下垂铺设。用塑料胀管、木螺钉或射钉枪和塑料垫片将垫衬卷材固定在已达基面要求的喷混凝土上。有时也可用热风塑料焊枪将垫衬热粘在基面上，翘边处及其他必要点用射钉枪按上法加强固定。垫衬卷材间接缝用热风塑料焊枪粘结或专用胶粘结。

2）热塑性塑料圆垫片的施工。热塑性塑料圆垫片是隧道复合式衬砌防水层施工的必要零部件。用塑料胀管和木螺钉或射钉枪、射钉将其覆盖在垫衬上，每隔 50～150cm 梅花形布设（拱顶 50cm、边墙 100cm、底板 150cm），构造如图 5-24 所示。

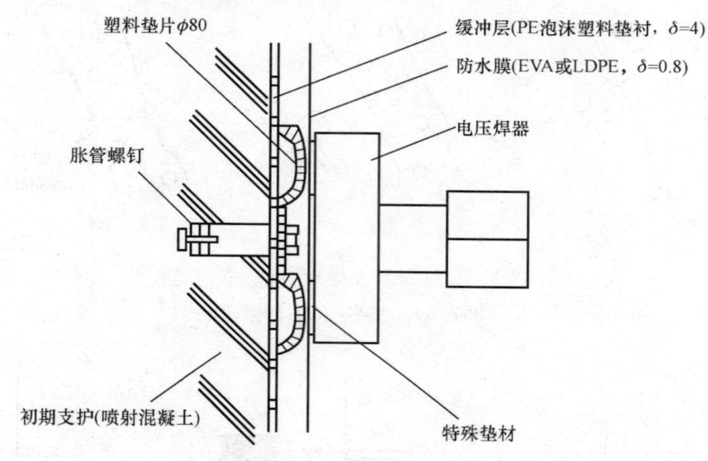

图 5-24　防水卷材固定方法（尺寸单位：mm）

3）防水卷材（防水膜）的铺设。首先裁剪卷材，要考虑搭接在底板上，高边墙要大于 30cm。先在隧道拱顶部的垫衬上正确标出隧道纵向中心线，再使防水膜的横向中心线与这一标志相重合，将拱顶部与塑料圆垫片热熔焊接，与垫衬一样从拱顶开始向两侧下垂铺设，边铺边与圆垫片热熔焊接。铺设时要注意与喷射混凝土凹凸不平相密贴，不宜拉得太紧，一定要注意留出搭接余量。

PVC、EVA 或 LDPE 膜在与圆垫片用压焊器进行热合时，一般 10s 左右即可。

用塑料热合机焊接材质较薄的防水膜时，还可采用反弯法进行施工。即首先将两层膜对接，然后热合焊接，当双焊缝经检查合格后，将其弯向一侧点焊在卷材上，这样可避免焊缝 180°剥离。做法如图 5-25 所示。

4）焊缝质量检测。防水膜间用热合机进行焊接，接缝为双焊缝，中间留出空腔以便充气检查，如图 5-26 所示。

检查方法：用 5 号注射针与压力表相接，用打气筒充气（脚踏式或手动式皆可），充气时检查孔会鼓起来，当压力达 0.1～0.15MPa 时，停止充气。保持该压力时间不少于 1min，说明焊接良好；如压力下降，证明有未焊好之处，用肥皂水涂在焊接缝上，产生气泡地方为

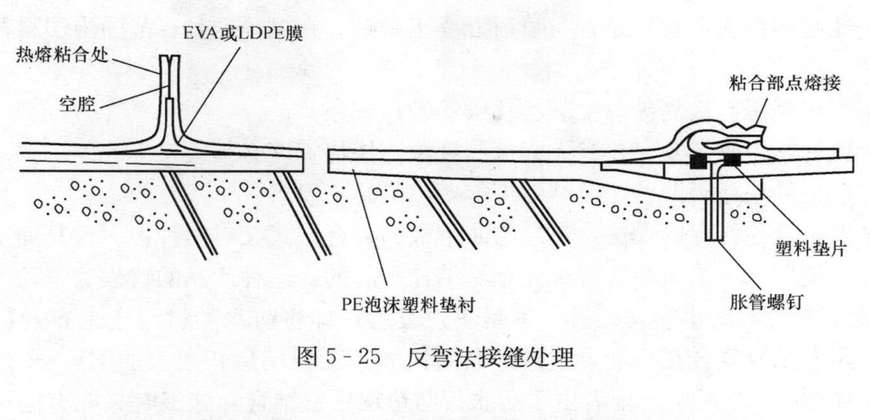

图 5-25　反弯法接缝处理

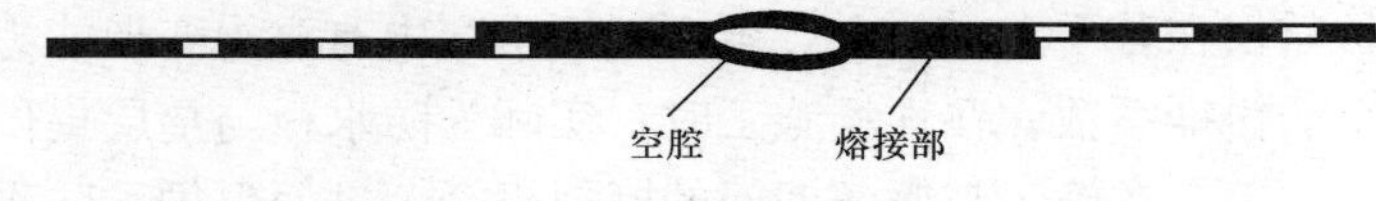

图 5-26　双焊缝焊接

焊接欠佳之处。重新焊接可用热风焊枪或电烙铁等补焊，直到不漏气为止。检查数量，焊接1000m 抽检 1 处焊缝；为切实保证质量，每天、每台热合机焊接均应取 1 个试样，且要注明取样位置、焊接操作者及日期。

5）防水层破损的检查与修补。防水层施工必须精心，防水层质量检查必须认真。但有破损是难免的，如正在工作的塑料热合机突然停电不能前进，此时会很快将防水层烧破。

检查出防水层上有破坏之处，必须立即作出明显标记，以便毫不遗漏地把破损处修补好。补后一般用真空检查法检验修补质量。具体要求如下：

①补丁不得过小，离破坏孔边沿不得小于 7cm。

②补丁要剪成圆角，不要有正方形、长方形、三角形等的尖角。

在防水施工前，如拱顶有大量涌水，应用不透水薄膜或塑料排水盒进行排水，以免因涌水使防水膜鼓包，影响二衬混凝土的灌筑尺寸。

（2）有钉冷粘铺设法。

1）工艺与特点。为了施工方便，目前已开发出防水板与土工布复合在一起的专用防水卷材，在这种卷材的纵向边缘留有 10cm 的粘接带，在此区内无土布层。施工中，先将初期衬砌基面整平，割除锚杆头等金属突出物。接着根据防水卷材的铺设方向（纵向或环向）截取相应的卷材段，擦干净粘接带内的灰尘与水滴，将防水卷材自下而上或自外而内边涂胶边固定。固定时采用射钉枪固定塑料垫片，塑料垫片外压防水卷材，卷材垫片间的粘接采用卷材厂家提供的专用胶，可冷涂施工。最后用比固定塑料垫片稍大的卷材块涂胶后修补射钉孔。这种工艺的特点是防水卷材铺成的表面留有钉疤，接茬时用胶冷粘。

2）施工检查。有钉冷粘法施工质量的检查方法主要是直观检查。具体方法是：

①用手托起塑料板，看其是否与喷射混凝土密贴。在拱顶，$1m^2$ 范围内塑料板不得下凹或呈水平状。

②看塑料板是否有被划破、扯破、扎破等破损现象。

③看接缝处是否胶合紧密，有无漏涂胶现象，搭接宽度必须大于 5cm。

④检查射钉补块是否严密，胶结强度能否满足施工要求。

(3) 多点复合免钉穿铺设法。垫层与防水板的复合方式又有两种：一种是面复合，即除拼幅接茬外，垫层—土工布与防水板完全粘结在一起的，这种产品的代表为工程上广泛应用的 PVC＋土工布复合防水卷材；另一种是多点复合，即将防水卷材与土工布卷材有规律地在若干点上用专用胶复合在一起，这种产品的代表是工程用量相当大的 EVA＋土工布复合防水卷材，如图 5-27 所示。前者由于防水板与垫层紧密结合，施工时只能有同样的松铺系数，而后者的两种材料仅在若干点上复合，可在工厂生产中有意为变形能力相对较差的垫层土工布事先提供一定的松铺系数。在现场施工时，实际为防水板与垫层提供的松铺系数是不一样的，从而减少了土工布在施工与服务期间的撕裂机会，进而保护了防水板免遭喷射混凝土的损伤。

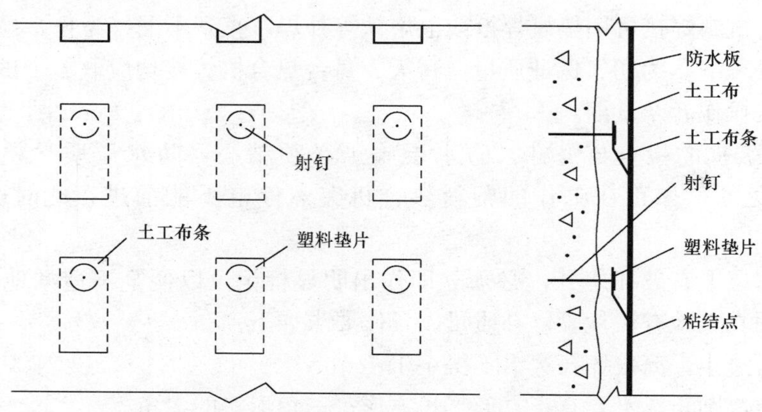

图 5-27　多点复合免钉穿防水层铺设工艺

5.7.2　二次衬砌的施工

在公路隧道及地下工程中，常用的支护衬砌形式主要有整体式衬砌、复合式衬砌及锚喷衬砌。整体式衬砌即为永久性的隧道模筑混凝土衬砌（常用于传统的矿山法施工）。复合式衬砌是由初期支护和二次衬砌所组成，初期支护是帮助围岩达到施工期间的初步稳定，二次衬砌则是提供安全储备或承受后期围岩压力。初期支护按主要承载结构设计与施工；二次衬砌在Ⅲ级及以上围岩时按安全储备设计；在Ⅳ级及以下围岩时，则按承受后期围岩压力结构设计与施工，并均应满足构造要求。锚喷衬砌的设计基本上同复合式衬砌中初期支护的设计，只是应增加了一定的安全储备量（主要适用于Ⅲ级及以上围岩条件）。

整体式衬砌和锚喷衬砌施工，已分别在第 4 章及本章作了介绍，在此着重介绍复合式衬砌中的二次衬砌施工。

由于地质条件复杂多变，尤其是在稳定性很差的Ⅴ～Ⅵ级围岩中，单靠工程类比法进行设计施工，不能保证衬砌结构的可靠性和合理性。按照现代支护理论和新奥法施工原则，作为安全储备的二次衬砌是在围岩或围岩加初期支护稳定后及时施作的，此时隧道已成型，因此二次衬砌多采用顺作法，即由下到上，先墙后拱的顺序连续灌筑。在隧道纵向需要分段衬砌，分段长度一般为9～12m。二次衬砌多采用模筑混凝土作为内层衬砌结构。由于时间因素影响很大，二次衬砌和抑拱的施作，直接关系到衬砌结构的安全。过早施作会使二次衬砌承受较大的围岩压力，延后施作会不利于初期支护的稳定。因此，在施工中要通过监控、量测（监控量测内容将在本书第6章介绍），掌握围岩与支护结构的变化规律，及时调整支护与衬砌设计参数，并确定二次衬砌和仰拱的施作时间，使衬砌结构安全可靠。

1. 模板类型

模筑衬砌要有一个装卸和就位方便的模板，其类型有整体移动式模板台车、穿越式（分体移动）模板台车、拼装式拱架模板。

（1）整体移动式模板台车。整体移动式模板台车主要适用于全断面一次开挖成形或大断面开挖成形的隧道衬砌施工中。它是采用大块曲模板、机械式脱模、背附式振捣设备集装成整体，并在轨道上走行。有的还设有自行设备，从而缩短立模时间，墙拱连续灌筑，可加快衬砌施工速度，如图5-28所示。

图5-28 整体移动式模板台车

模板台车的长度即一次模筑段长度，应根据施工进度要求、混凝土生产能力、灌筑技术要求以及曲线隧道的曲线半径等条件来确定。整体移动式模板台车的生产能力大，可配合混凝土输送泵联合作业。它是较先进的模板设备，但其尺寸大小比较固定，可调范围较小，影响其适用性，且一次性设备投资较大。我国有些施工单位自制较为简单的模板台车，效果也很好。

（2）穿越式分体移动模板台车。这种台车的走行机构与整体模板之间是可以分离的，因此可用一套行走机构与几套模板配合，提高行走机构的利用率，同时可以多段衬砌同时施作，提高衬砌速度。

（3）拼装式拱架模板。拼装式拱架模板就是采用型钢制作或现场用钢筋加工成拱架配合采用厂制定型组合钢模板拼装组合成的衬砌模板。

其拱架为便于安装和运输，常将整榀拱架分解为2～4节，进行现场组装，其组装连接方式有夹板连接和端板连接两种形式。为减少安装和拆卸工作量，可以做成简易移动式拱架，即将几榀拱架连成整体，并安设简易滑移轨道。

拼装式拱架模板的一次浇筑长度，应根据围岩级别、施工进度、混凝土生产能力等情况确定，一般分段长度为2～9m。

拼装式拱架模板的灵活性大、适应性强，尤其适用于曲线地段，但安装架设比较费力费时，生产效率比模板台车低，在中小型隧道及分部开挖时使用较多。传统的施工方法中，由于受开挖方法及支护条件的限制，其衬砌多用拼装式拱架模板。

2. 施工前准备

隧道衬砌施工时，其中线、标高、断面尺寸和净空大小均须符合设计要求。

（1）断面检查。根据隧道中线和水平测量，检查开挖断面是否符合设计要求，欠挖部分按规范要求进行修凿，并作好断面检查记录。

复核隧道工程地质和水文地质情况，分析围岩稳定性特点，根据地质情况的变化及围岩的稳定状态，制定施工技术措施或变更施工方法。

对已完成支护地段，应继续观察隧道的稳定状态，注意支护的变形、开裂、侵入净空等现象，及时记录，作长期稳定性评价。

（2）模板就位。根据隧道中线和标高及断面尺寸，测量确定衬砌立模位置。

采用整体移动式模板台车，实际是确定轨道的位置。轨道铺设应稳固，其位移和沉降量均应符合施工误差要求。轨道铺设和台车就位后，都应进行位置、尺寸检查。为了保证衬砌不侵入建筑限界，必须预留误差量和沉落量，且要注意曲线加宽。

预留误差量是考虑放线测量误差和拱架模板就位的误差，为保证衬砌净空尺寸，一般将衬砌轮廓尺寸扩大5cm。

预留沉落量是考虑未凝混凝土的荷载作用会使拱架模板变形和下沉。后期围岩压力作用和衬砌自重作用（尤其是先拱后墙法施工时的拱部衬砌）会使衬砌变形和下沉，故须预留沉落量。这部分预留沉落量根据实测数据确定或参照表5-3确定。

表5-3　　拱架（包括模板）预留沉落量　　（单位：cm）

围岩分级	Ⅲ及Ⅲ以上	Ⅳ	Ⅴ	Ⅵ
预留沉落量	≤5	5～10	10～15	15～20

注：上述数值适用于先拱后墙法，当采用先墙后拱法时均不宜大于5cm。

预留误差量和预留沉落量应在拱架模板定位时一并考虑，并按此架设拱架模板尺寸。

使用拼装式拱架模板时，立模前应在洞外样台上将拱架和模板进行试拼，检查其尺寸、形状，不符合要求的应予修整。配齐配件，模板表面要涂抹防锈剂。洞内重复使用时亦应注意检查修整。拱架模板尺寸应按计算的施工尺寸放样到放样台上。

使用整体移动式模板台车时，在洞外组装并调试好各机构的工作状态，检查好各部尺寸，保证进洞后投入正常使用。每次脱模后应予检修。

(3) 根据放线位置，架设安装拱架模板或模板台车就位。安装和就位后，应作好各项检查，包括位置、尺寸、方向、标高、坡度、稳定性等，并注意处理好以下几个问题：

1) 每排拱架应架设在垂直于隧道中线的竖直平面内，不得倾斜；对于曲线隧道，因曲线外弧长、里弧短，则应调整拱架方向和模板长度。

2) 拱架应立于稳固的地基上。拱架下端一般应焊接端头板，以增大支承面，减少下沉；当地基较软弱时，应先用碎石垫平，再用短枕木支垫，此垫木不得伸入衬砌混凝土中。

当采用整体移动式模板台车时，其走行轨道应铺设稳定，轨枕间距要适当，道床要振捣密实，必要时可先施作隧道底板，防止过量下沉。

3) 拱架的架设要牢固稳定，保证其不产生过量位移。拱架立好后还应对其稳定性进行检查。固定的方法：横向有过河撑（断面较小时采用）、斜撑（断面较大时采用）、锚杆（锚固于围岩，穿过衬砌、模板、墙架、带木，用螺栓垫板固定拉住墙架）；纵向有带木、拱架间撑木，拉杆及斜撑，拱架与围岩之间的顶撑等。其中锚杆应先行安设，并作抗拔力的施工验算。拱架模板的架设和加强，均应考虑其腹部的通行空间，以保证洞内运输的畅通。

4) 挡头模板应同样安装稳固，挡头板常用木板加工，现场拼铺，以便与岩壁之间的缝隙嵌堵严密，也可以采用气囊式堵头。

5) 设有各种防水卷材、止水带时，应先行安装好，并注意挡头板不得损伤防水材料，以免影响防水效果。

3. 二次衬砌施作时间确定

二次衬砌的施作时间，根据国家标准《公路隧道施工技术规范》(JTJ042—1994) 规定，应在围岩和锚喷支护变形基本稳定后进行。主要条件如下：

(1) 各测试项目的位移速率明显收敛，围岩基本稳定。

(2) 已产生的各项位移已达预计总位移量的80%～90%。

(3) 周边位移速率小于0.1～0.2mm/d，或拱顶下沉速率小于0.07～0.15mm/d。

自稳性很差的围岩，可能在较长的时间达不到上述基本稳定的条件，喷混凝土将会出现大量明显裂缝，而支护能力难以加强，此时则应及早施作抑拱，以改变围岩变形条件。若围岩仍不能稳定，应提前施作二次衬砌，以提供支护抗力，避免初期支护破坏。

4. 浇筑二次衬砌混凝土

由于洞内狭小，混凝土的拌和多在洞外拌制好后，用运输工具运送到工作面灌筑，因此要求尽快浇筑。浇筑时应使混凝土充满所有角落并充分进行振捣。混凝土运送时，原则上应采用混凝土搅拌运输车，采用其他方法运送时，应确保混凝土在运送中不产生离析、损失及混入杂物。已达初凝的混凝土不得使用。

(1) 拱圈浇筑施工。浇筑顺序应从两侧拱脚向拱顶对称进行，间歇及封顶的层面应成辐射状。分段施工的拱圈合拢处最好选在围岩较好处。先拱后墙法施工的拱圈，混凝土浇筑前应将拱脚支承面找平。

石质隧道支承面可用碎石垫平，上铺 2～3cm 砂子，用水洒湿。土质隧道宜横铺一层 5cm 厚木板。对拱脚可适当扩大或用锚杆加固。如果是钢筋混凝土衬砌先拱后墙时，应在拱脚下预留钢筋接头，以便使拱墙达成一个整体。

(2) 边墙浇筑施工。首先要把边墙基底的石渣、污物和基坑内积水排除干净，严禁向有积水的基坑内浇筑混凝土。如墙基松软时，可对其进行必要的加固处理。

边墙扩大基础的扩大部分及仰拱的拱座，应结合边墙施工一次完成。

采用片石混凝土浇筑边墙时，片石应距模板 5cm 以上，片石间距应大于混凝土粗骨料最大粒径的 1.5 倍，并分层进行掺放并捣固密实。

采用先拱后墙法施工时，边墙混凝土应尽早浇筑，以避免对拱圈产生不良影响，对墙顶与拱脚间的混凝土要注意捣实。

(3) 仰拱和底板的浇筑施工。仰拱和底板应该结合拱墙施工抓紧进行，使隧道的断面结构尽快封闭。施工之前要清除积水、杂物和虚渣，并用拱架模板浇筑。超挖部分应用同标号混凝土或片石混凝土灌筑密实。

因仰拱和底板施工占用洞内通道，对前方的开挖、衬砌作业的出渣、进料造成干扰，所以应对仰拱和底板的施作时间、分块施工顺序和与运输的干扰问题进行合理安排。一般可以用纵向分条、横向分段的方法灌筑。纵向通常可分为左右两部分，交替进行，横向分段长度应视边墙施工缝、伸缩缝、沉降缝及运输要求来确定。当侧压力较大时，底部开挖分段长度不能太长，以免墙脚挤入。待仰拱和底板纵向贯通，且混凝土达到一定强度后，方能允许车辆通行，其端头可以采用石渣土填成顺坡通过。

(4) 其他浇筑要注意的事项。

1) 保证捣固密实，使衬砌具有良好的抗渗防水性能，尤其应处理好施工缝。

2) 整体模筑时，应注意对称灌筑，两侧同时或交替进行，以防止未凝混凝土对拱架模板产生偏压而使衬砌尺寸不合要求。

3) 若因故不能连续灌筑，则应按规定进行接茬处理。衬砌接茬应为半径方向。

4) 边墙基底以上 1m 范围内的超挖，宜用同级混凝土同时灌筑。其余部分的超挖、欠挖应按设计要求及有关规定处理。

5) 衬砌的分段施工缝应与设计沉降缝、伸缩缝及设备洞位置统一考虑，确定合理的位置。

6) 封口方法。当衬砌混凝土灌筑到拱部时，需改为沿隧道纵向进行灌筑，边灌筑边铺封口模板，并进行人工捣固，最后堵头，这种封口称为“活封口”。

采用整体式模板台车配以混凝土输送泵时，可以简化封口。

7) 隧道施工过程中，在大多数情况下洞内的湿度能够满足混凝土的养护条件。但在干燥无水的条件下，则应注意进行洒水养护。

采用普遍硅酸盐水泥拌制的混凝土，其养护时间一般不少于 7d；掺有外加剂或有抗渗要求的混凝土，一般不少于 14d。养护用水的温度应与环境温度基本相同。

8）二次支护的拆模时间，应根据混凝土强度增长情况来确定。一般应在混凝土强度达到 2.5MPa 时，方可拆模。有承载要求时，应根据具体受力条件来确定。

5. 二次衬砌混凝土施工的主要技术要求

(1) 灌筑作业的要求。

1）由下向上依次灌筑。当设计规定需先灌筑拱圈时，应采取防止拱脚下沉措施，必要时，可架设纵向托梁。

2）混凝土应分层灌筑，每层灌筑的高度、次序、方向应根据搅拌能力、运输距离、灌筑速度、洞内气温和振捣等因素确定。

3）隧道有仰拱时，宜先灌筑仰拱。每段施工长度应根据地质情况确定。

4）二次衬砌的混凝土应连续灌筑，必须间歇时，其间歇时间不应大于表 5-4 的规定。

5）初期支护与二次衬砌间的空隙，必须回填密实。

表 5-4　浇筑混凝土允许间歇时间　（单位：min）

浇筑时气温/(t/℃)	材料	
	普通硅酸盐水泥	矿渣火山灰硅酸盐水泥
20～30	90	120
10～20	135	180
5～10	195	

注：表中规定的时间未考虑外加剂作用及其他特殊施工和混凝土本身温度的影响。

(2) 拌制混凝土的最短时间（自全部材料装入时起至卸料时止的时间），应符合表 5-5 的规定。

表 5-5　混凝土的最小拌制时间　（单位：s）

混凝土坍落度/cm	搅拌机型	搅拌机容积/L		
		<400	400～1000	>1000
<3	自落式	90	120	150
	强制式	60	90	120
⩾3	自落式	90	90	120
	强制式	60	60	90

注：1. 入机拌和量不应超过搅拌机规定容量的 70%。

2. 掺加减水剂、加气剂等时，宜延长拌和时间。

(3) 采用泵送混凝土时的要求。

1）混凝土泵应连续运转。

2）输送管道宜直，转弯宜缓，接头应严密。

3）泵送前应润滑管道，润滑时采用按设计配合比拌制的水泥浆或按骨料减半配制的混凝土进行。

（4）混凝土养护的规定。

1）采用硅酸盐水泥拌制的混凝土，其养护时间不得少于7d；掺有外加剂或有抗渗要求的混凝土，不得少于14d。

2）加覆盖物或洒水。养护用水的温度应与环境温度基本相同。

（5）二次衬砌混凝土其强度达到2.5MPa时，方可拆模。

（6）防止二次衬砌混凝土开裂的措施。

1）宜采用较大的骨灰比，降低水灰比，合理选用外加剂。

2）合理确定分段灌筑长度及浇筑速度。

3）混凝土拆模时，内外温差不得大于20℃。

4）加强养护，混凝土温度的变化速度不宜大于5℃/h。

5）根据设计施作防水隔离层。

6. 止水带施工

施工缝、沉降缝及伸缩缝可以采用中埋式塑料或橡胶止水带，或采用背贴塑料止水带止水。

（1）止水带的类型。常用的止水带有外贴式、预埋式、内贴式三种安装形式，其中预埋式止水带，因构造简单、施工简便及质量可靠，使用较为普遍。

（2）止水带的接头方法。止水带现场接头，视材质、止水部位而分别采用不同的接头方法。接头形式有对接、搭接和复合接三种。塑料止水带接头方法有两种，一种是焊接法，另一种是熔接法。焊接法是采用与塑料止水带材质相同的焊条（直径约为3mm），用焊枪以180～200℃热风焊接为一体，以自然空气冷却即可；熔接法是将塑料止水带加热至熔融状态下接合再冷至常温而成。以上两种方法接头的性能，焊接法为母体抗拉强度70％以上，熔接法为母体抗拉强度的90％以上。

橡胶止水带的接头，一般常用的方法有热接和冷接。外贴式、内贴式橡胶止水带，通常采用热接法。因为冷粘法中目前所采用的胶粘剂耐水性较差，故对于外贴式、内贴式橡胶止水带拼接来说不宜采用。而预埋式，则靠混凝土浇捣密实，冷接、热接两种方法均可，以方便为宜。

（3）止水带的安装。塑料止水带或橡胶止水带用于衬砌施工缝防水时，其安装工艺视现场施工机具而定。当采用模板台车与泵送混凝土时，可按照如下工艺安装。

1）沿设计衬砌轴线每隔不大于0.5m钻一个$\phi12$的钢筋孔。

2）将制成的钢筋卡，由待灌混凝土一侧穿入另一侧，内侧钢筋卡卡紧止水带之半，另一半止水带紧贴在挡头板上，如图5-29所示。

3）待混凝土凝固后拆除挡头板，将原贴在挡头板上的止水带拉直后，弯曲钢筋卡套卡紧另一半止水带即可，如图5-30所示。

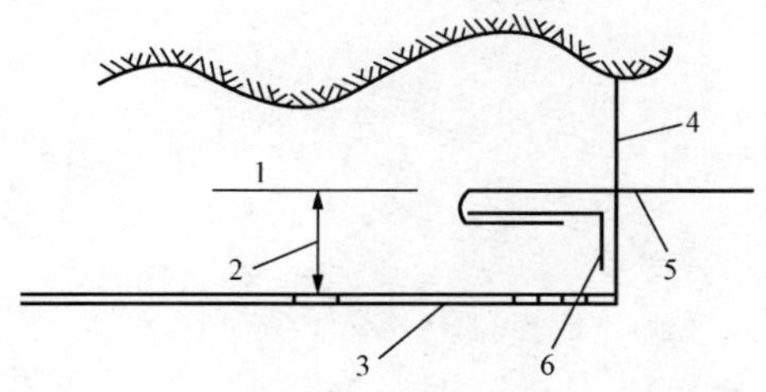

图 5-29　止水带安装位置

1—待灌混凝土空间；2—1/2 设计衬砌厚度；3—模板；4—挡头板；5—钢筋卡；6—止水带

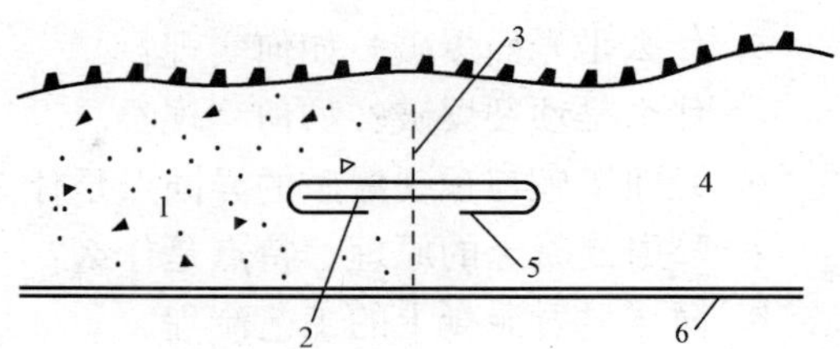

图 5-30　下环止水带位置

1—已凝固的混凝土位置；2—止水带；3—挡头板拆除前位置；4—下一环；5—钢筋卡；6—模板

(4) 止水带施工的注意事项。

1) 不得被钉子、钢筋和石子刺破。如发现有割伤、破裂现象应及时修补。

2) 在固定止水带和灌筑混凝土过程中应防止止水带偏移。

3) 加强混凝土振捣，排出止水带底部气泡和空隙，使止水带和混凝土紧密结合。

4) 根据止水带材质和止水部位可采用不同的接头方法。对于橡胶止水带，其接头形式应采用搭接或复合接；对于塑料止水带的接头形式应采用搭接或对接。止水带的搭接宽度可取 10cm，冷粘或焊接的缝宽不小于 5cm。

预埋式止水带预埋在混凝土中，由于混凝土中有许多尖角的小石子和锐口的钢筋，所以在浇捣作业和止水带定位时，应注意安装方法和浇捣压力，以避免止水带被刺破。如发现有破裂现象应及时修补，否则在接缝变形和受水压时，止水带所能抵抗外力和防水的能力就会大幅度降低。因此在施工过程中，应注意止水带的保护。浇捣时，应防止止水带偏移，并充分振捣，使止水带和混凝土很好地贴合。如果设置止水带后仍有渗漏水时，则需进行堵漏或设置排水暗槽进行处理。

本 章 小 结

本章主要介绍了隧道新奥法的基本原理；新奥法施工的基本方法；隧道开挖的实施；锚杆、喷射混凝土的施作；钢架的制作、安装；二次衬砌的施工（包括防水层的铺设）。这里首先要认真理解新奥法的实质，该方法同以前的传统矿山法在理念上是完全不同的，只有理解后，才能在此基础上才能真正领会初期支护的主要手段是锚杆、喷混凝土（必要时加设钢拱架、钢筋网等），以及二次衬砌施作时机的选择要适当等。

习　　题

1. 新奥法的基本原理是什么？

2. 常用的新奥法施工基本方法有哪些？

3. 钻爆开挖设计的内容是什么？
4. 什么是光面爆破？如何实现？
5. 什么是预裂爆破？如何实现？
6. 光面爆破与预裂爆破的异同点是什么？
7. 喷射混凝土的原理、特点是什么？
8. 简述喷射混凝土的工艺流程。
9. 钢架的性能特点和使用条件是什么？
10. 如何选择二次衬砌的施作时机？

第 6 章　公路隧道现场监控量测

知识要点

1. 公路隧道现场监控量测的意义、作用；
2. 量测项目及其分类；
3. 量测部位和测点的布置；
4. 主要量测项目的测量；
5. 量测项目的分类以及监控量测数据的处理和应用。

6.1　隧道监控量测的意义及作用

自从新奥法技术问世以来，隧道工程与地下工程的设计与施工技术已有较大的发展。新奥法的特点是借助现场的监控量测对隧道围岩进行动态的监测，以指导隧道的开挖作业，并使支护结构的设计与施工进一步优化，量测是对围岩动态监控的重要手段，是新奥法的重要组成部分。

随着对地下工程的受力特点及其复杂性认识的加深，自 20 世纪 50 年代以来，国际上就开始通过对地下工程的现场量测来监控围岩和支护的稳定性，并应用现场量测结果修正设计和指导施工。

近年来，现场量测又与工程地质、力学分析紧密配合，正逐渐形成一套监控设计（也称信息设计）的原理和方法，较好地反映和适应了地下工程的动态变化规律。尽管这种方法目前还很不完善，但无疑是今后发展的方向。随着岩体力学和测试技术的研究和发展，以及电算工具的广泛应用，将会进一步促进地下工程监控设计方法的完善。

监控设计的原理是通过现场量测获得围岩力学动态和支护工作状态的有关数据（信息），再通过对这些数据（信息）的数理统计和力学分析，来判断围岩和支护结构体系的稳定性及工作状态，从而选择和修正支护参数以及指导施工。

监控设计通常包括两个阶段：初始设计阶段和修正设计阶段。初始设计一般应用工程类比法与数理初步分析法进行；修正设计则是根据现场量测所得数据进行数值分析和理论解析，做出更为接近工程实际的判断，以此来修正支护参数和指导施工。

由此可见，量测除在初始设计阶段进行地质初勘和各项静态测试外，更重要的是在施工阶段进行地质详勘和各项动态测试。因此，可以理解修正设计是贯穿在整个施工过程中与施工同时进行，它是对初始设计的完善和修正，也是对施工的指导和调整。监控设计充分体现了地下工程中设计和施工一体化思想，这也是区别于地上工程设计与施工相对分离的一个重要特征。因此它要求设计和施工在人员、技术、组织、资金等方面进行更为广泛密切的合作。

量测是监视设计、施工是否正确的眼睛，是监视围岩是否安全稳定的手段，它始终伴随着施工的全过程，是新奥法构筑隧道非常重要的一个环节。实践证明，通过工程类比法和量测手段获得有关参数进行设计可以得到满意的效果。

6.1.1 隧道监控量测的一般规定

近年来，我国公路隧道的设计越来越多地采用复合式衬砌型式。复合式衬砌一般由喷锚支护和模筑混凝土衬砌两部分组成。为了掌握施工中围岩稳定程度与支护受力、变形的力学动态或信息，以掌握设计、施工的安全和经济，必须将现场监控量测项目列入施工组织计划，并在施工中认真实施。

为了使监控量测充分发挥技术经济效益，要求设计、施工单位编制切实可行的量测计划，并在施工中认真组织实施。

通过对围岩与支护的观察和动态量测，以达到合理安排施工程序、确保施工安全、修正设计参数、进行日常的施工管理与积累资料的目的。

6.1.2 隧道现场量测目的和任务

1. 新奥法现场量测的目的

(1) 提供监控设计的依据和信息。

1) 掌握围岩力学形态的变化和规律。

2) 掌握支护的工作状态信息，并及时反馈，以便指导施工作业。

(2) 指导施工，预报险情。

1) 作出工程预报，确定施工对策和措施，防患于未然。

2) 监视险情，量测数据经分析处理与必要的计算判断后，可进行预测和反馈，以确保施工安全。

(3) 校核工程理论计算结果，完善工程类比方法。

1) 为理论解析、数值分析提供计算数据与对比指标。

2) 为工程类比提供参考指标。

3) 为地下工程设计与施工积累经验资料。

(4) 工程运营期间的监控手段。

1) 掌握工程运营中的安全状况。

2) 隧道运营阶段能及时发现衬砌结构的险情，以便及早采取相应的补救措施。

2. 隧道现场量测的任务

(1) 通过对围岩与支护的观察和动态量测，以达到合理安排隧道施工程序、日常施工管理、确保施工安全、修改设计参数和积累资料。

(2) 通过对围岩和支护的应变、应力量测，掌握围岩和支护的动态信息并及时反馈，修改支护系统设计，指导施工作业和管理等。

(3) 经量测数据的分析处理与必要的计算和判断后，进行预测和反馈，以保证施工安全和隧道围岩及支护衬砌结构的稳定。

(4) 对已有隧道工程的量测结果，可以分析和应用到其他类似工程中，作为指导复合式衬砌设计和施工的重要依据。复合式衬砌的设计，通常以工程类比法为主，并以现场监控量测进行工程实际检验和修正。因此施工、设计单位必须紧密配合，共同研究，才能保质保量地完成设计与施工的全过程。

施工信息包括施工观察、现场地质调查和现场监控量测等内容。施工信息是隧道开挖后围岩稳定性的动态反映，也是修正设计的重要依据，必须对反馈的信息作全面分析，最后才能确认或修改复合式衬砌设计参数。

简而言之，量测是监控的手段，监控是量测的目的。监控过程可分为：现场量测→数据处理→信息反馈。

6.2 隧道监控量测的实施

6.2.1 量测项目及其分类

隧道量测的内容很多，一般包括以下内容。

(1) 现场观察。其中包括地质和支护状态观察、开挖面附近的围岩稳定性、围岩构造情况、支护变形与稳定情况以及准确掌握围岩的分级情况。

(2) 岩体（岩石）力学参数测试。其中包括：抗压强度 R_b、变形模量 E、粘聚力 c、内摩擦角 ϕ 以及泊松比 μ。

(3) 应力应变测试。其中包括：岩体原始应力，围岩应力、应变，支护结构的应力、应变和围岩与支护及各种支护之间的接触应力。

(4) 压力测试。其中包括：支护上的围岩压力以及地下水渗水压力（包括水量、水质测试）。

(5) 位移测试。其中包括：围岩位移、地表沉降以及支护结构的位移和变形。

(6) 温度测试。其中包括：岩体（围岩）温度、洞内温度和洞外温度。

(7) 物理探测。其中包括：弹性波（声波）测试，即纵波速度 V_p、横波速度 V_s、动弹性模量 E_d、动泊松比 μ_d 以及视电阻率测试 P_s。

在工程实际应用中，以上监测项目，一般按其量测内容的重要性分为必测项目和选测项目两大类。必测项目是现场量测的核心，它是为了在设计、施工中确保围岩的稳定，并通过判断围岩的稳定性来指导设计、施工所必需进行的经常性量测。这类量测通常测试方法简单、费用少、可靠性高，但对监视围岩的稳定状态、指导设计施工却有巨大作用。

选测项目是对一些有特殊意义和具有代表性意义的区段进行补充测试，要求更深入地掌握围岩的稳定状态与锚喷支护的效果，具有指导未开挖区的设计与施工。由于不同地质、工程性质等具体条件和对现场量测要取得的数据类型而选择的测试项目。由于条件的不同和要取得的信息不同，在不同的隧道工程中往往采用不同的测试项目。但对于一个具体隧道工程来说，对上述列举的项目不会全部应用，只是有目的地选用其中的几项。这类量测项目测试较为麻烦，量测项目较多，花费较大，一般只根据需要选择其部分项目。

隧道工程的量测项目见表 6-1。表中 1～4 项为必测项目，5～11 项为选测项目。

表 6-1　　　　隧道现场量测项目及量测方法

序号	项目分类	方法及工具	布置	量测间隔时间			
				1～15 天	16 天～1 个月	1～3 个月	大于 3 个月
1	地质和支护状况观察	岩性、结构面产状及支护裂缝观察或描述，地质罗盘等	开挖后及初期支护后进行	每次爆破后进行			
2	周边位移	各种类型收敛计	每 10～50m 一个断面，每断面 2～3 个测点	1～2 次/天	1 次/2 天	1～2 次/周	1～3 次/月
3	拱顶下沉	水平仪、水准尺、钢尺或测杆	每 10～50m 一个断面	1～2 次/天	1 次/2 天	1～2 次/周	1～3 次/月
4	锚杆或锚索内力及抗拔力	各类电测锚杆、锚杆测力计及拉拔器	每 10m 一个断面，每个断面至少做三根锚杆	—	—	—	—
5	地表下沉	水平仪、水准尺	每 5～50m 一个断面，每断面至少 7 个测点，每隧道至少 2 个断面。中线每 5～20m 一个测点	开挖面距测量断面前后<2B 时，1～2 次/天 开挖面距测量断面前后<5B 时，1 次/2 天 开挖面距测量断面前后>5B 时，1 次/周			
6	围岩体内位移（洞内设点）	洞内钻孔中安设单点、多点杆式或钢丝式位移计	每 5～100m 一个断面，每断面 2～11 个测点	1～2 次/天	1 次/2 天	1～2 次/周	1～3 次/月
7	围岩体内位移（地表设点）	地面钻孔中安设各类位移计	每代表性地段一个断面，每断面 3～5 个钻孔	同地表下沉要求			
8	围岩压力及两层支护间压力	各种类型压力盒	每代表性地段一个断面，每断面宜为 15～20 个测点	1～2 次/天	1 次/2 天	1～2 次/周	1～3 次/月
9	钢支撑内力及外力	支柱压力计或其他测力计	每 10 榀钢拱支撑设一对测力计	1～2 次/天	1 次/2 天	1～2 次/周	1～3 次/月

续表

序号	项目分类	方法及工具	布置	量测间隔时间			
				1～15天	16天～1个月	1～3个月	大于3个月
10	支护、衬砌内应力、表面应力及裂缝量测	各类混凝土内应变计、应力计、测缝计及表面应力解除法	每代表性地段一个断面，每断面宜为11个测点	1～2次/天	1次/2天	1～2次/周	1～3次/月
11	围岩弹性波测试	各种声波仪及配套探头	在有代表性地段设置	—	—	—	—

注：B 为隧道开挖宽度。

6.2.2 量测部位和测点的布设

1. 量测断面的确定

进行测试的断面有两种：一是单一的测试断面，二是综合的测试断面。把单项量测内容布设在一个测试断面，了解围岩和支护在这个断面上各部位的变化情况，这种测试断面即为单一的测试断面。把几项量测内容有机地组合布设在一个测试断面里，使各项量测内容、量测结果、量测手段互相校验，对该断面的动态变化进行综合分析和判断，这种测试断面称为综合测试断面。

隧道工程现场量测的测试断面一般均沿隧道纵向间距布设。我国喷锚支护规范中规定，应测项目的量测间距一般为20～50m，但对于洞口段、浅埋地段，以及特别软地层段应小于20m，因此将间距定为10～50m一个量测断面。

地表下沉量测的测点应与净空水平收敛和拱部下沉量测的测点布置在同一断面上，地表下沉量测断面的纵向间距见表6-2。

表6-2　地表下沉量测的测点纵向间距

埋深 h 与隧道开挖宽度 B	测点间距
$2B<h$	20～50m
$B<h<2B$	10～20m
$h<B$	5～10m

净空位移、拱顶下沉的测点间距见表6-3。

表6-3　净空位移、拱顶下沉的测点间距　（单位：m）

围岩 \ 条件	洞口附近	埋深小于 $2B$	施工进展200m前	施工进展200m后
硬岩地层（断层破碎带除外）	10	10	20	30
软岩地层（不产生很大塑性地压）	10	10	20	30
软岩（产生很大塑性地压）	10	10	20	30
土　砂	10	10	10～20	20

注：B 为隧道开挖宽度。

此外，测试断面应尽可能接近开挖面，一般要求不超过2m，实际上有的已安设在距开挖面仅0.5m的断面上，其观察效果更好（但应注意加强对测点和器具的保护）。

2. 测点的布设

在测试断面上测点的布置，主要是依据断面形状、围岩级别、开挖方式和支护类型等因素进行布置。在量测中，可根据具体情况决定布设数量，并进行适当的调整。

（1）净空位移量测（收敛量测）的测线数。可参考表 6 - 4 及图 6 - 1。

表 6 - 4　　净空位移量测的测线数

地段 开挖方法	一般地段	特殊地段			
		洞口附近	埋深小于 $2B$	有膨胀压力和偏压地段	选测项目量测位置
全断面开挖	1 条水平测线		3 条或 6 条		3 条或 6 条
短台阶法	2 条水平测线	4 条或 6 条	4 条或 6 条	4 条或 6 条	4 条或 6 条
多台阶法	每台阶 1 条水平测线	每一台阶 3 条	每一台阶 3 条	每一台阶 3 条	每一台阶 3 条

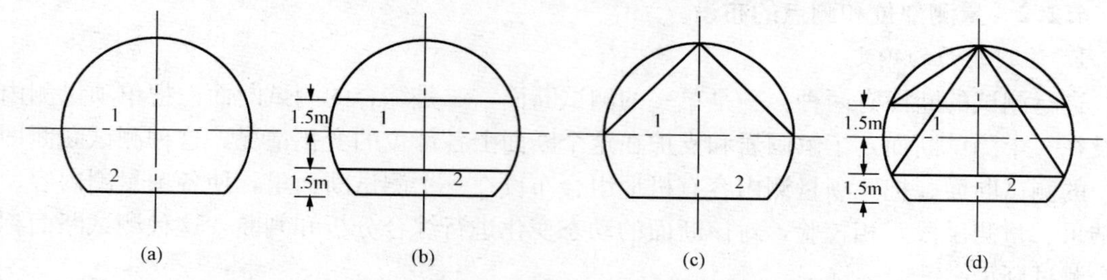

图 6 - 1　净空变形量测和拱顶下沉量测的测线布置

（a）1 条水平测线示意；（b）2 条水平测线示意；（c）3 条测线示意；（d）6 条测线示意

（2）围岩内部位移测孔的布置。围岩内部位移测孔布置，除应考虑地质、隧道断面形状、开挖等因素外，一般应与净空位移测线相应布设，以便使两项测试结果能够相互印证，协同分析与应用。一般每 100～500m 设一个量测断面，测孔布置如图 6 - 2 所示。

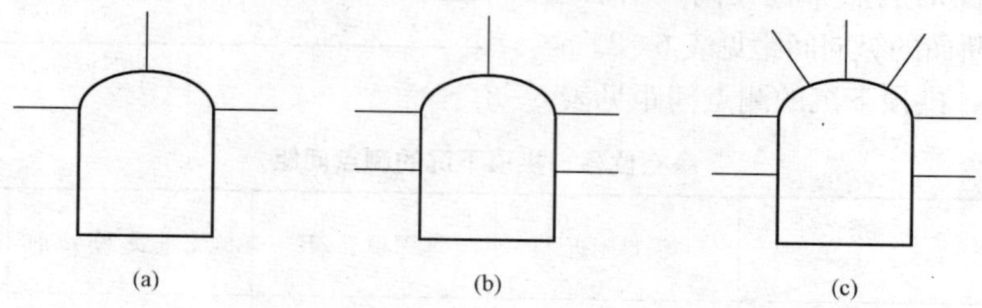

图 6 - 2　围岩内部位移测孔布置

（a）3 测孔；（b）5 测孔；（c）7 测孔

当采用全断面开挖时，可将测得的净空垂直位移来代替拱顶下沉量测，斜测线的设置有助于了解垂直方向的变化情况。同时也可通过三角计算多点位移计测得的结果进行对比。

拱顶下沉量测的测点原则上设置在拱顶中心线上。当洞跨较大时，也可在拱顶设置三个测点。

（3）轴力量测锚杆的布置。轴力量测锚杆在断面上的布置位置，要依据具体工程中支护锚杆的安设位置、方式而定，一般可参照围岩内位移孔布置。如局部加强锚杆，要在加强区域内选择有代表性的位置设置量测锚杆。若为全断面系统锚杆（不包括仰拱），则量测锚杆在断面上的布置，可参见图 6-2。

（4）喷层（衬砌）应力量测布置。喷层应力量测，除应与锚杆受力量测孔相对应布设外，还要在有代表性的部位设测点，如拱顶、拱腰、拱脚、墙腰、墙脚等部位，并应考虑与锚杆应力量测对应布置。另外，在有偏压、底鼓等特殊情况下，则应视具体情形，调整测点位置和数量，以便了解喷层（衬砌）在整个断面上的受力状态和支护作用，如图 6-3 所示。

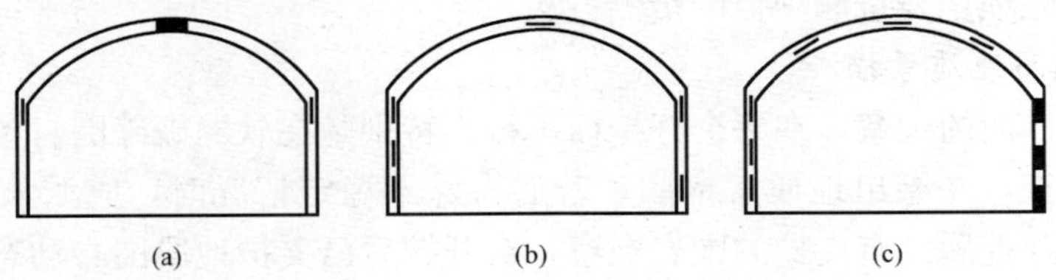

图 6-3　喷层应力量测点布置
（a）3 测点；（b）6 测点；（c）9 测点

（5）地表、地中沉降测点布置。地表、地中沉降测点原则上应布置在隧道中心线上，需在与隧道轴线正交平面的一定范围内布设必要数量的测点，并在有可能下沉的范围外设置不会下沉的固定测点作为参照，如图 6-4 所示。

（6）声波测孔布置。声波测孔宜布置在有代表性的部位，如图 6-5 所示。另外，还要考虑围岩层理、节理的方向与测孔方向的关系。可采用单孔、双孔两种测试方法；或在同一部位，呈直角相交布置 3 个测孔，以便充分掌握围岩结构对声波测试结果的影响。

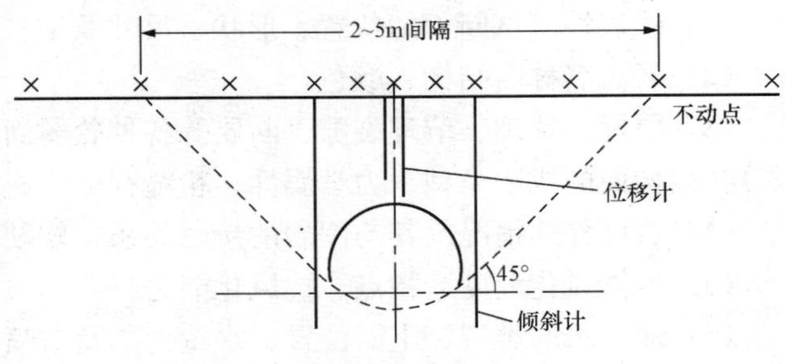

图 6-4　地表下沉量测范围及地中沉降测点布置

6.2.3　隧道主要量测项目的测量

开挖工作面的工程地质与水文地质观察和描述，对于判断围岩稳定性和预测开挖面前方的地质条件是十分重要的，开挖面附近初期支护状态的观察和裂缝描述，对直接判断围岩的

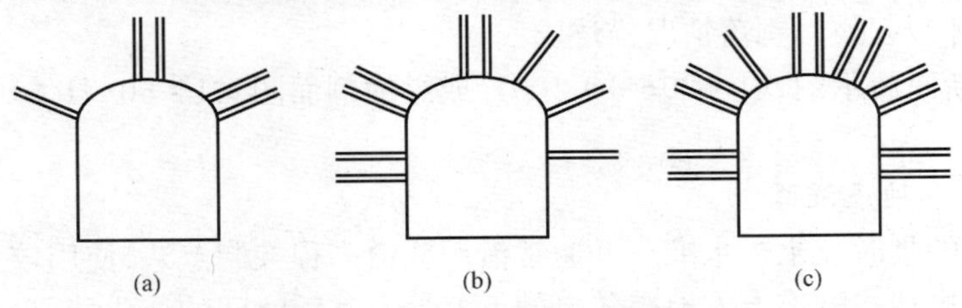

图 6-5　声波测试孔布置
（a）5 测孔；（b）9 测孔；（c）13 测孔

稳定性和支护参数的检验也是不可缺少的。因此，将该两项的观察与描述定为各级围岩都应采用的第一项必测项目。

在地下工程测试中，位移量测（包括收敛量测）和锚杆抗拔力试验是最有意义和最常用的项目。它具有稳定可靠、简便经济等特点，测试成果可直接指导施工、验证设计、评价围岩和初期支护的稳定性。由于周边位移量测、拱顶下沉量测和锚杆抗拔力试验较其他量测项目实用，并便于推广应用，因此将该三项测试项目列为必测项目。

通常Ⅳ～Ⅵ级围岩为软弱破碎岩层，其稳定性差，如果覆盖层厚度又很薄，那么隧道开挖时地表会产生下沉。为了判定开挖对地面的影响程度和范围，因此有必要进行地表下沉量测。

在这仅介绍几项主要量测项目的量测方法。

1. 洞内观测与地质素描

隧道开挖工作面的观察，在每个开挖面进行，特别是在软弱破碎围岩条件下，开挖后应立即进行地质调查，并绘出地质素描图，若遇特殊不稳定情况时，应派人进行不间断地观察。主要包括对开挖后没有支护的围岩观察，对开挖后已支护地段围岩动态的观察，观察围岩破坏形态并分析。

与隧道施工进展同步进行的洞内围岩地质（和支护状况）的观察及描述，通常称为地质素描。它是隧道设计和施工过程中不可缺少的一项重要地质详勘工作，是对围岩工程地质特性和支护措施合理性最直观、最简单、最经济的描述和评价。

配合量测工作对代表性断面的地质描述，应详细准确，如实反映情况。一般应包括对以下内容的描述：

（1）代表性测试断面的位置、形状、尺寸及编号。

（2）岩石名称、结构、颜色。

（3）层理、片理、节理裂隙、断层等各种软弱面的产状、宽度、延伸情况、连续性、间距等各结构面的成因类型、力学属性、粗糙程度、充填的物质成分和泥化、软化情况。

（4）岩脉穿插情况及其与围岩的接触关系、软硬程度及破碎程度。

（5）岩体风化程度、特点、抗风化能力。

（6）地下水的类型、出露位置、水量大小及对喷锚支护施工的影响等。

（7）施工开挖方式方法、锚喷支护参数及循环时间。

（8）围岩内鼓、弯折、变形、岩爆、掉块，坍塌的位置、规模、数量和分布情况，围岩的自稳时间等。

（9）溶洞等特殊地质条件描述。

（10）喷层开裂起鼓、剥落情况描述。

（11）地质断面展示图（1∶20～1∶100）或纵横剖面图（1∶50～1∶100），必要时应附彩色照片。

2. 拱顶下沉和地表沉降

由已知高程的临时或永久水准点（通常借用隧道高程控制点），使用较高精度的水准仪，就可观测出隧道拱顶或隧道上方地表各点的下沉量及其随时间的变化情况。隧道底鼓也可用此法观测。通常这个值是绝对位移值。另外，也可以用收敛计量测拱顶相对于隧道底的相对位移。

隧道的拱顶是坑道周边上一个特殊点，其挠度最大，具有较强的代表性。浅埋隧道洞顶地表下沉量测，应在隧道尚未开挖前就开始进行，借以获得开挖过程中的全部位移曲线。

拱顶下沉量测点，一般布置在拱跨中间处和两侧拱腰，每个断面 3 个测点；当有通风管或其他障碍时，可适当移动位置，如图 6-6 所示。

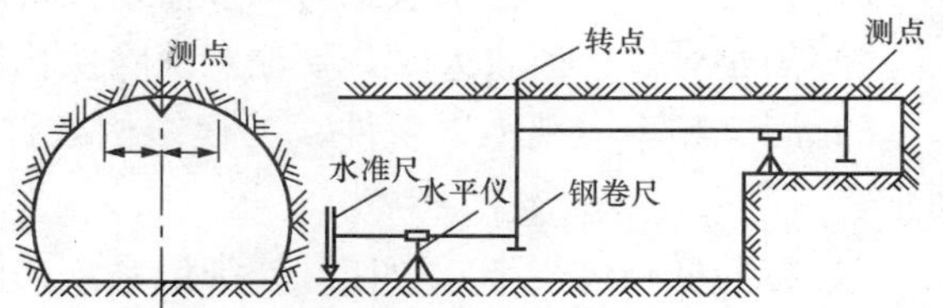

图 6-6　拱顶下沉测试方法

3. 坑道周边的相对位移

（1）量测原理。隧道开挖后，围岩向坑道方向的位移是围岩动态的最显著表现，最能反映出围岩（或围岩加支护）的稳定性。它不仅反映了围岩内部的松弛程度，而且更能反映围岩松弛范围的大小，这也是判断围岩稳定性的一个重要指标。因此对坑道周边位移的量测是最直接、最直观、最有意义、最经济和最常用的量测项目。为量测方便起见，除对拱顶、地表下沉及底鼓可以量测绝对位移值外，坑道周边其他各点，一般均用收敛计量测其中两点之间的相对位移值，来反映围岩位移动态。

（2）收敛计。

1）收敛计一般由带孔钢尺、测微百分表、张力调节器、测点连接器组成。

2）测点连接器有单向连接销式及球形铰接式两种，其中销式连接的测头预埋安装有方向的要求。

3）测点是将带销孔或圆球测头的长度为 20～30cm 的钢筋锚固于岩壁内作为测点，锚固方式同早强水泥砂浆锚杆，测头的位移即可代表岩壁表面该测点的位移。

4）张力调节器有重锤式（如 SWJ—8 型、美国 SINCO—518115 型）、弹簧式（如 SLJ—80 型、QJ—81 型），应力环式（如 GSL 型、WRM—4 型）。其中应力环式张力调节器必须经标准实验室标定，其测试精度较高。图 6-7 是 QJ—81 型球铰连接弹簧式收敛计。

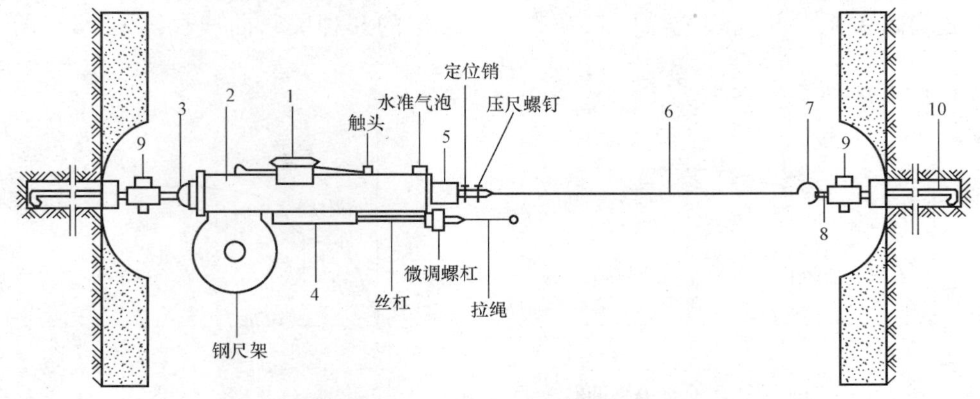

图 6-7　QJ—81 型球铰连接弹簧式收敛计

1—百分表；2—收敛计架；3—钢球；4—弹簧秤；5—内滑管；
6—带孔钢尺；7—连接挂钩；8—羊眼螺栓；9—连接销；10—预埋件

(3) 测试方法及注意事项。

1) 开挖后应尽快埋设测点，并测取初读数，要求12h内完成。

2) 测点（测试断面）应尽可能靠近开挖面，要求在2m以内。

3) 读数应在重锤稳定或张力调节器指针稳定指示规定的张力值时读取。

4) 当相对位移值较大时，要注意消除换孔误差。

5) 测试频率应视围岩条件、工程结构条件及施工情况而定，一般应按表6-1的要求而定。

6) 整个量测过程中，应作好详细记录，并随时检查有无错误。记录内容应包括断面位置、测点（测线）编号、初始读数、各次测试读数、当时温度以及开挖面距量测断面的距离等。两测点的连线称为测线。

(4) 数据整理。量测数据整理包括数据计算、列表或绘图表示各种关系。

1) 坑道周边相对位移计算式为

$$u_i = R_i - R_0 \tag{6-1}$$

式中 R_0——初始观测值；

R_i——第 i 次观测值；

u_i——第 i 次量测时，该两测点之间的相对位移值。

2) 测尺为普通钢尺时，要消除温度影响，尤其当洞径大（测线长）、温度变化大时，应进行温度改正。其计算式为

$$\Delta u_i^t = \alpha L(t_i - t_0) \tag{6-2}$$

$$u_i = R_i - R_0 - \Delta u_i^t \tag{6-3}$$

式中 α——钢尺的线膨胀系数（一般取 $\alpha=12\times10^{-6}/℃$）；

L——量测基线长；

t_0、t_i——分别为初始量测时的温度和第 i 次量测时的温度。

3) 量测过程应及时计算出各测线的相对位移值、相对位移速率，及其与时间和开挖断面距离之间的关系，并列表或绘图直观表示。常用的几种关系曲线如图6-8～图6-10所示。

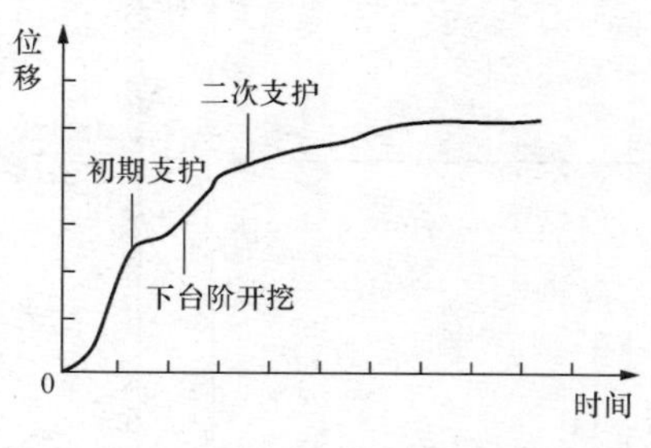

图6-8 位移（u）—时间（t）关系曲线

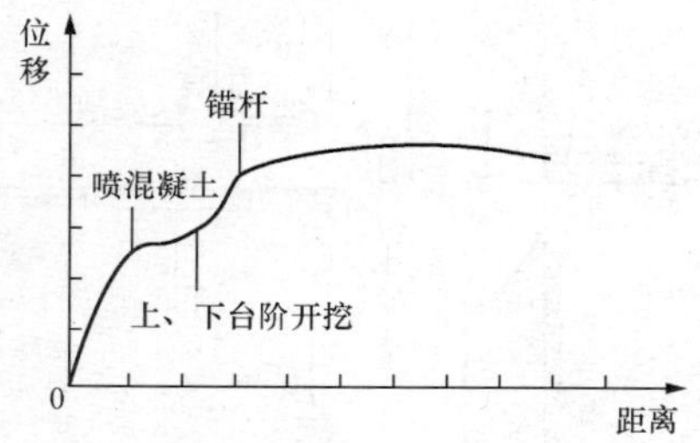

图6-9 位移（u）—开挖面距离（l）关系曲线

4. 围岩内部位移

(1) 量测原理。围岩内部各点的位移同坑道周边位移一样，也是围岩动态的表现。它不

仅反映了围岩内部的松弛程度，而且更能反映围岩松弛范围的大小，这也是判断围岩稳定性的一个重要参考指标。在实际量测工作中，先是向围岩钻孔，然后用位移计量测钻孔内（围岩内部）各点相对于孔口（岩壁）一点的相对位移。

（2）位移计。

1）位移计有两种类型，一类是机械式，另一类是电测式。其构造由定位装置、位移传递装置、孔口固定装置、百分表或读数仪等部分组成。

2）定位装置是将位移传递装置固定于钻孔中的某一点，其位移代表围岩内部该点位移。定位装置多采用机械式锚头，其形式有楔缝式、支撑式、压缩木式等。

3）位移传递装置是将锚固点的位移以某种方式传递至孔口外，以便测取读数。传递的方式有机械式和电测式两类。其中机械式位移传递构件有直杆式、钢带式、钢丝式；电测式位移传感器有电磁感应式、差动电阻式、电阻式。

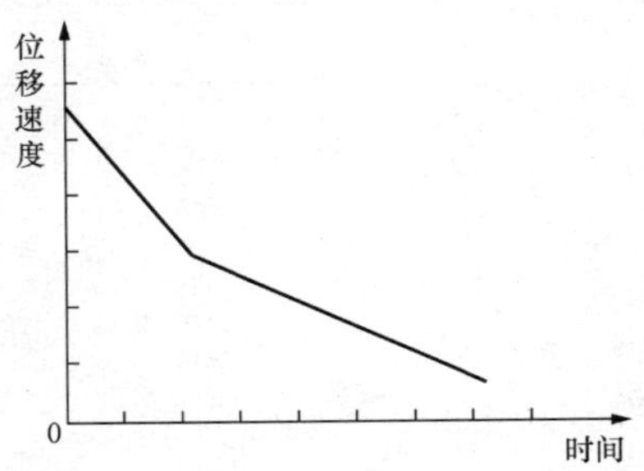

图 6-10　位移速度（v）—时间（t）关系曲线

直杆式位移计结构简单、安装方便、稳定可靠、价格低廉，但观测精度较低，观测不太方便，一般单孔只能观测 1～2 个测点的位移，如图 6-11（a）所示。钢带式和钢丝式位移计则可单孔观测多个测点，如 DWJ—1 型深孔钢丝式位移计可同时观测单孔中不同深度的 6 个点位，如图 6-11（b）所示。

电测式位移计的传感器必须要有读数仪来配合输送、接收电信号，并读取读数。电测式位移计多用于进行深孔多点位移测试，其观测精度较高，测读方便，且能进行遥测，但受外

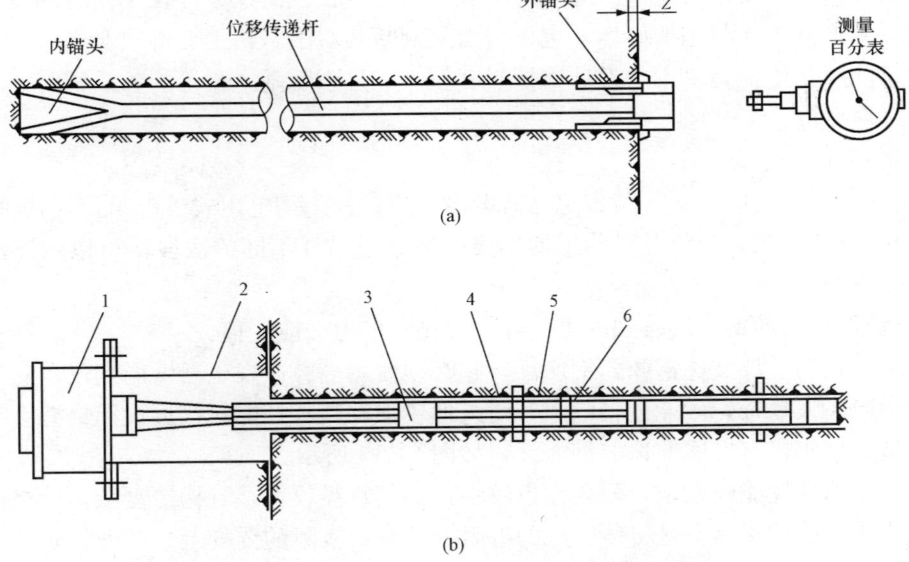

图 6-11　直杆式位移计和 DWJ—1 型深孔 6 点伸长计结构原理

（a）单点杆式位移计；（b）DWJ—1 型深孔 6 点伸长计结构原理

1—位移测定器；2—圆形支架；3—锚固器；4—保护套管；5—砂浆；6—定位器

界影响较大，稳定性较差，费用较高，如图 6-12 所示。

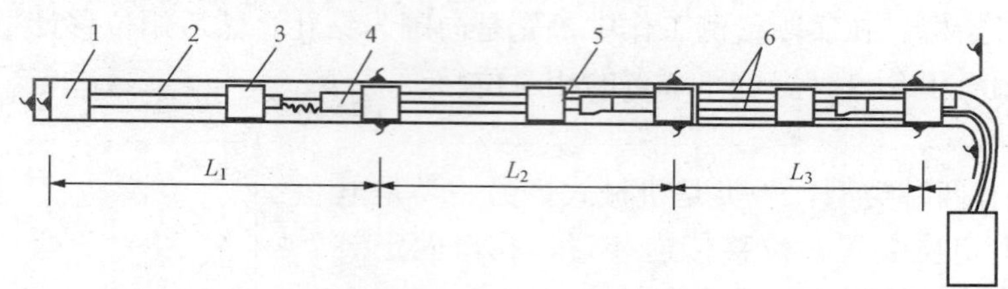

图 6-12　电阻式多点位移计
1—锚固压缩木；2—位移传递杆；3—硬杂木定位器；
4—WY—40 位移传感器；5—位移测点；6—测试导线

4）孔口固定装置。一般测试的是孔内各点相对于孔口一点的相对位移，故必须在孔口设固定点或基准面。

(3) 测试方法及注意事项。围岩内部位移测试方法及注意事项基本上与坑道周边相对位移测试方法相同。

(4) 数据整理。数据整理方法基本同前，可整理出：

1）孔内各测点（L_1，L_2，…）的位移（u）—时间（t）关系曲线。

2）不同时间（t_1，t_2，…）的位移（u）—深度（L_1，L_2，…）关系曲线。

5. 锚杆应力及锚杆拉拔力

(1) 量测原理。系统锚杆的主要作用是限制围岩的松弛变形。这个限制作用的强弱，一方面受围岩地质条件的影响，另一方面取决于锚杆的工作状态。锚杆工作状态的好坏主要以其受力后的应力—应变来反映。因此，如果能采用某种手段测试锚杆在工作时的应力—应变值，就可以知道其工作状态的好坏，也可以由此判断其对围岩松弛变形限制作用的强弱。

实际量测工作中，是采用与设计锚杆强度相等，且刚度基本相等的各式钢筋计来观测锚杆的应力—应变的。

(2) 钢筋计。

1）钢筋计多采用电测式，其传感器有电磁感应式、差动电阻式、电阻片式几种。

2）根据测式要求，可将几只传感器连接或粘贴于锚杆不同的区段，可以观测出不同区段的应力—应变。

3）读数仪可自动率定接收到的电信号，并显示应力—应变值。

电磁感应式钢筋计又称钢弦式钢筋计，它必须使用电脉冲发生器（周期仪）测试。这种钢筋计的构造不太复杂，性能也较稳定，耐久性较强，其直径能较接近设计锚杆直径，经济性较好，是一种比较有发展前途的钢筋计，如图 6-13 所示。

差动式钢筋计性能较稳定，耐久性也较强，但其直径较大，且构造复杂，价格也较高。

电阻片式钢筋计实际上是将传感用的电阻片粘贴于实际的锚杆上，并做好防潮处理。其构造简单，安装、测试方便，价格低，故工程测试中经常应用。

(3) 测试方法及注意事项。

1）电感式和差动式钢筋计，需用接长钢筋（设计锚杆用钢筋）将其对接于测试部位

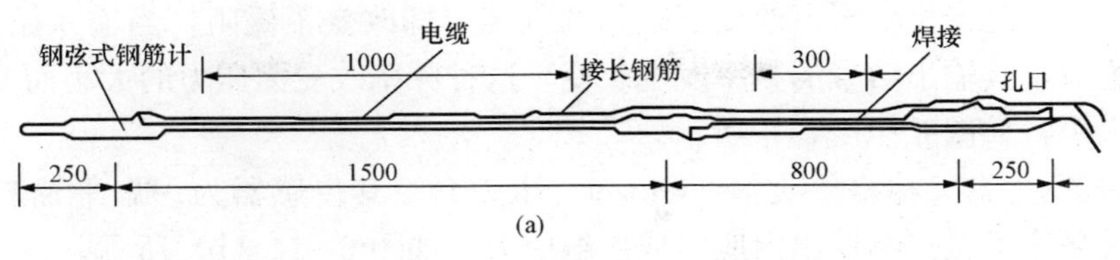

(a)

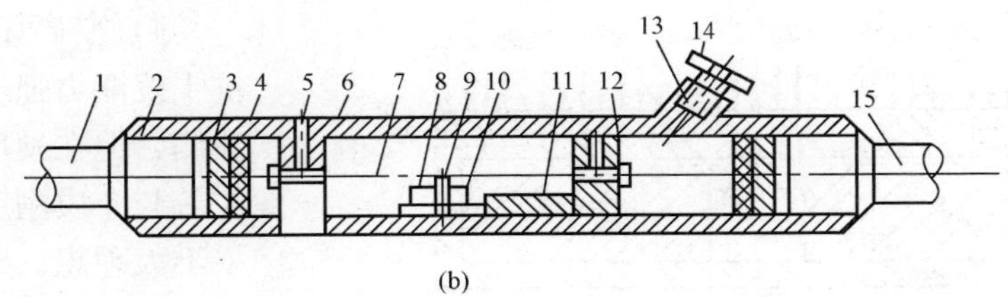

(b)

图 6-13　钢弦式量测锚杆（单位：mm）

(a) 钢弦式量测锚杆；(b) JD—1 型钢弦式钢筋计

1—拉杆；2—壳体；3—端封板；4—橡皮垫；5—定位螺栓；6—夹线柱；7—钢弦；8—线圈架；9—铁芯；10—线圈；11—支架；12—支承堵头；13—密封圈；14—引线嘴；15—拉杆

（区段），制成测试锚杆，并测取空载读数。对接可采用电弧对接，操作中应注意不要烧坏和损伤引出导线，并注意减少焊接温度对钢筋计的影响。

2）电阻式钢筋计是在设计锚杆的测试部位两面对称车切、磨平后，粘贴电阻片，做好防潮处理，制成测试锚杆，并测取空载读数。

3）测试锚杆安装及钻孔均按设计锚杆的同等要求进行，但应注意安装过程中不得损坏电阻片、防潮层及引出导线等。

4）测试频率及抽样的比例、部位应按表 6-1 执行。

5）作好各项记录，并及时整理。

（4）数据整理。数据整理应及时进行，主要应整理出：

1）不同时间锚杆轴力（N 或应力 σ）—深度（l）关系曲线。

2）不同深度各测点锚杆轴力（N）—时间（t）关系曲线。

（5）拉拔器可检测锚杆的抗拔力。抽样测试比例应按表 6-1 执行，但应注意仪器调校，测试过程中应做好各项记录，并及时整理数据。

6. 压力

（1）量测原理。支护（喷射混凝土或模筑混凝土衬砌）与围岩之间的接触应力大小，既反映了支护的工作状态，又反映了围岩施加于支护的形变压力情况，因此，对支护的内应力及其与围岩接触应力的量测就成为必要。

这种量测可采用盒式压力传感器（称压力盒）进行测试。将压力盒埋设于混凝土内的测试部位及支护—围岩接触面的测试部位，则压力盒所受压力即为该部位（测点）压力。

（2）压力盒。

1）压力盒有变磁阻调频式和液压式两种形式。

2）变磁阻调频式压力盒的工作原理是当压力作用于承压板上时，通过油层传到传感单元的二次膜上，使之产生变形，改变了磁路的气隙，即改变了磁阻，当输入振荡电信号时，即发生电磁感应，其输出信号的频率发生改变，这种频率改变因压力的大小而变化，据此可测出压力的大小，如图 6-14（a）所示。

3）液压式压力盒又称格鲁茨尔（Glozel）压力盒，其传感器为一扁平油腔，通过油压泵加压，由油泵表可直接测读出内应力或接触应力，如图 6-14（b）所示。

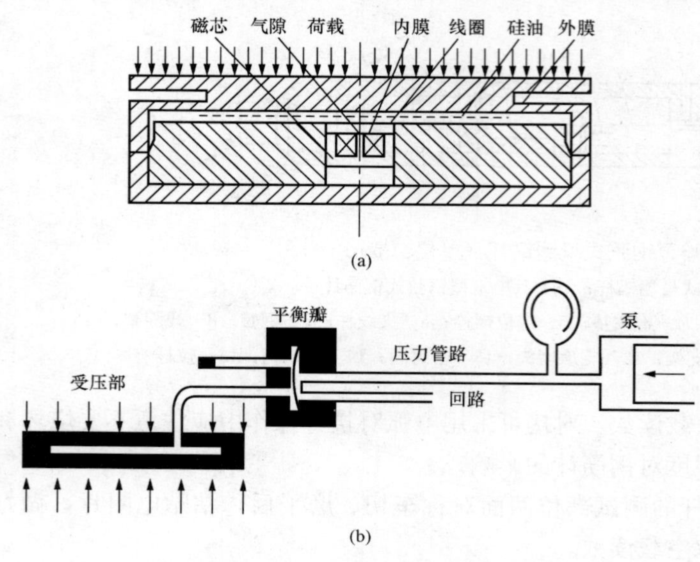

图 6-14　变磁阻调频式压力传感器和格鲁茨尔压力盒

（a）变磁阻调频式土压力传感器；（b）格鲁茨尔压力盒

4）变磁阻调频式压力盒的抗干扰能力强、灵敏度高，适于遥测，但在硬质介质中应用，存在着与介质刚度匹配的问题，效果不太理想。

液压式压力盒减少了应力集中的影响，其性能比较稳定可靠，是较理想的压力盒，国内已有单位研制出机械式油腔压力盒。

（3）测试方法及注意事项。

1）将压力传感器按测试应力的方向埋设于测试部位。在喷射混凝土或模筑混凝土振捣过程中，应注意不要损伤导线或导管。

2）液压式压力盒系统还应在适当部位安设管路连接头及阀门。

3）测试频率应按表 6-1 要求执行。

（4）数据整理。测试过程中应随时作好各项记录，并及时整理出有关图表，如接触应力分布图等。

7. 围岩的弹性波速度

（1）量测原理。声波测试是地球物理探测方法的一种。它是在岩体的一端激发弹性波，而在另一端接收通过岩体传递过来的波，弹性波通过岩体传递后，其波速、波幅、波频均发生改变。对于同一种激发弹性波穿过不同的岩层后，发生的改变各不相同，这主要是由于岩体的物理力学性质各不相同所致。因此，弹性波在岩体中的传播特征就反映了岩体的物理力学性质，如动弹性模量、岩体强度、完整性或破碎程度、密实度等。据此可以判别围岩的工程性质，如稳定性，并对围岩进行工程分级。其原理如图 6-15 所示。

目前，在工程测试中，普遍应用声波在岩体中传播的纵波速度（V_p）来作为评价岩体物理力学性质的指标。一般有以下规律：

1）岩体风化、破碎、结构面发育，则波速低、衰减快、频谱复杂。

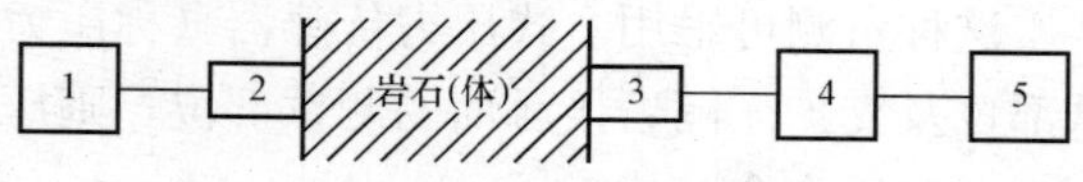

图 6-15　声波测试原理

1—振荡器；2—发射换能器；3—接受换能器；4—放大器；5—显示器

2）岩体充水或应力增加，则波速高、衰减小、频谱简化。

3）岩体不均匀和各向异性，则其波速与频谱也相应地表现出不均一和各向异性。

（2）测试方法及注意事项。声波测试方法较多，可从以下3个方面划分：

1）按换能器布置方式分为表面观测（包括共面观测、不共面观测、相对平面观测与正交平面观测）和内部观测（包括埋设和钻孔，单孔测试和双孔测试）2种。

2）按波的传播方式分直透法（直达波法）和平透法（包括直射波法和反射波法）2种。

3）按换能器组合分为一发一收、一发多收和多发多收3种。

声波测试应注意以下几点：

1）探测区域的选择要有典型性和代表性。

2）测点、测线、测孔的布置要有明确的目的性，要根据实际工程地质情况、岩体力学特性及建筑形式等进行布设。

3）声波测试一般以测纵波速度（V_p）为主，但应根据实际要求，也可测其横波速度（V_s），记录波幅，进行频谱分析。

（3）数据整理。隧道工程中多采用单孔平透折射波法测试围岩在拱顶、拱脚、墙腰几个部位的径向纵波速度。根据测试记录应及时整理出每个测孔的 V_p—L 曲线。常见的曲线形式可以归纳为图6-16所示的4种类型。

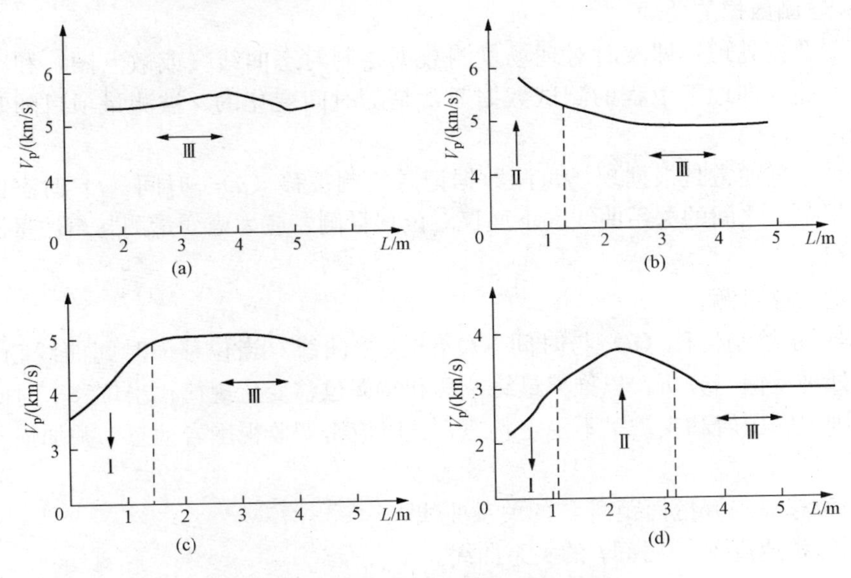

图6-16 波速与孔深关系曲线类型

(a)“（一)”形；(b)“L”形；(c)“厂”形；(d)“凸”形

1）“一”形，无明显分带，表示围岩较完整。

2）“L”形，无松弛带，有应力升高带，表示围岩较坚硬。

3）“厂”形，有松弛带，应当分析区别是由于爆破引起的松动还是围岩进入塑性后的松动。

4）“凸”形，松弛带、应力升高带均有。

以上所述只是一般情形。但有时波速高并不反映岩体完整性好，如有些破碎硬岩的波速就高于完整性较好的软岩，因此，国家标准《锚杆喷射混凝土支护技术规范》（GB 50086—2001）中还采用了岩体完整性系数 $K_v=(V_{mp}/V_{Vp})^2$ 来反映岩体的完整性（V_{mp}为岩体的纵波速度，V_{Vp}为岩块的纵波速度）。K_v 越接近 1，表示岩体越完整。

另外，在软岩与极其破碎的岩体中，有时无法取出原状岩块，不能测出其纵波速度，这时可用相对完整系数 K_x 代替 K_v。

6.3 隧道监控量测数据的处理与应用

量测数据反馈于设计、施工是监控设计的重要一环，但目前尚未形成完整的设计体系。当前采用的量测数据反馈设计的方法主要是定性的，即依据经验和理论上的推理来建立一些准则。根据量测的数据和这些准则即可修正设计支护参数和调整施工措施。

量测数据反馈设计、施工的理论法，目前正在蓬勃兴起，那就是将监控量测与理论计算相结合的反分析计算法，这里，简要介绍根据对量测数据的分析来修正设计参数和调整施工措施的一些准则。

6.3.1 量测数据的处理

现场量测数据处理，即及时对现场量测数据绘制时态曲线（或散点图）和空间关系曲线。所谓时态曲线即地下工程的测试数据通常是随时间变化的，被测量项目随时间的变化规律。

整理测试数据通常是根据现场量测数据记录绘制位移（u）—时间（t）时态曲线，以及被量测项目与距离之间的关系曲线。下面仅对位移量测、应力应变量测与声波量测的数据整理作以下介绍。

（1）净空位移量测。

1）根据记录绘制位移（u）与时间（t）的关系曲线。当位移—时间曲线趋于平缓时，应进行数据处理或回归分析，以推算最终位移和掌握位移变化规律；当位移—时间曲线出现反弯点时，则表明围岩和支护呈不稳定状态，此时应密切监视围岩动态，并加强支护，必要时暂停开挖。

2）绘制位移 u 与开挖面距离 L 的关系曲线。

3）绘制位移速度 V 与时间 t 的关系曲线。

这 3 条曲线，不一定每条测线都要绘制，一般情况下有一条即可。

位移与时间曲线是评价围岩稳定和确定二次衬砌（即模筑混凝土衬砌）时间的主要依据。

（2）围岩体内位移测定。

1）绘制孔内各测点（l_1，l_2，…）位移 u 与时间的关系曲线。

2）绘制不同时间（t_1，t_2，…）位移 u 与深度（测点位置 l）的关系曲线。

（3）围岩径向应变测试。

1）绘制不同时间（t_1，t_2，…）应变与深度 l 的关系曲线。

2）绘制围岩体内不同测点（1，2，…）的应变与时间 t 的关系曲线。

（4）锚杆轴向力测试。

1）绘制不同时间（t_1，t_2，…）锚杆轴力（σ）与深度 l 的关系曲线。

2）绘制各测点（1，2，…）轴力（σ）与时间 t 的关系曲线。

（5）喷层应力应变测试绘制应力 σ 与时间 t 的关系曲线。喷层应力与围岩压力密切相关，喷层应力反映喷层的安全度，可据此调整喷锚支护参数，特别是喷层的厚度。

（6）声波测试绘制各测孔波速 V_p 与孔深的关系曲线。其中应注意的问题如下：

1）由于量测的偶然误差所造成的离散性，绘制的散点图总是上下波动和不规则的，因此必须进行数据处理才能获得合理的典型曲线，并以相应数学公式进行描述。回归分析是处理测读数据、最终绘制典型曲线的一种较好方法。

2）位移与时间的正常曲线和反常曲线如图 6-17 所示。其中，反常曲线是指非工序变化所引起的位移急骤增长现象。此时应加密监视，必要时应立即停止开挖并进行施工处理。

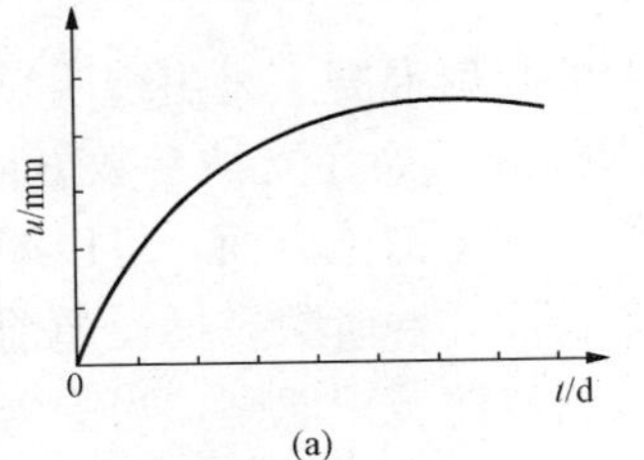

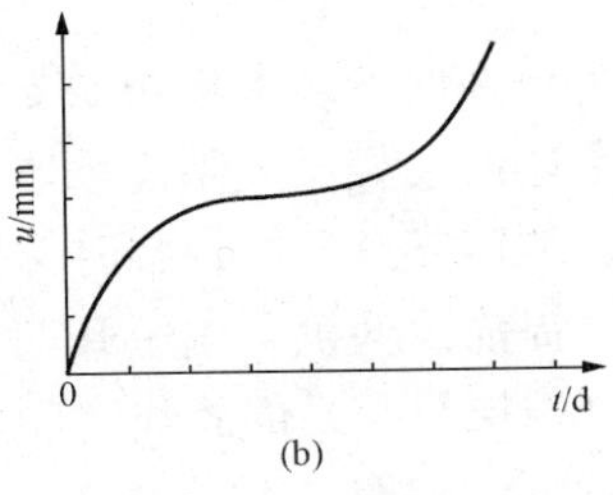

图 6-17　正常曲线和反常曲线

（a）正常曲线；（b）反常曲线

3）根据量测获得的位移与时间曲线，即能看出各时刻的总位移量、位移速度以及位移加速度趋势等。但要衡量围岩的稳定性，除了量测值以外，还必须有判断围岩稳定性的准则，这些准则可以由总位移量、位移速率或位移加速度等表示，其值一般由经验或统计数据给定。

6.3.2　量测数据的应用

1. 地质预报

地质预报就是根据地质素描来预测预报开挖面前方围岩的地质状况，以便考虑选择适当的施工方案调整各项施工措施。包括：

（1）在洞内直观评价当前已暴露围岩的稳定状态，检验和修正初步的围岩分级。

（2）根据修正的围岩分级，检验初步设计的支护参数是否合理，如不恰当，则应修正。

（3）直观检验初期支护的实际工作状态。

（4）根据当前围岩的地质特征，推断前方一定范围内围岩的地质特征，进行地质预报，防范不良地质突然出现。

（5）根据地质预报，并结合对已作初期支护实际工作状态的评价，可预先确定下一循环的支护参数和施工措施。

(6) 配合量测工作进行测试位置选取和量测成果的分析。

2. 周边位移分析与反馈

如前所述，周边位移是围岩动态的最显著表现，所以隧道工程现场量测主要以围岩周边位移作为围岩稳定性评价及围岩稳定状态判断的指标。

一般而言，坑道开挖后，若围岩位移量小，持续时间短，其稳定性就好；若位移量大，持续时间长，其稳定性就差。

以围岩位移作为指标来判断其稳定状态，则有赖于对实际工程经验的总结和对位移量测数据的分析。

(1) 判断标准。用围岩的位移来判断其稳定状态，关键是要确定一个"判断标准"（或称为"收敛标准"），即判断围岩稳定与否的界限。它包括 3 个方面：位移量（绝对或相对）、位移速率、位移加速度。

(2) 根据以上判断标准，如果围岩位移速度不超过允许值，且不出现蠕变趋势，则可以认为围岩是稳定的，初期支护是成功的。若围岩表现出稳定性较好，则可以考虑适当加大循环进尺。

如果位移值超过允许值不多，且初期支护中的喷射混凝土未出现明显开裂，一般可不予补强。如果位移与上述情况相反，则应采取处理措施，如在支护参数方面，可以增强锚杆，加钢筋网喷混凝土、加钢支撑、增设临时仰拱等；施工措施方面，可以缩短从开挖到支护的时间，提前打锚杆，提前设仰拱，缩短开挖台阶长度和台阶数，增设超前支护等。

(3) 二次衬砌（内层衬砌）的施作时间。按新奥法施工原则，当围岩或围岩加初期支护基本达成稳定后，就可以施作二次衬砌。

应当特别指出的是，在流变性和膨胀性强烈的地层中，单靠初期支护不能使围岩位移收敛时，就宜于在位移收敛以前，施作模筑混凝土二次衬砌，做到有效地约束围岩位移。

3. 围岩内位移及松动区分析与反馈

与净空位移同理，如果实测围岩的松动区超过了允许的最大松动区（该允许松动区半径与允许位移量相对应），则表明围岩已出现松动破坏，此时必须加强支护或调整施工措施以控制松动范围。如加强锚杆（加长、加密或加粗）等，一般要求锚杆长度大于松动区范围。如果与以上情形相反，甚至锚杆后段的拉应力很小或出现压应力时，则可适当缩短锚杆长度或缩小锚杆直径或减小锚杆数量等。

4. 锚杆轴力分析与反馈

据量测锚杆测得的应变，即能算出锚杆的轴力，计算公式如下：

$$N=\frac{\pi\phi^2 E(\varepsilon_1+\varepsilon_2)}{8} \tag{6-4}$$

式中 N——锚杆轴力；

ϕ——锚杆直径；

E——锚杆的弹性模量；

ε_1、ε_2——测试部位对称的一组应变片量得的两个应变值。

锚杆轴力是检验锚杆效果与锚杆强度的依据，根据锚杆极限强度与锚杆应力的比值 K

（安全系数）就能作出判断。锚杆轴应力越大，则 K 值越小。一般认为锚杆局部段的 K 值稍小于 1 是允许的，因为钢材有一定的延性。根据实际调查发现锚杆轴应力在洞室断面各部位是不同的，表现为：

（1）同一断面内，锚杆轴应力最大者多数在拱部 45°附近到起拱线之间。

（2）拱顶锚杆，不管净空位移值大小如何，出现压应力的情况是不少的。

（3）锚杆轴应力超过屈服强度时，净空变位值一般超过 50mm。

锚杆的局部段 K 值稍小于 1 的允许程度应该是不超过锚杆的屈服强度。若锚杆轴应力超过屈服强度时，则应优先考虑改变锚杆材料，采用高强钢材。当然，增加锚杆数量或锚杆直径也可获得降低锚杆轴应力的效果。

5. 围岩压力分析与反馈

由围岩压力分布曲线可知围岩压力的大小及分布状况。围岩压力的大小与围岩位移量及支护刚度密切相关。围岩压力大，即作用于初期支护的压力大。这可能有 3 种情况：一是围岩压力大但变形量小，这表明支护时机，尤其是支护的封底时间可能过早或支护刚度太大，可作适当调整，让围岩释放较多的应力；二是围岩压力大且变形量也很大，此时应加强支护，限制围岩变形，控制围岩压力的增长；三是当测得的围岩压力很小但变形量很大时，则应考虑可能会出现围岩失稳。

6. 喷层应力分析与反馈

喷层应力是指切向应力，因为喷层的径向应力总是不大的。喷层应力与围岩压力及位移有密切关系。喷层应力大的原因有 2 个方面：一是围岩压力和位移大；二是支护不足。

在实际工程中，一般允许喷层有少量局部裂纹，但不能有明显的裂损，或剥落、起鼓等。如果喷层应力过大，或出现明显裂损，则应适当增加初始喷层厚度。如果喷层厚度已较厚时，则不应再增加喷层厚度，而应增强锚杆或调整施工措施、改变封底时间等。

7. 地表下沉分析与反馈

对于浅埋隧道，可能由于隧道的开挖而引起上覆岩体的下沉，致使地面建筑的破坏和地面环境的改变。因此，地表下沉的量测监控对于地面有建筑物的浅埋隧道和城市地下通道尤为重要。

如果量测结果表明地表下沉量不大，能满足限制性要求，则说明支护参数和施工措施是适当的；如果地表下沉量大或出现增加的趋势，则应加强支护和调整施工措施，如适当加喷混凝土、增设锚杆、加钢筋网、加钢支撑、超前支护等，或缩短开挖循环进尺、提前封闭仰拱，甚至预注浆加固围岩等。

另外，还应注意对浅埋隧道的横向地表位移观测，横向地表位移带发生在浅埋偏压隧道工程中，其处理较为复杂，应加强治理偏压的对策研究。

8. 声波速度分析与反馈

围岩声波速度量测得 $V_P—l$ 关系曲线，既可以反映围岩动态变化和物理力学特征，还可以确定围岩松动区的范围。量测数据分析时应将声波速度量测数据分析结果与围岩内位移量测数据分析结果相互对照、相互验证、综合分析和判断围岩的松弛情况，并反馈与修正支护设计参数和指导调整施工措施。

本 章 小 结

本章主要介绍了公路隧道现场监控量测的意义、作用、量测项目的分类以及监控量测数据的处理和应用，并重点介绍了量测部位和测点的布置，以及洞内观测与地质素描、拱顶下沉与地表沉降、坑道周边相对位移、围岩内部位移、锚杆拉拔等主要量测项目的测量原理、测试方法及数据的整理。在数据的应用方面，可以根据量测得到的数据进行反分析，由此可得到同现场实际情况相符的围岩物理力学性质参数，并反馈于隧道的设计与施工。

习 题

1. 试述公路隧道监控量测的意义及量测的一般规定。
2. 简述公路隧道监控量测项目的分类和内容。
3. 试述隧道监控量测部位和测点的布设。
4. 试述隧道拱顶下沉和地表沉降的量测方法。
5. 试述隧道周边位移量测的原理、测试方法以及数据整理。
6. 简述隧道锚杆应力及锚杆拉拔力的量测原理、测试方法以及数据整理。
7. 简述隧道必测项目量测数据的应用。

第7章 盾构法施工

知识要点

1. 盾构机的分类、构造；
2. 盾构施工的准备工作，包括竖井的修建、盾构机的拼装等；
3. 盾构机的开挖及推进；
4. 盾构衬砌的拼装、衬砌的防水和背后注浆。

7.1 盾构法概述

1. 盾构法基本概念

盾构法是在地面下暗挖隧道的一种施工方法。当代城市建筑、公用设施和各种交通日益繁杂，市区明挖隧道施工，对城市生活的干扰问题日趋严重，特别在市区中心遇到隧道埋深较大、地质复杂的情况，若用明挖法建造隧道则很难实现。在这种条件下采用盾构法对城市地下铁道、上下水道、电力通信、市政公用设施等各种隧道建设具有明显的优点。此外，在建造穿越水域、沼泽地和山地的公路和铁路隧道或水工隧道中，盾构法也往往因它在特定条件下的经济合理性而得到应用。

盾构法施工的概貌如图 7-1 所示。构成盾构法的主要内容是：先在隧道某段的一端建造一竖井（始发井），以供盾构安装就位。盾构从始发井的墙壁开孔处出发，在地层中沿着设计轴线，向另一竖井（到达井）的设计孔洞推进。盾构推进中所受到的地层阻力，通过盾构千斤顶传至盾构尾部已拼装的预制隧道衬砌结构，再传到竖井的后靠壁上。盾构是这种施工方法中最主要的独特的施工机具。它是一个既能支承地层压力，又能在地层中推进的圆形或矩形或马蹄形等特殊形状的钢筒结构，在钢筒的前面设置各种类型的支撑和开挖土体的装置，在钢筒中段内部安装顶进所需的千斤顶，钢筒尾部是具有一定空间的壳体，在盾尾内可以拼装一至二环预制的隧道衬砌环。盾构每推进一环距离，就在盾尾支护下拼装一环衬砌，并及时向紧靠盾尾后面的开挖坑道周边与衬砌环外周之间的空隙中压注足够的浆液，以防止隧道及地面下沉。在盾构推进过程中不断从开挖面排出适量的土方。

使用盾构法，往往需要根据穿越土层的工程水文地质特点辅以其他施工技术措施。主要有：

（1）疏干掘进土层中地下水的措施。

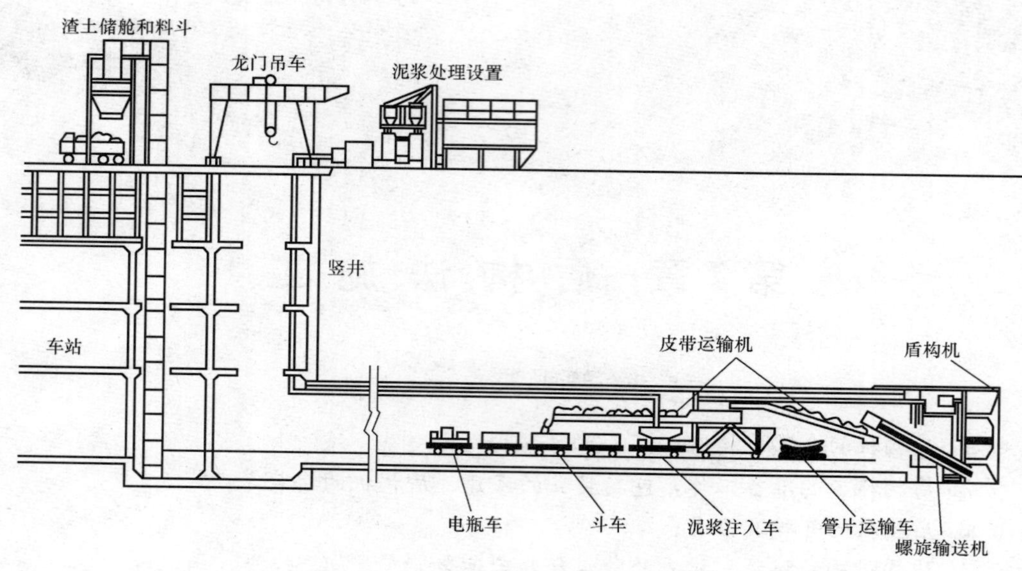

图 7-1　盾构法（土压盾构）施工

（2）稳定地层、防止隧道及地面沉陷的地层加固措施。

（3）隧道衬砌的防水堵漏技术。

（4）配合施工的监测技术。

（5）开挖土方的运输及处理方法等。

2. 盾构法的主要优点

（1）除竖井施工外，施工作业均在地下进行，既不影响地面交通，又可减少对附近居民的噪声和振动影响。

（2）盾构推进、出土、拼装衬砌等主要工序循环进行，施工易于管理，施工人员也较少。

（3）土方量较少。

（4）穿越河道时不影响航运。

（5）施工不受风、雨等气候条件影响。

（6）在土质差水位高的地方建设埋深较大的隧道，盾构法有较高的技术经济优越性。

3. 盾构法存在的主要问题

（1）当隧道曲线半径过小时，施工较为困难。

（2）在陆地建造隧道时，如隧道覆土太浅，则盾构法施工困难很大；而在水下时，如覆土太浅，则盾构法施工不够安全。

（3）盾构隧道上方一定范围内的地表沉陷尚难完全防止，特别是在饱和含水松软的土层中，要采取严密的技术措施才能把沉陷限制在很小的限度内。

（4）在饱和含水地层中，盾构法施工所用的拼装衬砌，对达到整体结构防水性的技术要求较高。

7.2 盾构的分类与构造

7.2.1 盾构机的分类

盾构的分类方法较多，可按盾构切削断面的形状，盾构自身构造的特征、尺寸的大小、功能，挖掘土体的方式，掘削面的挡土形式，稳定掘削面的加压方式，施工方法，适用土质的状况等多种方式分类。

1. 按挖掘方式分类

(1) 手掘式。即掘削和出土均靠人工操作进行的方式。

(2) 半机械式。即大部分掘削和出土作业由机械装置完成，但另一部分仍靠人工完成。

(3) 机械式。即掘削和出土等作业均由机械装备完成。

2. 按挡土方式分类

(1) 开放式。即掘削面敞开，并可直接看到掘削面的掘削方式。

(2) 部分开放式。即掘削面不完全敞开，而是部分敞开的掘削方式。

(3) 封闭式。即掘削面封闭，不能直接看到掘削面，而是靠各种装置间接地掌握掘削面的方式。

全开放式盾构不设隔板，其特点是掘削面敞开。掘削土体的形式可为手掘式、半机械式、机械式三种。这种盾构适于掘削面可以自立的地层中使用。掘削面缺乏自立性时，可用压气等辅助工法防止掘削面坍落稳定掘削面。

部分开放式盾构，即隔板上开有取出掘削土砂出口的盾构，即网格式盾构，也称挤压式盾构。

封闭式盾构是一种设置封闭隔板的机械式盾构。掘削土砂是从位于掘削面和隔板之间的土舱内取出的，利用外加泥水压或者泥土压与掘削面上的土压平衡来维持掘削面的稳定，所以封闭式有泥水平衡式和土压平衡式两种。进而土压平衡式又可分为真正的土压平衡式和加泥平衡式。加泥平衡式又分为加泥和加泥浆两种平衡方式。

3. 按稳定掘削面的加压方式分类

(1) 压气式。即向掘削面施加压缩空气，用该气压稳定掘削面。

(2) 泥水加压式。即用外加泥水向掘削面加压稳定掘削面。

(3) 削土加压式（也称土压平衡式）：即用掘削下来的土体的土压稳定掘削面。

(4) 加水式。即向掘削面注入高压水，通过该水压稳定掘削面。

(5) 泥浆式。即向掘削面注入高浓度泥浆，靠泥浆压力稳定掘削面。

(6) 加泥式。即向掘削面注入润滑性泥土，使之与掘削下来的砂卵石混合，由该混合泥土对掘削面加压以稳定掘削面。

4. 按断面形状分类

(1) 圆形。

1) 半圆形。

2) 单圆形。

3）双圆搭接形。

4）三圆搭接形。

（2）非圆形。

1）矩形。

2）马蹄形。

3）椭圆形。

5. 按尺寸大小分类

（1）超小型盾构。超小型盾构是指 D（直径）$\leqslant$1m 的盾构。

（2）小型盾构。小型盾构是指 1m$<D\leqslant$3.5m 的盾构。

（3）中型盾构。中型盾构是指 3.5m$<D\leqslant$6m 的盾构。

（4）大型盾构。大型盾构是指 6m$<D\leqslant$14m 的盾构。

（5）特大型盾构。特大型盾构是指 14m$<D\leqslant$17m 的盾构。

（6）超特大型盾构。超特大型盾构是指 $D>$17m 的盾构。

7.2.2 盾构机的构造

如上所述，盾构机的种类多种多样。概括起来说，盾构机由通用机构（外壳、推进机构、挡土机构、掘削机构、添加材注入装置、搅拌机构、排土机构、管片组装机构、附属机构等部件）和专用机构组成。专用机构因机种的不同而异。如对泥水盾构而言，专用机构是指送排泥机构、搅拌机构。

这里以封闭式盾构（土压式、泥水式）为重点，介绍盾构的基本（共性）构造。

1. 外壳

设置盾构外壳的目的是保护掘削、排土、推进、衬砌等所有作业设备、装置的安全，故整个外壳用钢板制作，并用环形梁加固支承。

一台盾构机的外壳沿纵向从前到后可分为前、中、后三段，通常又把这三段分别称为切口环、支承环、盾尾三部分，如图 7-2 所示。

（1）切口环。该部位装有掘削机械和挡土设备，故又称掘削挡土部。

就图 7-2（a）所示的全敞开式、部分敞开式盾构而言，通常切口的形状有阶梯形、斜承形、垂直形三种，如图 7-3 所示。切口的上半部较下半部突出呈帽檐状。突出的长度因地层的不同而异，通常为 300～1000mm。但是，对部分敞开式（网格式）盾构而言，也有无突出帽檐的设计。对自立性地层来说，切口的长度可以设计得稍短一些。对无自立性地层而言，切口的长度要设计得长一些。掘削时把掘削面分成几段，设置几层作业平台，依次支承挡土、掘削。有些情况下，把前檐做成靠油缸伸缩的活动前檐，切口的顶部做成刃形。

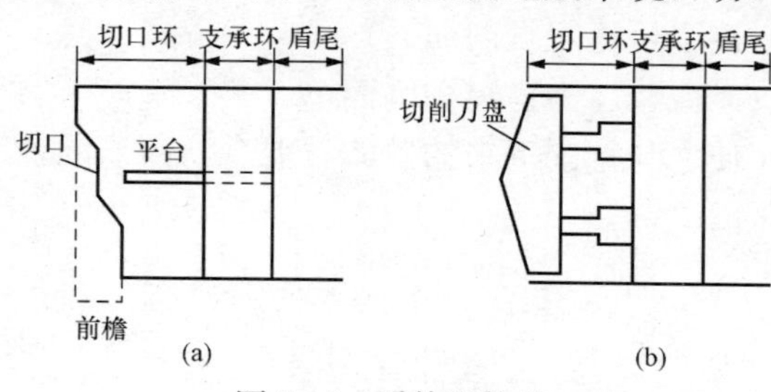

图 7-2 盾构机构造

（a）全敞开式、部分敞开式盾构；（b）封闭式盾构

图 7-2（b）是封闭式盾构，与图 7-2（a）的主要区别是在切口环与支承环之间设有一道隔板，使切口部与支承部完全隔开，

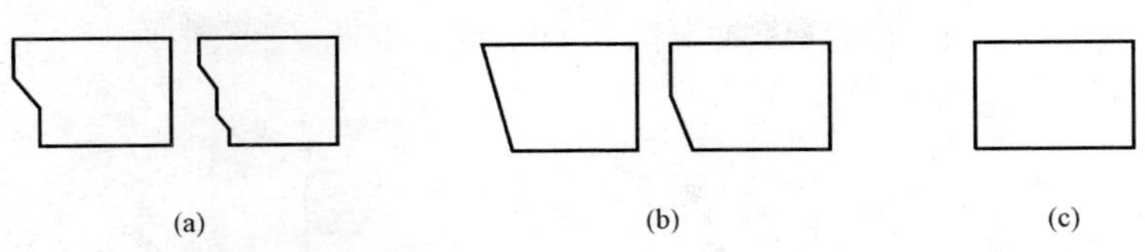

图 7-3　切口形状
(a) 阶梯形；(b) 斜承形；(c) 垂直形

即切口部得以封闭。切口部的前端装有掘削刀盘，刀盘后方至隔板止的空间称为土舱（或泥水舱）。刀盘背后土舱空间内设有搅拌装置。土舱底部设有进入螺旋输送机的排土口。土舱上留有添加材注入口。此外，当考虑更换刀具、拆除障碍物、地中接合等作业需要时，应同时考虑并用压气工法和可以出入掘削面的形式，因此隔板上应考虑设置人孔和压气闸。

(2) 支承环。支承部即盾构的中央部位，是盾构的主体构造部。因为要支承盾构的全部荷载，所以该部位的前方和后方均设有环状梁和支柱，由梁和柱支承其全部荷载。

对敞开式、半敞开式盾构而言，该部位装有推动盾构机前进的盾构千斤顶，其推力经过外壳传到切口。中口径以上的盾构机的支承部还设有柱和平台，利用这些支柱可以组装出多种形式（H 形、井形等）的作业平台。

对封闭式盾构而言，支承部空间内装有刀盘驱动装置、排土装置、盾构千斤顶、举重臂支承机构等诸多设备。

(3) 盾尾。盾尾部即盾构的后部。盾尾部为管片拼装空间，该空间内装有拼装管片的举重臂。为了防止周围地层的土砂、地下水及背后注入的填充浆液窜入该部位，特设置尾封装置。盾尾封装型式如图 7-4 所示。盾尾的内径与管片外径的差称为盾尾间隙，记作 x。其值的大小取决于管片的拼装富余度，曲线施工、摆动修正必需的富余度，主机外壳制作误差及管片的制作误差，通常取 20～30mm。

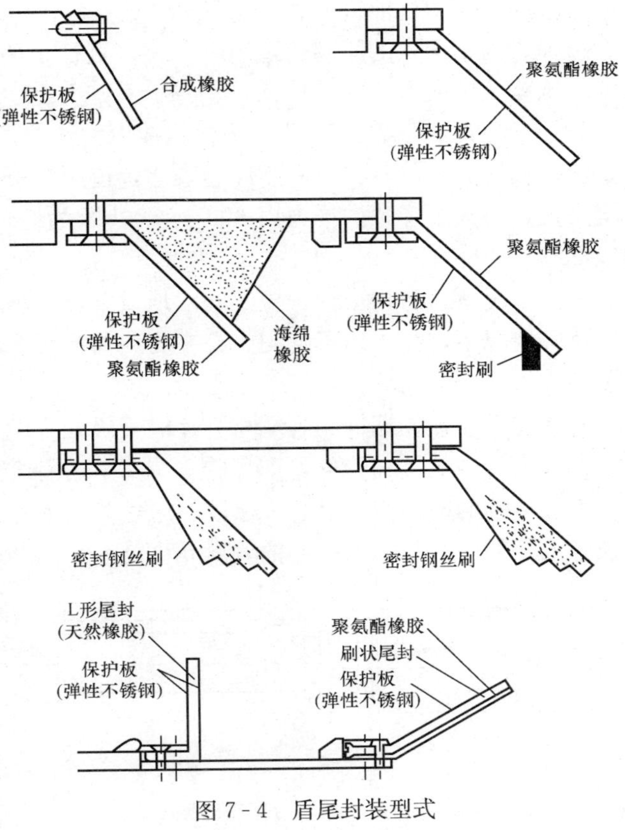

图 7-4　盾尾封装型式

盾尾间隙 (x) 加上盾尾外壳钢板的厚度 (t)，也就是盾构推进后管片和地层间产生的空隙 ΔD。该空隙称为构筑空隙，即 $\Delta D=x+t$。由于构筑空隙直接造成地层沉降，故须在盾构推进后立刻对该空隙进行填充注浆。当然希望 ΔD 越小越好，所以盾尾外壳多选用厚度较薄的高强度钢板。盾尾构造如图 7-5 所示。

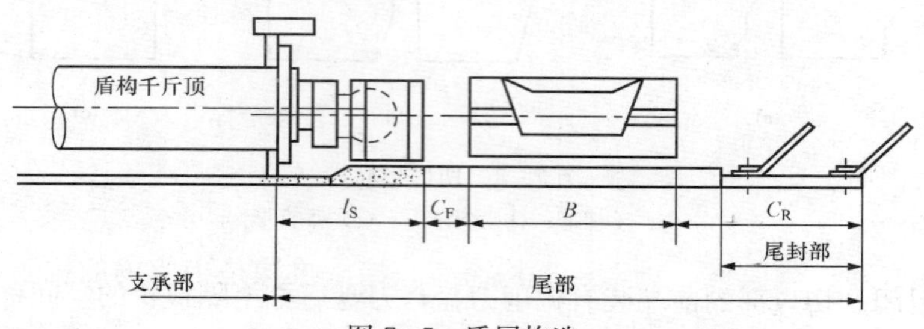

图 7-5 盾尾构造

(4) 中折装置。在小曲率半径曲线段施工时，可以把盾构机做成可以折成 2 节、3 节的中折形式。中折装置的设置不仅可以减少曲线部位的超挖量，而且由于弯曲容易，使盾构千斤顶的负担得以减轻，推进时作用在管片上的偏压减小，故使施工性得以提高。另外，中折装置不仅可以做成水平中折，还可以做成纵向中折（竖向中折），因此使得掘进方向的修正变得容易。当仅靠中折装置不能满足小曲率半径施工要求的场合下，还应增加偏心掘削器，也有采用中折装置加弯曲掘削器的情形。

2. 推进机构

盾构机的推进是靠设置在支承环内侧盾构千斤顶的推力作用在管片上，进而通过管片产生的反推动力使盾构前进的。

选择盾构千斤顶的原则：选用压力大、直径小的液压千斤顶；选用重量轻、耐久性好，保养、维修及更换方便的千斤顶。

盾构千斤顶的条数及每只千斤顶的推力大小与盾构的外径、要求的总推力、管片的结构、隧道轴线的形状有关。施工经验表明，选用的每只千斤顶的推力范围是，对中小口径的盾构来说，每只千斤顶的推力以 600～1500kN 为好；对大口径盾构来说，每只千斤顶的推力以 2000～4000kN 为好。

一般情况下，盾构千斤顶应等间隔地设置在支承环的内侧，紧靠盾构外壳的地方。但在一些特殊情况下，如土质不均匀、存在变向荷载等客观条件时，也可考虑非等间隔设置。千斤顶的伸缩方向应与盾构隧道轴线平行。

通常在千斤顶伸缩杆的顶端与管片的交界处，设置一个可使千斤顶推力均匀地作用在管环上的自由旋转的接头构件，即撑挡。另外，在钢筋混凝土管片（RC 管片）、组合管片的场合下，撑挡的前面应装上合成橡胶、尿烷橡胶或者压顶材，其目的在于保护管片。盾构千斤顶伸缩杆的中心与撑挡中心的偏离允许值一般为 30～50mm。千斤顶与撑挡的偏心状况如图 7-6 所示。

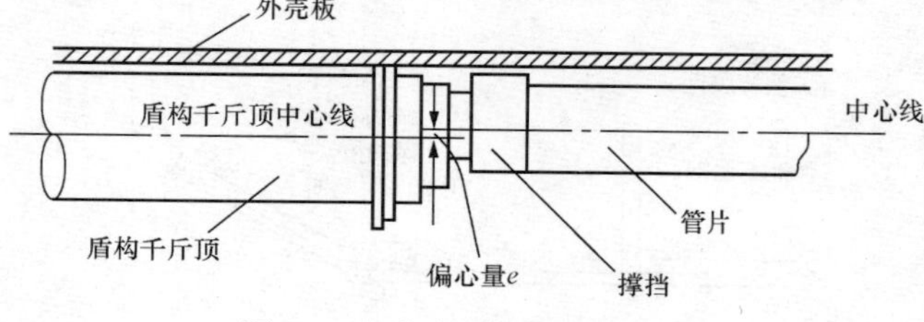

图 7-6 千斤顶与撑挡的偏心

考虑在盾尾内部拼装管片、曲线施工等作业，盾构千斤顶的最大伸缩量可按管片宽度加 150mm 的关系确定。千斤顶的推进速度一般为 50～100mm/min。

3. 挡土机构

挡土机构是为了防止掘削时，掘削面地层坍塌和变形，确保掘削面稳定而设置的机构。该机构因盾构种类的不同而不同。

就全敞开式盾构而言，挡土机构是挡土千斤顶。对地下水压小、涌水量不大的砂层中掘进的全敞开式盾构而言，可采用级棚式挡土装置。对半敞开式网格盾构而言，挡土机构是网格式封闭挡土板。对机械盾构而言，挡土机构是刀盘面板。对泥水盾构而言，挡土机构是泥水舱内的加压泥水和刀盘面板。对土压盾构而言，挡土机构是土舱内的掘削加压土和刀盘面板。

挡土千斤顶类挡土机构由活动前帽檐刃口（活动前帽檐千斤顶）、活动平台（平台千斤顶），以及弓形千斤顶（上部）、正千斤顶（中、下部）等构成，请参看图7-7。

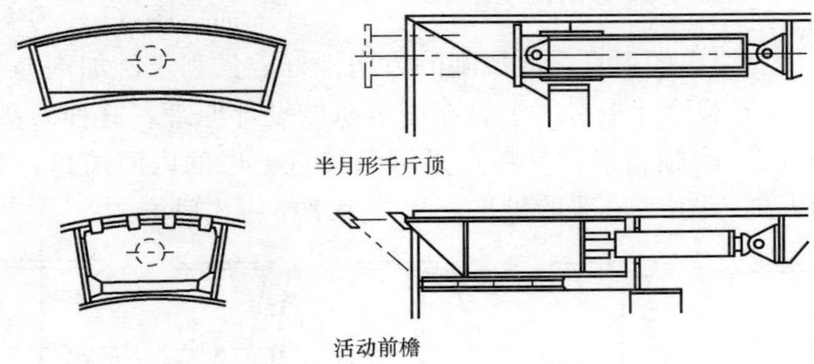

图7-7　顶部挡土千斤顶

4. 掘削机构

对人工掘削式盾构而言，掘削机构即鹤嘴锄、风镐、铁锹等。对半机械式盾构而言，掘削机构即铲斗、掘削头。对机械式盾构、封闭式（土压式、泥水式）盾构而言，掘削机构即掘削刀盘。这里仅叙述掘削刀盘的有关情况。

（1）刀盘的构成及功能。掘削刀盘即作转动或摇动的盘状掘削器，由掘削地层的刀具、稳定掘削面的面板、出土槽口、转动或摇动的驱动机构、轴承机构等构成。刀盘设置在盾构机的最前方，其功能是既能掘削地层的土体，又能对掘削面起一定支承作用从而保证掘削面的稳定。掘削方式如图7-8所示。

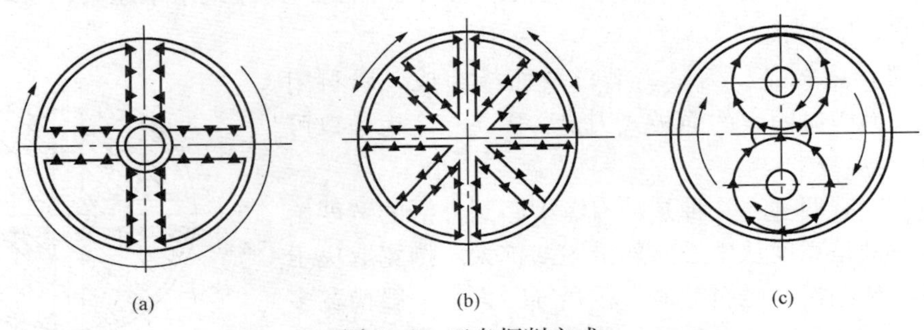

图7-8　刀盘掘削方式

（a）旋转掘削式；（b）摇动掘削式；（c）游星掘削式

（2）刀盘与切口环的位置关系。刀盘与切口环的位置关系有三种形式，如图 7-9 所示。其中，图（a）是刀盘位于切口环内的情形，适用于软弱地层；图（b）是刀盘外沿凸出切口环的情形，该形式适用的土质范围较宽，故用得最多；图（c）是刀盘与切口环对齐，位于同一条直线上的情形，适用范围居中。

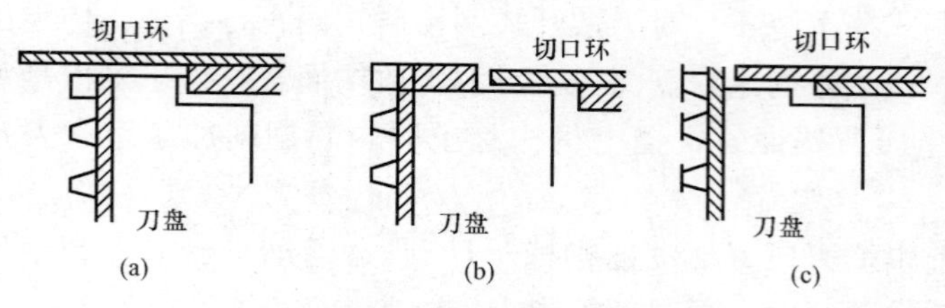

图 7-9　刀盘与切口环的位置关系

（3）刀盘形状。

1）纵断面形状。刀盘纵断面形状大致有如下几种，如图 7-10 所示。

图（a）为垂直平面形，这种刀盘以平面状态掘削、稳定掘削面；图（b）为突芯形，该刀盘的特点是刀盘的中心装有突出的刀具，故掘削的方向性好，且利于添加剂与掘削土体的拌和；图（c）为穹顶形，该刀盘设计中引用了岩石掘进机的设计原理，这种刀盘重点用于巨砾层和岩层的掘削；图（d）为倾斜形，其特点是倾角接近土层的内摩擦角，利于掘削的稳定，主要用于砂砾层的掘削；图（e）为收缩形，主要用于挤压式盾构。

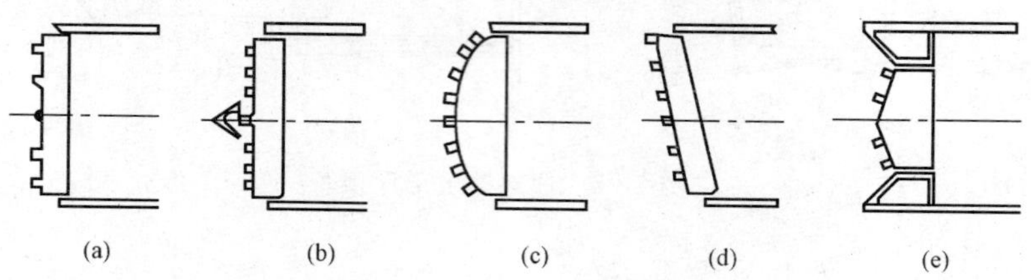

图 7-10　刀盘纵断面的形状

（a）垂直平面形；（b）突芯形；（c）穹顶形；（d）倾斜形；（e）收缩形

2）正面形状。掘削刀盘的正面形状有轮辐形（图 7-11）和面板形（图 7-12 和图 7-13）两种。实物照片分别如图 7-14 和图 7-15 所示。

观察图 7-11 和图 7-14 不难看出，轮辐形刀盘由辐条及布设在辐条上的刀具构成，属敞开式。其特点是刀盘的掘削的扭矩小、排土容易、土舱内土压可有效地作用到掘削面上，多用于机械式盾构（掘削面可以自立的土层）及土压盾构。对于地下水压大、易坍塌的土质而言，易喷水、喷泥。

面板式刀盘由辐条、刀具、槽口及面板组成，属封闭式。图 7-12 为槽口固定的面板式刀盘，图 7-13 为槽口可调节式面板刀盘。

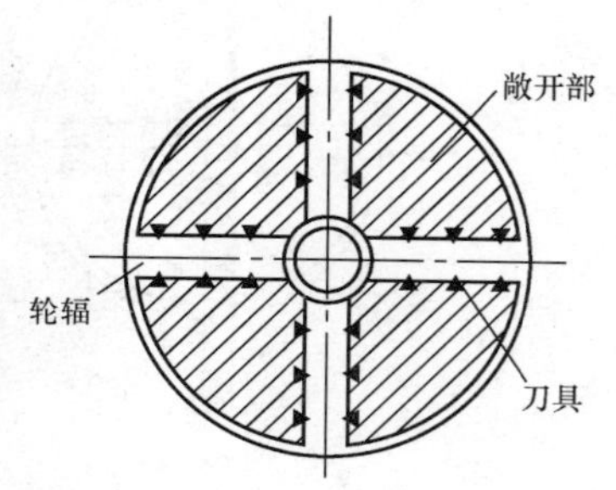

图 7-11　轮辐形刀盘

槽口的形式有两种：一种是从刀盘中心到外沿的宽度始终相同；另一种是宽度从中心向外沿逐渐扩大。槽宽取决于土质的参数，如粘性、砾石的最大粒径等因素，一般槽宽多取 200～500mm，开口率 η 多为 10%～40%。面板式刀盘的特点是面板直接支承掘削面，即挡土功能，故利于掘削面的稳定。另外，多数情况下面板上都装有槽口开度控制装置，当停止掘削时可使槽口关闭，严防掘削面坍塌。控制槽口的开度可以调节土砂排出量，使掘进速度得以控制。缺点是掘削粘土层时，易发生粘土粘附面板表面，妨碍刀盘旋转，进而影响掘削质量。其防止措施是外加添加材等。面板式刀盘对泥水式和土压式盾构均可采用。

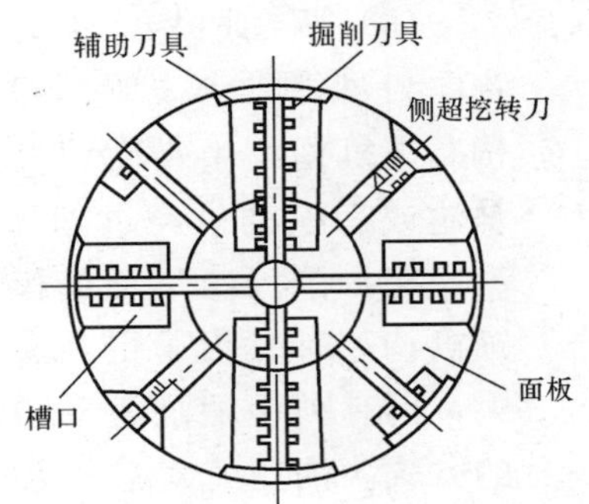

图 7-12　槽口固定面板式刀盘

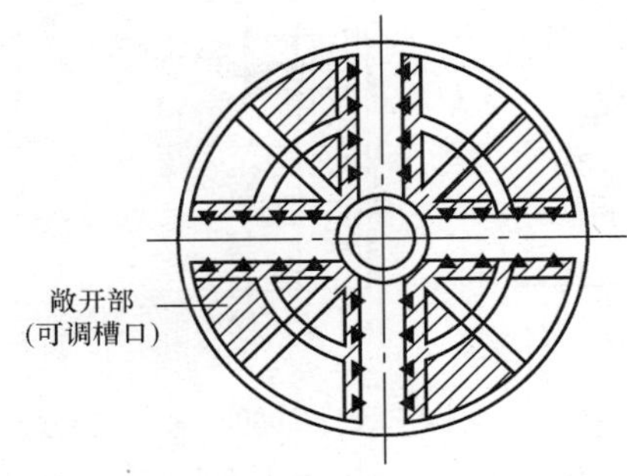

图 7-13　槽口可调节式面板刀盘

图 7-14　辐条形盾构

图 7-15　面板形盾构

(4) 掘削刀具。表征刀具形状的参数即其前角、后角及高度，完全取决于土质条件。就掘削形式而言，有固定式和旋转式两种。图 7-16 是常用的 4 种掘削刀具（齿形刀具、屋顶形刀具、镶嵌刀具及盘形滚刀）的正视图及侧视图。齿形刀具和屋顶形刀具主要用于砂、粉质砂土和粘土等软弱地层的掘削；镶嵌刀具和盘形滚刀主要用于砾石层、岩层和风化花岗岩等地层的掘削。

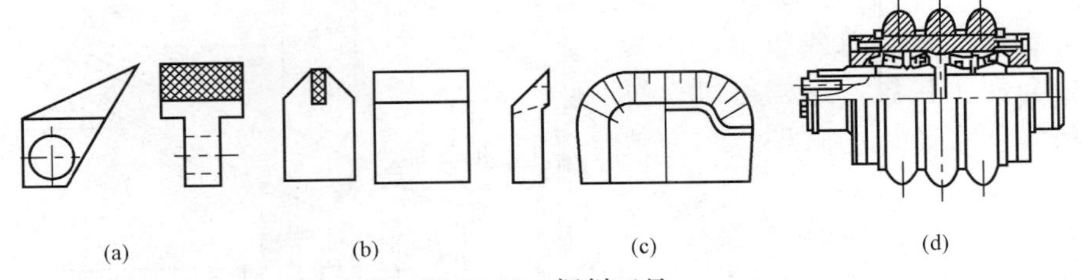

图 7-16　掘削刀具

(a) 齿形刀具；(b) 屋顶形刀具；(c) 镶嵌刀具；(d) 盘形滚刀

(5) 刀盘的支承方式。掘削刀盘的支承方式可分为中心支承式、中间支承式、周边支承式三种，构造示意图如图 7-17 所示。支承方式与盾构直径、土质对象、螺旋输送机、土体粘附状况等多种因素有关。确定支承方式时，必须综合考虑各种因素的影响。通常多选择中心支承式和中间支承式。

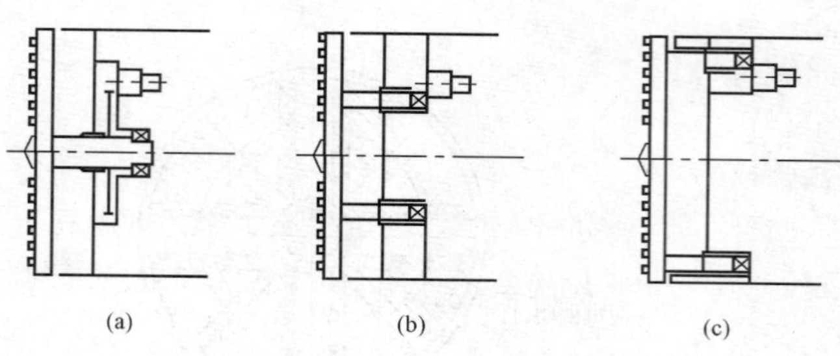

图 7-17 刀盘支承方式构造

(a) 中心支承方式；(b) 中间支承方式；(c) 外周支承方式

(6) 驱动机构。驱动机构是指向刀盘提供必要旋转扭矩的机构。该机构是由带减速机的油压马达或者电动机经过副齿轮，驱动装在掘削刀盘后面的齿轮或销锁机构。有时为了得到大的旋转力，也有利用油缸驱动刀盘旋转的方式。油压式对启动和掘削砾石层等情形较为有利。电动机式的优点是噪声小、维护管理容易、后方台车的规模也可相应得以缩减。两者各有优缺点，应据实际要求选用。

(7) 土砂密封。土砂密封是为了防止土砂、地下水、添加材流入驱动轴部位而设置的保护措施。目前的主要开发方向是开发适应大深度、长距离、可承受高地下水压（2MPa）及耐磨性好的土砂封口技术，如图 7-18 所示。

5. 添加材注入装置（土压盾构）

(1) 添加材。对细粒成分（粘土、淤泥）少的地层而言，刀盘掘削下来的泥土的流塑性很难满足排土机构直接排放的要求，且抗渗性也差。为此必须向这种掘削泥土中注入添加材，以便改变其塑流性、抗渗性，使其达到排土机构可以排放的条件。通常使用的添加材有膨润土、粘土、陶土等天然矿物类材料、高吸水性树脂类材料、水溶性高分子类材料、表面活性类特殊气泡剂材料。

(2) 注入装置。添加材的注入装置有添加材配制设备、添加材注入泵、输送添加材的管线及设置在刀盘中心钻头前端的添加材注入口等。

考虑掘削泥土和添加材的搅拌混合效率，希望把注入口设在刀盘中心突出头的前面、辐条上或土舱隔板上。因为注入口直接与泥土接触，这样可以设置防止泥土和地下水涌入的防护头和逆流防止阀。

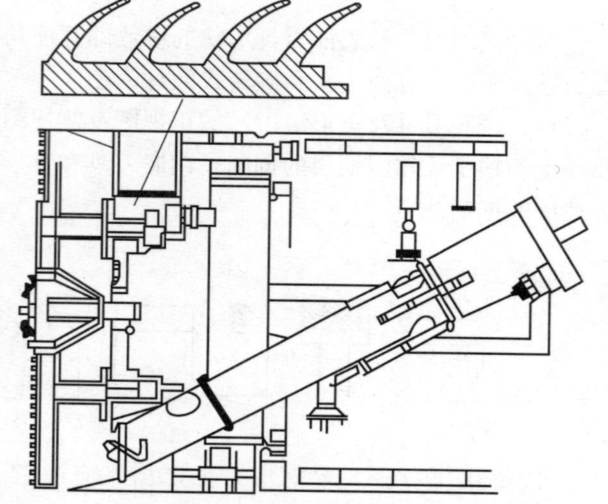

图 7-18 高地下水压用土砂密封

6. 搅拌机构

搅拌机构是土压盾构和泥水盾构的专用机构。就土压盾构而言，搅拌机构的功能是搅拌注入添加材后的舱内掘削土砂，提高其塑流性，严防堆积粘固，有利于提高排土的效果。该搅拌机构包括以下几个部分：

（1）掘削刀盘。

（2）掘削刀盘背面的搅拌叶片。

（3）螺旋输送机轴上的搅拌叶片。

（4）设在隔板上的固定、可动搅拌叶片。

（5）设置在舱内的单独驱动的搅拌叶片。

图7-19为土压盾构中的搅拌机构的设置方式。

就泥水盾构而言，搅拌机构的功能是使掘削下来的土砂均匀地混于泥水中，进而利于排泥泵将混有掘削土砂的浓泥浆排出。为防止排泥吸入口堵塞，特把旋转搅拌机设置在泥水舱内底部。当然刀盘也具搅拌功能。

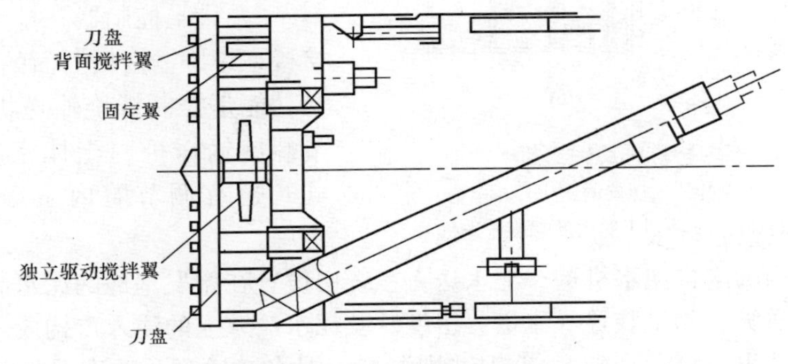

图7-19 搅拌机构的设置方式

7. 排土机构

就机械式盾构而言，排土系统由铲斗、滑动导槽、漏土斗、皮带传送机（或者螺旋输送机）、排泥管构成。铲斗设置在掘削刀盘背面，可把掘削下来的土砂铲起倒入滑动导槽，经漏斗送给皮带输送机、螺旋输送机、排泥管。对粘性高的土质而言，铲斗易粘附土砂造成装运效率下降，进而致使掘进被迫停止。这与铲斗的形状、铲斗和槽口的相对位置、铲斗的镀膜材料有关，所以必须对铲斗的形状、位置、材料进行深入研究。

（1）土压盾构的排土机构。就土压盾构而言，排土机构由螺旋输送机、排土控制器及盾构机以外的泥土运出设备构成。这里仅叙述螺旋输送机和排土控制器。

1）螺旋输送机。螺旋输送机的功能是把土舱内的掘削土运出、经排土控制器送给盾构机外的泥土运出设备（至地表）。因此，螺旋输送机的始端（进土口）延伸到土舱底部靠隔板的位置上，末端（排土口）直接与排土控制器连接。按其构造差异可分为有轴式和无轴式（带式）两种，构造示意图分别如图7-20（a）和（b）所示。前者的驱动方式是直接驱动叶片中心轴，后者的驱动方式是直接驱动装有叶片的外筒。前者的优点是止水性能好，缺点是可排出的砾石的粒径小；

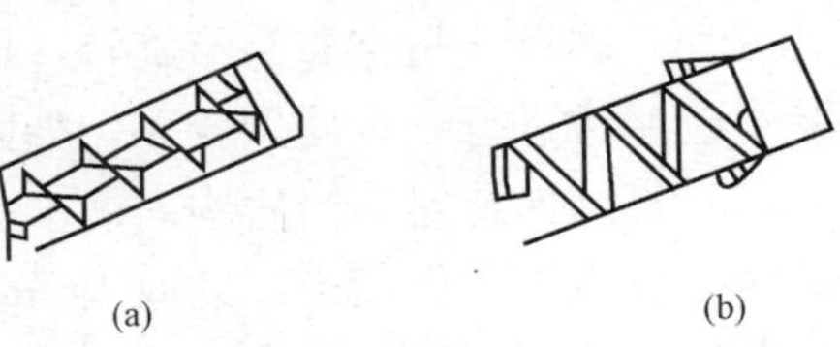

图7-20 螺旋机种类
（a）有轴式螺旋机；（b）带式螺旋机

后者的优点是可排出的砾石的粒径大（相对而言），缺点是止水性差。

除了上述两种螺旋输送机外，还有图 7-21 示出的两种特殊螺旋输送机，即扩大叶片式螺旋输送机和螺杆加长叶片延伸到土舱内的螺旋输送机。这两种方式的设计考虑是增加对舱内土体的搅拌作用。

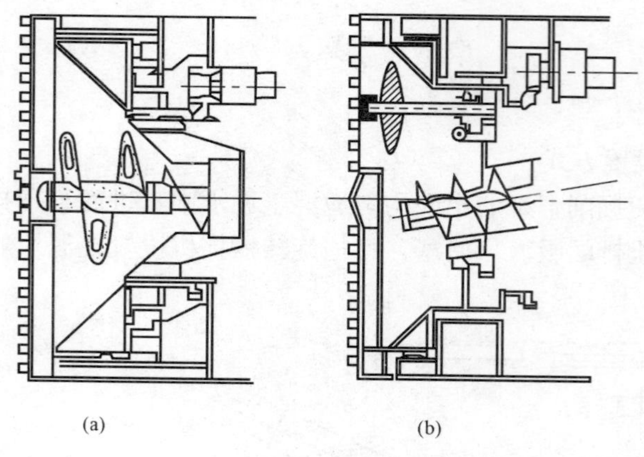

图 7-21　特殊螺旋输送机
(a) 扩大叶片式螺旋输送机；
(b) 螺杆加长叶片延伸到土舱内的螺旋输送机

在泥土具有良好流塑性的场合下，螺旋输送机的排土量与其转数成正比。因此，通常以螺旋输送机的转数为基础进行掘土量的管理。另外，还可以根据土压计的测量值与设定基准值的对比结果，增减转数维持土压平衡，即进行土压管理。

2）排土控制器。排土控制器，即直接接在螺旋输送机后面的排土控制装置。其功能是控制螺旋输送机的排土量，调节螺旋输送机内土体密度、防止喷水；同时也有调节舱内土压、稳定掘削面作用。

（2）泥水盾构的送排泥水机构。泥水送入系统由设置在始发基地的泥水制作设备、泥水压送泵、泥水输送管、测量装置（流量、密度）及泥水舱壁上的注入口构成。泥水排放系统由排泥泵、测量装置（流量、密度）、中继排泥泵、泥水输送管及地表泥水贮存池构成。为防止排泥泵的吸入口堵塞，特在土舱内吸入口的前方设置泥水旋转搅拌机。泥水盾构的掘削刀盘多为面板形，可根据对象地层和砾石粒径决定槽口的形状、大小及开口率。停止掘削时把槽口全部关闭，使泥水吸入量为零，以此防止掘削面的坍塌。

为使掘削面稳定，送排泥机构中还必须装备泥水量管理和掘削土量的测量仪器。通常靠调节泥水压送泵的转数调节泥水压力，由流量计和密度计测量结果推算掘削排土量。

8. 管片拼装机构

管片拼装机构设置在盾构的尾部，由举重臂和真圆保持器构成。

（1）举重臂。举重臂是在盾尾内把管片按所定形状安全、迅速拼装成管环的装置。它包括搬运管片的钳夹系统和上举、旋转、拼装系统。对举重臂的功能要求是能把管片上举、旋转及挟持管片向外侧移动。为适应作为 K 型管片使用的楔形管片拼装作业的需要，故还要求举重臂具有沿盾构轴向滑动的功能。举重臂为油压驱动方式，有环式、空心轴式和齿条齿轮式三种。因环式是空心圆形旋转，即使在驱动中也可以确保作业空间，同时土砂运出作业不受影响照常进行，故使用较多，如图 7-22 所示。

（2）真圆保持器。当盾构向前推进时，管片拼装环（管环）就从盾尾脱出，由于管片接头缝隙、自重力和作用土压的原因，管环会产生横向形变，使横断面成为椭圆形。形变时，前面装好的管环和现拼的管环在连接时会出现高低不平，给安装纵向螺栓带来困难。为了避免管环的高低不平，需使用所谓的真圆保持器（见图 7-23），修正、保持拼装后管环的正确

（真圆）位置。

真圆保持器支柱上装有可上下伸缩的千斤顶，另上下两端装有圆弧形的支架，该支架可在动力车架的伸出梁上滑动。当一环管环拼装结束后，就把真圆保持器移到该管环内，当支柱上的千斤顶使支架紧贴管环后，盾构就可推进。盾构推进后由于真圆保持器的作用，故管环不产生形变，且一直保持真圆状态。

9. 油压机械和电器设备

（1）油压机械。

1）油压回路的构成。盾构机中千斤顶的用量较多，如盾构机支承千斤顶、推进千斤顶、举重臂千斤顶、真圆保持器千斤顶等。而千斤顶的驱动设备均为油压驱动。因盾构机中油压机的使用环境恶劣，所以必须经常检修，以便保证其正常工作。

①油罐是向回路内供给油压油，存储回程油的容器。油罐上设置给油孔、通气阀、油温计、油位计、排油阀门、过滤器等部件。柴油类油压油，最高温度应控制在55℃以下，罐的容量应为全部千斤顶、马达容量和泵喷射量的3～5倍。

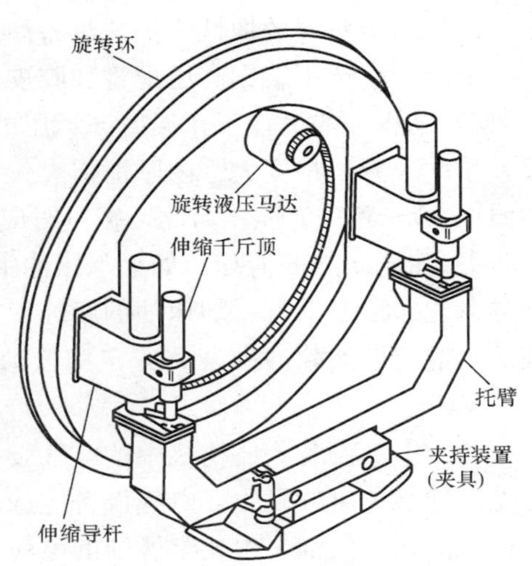

图7-22　环式举重臂

②油压泵是千斤顶、举重臂等部件的动力源，靠电动机控制喷射压力油，使千斤顶和油压马达工作。

③喷出的压力油是经过各种控制阀、配管传递能量给千斤顶、油压马达的介质，通常使用石油类专用油。油压油必须具备以下几个性能：

（a）即使在难以被压缩的低温和高压状态下，仍具良好的流动性。

（b）具润滑性，可作为滑动部件的密封材，同时还要求耐磨性好。

（c）即使长期使用，其物理、化学性质均不改变。

（d）防锈、防蚀及不易燃等特性。

（e）可以迅速分离水、空气、废弃物等非溶性杂物。

④为了使千斤顶、油压马达按设计目的进行作业，所以用各种控制阀控制驱动装置的运动。

⑤千斤顶是利用压力油在油缸中传递能量作直线运动的机械。其选用活塞两侧双动形油

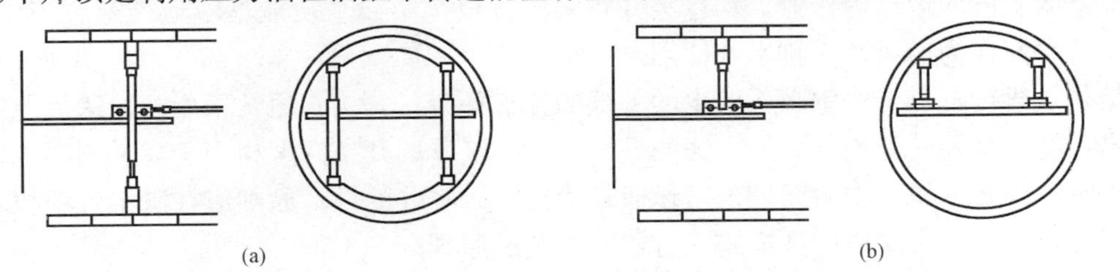

图7-23　使用液压千斤顶的真圆保持装置

（a）上下扩张式；（b）上部扩张式

压工作的方式。油压马达是输出轴作旋转运动的机器，以选用低速、大扭矩、高效型号油压马达为好。

另外，因为易出现承受偏荷载的情形，故必须选用耐压、耐磨、高强度的材料制作。

⑥油压马达应具备下列特点：

(a) 完成启动、停止、变速、反转等动作应简单容易。

(b) 扭矩对应的惯性矩小，具备高速跟踪性。

⑦配管应选用碳钢高压配管和胶皮高压软管。

2) 承压油的最佳工作温度。承压油的粘度取决于油温。油温升高，粘度下降；油温下降，粘度上升。粘度大管内摩擦损失大、动力损失大；粘度小易漏油，致使工作效率下降。油温以 30～50℃为佳。为此，掘进时应经常利用油温计检测。

3) 油压回路的清扫。如果承压油中混入空气或者其他异物，会使油质劣化、出现气穴、油的氧化、油温上升、加速油的腐蚀、工作效率显著下降，严重时致使千斤顶停止工作等。因此，应定期滤除油中杂质或定期换油。此外，对油压回路也必须定期清扫，保持油路的畅通。

(2) 电气设备。盾构机中的电气设备较多，特别是连接电缆既长又多。因盾构机内的条件差，为避免事故发生，电气设备应选用防水性能、绝缘性能好的品牌和型号。连接电缆应选择抗老化、耐油、耐化学腐蚀的电缆。

电气设备容易在洞内引发火灾，所以电缆应使用不易燃的电缆。

7.3 盾构施工的准备工作、开挖和推进

7.3.1 盾构竖井的修建

盾构工法属地下水平掘进工法，所以在盾构机始发前必须先用开挖法挖出一个地下空间，以备盾构机组装、始发作业对场地的需求，该地下空间称为始发基地。盾构机从始发基地出发一直掘进到用同样开挖法构筑的用于检修盾构或盾构解体运出的作业基地称为到达基地。通常，这些地下空间（作业基地）是由地表竖直伸延到地中的筒形构造物构成的。该竖直筒形构造物通常称为竖井。

竖井在盾构工法中有两个功能。第一个功能是作为施工作业基地使用，即盾构机的搬入或搬出、组装或解体、始发或到达，管片等隧道构筑原材料、施工设备等物资的运入运出，掘削下来的土砂的运出等作业，均在竖井空间内完成。第二个功能是隧道构筑施工结束后，可把竖井空间作为通风井、排水井使用。

竖井是盾构隧道工法中必不可少的关键的施工环节，其构筑通常采用开挖法。但这里应当指出，隧道竖井的开挖与一般方法的差异较大。竖井的开挖深度相当于隧道的深度，一般情况下属深层开挖，开挖时间较长，作业较为集中。竖井的设计原则应在满足各项技术指标的前提下，尽量考虑对盾构隧道施工方便、有利的原则。

近年来，伴随城市地下铁道、上下水道、电力电缆、通信电缆、气体管道、地下雨水蓄水池、地下油罐等多种地下设施发展的需求，使竖井在技术上向着大深度、大规模、多样

化、高精度、高可靠性的方向发展。此外，由于绝大多数的隧道的路线是沿着道路下方布设的，所以就竖井的施工而言，通常是在地表交通拥挤、地下埋设物密集的不利条件下进行的。这对竖井施工来说是一个苛刻的条件。因此，竖井的施工不仅要保证竖井的大深度、大规模、多样化、高精度、高可靠性等技术要求，同时还要满足客观要求。如施工中不能过多地封道中断交通，即场地受限；施工中排放的污水或地下水不能污染公用水源，不能危害周围的动植物；施工中开挖土层或抽取地下水时，不能给周围地层带来大的沉降，影响周围构造物的安全，不能对周围井水的水位有影响，更不允许使井水干涸；施工产生的噪声、振动不能超过规范标准。

就竖井的施工技术而言，近年来涌现了多种新的施工方法，如SMW工法（Soil Mixing Wall——劲性水泥土搅拌桩法）、钢制地下连续墙工法、地锚反力压入工法、自动化开口沉井工法、自动回收挖土机械的无人压气沉箱工法、球体盾构竖井构筑工法等。

近年来，推出了盾构刀具直接切削井壁的进井、出井的新技术。这一新技术的关键是竖井井壁上的盾构进、出部位，必须在保证正常井壁功能及不损伤刀具寿命的前提下，可以直接切削。实现上述目的的方法有两种：一是进、出井部位的井壁用可以直接掘削的新材料制作；二是利用电蚀效应溶解井壁中的钢筋芯材，使其芯材劣化达到可用盾构机刀具直接掘削的程度，即电蚀直接进、出洞工法。

1. 竖井分类

竖井按其使用目的可分为始发竖井（也称进洞竖井）、到达竖井（出洞竖井）、中间竖井（包括变向竖井、换刀检修竖井等）。

（1）始发竖井。始发竖井即始发盾构机的竖井，从地表把盾构机的分解件及附属设备搬入始发竖井，然后在井内组装盾构，设置反力装置和盾构始发导口。始发竖井的另一个功能是运输存放盾构在始发掘削中需要的各种器械及材料的基地。也可以说，始发竖井及其周围的场地是一个停放出土设备、起吊设备、管片编组、各种机电设备、背后注浆设备、原材料等的场地。

在用地无限制的情况下，从功能上讲，始发竖井越大越好。而竖井越大，其成本也越高，故通常以满足所需最小功能为条件确定其内空尺寸。但是，也不能机械地按上述功能条件的计算结果确定尺寸，还必须考虑作业人员的作业空间的余度和作业安全、盾构隧道覆盖土层的厚度、始发方法等多种因素。

（2）到达竖井。两条盾构隧道的连接方式，有到达竖井连接方式和两台盾构机彼此地中对接两种。其中，地下对接方式仅在对接部位处于水中（水中筑造竖井难度大）或地表无法安排竖井用地的特殊情形下选用，通常是采用到达竖井的连接方式。

通常竖井的布设间隔多定在1000m左右，该距离不仅适用于盾构的掘削能力（刀具寿命），同时，隧道和地表的沟通（例如人孔、通风孔、阀箱、站等的设置距离）也多选用该距离。因此，盾构的到达竖井不仅起盾构洞道的连接作用，同时还可在该竖井中设置上述设施，这种一井多用的情况很多。由上述讨论不难发现，对于决定到达竖井大小的因素来说，不仅要考虑接收盾构机的场地的大小，还应考虑安装上述各种设施的空间，必须选取两者中较大的数据。另外，还必须满足到达竖井的内空宽度（即与盾构轴线垂直的方向）比盾构机的外径大的条件。

(3) 中间竖井。对路线中途改变掘进方向的竖井称为中间竖井或旋转竖井，其功能是用来改变隧道的方向。随着近年来小曲率半径急弯施工技术的进步，需求中间竖井的情形正在减少。

由于盾构机要在旋转竖井内实现到达、始发，所以到达方向的内空尺寸及始发方向的内空尺寸均应满足要求。当不能用吊车旋转大口径盾构机的方向时，因为需在竖井内用千斤顶旋转盾构机的方向，所以必须充分考虑确保机械旋转的空间。

2. 竖井构筑方法

(1) 竖井的构筑工法。其大致上可分为挡土墙开挖工法、沉井沉箱工法和球体盾构工法三大类。

1) 先筑挡土墙后开挖工法。又可细分为钢板桩法、钢管桩法和 SMW 挡土墙法。

2) 井筒分节浇注边挖边下沉工法。又可分为沉井法和沉箱法两类。

3) 球体盾构工法。

(2) 挡土墙开挖工法竖井的构筑。

1) 挡土墙。作为竖井的挡土墙而言，因竖井属深开挖大型构造物，故多数情况下使用地下连续墙和钢管桩等刚性高的墙体。近年来 SMW 墙因成本较低，其应用实例也在逐步增加。因地层状况、地下水的有无等因素的不同，通常按地下 30m 处确定其止水性的要求选用挡土墙。

另外，竖井属深开挖工程，所以必须确保预定竖直精度问题。与此同时，市区施工时往往作业用地受到限制。为此，施工前必须充分研讨使用的机械、施工顺序，选定满足施工条件的挡土墙。

2) 支承。为了确保作业空间，挡土墙支撑的水平、竖直间隔都较大。支承构造的配置必须同时满足施工性和安全性的要求。

3) 开挖。竖井的开挖与一般的开挖工程不同，它是在狭窄筒形空间内的独立的深开挖。因此，周围的地下水向井内集中是必然的，所以开挖前必须制定好防止涌水的措施。

4) 井筒构筑。在把竖井作为盾构水平推进的作业基地利用时，作为永久构造物而必须的隔板和承柱，必须在盾构始发后构筑。构筑时也必须把作业空间控制到最小，其余构件应在盾构掘进的同时进行构筑。

有关沉井工法竖井及沉箱工法竖井的构筑请参见有关专著。球体盾构工法竖井的详细情况由于篇幅有限，在此不作叙述。

7.3.2 盾构机的始发与到达

1. 盾构机的始发

(1) 始发工法的分类。根据拆除临时挡土墙方法和防止掘削面地层坍塌方法的不同，始发工法有以下几种类型如图 7-24 所示。

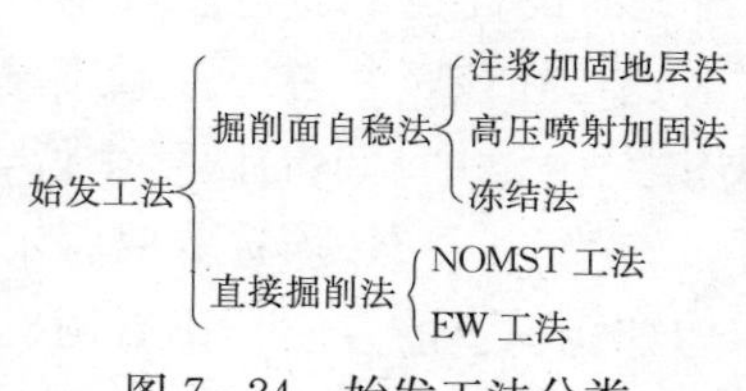

图 7-24 始发工法分类

掘削面自稳法，是采取加固措施使掘削地层自稳，随后将盾构机贯入加固过的自稳地层中掘进。加固方法采用较多的有注浆加固法、高压喷射法、冻结法。

NOMST 工法和 EW 工法，是可以用盾构刀具直接掘削始发的工法。NOMST 工法的特点是始发井墙体材料特殊，可用刀具直接掘削，但不损破刀具。NOMST 工法始发作业简单，无需辅助工法，安全性、可靠性好。EW 工法的原理是盾构始发前，通过电蚀手段，把挡土墙中的芯材工字钢腐蚀掉，给盾构直接始发掘削带来方便，优点与 NOMST 工法相同。

始发作业，可以单独选用图 7-25 中的任何一种工法，也可选用其组合工法。具体选用哪种工法，取决于地质、地下水、覆盖层、盾构直径、盾构机型、施工环境等因素，同时还应考虑安全性、施工性、成本、进度等要求。

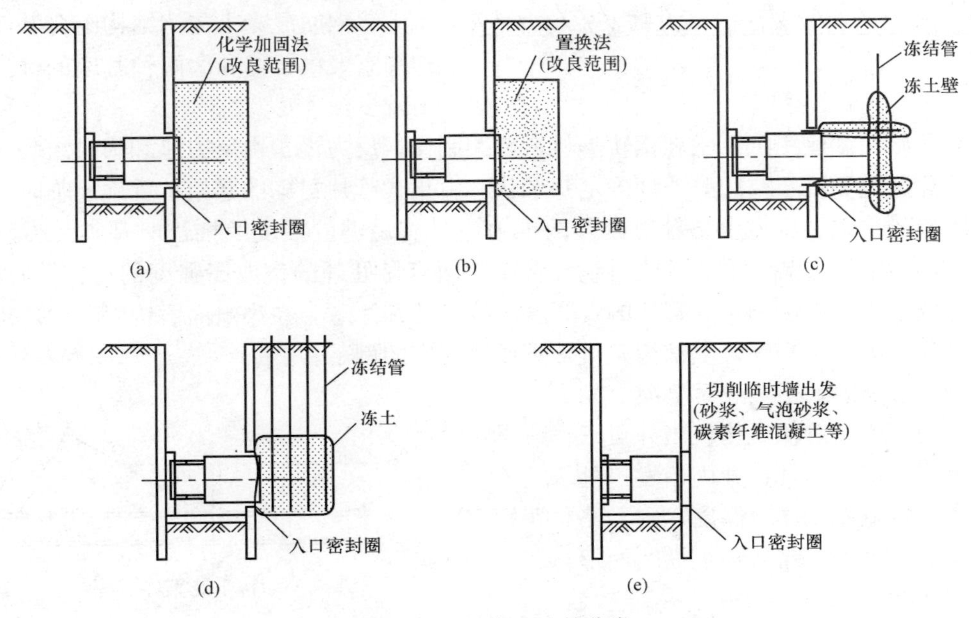

图 7-25　始发工法的分类

(a) 化学加固法；(b) 置换法；(c) 冻结法（水平钻孔）；
(d) 冻结法（垂直钻孔）；(e) 切削临时墙法

(2) 始发设备。盾构机始发的设备，包括始发基座、反力座、临时组装管环、入口及密封圈垫，如图 7-26 所示。下面对其功能和构成作简单的介绍。

1) 始发基座、反力座、临时组装管环。始发基座的任务是可在其上组装盾构机和支承组装好的盾构机，并且可使盾构机处于理想的预定始发位置（高度、方向）上，且可确保盾构机的始发掘进稳定。所以要求基座的结构合理（可以确保组装作业的施工性）；构件刚度好、强度高、不易损坏（承托几百吨重的盾构机）；与竖井底板固定要牢靠、晃动变位小（确保盾构机位置稳定、确保推进轴线始终与设计轴线重合）。

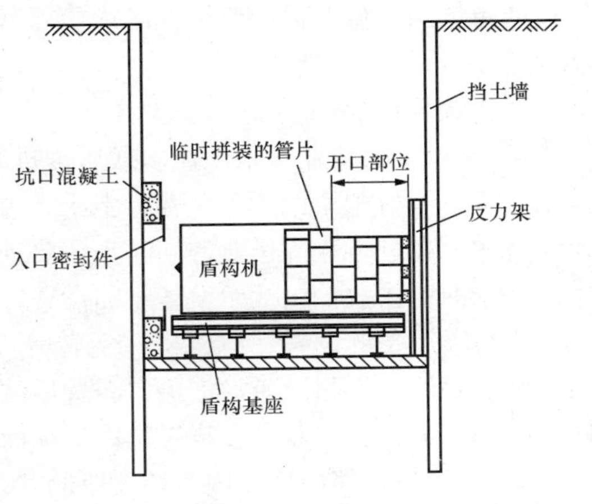

图 7-26　始发设备

盾构基座有如下三种形式：

①钢筋混凝土盾构基座。这种基座的断面示意图如图 7-27 所示。通常是多块钢筋混凝土构造物的组合体，有现浇式和预制件拼接式两种，其优点是结构稳定、抗压性能好。

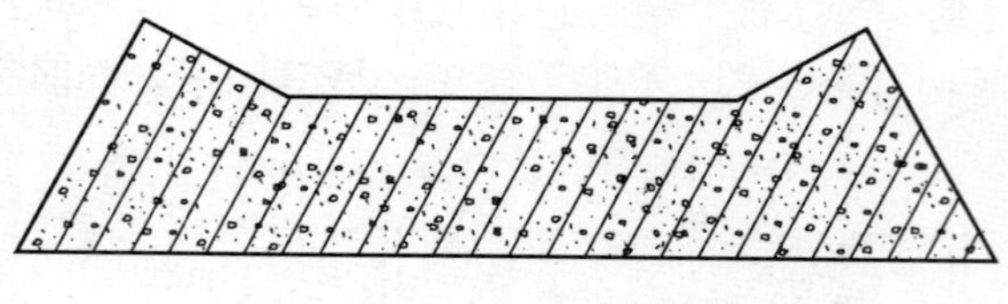

图 7-27 预制混凝土基座

②钢结构基座。钢结构始发基座有现场拼接式和平底整体安装式（图 7-28）两种，其优点是加工周期短、适应性强。

③钢筋混凝土与钢结构组合基座。这种基座聚集了①和②两种基座的优点，使用较多。

通常，始发基座用工字钢和钢轨等材料装配制作。反力设备由反力座和临时组装管环构成，由管片运进和排土空间等条件确定其形状，由正式管片衬砌的起始位置确定临时组装管环、反力座的位置。反力设备针对必须的推力应具有足够的强度及推进时基本无变形的刚度，通常用工字钢安装反力座。临时组装管环使用容易处理的钢或高强度的铸钢管片拼接。临时管片的组装精度影响正式管片的真圆度，故应特别注意。在小断面盾构工程中，也有临时组装管环只组装下半环，上部为开口，不设反力座的例子。

2）始发入口及入口密封垫圈。始发入口是指，为了确保盾构机出井贯入地层的轴线精度，通常在井内始发口处构筑一个一定宽度、一定厚度、内径略大于盾构机外径的，与盾构机纵断面形状相同的筒状物。该筒状物与井壁连接在一起即为始发导口。始发导口的作用是限制盾构机的掘削摆动，确保盾构机的位置精度。

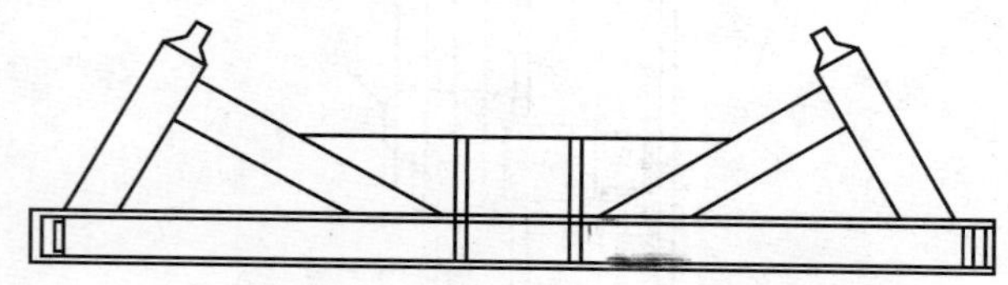

图 7-28 钢结构平底整体基座

导口密封垫圈是填充在导口与盾构机或导口与管环间隙中的垫圈，其作用是止水，以便确保施工的可靠性和安全性。盾构机开始推进后，可对掘削面加压，盾构机尾部通过之后，即可进行背后注浆，尽早稳定导口。特别是泥水盾构始发后，必须保持泥水压力。为了不使导口密封垫圈发生破损和反转，必须要周密地考虑盾构机始发口的净空和垫圈的质材、形状及尺寸。

（3）始发作业。

1）始发准备作业。采用泥水式盾构机时，需配备泥水处理设备、泥水输送设备、背后注浆设备、器材搬运设备等。若为土压式盾构机，需配备出土设备、背后注浆设备、器材搬运设备等。在进行这些作业的同时，还要进行始发准备作业。

始发准备作业，包括始发基座的设置、盾构机的组装、导口密封垫圈的安装、反力座的设置、后续设备的设置、盾构机试运转等。若采用拆除临时挡土墙随后盾构掘进的始发方式，则需对地层加固。通常把出口、背后注浆等设备设置，始发准备作业及地层加固集中在同一时期内进行。作业内容将视具体情况而定，并应注意作业规划和进度管理。

2）拆除临时挡土墙。因为始发口的开口作业易造成地层坍塌、地下水涌入，故拆除临时挡土墙前要确认地层自稳、止水等状况，应本着对土体扰动小的原则，把挡土墙分成多个小块，从上往下逐个依次拆除。拆除时应注意在盾构机前面进行及时支护，拆除作业要迅速、连续。

3）掘进。挡土墙始发口拆除后，应立即推进盾构机。若采用泥水盾构机，由于临时墙残渣会堵塞泥水循环，故必须在确认障碍物已清除干净后才能推进。

盾构机贯入地层后，对掘削面加压，监视导口密封垫圈状况的同时缓慢提高压力，直到预定压力值。盾构机尾部通过导口密封垫圈时，因密封垫圈易成反转状态，所以应密切监视。同时盾构应低速推进，盾构机通过导口后，进行壁后注浆，稳定洞口。

2. 盾构机的到达

（1）需事前考虑的有关事项。

1）是否需要事前加固到达部位近旁地层及设置出口密封圈。

2）为了确保盾构机按规定计划路线顺利到达预定位置，需要认真讨论测定盾构位置的方法和隧道内外的联络方法。

3）讨论低速推进的起始位置、慢速推进的范围。

4）讨论泥水盾构泥水减压的起始位置。

5）讨论盾构推进到位时，由于推力的影响是否需要在竖井内侧井壁到达口处采取支护等措施。

6）讨论掘削到达面的方法及其起始时间。

7）认真考虑防止从盾构机外壳板和到达面间的间隙涌水、涌砂的措施。

8）盾构机停止推进的位置的讨论。

9）讨论到达部位周围的背后注浆工法。

10）应周密地考虑拉出盾构机到井内时的盾构承台等临时设备的配备及设置状况。

（2）到达工法。盾构机的到达工法有两种，一种是盾构机到达后拆除到达竖井的挡土墙再推进；另一种是事先拆除挡土墙，再推进到指定位置。

1）盾构机到达后拆除挡土墙再推进的工法。该方法是将盾构机推进到到达竖井的挡土墙外，利用地层加固使地层自稳，同时拆除挡土墙，再将盾构机推进到指定位置。

该方法拆除挡土墙时，盾构机刀盘与到达竖井间的间隙小，故自稳性强，但由于工序少，施工性好，而被广泛采用。因盾构机再推进时地层易发生坍塌，所以多用于地层稳定性好的中小断面盾构工程。

2）盾构机到达前拆除挡土墙再到达的工法。该工法事先要拆除挡土墙，所以要在拆除前进行高强度的地层加固，在井内构筑易拆除的钢制隔墙；然后从下至上拆除挡土墙，用水泥土或贫配比砂浆顺次充填地层及加固体与隔墙间的空隙，完全换成水泥土或贫配比砂浆后，将盾构机推进到隔墙前，拆除隔墙，完成到达。

因该工法不让盾构机再次推进，有防止地层坍塌的效果，洞口防渗性地也很强，但地层加固的规模增大，而且必须设置隔墙，故扩大了到达准备作业的规模。这种方法多在大断面盾构工程中使用。

（3）到达作业。

1）到达竖井前的掘进。到达之前，要充分地进行基线测量，以确保盾构机的准确到位。

由于必须在到达口的允许范围内贯入，所以应精确测量各管环，保证线形无误。

盾构机至到达口跟前时，挡土墙易发生形变，对于特别容易变形的板桩之类的挡土墙，应事先进行加固防止对盾构机推力的影响。加固方法一般采用从竖井内用工字钢支承，或构筑埋入临时支承梁。假如盾构机的掘削面靠近到达竖井，对竖井挡土墙的状态要经常进行观测，控制盾构机的推进，特别是掘削面压力急剧下降时易导致坍塌，故需综合考虑盾构机的位置、地层加固的范围、挡土墙的位移、地表面沉陷等因素，来确定掘削面的压力。

2）盾构机的到达。由于刀具不能旋转或推力上升等机械操作方面的变化，虽然能察觉已到达临时墙，仍应从到达竖井的临时墙钻孔和测量来确定盾构机的位置，再确定是否停止推进。停止推进后，为防止临时墙拆除后漏水，应仔细进行壁后注浆施工。

3）临时墙的拆除。拆除临时墙前，在临时墙上开几个检查口，以确认地层状况和盾构机到达位置。临时墙的拆除与始发相同，地层的自稳性可随着时间而变化，故作业必须迅速进行，力求稳定地层。特别是在拆去了临时墙将盾构机向竖井内推进时，应仔细监视地层状况，谨慎施工。

（4）声波盾构机到达定位系统。盾构工法施工中，有时必须要确定盾构的现场位置。这里介绍一种新的定位方法，即声波定位法。

声波定位法，即利用声波（AE）传感器检测接近到达地点时盾构机刀盘的掘削声音，解析该掘削声音的变化状况，正确地掌握盾构机的现场位置。具体方法是在盾构机预定到达位置的地中设置上、下、左、右 4 条内藏 AE 传感器的探测管，当盾构机到达时，若位置不发生偏离，则 4 个声音传感器检测到的输出波形（振幅）相同；若位置发生偏离，4 个声音传感器的检测波形（振幅）不同，靠近盾构机的传感器的波形振幅大，进而可由振幅的差异推断盾构机的现场位置。

7.3.3 开挖与推进

1. *盾构开挖*

盾构法开挖分为挤压式开挖、敞胸式开挖和封闭切削式开挖三种方式。这里重点介绍封闭切削式开挖。

这类盾构有泥水加压盾构和土压平衡式盾构。近年来用泥水加压盾构代替气压盾构施工，克服了气压施工的弊病，如地下水流动引起的地面沉降、作业人员的减压病，覆土深、气压太高无法施工；覆土浅则要漏气、地表隆起等。特别是开挖、出泥土可以全部实现机械化，用管道水力输送方式送往地面处理，改善了施工条件，加快了施工速度，故获得世界各国的广泛应用。

泥水加压盾构是将具有一定压力的泥水，压入密封舱内，使其压力始终高于地下水压力，这样就保持了开挖面稳定的基本条件。另外开挖面的大刀盘，当其不能转动切土时，成为一个大型的正面支撑板，和泥浆膜一起增加了开挖面的稳定性。

泥水加压盾构泥水处理系统可以采用泥水循环系统和自然沉淀或自然沉淀与药品沉淀相结合的方式对泥水进行处理。泥水从泥水池用泥浆泵通过进浆管送至密封舱内。刀盘切削下来的泥土经刀盘本身及搅拌器与工作泥水混合，使泥水比重从 γ_1 增大至 γ_2。变稠了的泥水用泥浆泵排出，随着隧道长度增加，中间设立中继泵接力送至地面进行泥水处理。其处理过程为：首先经过分粒器，分离出尽可能多的土砂，然后进入一次沉淀池自然沉淀；对漫过一次沉淀池的泥水添加药品进入二次沉淀池进行药品沉淀。分粒器分出的泥土直接用输送带运走，一次沉淀池用挖泥机排出，二次沉淀池的絮凝物用特制网眼的戽斗运输机运走。剩水可再循环使用，可节约大量的用水费用等。

封闭切削开挖方式，主要靠安装在盾构前端的刀盘的转动在隧道全断面连续切削土体，形成开挖面。封闭切削开挖是在对开挖面进行全封闭状态下进行的，其刀盘在不转动切土时正面支护开挖面而防止坍塌。封闭切削开挖适合自稳性较差的土层，但在弯道施工或纠偏时不如敞口式盾构便于超挖，清除障碍物也较困难。但密封切削开挖施工速度较快，机械化程度较高。

2. 盾构推进

盾构脱离始发井的导轨进入地层后，随着工作面的不断开挖，盾构也不断向前推进。盾构推进过程中应保证其中轴线与隧道设计中心线的偏差控制在规定范围内。而导致盾构偏离隧道中线的因素有很多，如土质不均匀，地层中有孤石等障碍物造成开挖面四周阻力不一致，盾构伸出的千斤顶的顶力不一致，盾构重心偏于一侧；还有因衬砌环缝的防水材料压密度不一致，累积起来会导致后座面不平整等。这些因素会使盾构推进轨迹变成蛇行一样左右偏差或时起时伏等。因此，在盾构推进过程中要随时精确测量，了解偏差量并及时纠偏。由于盾构是一个很笨重的机具，所以纠偏盾构的位置是一个较复杂的问题。目前，盾构操纵与纠偏主要通过采取以下几个方面的措施来综合控制。

（1）正确调整盾构千斤顶工作组合。每个盾构的四周均匀布置有几十个千斤顶承担盾构推进，一般应对这些千斤顶给予分组编号，进行工作组合。在施工中，每次推进后应测量盾构轴线在地下空间的位置（方位），再根据每次纠偏量的要求，决定下次推进时启动哪些编号的千斤顶和要停开哪些编号千斤顶，一般停开偏离方向相反的千斤顶。如果盾构已右偏，则应向左纠偏，故停开左边千斤顶、开启右边的千斤顶。停开的千斤顶应尽量少，以利提高推进速度，减少液压设备的超负荷而损坏。由于纠偏常常是平面位置与高程均需要纠偏，因此重点要确定停开偏离方位处的几只千斤顶。如盾构叩头就应将盾构先予以抬高，抬高的数量应是很有限的，一般是抬高 2～3cm，以免引起衬砌拼装的困难和对地层过大的扰动。

（2）盾构推进纵坡和曲线控制。盾构推进时的纵坡和曲线段施工，是靠调整千斤顶的工作组合来控制。纵坡控制的目的是纠正其高程与隧道设计高程的偏差。一般要求每次推进结束时，盾构纵坡也尽量接近隧道设计纵坡及设计高程和方位。其中在稳坡推进时，能保证每环推进中盾构纵坡最好始终不变；变坡推进，盾构每推进一环时，先压后抬和先抬后压分别适用于高程偏高和偏低的情况，但应尽量少采用为宜。

（3）调整开挖面的阻力。调整开挖面的阻力也能获得较好的纠偏效果。调整方法应根据开挖方式的不同而不同：如敞胸式开挖，可用超挖或欠挖来调整；挤压盾构，可用调整进土孔位置及开孔率来实现；封闭切削式开挖，可通过切削刀盘上的超挖刀与伸出盾构外壳的翼状阻力板来改变阻力，达到纠偏目的。

（4）控制盾构自转。盾构在施工过程中，由于受各种因素的影响，将会产生绕盾构本身轴线的自转（旋转）现象。严重时会对液压系统的运转、对盾构的操纵与推进及拼装衬砌、对隧道施工测量及各种设备的正常运转带来严重的影响。盾构产生旋转的主要原因有盾构重心不通过轴线；施工时对某一方位的超挖环数过多；大型旋转设备（如举重臂、切削刀盘和转盘旋转等）旋转而引起的。控制盾构自转的方法是在盾构旋转方向的反方向一侧增加压重，可从十几吨到几十吨，乃至上百吨重压。此外，在盾构两侧安装水平阻力板和稳定器，控制盾构自转；还可常改变大设备的转向及调换拼装衬砌左右程序，也有一定效果。

盾构达到隧道终点进入竖井（到达井）时，应注意的问题与加固地层的方法与始发井（拼装井）相同，并应在盾构尚距离终点一定距离处，检查盾构的方向、平面位置、纵向位置及高程等，并慎重加以修正后，再小心推进直至拆卸竖井挡土墙为止。否则，会产生盾构中心线与隧道中心线偏差过多等，引起严重的错位现象。

另外，用挤压式盾构开挖时，会产生盾构后退现象而导致地表沉降，因此施工时务必采取有效措施防止盾构后退。根据实践经验，在每环推进结束后采取维持顶力方法，使盾构不前进的屏压保持 5～10min，一般可以有效地防止盾构发生后退。在盾构尾部拼装衬砌管片时，要使一定数量千斤顶轴对称地轮流维持顶力，也可以获得防止盾构后退的效果。

7.4 盾构衬砌施工

7.4.1 衬砌施工

盾构法修建隧道常用的衬砌有预制装配式衬砌、挤压混凝土衬砌、预制装配式衬砌和模筑钢筋混凝土整体式衬砌相结合的复合式衬砌，其中以预制装配式衬砌采用得最多。因此，这里只介绍预制装配式衬砌的施工。

隧道预制装配式衬砌是采用预制管片，随着盾构推进，在盾构尾部盾壳保护下的空间内进行管片衬砌拼装，即在盾尾依次拼装衬砌环，由衬砌环纵向依次连接而成隧道的衬砌结构。预制管片的种类和型式很多，按预制材料分有铸铁管片、钢管片、钢筋混凝土管片、钢与钢筋混凝土组合管片；按结构型式分有平板型管片（图 7-29）、箱型管片（图 7-30）。

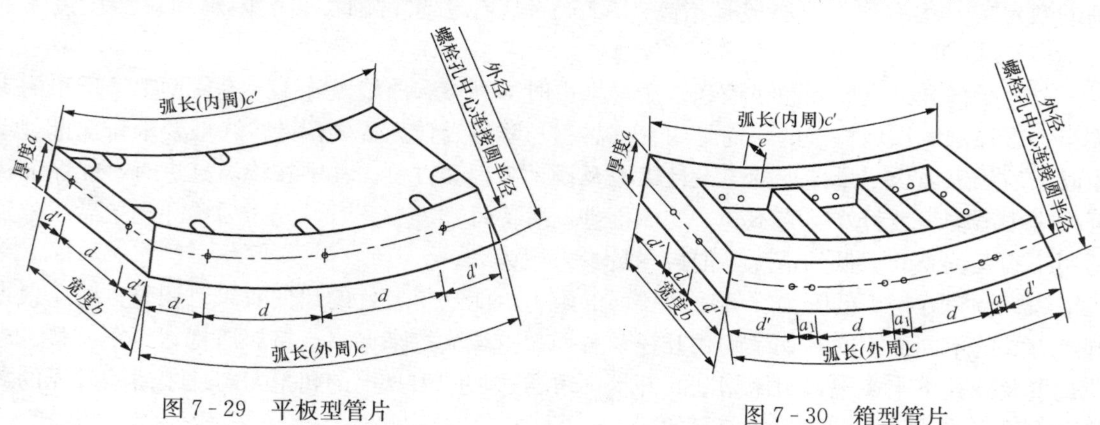

图 7-29 平板型管片

图 7-30 箱型管片

通常根据衬砌结构受力及使用要求确定盾构衬砌型式及拼装方法，可区分为举重臂拼装或拱托架拼装。拱托架比隧道衬砌内径略小，呈半圆或稍大于半圆的弧形钢制构架，上有一些滑轮，千斤顶、钢丝绳和卷扬机将管片牵引运到架子上面，再用千斤顶顶到设计位置。上述两种拼装又分别有通缝拼装（管片的纵缝环环对整齐）或错缝拼装（利用衬砌本身来传递圆环内力，一般环间错开 1/2～1/3 管片宽度）。管片接头一般可用螺栓连接。但有的平板型管片不用螺栓连接，而采用榫槽式接头或球铰式接头。这种不采用螺栓连接的管片也称砌块。管片衬砌环一般分标准管片、封顶管片和邻接管片三种，转弯处加楔形管片。

管片通缝拼装施工方便，但受力较差；错缝拼装较麻烦，但受力较好。管片拼装主要应解决管片或砌块的运送、就位、成环及作好衬砌防水等。为此，首先应做好准备工作和检查工作，如举重臂的安全检查、管片质量检查（检查外观、形状、裂纹、破损、止水槽有无异物、尺寸误差是否符合要求等）、拼装车架的配合、盾构底部的清洗、防止盾构拼装时的后退、有关材料（如螺栓、螺帽、垫圈及扳手）的准备等，并按预定位置放好，以提高拼装衬砌施工速度。

管片拼装方法按其程序可分为“先纵后环”和“先环后纵”两种。先纵后环程序是，管片按先底部、后两侧、再封顶的次序拼装，逐次安装成环，每装一块管片，对应千斤顶就伸缩一次。先环后纵程序是，管片依次安装成环后，盾构千斤顶一齐伸出，将衬砌环推向已完成的隧道衬砌，进行纵向连接。先环后纵法较少采用，尤其在推进阻力较大盾构后退的情况下更不宜采用。管片拼装结束后，应拧紧每个连接螺栓和检查安装好的衬砌环是否保圆，必要时用真圆保持器进行调整，以保证下一拼装工序顺利进行。盾构推进时的推力反复作用在临近几个衬砌环上，容易引起已拧紧的螺栓松动，因此必须对受推力影响消失的衬砌环进行第二次螺栓拧紧工作，以保证管片的紧密连接及防水要求。

7.4.2 衬砌防水

虽然国内外已建成大量地下工程和地铁隧道，也形成了较成熟的结构设计计算理论与工程实践体系，但是在隧道及地下工程的防水方面认识则相对落后。隧道经过含水量较高的地层（如上海地铁所处地层大多为饱和含水软粘土层），必将受到地下水的有害作用。如果没有可靠的防水、堵漏措施，地下水就会侵入隧道，影响其内部结构与附属管线，甚至危害到地铁的运营和降低隧道使用寿命。

1. 漏水的原因

引起隧道渗漏水的原因主要是由防水材质不良或违反操作规程造成的，如在制作管片选定的混凝土的配合比、水泥用量、入模温度、浇捣顺序、养护时间和条件等环节上出现失误，表面出现收缩开裂；在吊装、运输、拼装过程中操作不当，造成管片丢角、损边，甚至出现贯穿性裂缝；拼装成隧道后，管片自动防水达不到设计要求的抗渗等级等。

实践证明，密封垫材料性能极大地影响接缝防水的效果，因此对它要有严格的控制要求。尤其是对防水功能的耐久性更应严格控制，要使密封垫能长时间保持接触面应力不松弛。密封垫材料的主要物理力学性能指标有耐水性、耐动力疲劳性、耐干湿疲劳性、耐化学腐蚀性等，对水膨胀橡胶还要求能长期保持其膨胀压力。这些性能指标要与隧道施工和运营的情况、沉降变形、接缝开张度等相适应。有些厂家的产品性能不稳定，在施工过程中过早地受到水的浸泡，致使遇水膨胀性能受影响，从而影响止水效果。止水带制作安装误差和粘贴密合程度也影响材料的防水性能。

在施工中操作不当引起管片间缝隙产生渗漏的原因有多种，其结果都导致了止水带之间以及止水带与管片之间的粘结性和压应力不够，从而引起漏水。归纳为以下几点：

(1) 在推进过程中，盾构与管片姿态不好会造成管片拼装困难，影响管片的拼装质量，致使管片间错位、有台阶差，相邻管片不在同一圆弧面上，因此减少了止水橡胶的有效止水面积。

(2) 盾构与管片相对位置不好常常会使管片发生碎裂，发生止水带掉落现象，由于盾构推进的特殊性，不能很好地进行及时处理，使得相邻止水带不能正常吻合压紧，从而引起漏水。

(3) 盾尾与管片之间间隙过大，盾尾密封失效引起漏浆，在处理过程中未能将管片上的泥浆清理干净，致使管片、止水带间夹有泥沙。

(4) 管片间的对拉螺栓在拼装后，出于进度考虑，不等拧紧就向前推进，在一定程度上引起环缝的扩张（尤其在纠偏时），使得管片间呈松弛状态。

(5) 在竖曲线推进或纠偏时加贴石棉楔子，相应地增加了环缝间隙。

(6) 管片的制作精度误差，导致拼装环、纵缝间隙超过设计标准。

(7) 压浆量不足引起隧道后期产生较大的沉降变形而漏水。

(8) 手孔、螺栓孔、注浆孔等薄弱部位未加防水垫片，封孔施工质量差。

2. 防水处理原则

在饱和含水软土地层中隧道的防水原则为：以防为主，多道防线，综合治理。所谓的综合治理是指不但要从防水的设计、施工着手，还要从衬砌的结构设计、管片拼装质量和控制隧道后期不均匀沉降等多方面进行综合治理。其中包括：

(1) 衬砌接缝防水。

(2) 管片自防水、管片外防水、螺栓密封、嵌缝止水的处理。

(3) 管片制作的强度、精度、盾构施工拼装质量及其他现场管理等方面的综合治理。

3. 一次衬砌的止水措施

盾构法隧道渗漏水容易出现在管片自身小裂缝、管片的接缝、注浆孔和手孔等处，其中以管片自身小裂缝和管片的接缝处渗漏水较多。因此，盾构法隧道防水主要是解决管片本身的防水和管片接缝的防水问题。

(1) 管片结构的自防水。盾构法区间隧道在含水地层内，要防止地下水的渗入。首先要做到结构自防水。其主要方法是管片材料采用防水混凝土。防水混凝土是一种通过调整配合比，或者是掺入少量防水剂、减水剂、加气剂、密实剂、早强剂、膨胀剂等外加剂的途径来改善混凝土本身的密实性，补偿混凝土的收缩，增加抗裂性和抗渗性的混凝土。实际上混凝土强度等级越高，抗渗号越高，单位水泥用量越多，其结果是水化热增高，收缩量加大，从而导致裂缝的产生。因此必须合理地选择混凝土的强度等级、抗渗号和外加剂。

(2) 提高管片的制作精度。对于装配式钢筋混凝土管片防水，根据国内外隧道施工实践，采用高精度钢模来提高管片精度是很重要的环节。如果衬砌管片制作精度差，加上衬砌拼装的累计误差，将会导致衬砌接缝不密贴而出现较大的初始缝隙，此时如果接缝防水材料的弹性变形量不能适应缝隙要求就会出现漏水。另外，衬砌制作精度不够时，衬砌容易在盾构推进时被顶碎和崩落，从而导致漏水。要生产出高精度的钢筋混凝土管片，就必须有一个高精度的钢模。

(3) 管片外防水涂层。影响钢筋混凝土结构寿命的主要因素是钢筋的锈蚀。钢筋在混凝土的碱性环境中一般是不会生锈的，除非混凝土表面的碳化程度已达到保护层的厚度。埋设于地下的钢筋混凝土结构物，由于地下水中富含硫酸根或氯离子，会使混凝土本身受到损坏。所以管片的外防水涂层在很大程度上是必要的。

(4) 管片接缝防水堵漏。管片接缝防水包括管片间的弹性密封垫防水、隧道内侧相邻管片间的嵌缝防水以及必要时向接缝内注浆等。其中弹性密封垫防水是最重要也是最可靠的，是接缝防水的重点。此时要考虑管片制作精度对接缝防水的影响，一般要求缝宽度不大于1.5cm。

1) 弹性密封垫防水。

①弹性密封垫的功能要求。要求弹性密封垫能承受实际最大水压的3倍。衬砌环缝的密封垫还应在衬砌产生纵向变形时，保持在规定水压力作用下不渗漏水，即密封垫在设计水压力下的允许张开值应大于衬砌在产生纵向挠曲时环缝的张开值。

同时，还要求密封垫传给密封槽接触面的应力大于设计水压力。接触面应力是由扭紧连接螺栓、盾构千斤顶推力、密封垫膨胀等因素产生的。另外，当密封垫一侧受压力作用时也会产生一定的接触面应力，即所谓的“自封作用”。

②密封垫材料要求。实践证明，密封垫的材料性能极大地影响接缝防水的短期或长期效果，尤其是对防水功能的耐久性，即要求密封垫能长时间保持接触面应力不松弛。其他耐久性要求则包括耐水性、耐疲劳性、耐干湿疲劳性、耐化学腐蚀性等。对水膨胀橡胶还要求能长期保持其膨胀压力。密封垫材料之间以及密封材料与管片之间应有足够的粘结性，而且不能影响管片的拼装精度，施工还要方便。

2) 嵌缝防水堵漏。嵌缝防水即在管片内侧嵌缝槽内设置嵌缝材料，构成接缝防水的第二道防线。

嵌缝槽的形状要考虑拱顶嵌缝时，不致使填料坠落、流淌，因而通常设计为口窄肚宽。嵌缝材料应具有良好的水密性、耐侵蚀性、伸缩复原性、硬化时间短、收缩小、便于施工等特性。满足上述要求的材料有环氧类、聚硫橡胶类、尿素树脂类为主的材料。下面是几种嵌缝槽形式，如图7-31所示。

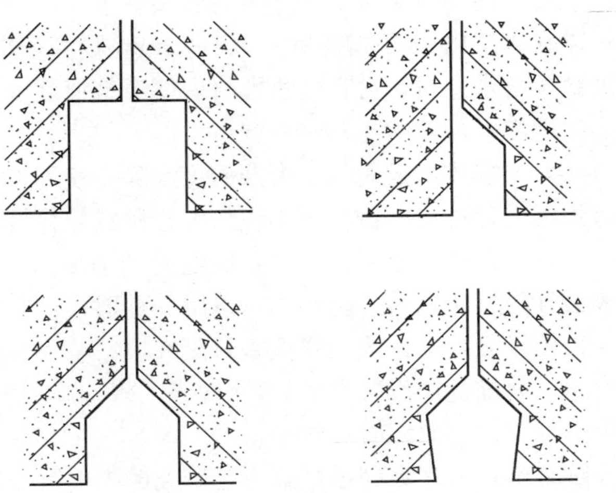
图7-31 管片嵌缝槽构造形式

变形缝的嵌缝槽形状和填料必须满足在变形情况下，也能止水的要求。

嵌缝作业应在衬砌变形稳定后，在无千斤顶推力影响的范围内进行。嵌缝前要将嵌缝槽内的油、锈、水清除干净，必要时用喷灯烘干，不得在渗水情况下施工，应在涂刷底层涂料后再进行填塞填料和捣实。嵌缝要特别注意拱顶90°范围内的嵌填质量，因为此处在运营后无法补救。

3）接缝处注浆堵漏。接缝处的防水堵漏应遵循先易后难、先上下后两边的原则，尽量用嵌缝法堵漏。对于渗漏严重的地方，仅用嵌缝不够时，就要进行注浆。即在渗漏严重的接缝处先用电钻打一直径为5mm的小孔，插入塑料细导管引排渗漏水，同时插入另一根注浆管，通过注浆管向外注浆，当确认不渗漏水时剪除注浆管。注浆深度一般为15cm，渗漏严重时可达35cm，也就是把管片打穿。注浆材料可采用聚氨酯浆材、丙烯酰胺（或丙烯酸盐）超细水泥浆材或者两者的复合材料以及水泥、水玻璃为其化学注浆材料。

4）螺栓孔和压浆孔堵漏。螺栓与螺栓孔或压浆孔之间的装配间隙也是渗漏多发处，所采用的堵漏措施就是用塑性（合成树脂类、石棉沥青或铅）和弹性（橡胶或聚氨酯水膨胀橡胶等）密封圈垫，在拧紧螺栓时，密封圈受挤压变形充填在螺栓和孔壁之间，达到止水效果。另一种方法是采用一种塑料螺栓孔套管，浇筑混凝土预埋在管片内，与密封垫圈结合起来使用，防水效果更佳。密封圈应具有良好的伸缩性、水密性、耐螺栓拧紧力、耐老化等。为提高止水效果，螺栓孔口可作成喇叭状。由于螺栓垫圈会产生蠕变而松弛，为提高止水效果，可对螺栓进行二次拧紧。施工时若有必要也可对螺栓孔进行注浆。

5）管片表面裂纹的堵漏。当管片表面有裂纹渗漏时，常常先用环氧树脂粘牢裂纹，再外涂防水砂浆。

4. 二次衬砌的止水措施

在管片的上述接缝防水措施不能完全满足止水要求时，可在外层装配式衬砌已趋于基本稳定时，在其内侧再浇筑一层素混凝土或钢筋混凝土二次衬砌，构成双层（或称复合式）衬砌。

双层衬砌的防水等级应较第一层衬砌的防水等级提高1～2级。二衬混凝土应是满足抗渗大于0.8MPa的防水混凝土。

二次衬砌做法各异，主要有直接在环片内侧浇筑混凝土内衬砌；为使盾构完全不漏水，可以在管片内表面先喷一层15～20mm厚的找平层后，粘贴油毡、橡胶沥青、合成橡胶或塑料类防水卷材，再在防水卷材内侧浇筑混凝土内衬。混凝土内衬的厚度根据防水及施工的需要确定，一般为150～300mm。

对要求排水畅通、水中杂质可滤除、使用寿命长的疏水型盾构隧道，宜采用PVC、PE等齿形、瓦楞形薄板与土工织物配合制成复合排水板，敷贴在二衬砂浆内表面。

双层衬砌的混凝土二衬，沿隧道结构纵向，应每隔10m左右需设置收缩缝，此二衬伸缩必须设置防水带。防水带可以用三种形式：嵌缝式、贴附式和埋入式。嵌缝式于二衬收缩缝内侧设嵌缝槽，选用弹性密封胶嵌填。贴附式将橡胶止水带固定于衬砌结构上再浇二衬混凝土（收缩缝中设防水垫片）。埋入式将特制橡胶或塑料止水带设在二衬混凝土中间，以适应二衬收缩缝收缩时的防水。

目前，大多数国家都致力于研究解决单层衬砌防水技术，逐步以单层衬砌防水取代二次衬砌防水，从而提高盾构法隧道建造的经济效益。

7.4.3 衬砌背后注浆

盾构推进盾尾脱离管片后，管片背面出现超挖的空隙。若不及时回填该空隙，势必造成地层变形，进而对邻近的地中构造物产生破坏性影响。如建筑物的基础倾斜开裂，地中的各种管道发生裂口或断裂，地表路面坍陷、交通中断等。通常把及时向盾尾脱离后管片背面的空隙中填充固结性浆液的工序称为背后注浆，它是盾构工法中必不可少的一道施工工序。背后注浆（实际上属辅助工法）不仅对抑制地层沉降有效，而且对防止管片接头和尾隙的渗水更有效。背后注浆可使管片和土体形成稳定的整体，故可防止压气工法从管片的漏气现象。小曲率半径施工时，背后注浆可以防止管片向圆周外侧的移动、变形。这些均说明背后注浆在盾构工法中的必要性和重要性。

（1）背后注浆浆液的选择。背后注浆浆液的选择受土质条件、盾构工法的种类、施工条件、价格等条件的影响。关键是应在掌握浆液特性的基础上，按实际条件选用最适合条件的浆液。

通常，如果土体稳定，则无须要求背后注浆一定与掘进同时进行，这种情形使用的浆液多数为单液型。但是，在地层是难于稳定的淤泥层和易坍方的砂层的场合下，采用掘进的同时即向尾隙中注入背后浆液的方法是成功的关键。为此，应选用可以同步注入的浆液。另外，在泥水盾构中还应加上浆液对切削泥水无影响的条件，故使用双液瞬凝型背后注入浆液的场合较多。再则，对于砂砾层地下水含量大的围岩来说，选定不易被水稀释的背后注入浆液也至关重要。

（2）注入时机。背后注浆的最佳注入时机，应在盾构推进的同时进行注入或者推进后立即注入。注入的宗旨是必须完全填充尾隙。地层的土质条件是确定注入工法的先决条件，对易坍塌的均粒系数小的砂质土，含粘性土少的砂、砂砾及软粘土的情形而言，必须在尾隙产生的同时对其进行背后注浆。在地层土质坚固、尾隙的维持时间较长的情形下，并不一定非得在产生尾隙的同时进行背后注浆。

注入时机有以下几种：

1）后方注入式：从数环后方的管片上注入浆液。

2）即时注入式：掘进一环后立即注入一环。

3）半同步注入式：注浆孔从尾封层处伸出，在推进的同时进行跟踪注入。

4）同步注入式：在盾构推进过程中进行跟踪注入（从盾尾直接向尾隙注入）。

（3）注入量和注入压力。盾构工法中的回填注浆，即向尾隙中充填足够的浆液。因此必须以一定的压力压送浆液，才能使浆液很好地遍及于管片的外侧。其压力的大小选择为等于地层阻力强度（压力）加上0.1～0.2MPa的和。另外，与先期注入压力相比，后期注入压力要比先期注入压力大0.05～0.1MPa，并以此作为压力管理基准。

上述阻力强度是地层的固有值，它是浆液可以注入地层的压力的最小值。地层阻力强度，因土层条件（土质的种类、土压、承压、水压等）及掘削条件（泥水或泥浆压力）的不同而不同。

注入量可以通过空隙率和注入率进行估算。

（4）泄漏防止。背后注入时必须采取防止背后注入浆液从尾部、工作面、管片接头等部位泄漏到其他部位（无需注浆的部位）的措施。近年来开发了尾封，特别是泥水盾构中还设置了三层钢丝刷，所以尾部泄漏、泥水的劣化极少。尾封材料可以使用橡胶、钢、不锈钢、聚氨酯橡胶或者这 4 种材料的任何一种组合。

另外，作为盾尾密封辅助手段的盾尾填料法，即把聚氨酯橡胶、海绵橡胶、稻草、木刨花、碎纱等塞入尾板与管片的外缝中。另一方面，管片上贴附的密封材料可以使用丙烯类、硅酮树脂类、聚氨酯类等各种材料，应根据现场条件选择。

(5) 二次注入。以下三种场合需要进行二次注入：一次注入中未填充到的部位的补充注入；一次注入浆液的体积缩减部分的补充注入；为了提高抗渗透效果等进行的注入。

(6) 背后注入设备。背后注浆设备基本上由材料贮藏设备、计量设备、拌浆机、贮浆槽（料仓、搅拌器）、注浆泵、注入管、注入控制装置、记录装置等构成。不过注入方式不同，其构成也不同。

(7) 施工管理（作业中的注意点）。

1) 制浆时的注意事项。

①材料投入顺序要正确，不能投入凝固的水泥、膨润土。

②拌和时间要连续，不能间断。

③使用材料要合适，杜绝使用风化固结水泥及混有杂物的砂。

④搅拌的时间、速度。

2) 运输、注入时的注意事项。

①使用搅拌装置，保证浆液在运输过程中不出现分离。

②需要运输时应使用固结延迟剂。

③检测从注入孔到泵的输浆管接头的好坏。

④注意注入孔位置的阀门和泵的工作状况。

⑤注意观察注入压力、注入量。

⑥应注意注入结束时从注入孔阀门的关闭到移动输浆管的工作顺序。

⑦取下注入孔的阀门时，应装上柱塞。

⑧管片出现破损、上浮等现象时不能注浆。

⑨当浆液从管片外漏时，应停止注浆，待采取措施后再行注入。

⑩作业结束后，作业员必须对制浆设备、泵等进行彻底的清洗。

3) 注浆过程中的注意事项。

①必须严格遵循材料的混合顺序。

②材料的准确计量。

总之，其宗旨是要求背后注入的浆液能迅速、完好地充填到尾隙中去。

本 章 小 结

本章讲述了盾构机的分类、盾构机的结构构造；应用盾构机施工的准备工作；盾构机的出发和到达；盾构机开挖与推进；盾构隧道衬砌的施工。在众多盾构类型中，泥水加压式和土压平衡式盾构机是我们学习的重点，要掌握这两种盾构机的工作原理及优缺点。还有一个需要注意的地方是盾尾空隙，要掌握它的含义、其存在的后果及应对措施。

习　　题

1. 盾构机由哪些部分组成?
2. 盾构机在推进过程中产生偏离的原因是什么?
3. 盾构机的纠偏措施有哪些?
4. 盾构隧道的衬砌拼装有几种方式? 它们的优缺点是什么?
5. 盾构隧道衬砌背后注浆的原因是什么?

第8章　沉管法施工

知识要点

1. 干坞的修筑及管段预制；
2. 基槽的开挖和航道疏浚；
3. 管段浮运、沉放及水下连接；
4. 基础的处理。

8.1　沉管法的概述

沉管隧道（Immersed Tunnels）是将隧道管段分段预制，分段两端设临时止水头部，然后浮运至隧道轴线处，沉放在预先挖好的基槽内，完成管段间的水下连接，移去临时止水头部，回填基槽保护沉管，铺设隧道内部设施，从而形成一个完整的水下通道，如图8-1所示。

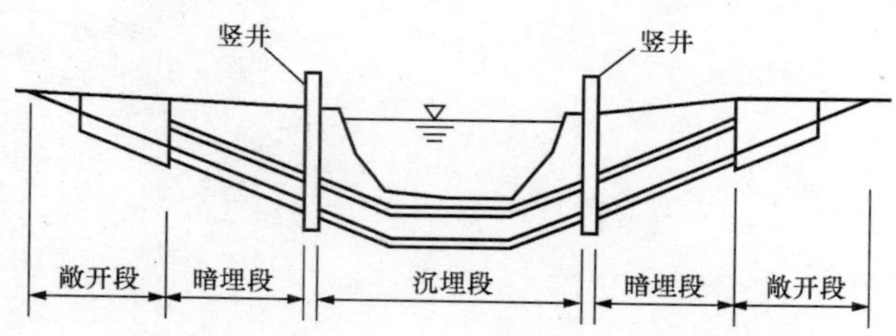

图8-1　沉管隧道纵断面

水底隧道的施工方法主要有围堤明挖法、矿山法、气压沉箱法、盾构法以及沉管法。其中沉管法是20世纪50年代起应用最为普遍的施工方法，目前世界各国的水底道路隧道建设中，几乎都采用经济合理的沉管方法。

世界上第一条沉管铁路隧道建于1910年，穿越美国密歇根州和加拿大安大略省之间的底特律河。如今一共有100多座沉管隧道（含在建）。由于20世纪50年代解决了两项关键技术——水力压接法和基础处理，沉管法已经成为水底隧道最主要的施工方法。尤其在荷兰，除了一座公路隧道和一座铁路隧道外，已建的隧道均采用了沉管法。

我国目前沉管法隧道有上海金山供水隧道、宁波甬江水底隧道、广州珠江水底隧道、香港西区沉管隧道、香港东区沉管隧道、上海外环越江隧道。其中，上海外环越江隧道全长2880m，为双向8车道，是亚洲最大的水底公路隧道，其中沉管段长736m，而一节沉管的管段横断面外部尺寸为9.55m×43m，长为108m。

沉管法先在隧址以外的预制场（干坞）制作隧道管段（多数在100m左右，最长可达300m），两端用临时封墙密封。制成以后用拖轮拖运到隧址指定位置上。预先在设计位置处，挖好水底沟槽。待管段定位就绪后，往管段中注水加载，使之下沉。然后，将沉设完毕的管段在水下连接起来，覆土回填，完成隧道。

沉管隧道的施工质量容易保证。另外，接缝工艺的改进，已使接缝能够做到“滴水不漏”。建筑单价和工程总价均较低。

沉管隧道有圆形和矩形两大类，其设计、施工及所用材料有所不同。

（1）圆形沉管隧道。这类沉管内边均为圆形，外边则为圆形、八角形或花篮形（如图8-2所示），可用钢壳作为防水层。圆形断面衬砌弯矩较小，所以水深较大时节省材料，水底基础也容易处理。但圆形断面的空间是从盾构隧道演化而来的，只能安置两个车道，故净空利用率较低。而且钢壳制作时需占用造船厂的船台，节段连接的防水质量、长期的耐久性处理均不能令人满意，所以现在使用较少。

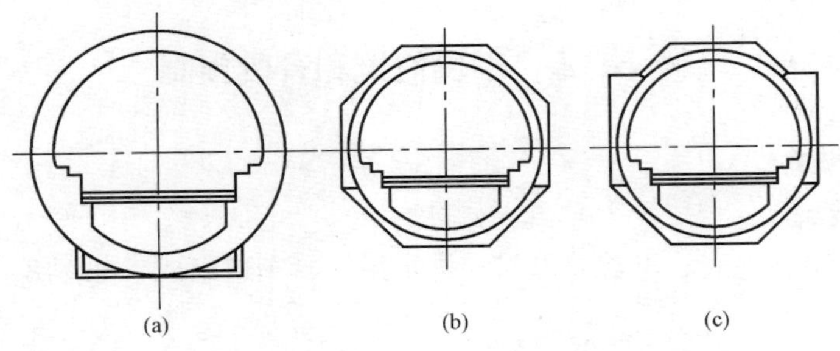

图8-2 圆形沉管

(a) 圆形；(b) 八角形；(c) 花篮形

（2）矩形沉管隧道。荷兰的玛斯隧道（1942年）首次使用矩形沉管。断面内可以同时容纳2～8个车道，矩形断面的空间利用率较高，且不需钢壳，节省钢材，因而目前大多采用矩形断面沉管，如图8-3所示。

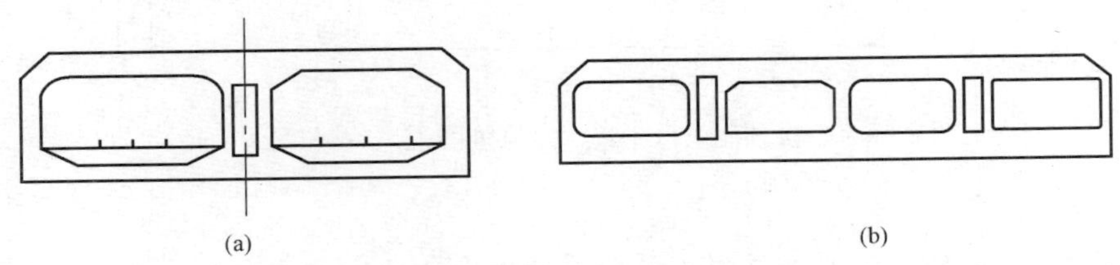

图8-3 矩形沉管

(a) 六车道的矩形沉管；(b) 八车道的矩形沉管

沉管隧道施工的一般步骤如图8-4所示。

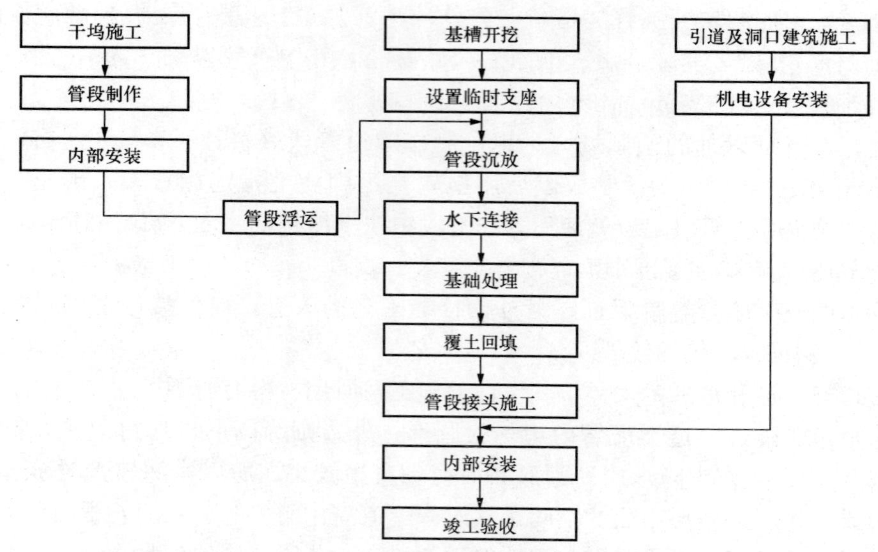

图 8-4　沉管隧道施工步骤

8.2　干坞修筑和管段预制

8.2.1　干坞修筑

1. 干坞的构造

干坞一般由坞墙、坞底、坞首及坞门、排水系统、车道组成，如图 8-5 所示。

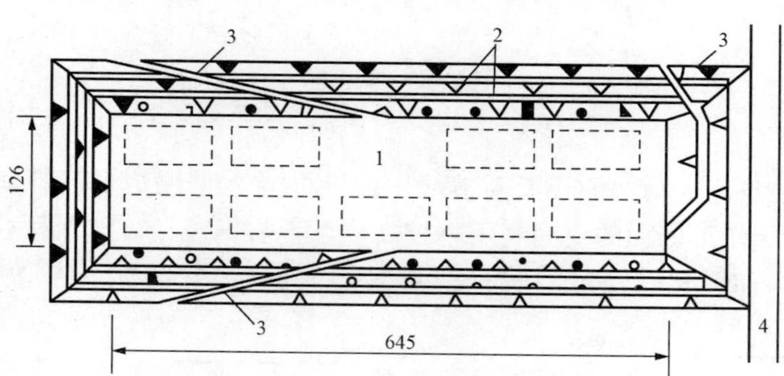

图 8-5　一次预制管段干坞（东京港隧道）（单位尺寸：m）

1—坞底；2—边坡；3—运料车道；4—坞首围堰

（1）坞墙。干坞的周边大多采用简单的自然土坡为坞墙，边坡的坡度可采用 1∶2，必要时可在土堤中加设喷射混凝土防渗墙或用钢板桩，以防地下水渗漏。在多雨地区，边坡坡面可采用铺设一层塑料薄膜加砂袋固定的保护措施，以防雨水冲刷边坡引起滑坍。

（2）坞底。坞底要有足够的承载力，一般应大于 100kPa。坞底的处理应根据干坞的使用次数和坞底的地质条件进行。为了减少管段不均匀沉降，可以用以下几种方法处理坞底：

1）先铺一层干砂，在砂层上铺一层25～30cm厚的混凝土或钢筋混凝土。为了防止管段上浮时被“吸住”，在混凝土面上再铺一层砂砾或碎石。

2）先铺一层1～2.5cm厚的黄砂，为防止黄砂流失，在黄砂层上再铺20～30cm厚的砂砾或碎石。

3）遇到特别松软的粘土或淤泥层，坞底则需进行加固处理。如用土石换填，一般换填1m厚碎石则可满足预制管段对地基承载力的要求，也可结合换填用桩基础加固坞底。

经验证明，为保证管段制作质量，必须对干坞坞底慎重处理、精心施工，采取各种措施提高坞底地基的承载力。坞底标高应根据管段高度、干舷值、水位和浮运要求等因素决定。干坞的深度应保证管段制成后能顺利地进行安装工作并浮运出坞，因而干坞深度应能确保管段在低水位时露出水面，高水位时有足够的水深以安设浮箱，而在中水位时又能使管段自由浮升（图8-6）。为确保浮运安全，管段浮起时，底部的富余深度以1.0m为宜。

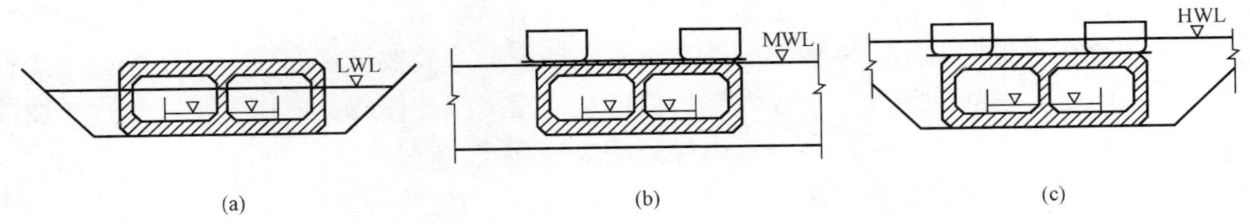

图8-6　临时干坞深度

（a）低水位时；（b）中水位时；（c）高水位时

（3）坞首及坞门。在干坞的出口处要设坞首及坞门。在一次预制管段干坞中，可用土围堰或钢板桩围堰作坞首，不用设置坞门。管段出坞时，局部拆除坞首围堰便可将管段逐一拖运出坞。在分批预制管段干坞中，因干坞要重复使用，既要设坞首，也要设坞门。常用双排钢板桩围堰作坞首，用单排钢板桩围堰作坞门，坞门两侧土坞应采取加固措施，以防止破堤开坞时土体严重坍塌。每次管段出坞时，先将坞门临时拆除，管段出坞后再恢复坞门。也有采用浮动的钢筋混凝土沉箱作闸门的。

（4）干坞的排水系统。通常采用井点法降水，或坞底设明沟、盲沟和集水井，用泵将水排至坞外。为了增强地基承载力，保证基底的稳定，应保持坞底1m范围内干燥无水。坞堤外设截、排水沟。

（5）干坞的车道。从坞外到坞底要修筑车道，以便运输施工机具、设备和材料。

2. 干坞的施工

干坞施工一般采用“干法”进行干坞内的土方开挖，具体步骤是：先沿干坞的四周作混凝土防渗墙，隔断地下水；然后用推土机、铲运机从里面向坞门开挖，挖出的一部分土用来回填作坞提，大部分土运至弃土场。坞底和坞外设排水沟、截水构和集水井。坡面用塑料薄膜满铺并压砂袋，以防雨水冲刷。坞底铺砂、碎石，再用压路机压实并整平，坞内修筑车道。

8.2.2 管段预制

管段作为隧道的主体工程，造价比率最大。对管段施工的主要要求：本身不漏水，承受最大水压时不渗漏。管段本身是匀质的，重量对称，否则浮运时将有倾倒的危险。

1. 管段的构造

管段的主要组成部分有钢筋混凝土管段、施工缝与变形缝止水带、两端钢壳、顶部防锚层、底部防水钢板及端头橡胶止水带等。附属临时设施有端封墙、鼻式托座、拉合千斤顶、通道竖井、测量塔、标志杆、系缆柱、曳航锚固件、起吊环和压载水箱等。

(1) 钢筋混凝土管段。管段主体采用的混凝土应先在工地进行配比试验以满足设计对其强度和抗渗性要求。一般采用防水混凝土。管段宜采用内、外滑动钢模台车施工。一般情况下，每节管段长100m左右。管段越长，接头越少，可以缩短工期和降低造价，但又往往受其他因素的限制。

(2) 端钢壳。由于沉管处在不同纵向坡度的线形上，各个管段因所在的位置和坡度不同，两端端面均呈一定的倾斜度。为了使管段在水下连接顺利，确保精度要求，管段端部采用钢结构外壳内部灌筑混凝土，以形成一个高精度的端面。

(3) 橡胶止水带。采用天然橡胶制作，由不同硬度的橡胶按沉管的要求特制成型。在管段对接中起闭合、密封、压缩直至完成最后变形量的重要缓冲作用，并作为接头的永久性部件起主要的外侧止水作用。因此它是管段接头的关键部件。

(4) 端封墙。端封墙是在距离端面50～100cm处，为使管段能在水中浮运而设置的密封墙。封墙多用钢筋混凝土或钢材制成。钢封墙是由端面钢板、主梁和横肋组成的正交异性板。主梁采用I字型钢，上下两端与端部钢壳连接；主梁的翼缘与封墙钢板相接，横肋采用角钢焊于封墙的外侧。

(5) 压载水箱。压载水箱是使管段下沉的压载水的容器。在管段内应对称设置，且分成若干个水箱，箱内之水互不连通。压载水用泵送入箱内，并使管段保持平衡，平稳地下沉。水箱的容量取决于管段的干舷值及下沉力的大小。压载水箱可采用全焊接钢结构，不易渗漏，但也不易拆除。拼装式水箱则便于安装拆卸，并可重复使用。

2. 管段的施工

(1) 管段的施工程序。管段的施工程序一般为：底板→边墙→顶板→端钢壳安装→钢封墙安装→清理场地→灌水试验及渗漏检查→干舷调整及防锚层→设备、构件的安装→开坞浮运管段。若是分批预制管段，则为管段出坞后→封坞门→抽水→修整干坞→安放制作设备→开始下一批管段制作。

管段在干坞内制作，依次分段灌筑底板、边墙、顶板混凝土，这被称为“三步灌筑”。“二步灌筑”是底板灌筑后再同时灌筑边墙与顶板，此法可减少一道施工缝，渗漏几率减小，又可加快施工进度。

由于管段的浮力取决于水的容重、混凝土的比重和管段的结构尺寸，因此在施工过程中要经常检查混凝土的密度和管段尺寸，必须采取措施严格控制模板的变形与走动，严格控制混凝土的匀质性。

为了使管段尺寸准确、外表平整，可选用刚度大、精度高、可微动调位的大型滑动内、外模板台车施工。

(2) 防止管段裂纹的措施。为防止由于温差和干缩引起的管段开裂，一般从工艺、材料、结构几方面采取措施。

1) 采用水化热较低的水泥和坍落度较低的混凝土。如采用矿渣水泥，限制水灰比至0.5，减少水泥用量至245～295kg/m^3。

2) 一次浇筑长度限制在15～20m。

3) 当边墙厚度大于70cm时，在与底板接合施工缝以上约3m范围内，在混凝土中两层钢筋网之间设一组冷却管道，以降低水化热并使施工缝附近的温度梯度得到缓和。

4) 冷却水泥浆，冷却骨料，加热底板（利用冷却边墙循环水）。

5) 用纵向加强钢筋限制裂缝的宽度。施工时的其他措施还有用隔热性能良好的木模板、推迟拆模时间、混凝土连续浇筑等，这些方法可减少温度梯度，使温度、变形协调。

实践证明，同时采取多种措施可对防止混凝土裂缝的产生良好的效果。而混凝土收缩控制技术成败的关键在于施工中能否始终如一地保持工艺的高标准。

3. 管段的防水

水底隧道必须防水，应避免任何渗水现象。管段的防水措施有3种：结构物自身防水、结构物外侧防水和结构物内侧堵水，如图8-7所示。

(1) 自身防水。管段的防水以混凝土的自身防水为主。采用防水混凝土应根据最大水深与管段的边墙厚度所决定的水力梯度来选择混凝土的抗渗标号。

施工中，主要靠调整混凝土的材料级配、适当增加水泥量、提高砂率、减小水灰比和控制大骨料粒径等措施来增加混凝土的粘滞性，提高混凝土的密实度，从而达到抗渗防水的目的。

(2) 外侧防水。外侧防水层必须满足以下要求：不透水性、耐久、耐压、耐腐蚀性、不必修补，能适应管段的温度变化而延伸、收缩，便于施工，比较经济等。

外侧防水措施包括：钢壳、钢板防水，卷材、保护层防水和涂料防水等。

1) 钢壳、钢板防水。圆形管段采用钢壳（厚12mm）作模板兼作防水层。但耗钢量大，焊缝防水可靠性不高，钢材防锈问题未切实解决。

矩形钢筋混凝土管段采用6mm厚的钢板防水，即在管底与侧边墙下部采用钢板作外侧防水层。底部钢板还可以在浮运、沉放时起到保护管段的作用。

2) 卷材、保护层防水。管段边墙及顶板可采用柔性防水层和保护层防水。

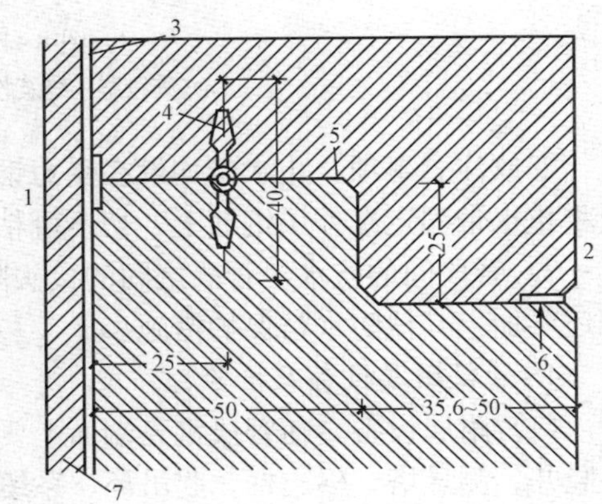

图8-7 防水设施

1—沉管外侧；2—沉管内侧；3—卷材防水层；4—钢边橡胶止水带；5—沥青防水；6—沥青填料；7—钢筋混凝土保护层

柔性防水层常选用沥青类卷材与合成橡胶卷材。沥青类以选用织编卷材为宜，其强度大、韧性好，尤其是玻璃布油毡更适于水下工程，其性能全面，但价格稍高。沥青类卷材一般用浇油摊铺法粘贴，顶板要从中间向两边摊铺，边墙则自下而上摊铺，搭接相叠宽度10～15cm，搭口要求不翘。合成橡胶卷材采用异丁橡胶制成，层厚2mm，所采用层数视水头大小而定。当水深20m左右可用3～5层。卷材防水的主要缺点是施工工艺较复杂，易“起壳”，无法修补。

卷材防水一般需要在外面再设一道保护层，构成视其部位而异。管段边墙外，可用木板或混凝土作保护层，有的工例边墙不设保护层，而是将顶板的保护层延伸到边墙上，以形成护舷。

管段顶板上一般设10～15cm厚的钢筋混凝土保护层，同时起到防锚作用。为防止“钩锚”，管段的两上角做成圆形或钝角。

3）涂料防水。涂料防水是直接将涂料涂于管段的边墙和顶部进行防水。其工艺简单，但延伸性较小，目前管段防水未广泛采用。

（3）结构上的防水措施。

1）接缝的防水。管段施工有变形缝，边墙与底板之间有施工缝，如图8-8所示。这些都是漏水处，必须进行处理。通常用橡胶止水带和钢边橡胶止水带环绕施工缝铺设，外接缝由聚氨酯胶泥覆盖。用于沉管工程的橡胶止水带由本体和锚着两部分组成。本体部位于带的中段，锚着部位于两边。钢边橡胶止水带，是在橡胶止水带两侧，锚着部加镶一段0.7mm厚的薄钢板。

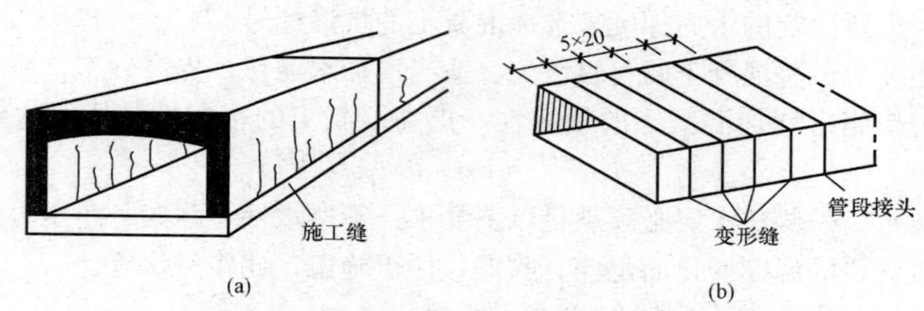

图8-8　施工缝及变形缝

(a) 管段施工缝及收缩裂缝；(b) 管段变形缝及接头

安放注意事项：止水带均设在受力钢筋的外侧，以防钢筋锈蚀；浇筑每段混凝土之前，应将止水带固定在外层钢筋上，切不可粘贴在外模扳上，以防拆模时拉脱。

2）管段间的防水。管段之间的接头防水除用橡胶带作为第一道防线止水外，在接头内侧还要加上其他防水与保护措施。

4. 管段附属设备及检验

（1）附属设备。在管段钢壳端面上要焊接鼻式托座、曳航锚、人孔门、拉合设备等。通道竖井、测量塔、标志杆、起吊环、系缆柱等的底座均应在浇筑顶板时加以预埋，待管段下水后再行安装上部附属设备。

鼻式托座焊在钢封墙的主梁上，每端对称设置两只，两端分别设两只上鼻式托座与下鼻式托座。设置托座的目的是定位，为使管段的端部处在正确的位置，以确保橡胶带与事先已沉放的管段（或竖井）的端边缘闭合。拉合设备的轴座固定在钢封墙上，拉合杆与封墙必须垂直，以确保拉合杆在水平状态下工作。

（2）管段的检验。管段在坞内的检验工作是校核设计数据的准确性和施工质量的必要步骤。主要内容有：

1）检查端封墙、通道竖井口、拉合千斤顶、灌浆孔、排水孔等预埋件的密封情况以及管段的防水效果。

2）量测管段四边干舷的实际高度。如不符合规定要求，则以压载或助浮调整干舷值。

3）调查管内水下作业的工作条件，以修改和完善相应的安全设施。

4）校验沉放过程中有关的技术数据，观察管段下沉的稳定性、平衡性及沉浮规律，同时检验供水系统及压载水箱的工作情况。

8.3 基槽开挖和航道疏浚

8.3.1 基槽开挖

对基槽的主要要求是要有一个稳定边坡和一个没有垂直偏差且干净的槽底。

1. 基槽的开挖要求

水中沉埋管段范围要求在水下开挖基槽（基槽断面形状如图 8-9 所示）。槽底纵坡同管段设计纵坡；基槽的断面尺寸根据管段断面尺寸及地质条件确定。开挖基槽的宽度一般比管段宽度每边大 1m，开挖的深度一般为管段高度的 1.2 倍左右，基槽开挖边坡一般为 1∶1.5～1∶5。施工前应作挖槽试验，找出水下稳定边坡值，施工时予以调整。

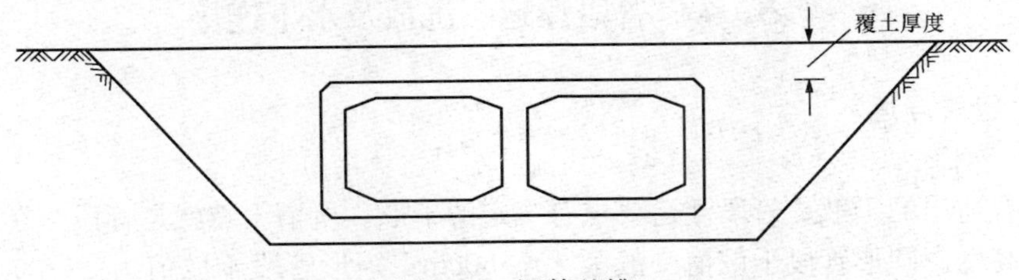

图 8-9　沉管基槽

2. 基槽的开挖方法

（1）泥质基槽的开挖。挖泥工作分为两个阶段进行，即初挖和精挖。初挖阶段挖到离管底标高约 1m 处；精挖作业仅应超前两三节管段长度，挖到基底处理要求的深度，同时把浮土和淤渣清理掉。

水中基槽开挖采用水上机械。一般河床开挖工作可用吸泥船疏浚，自航泥驳运泥。当土层坚硬、水深超过 20～25m 时，可用抓斗挖泥船配以小型吸泥船清槽及爆破等方法。粗挖也可用链斗式挖泥船，其挖泥深度达 19m；对于硬质土层则采用单斗挖泥机。

（2）岩石基槽的开挖。岩石基槽的开挖，一般先清除岩面上的覆盖层，然后用水下爆破方法进行清除，最后清礁。

水下炸礁采用钻孔爆破法。用炸礁船按排布设炮孔；排炮分段进行，排与排错开。根据岩性及产状决定炮孔直径、排距与孔距。炮孔深度一般要超过开挖面 0.5m，起爆网络可用电爆网络连接。

1）炸礁的作业程序。办理炸礁手续→设立控制点导标→炸礁船定位→钻炮孔→装炸药→连接电爆网络→派出安全警戒→炸礁船撤至安全区→起爆→抓斗式挖泥船清礁。再重复进行下次炸礁作业。

2）水下爆破中冲击波对水上船只、水中游泳人员及潜水作业人员的安全距离和爆破地震波对建筑物要求的安全距离要满足要求。

8.3.2 航道疏浚

航道疏浚包括辅助航道和浮运航道的疏浚。

1. 辅助航道的疏浚

为了确保施工期间河道的正常安全运输，必须在主体工程（沉管段）的基槽开挖前完成临时航道的疏浚工作。

2. 浮运航道的疏浚

干坞与隧址不在一处，当浮运管段要求的水深超过原有江河的天然水深时，则应对拖运管段沿途水道进行疏浚工作，开辟一条临时航道以满足管段浮运的要求。

管段拖运之前，浮运临时航道先要疏浚好。浮运路线的中线应沿着河道的深槽以减少疏浚航道的挖泥工作量。

矩形管段一般仅有很少的干舷，吃水深度为8m左右，根据河床的地质情况，还应考虑一定的富余水深（0.5m左右）。故航道必须保证有足够的深度，使管段在低水位也能安全拖运。

8.4 管段浮运、沉放及水下连接

8.4.1 管段浮运

1. 浮运条件

（1）具有适当的干舷。管段浮运要求有一定的干舷。所谓干舷就是管段浮在水中，管顶露山水面的高度。圆形管段干舷值一般为40～50cm；矩形管段干舷值为5～20cm。在平静的水域浮运，干舷值用5～10cm；在波浪较大的水中浮运，则干舷值以保持在15～20cm为宜。

为了确保管段具有一定的干舷，在灌筑管段前必须对混凝土进行配合比试验以控制其容重，同时严格控制管段的几何尺寸。

（2）良好的气象条件。可以进行浮运的气象条件是风力小于5级、晴天、能见度大于1000m。

（3）良好的临时航道。

2. 浮运

干坞四周预先要为浮运布设好锚位。管段预制好后，在干坞灌水过程中，用地锚绳索固定上浮的管段，随后通过绞车将管段逐节牵引出干坞。

（1）浮运方式。管段出坞后，一般用拖轮拖运。拖轮的大小与数量应根据管段的几何尺寸、拖航速度及航运条件（航道形状、水流速度等），通过计算分析后选定。

拖轮布置形式很多，一般有以下几种：

1）四船拖运。前面一艘主拖轮领拖，管段两边各用一艘帮拖，后面用一艘拖轮反拖，并制动转向。另一种形式是两艘拖轮并排在管段前面领拖，两腰拖轮并排在后反拖，并制动转向。如图 8-10（a）所示。

2）三船拖运。一艘主拖轮在前面进行拖带，两艘动力稍小的拖轮系靠在管节后面两侧，控制转向。另一种形式是两艘在前拖带，一艘在后反拖，制动转向。如图 8-10（b）所示。

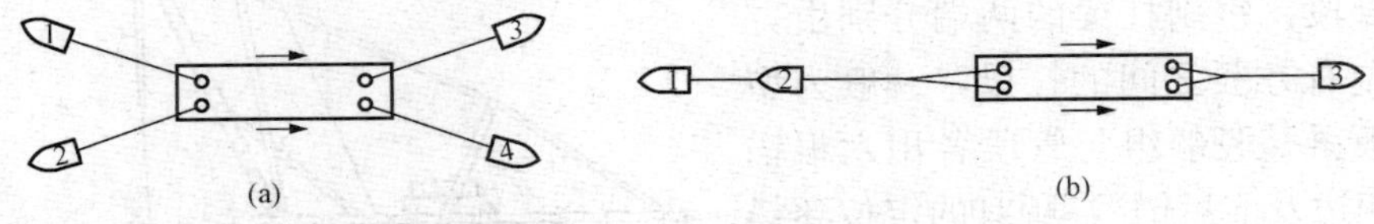

图 8-10 管段拖运

(a) 四船拖运；(b) 三船拖运

（2）拖运速度。选择牵引速度的原则是宜小不宜大。内河拖运管段的速度以小于 2km/h 为宜。

3. 安全措施

（1）管段出坞前，应对管端橡胶止水带采取临时保护措施，避免浮运过程中发生碰撞，产生变形。在沉放前将临时保护设施拆除。

（2）管段出坞前，应对临时航道再进行一次量测，并清除其中的障碍物，保证有足够的水深，防止搁浅。多批预制管段时，要特别注意水深的检查。

（3）在浮运过程中，应设专人在管段上观察，保护各种设备免遭损坏。

（4）在浮运过程中应设专人与沉放现场进行无线电联系。一旦现场出现意外事故需暂停沉放作业时，浮运人员则可以早知并作准备。为此，当干坞与隧址距离较远时，应在临时航道边选一个具备条件的水域作为临时抛锚停航港池，这对分批预制管段尤为重要。有了临时港池，可以使先批管段在未沉放时就可以出坞，而不至影响下批管段按期预制。

（5）浮运前应在临时航道设置导航系统，加强对水上交通的管理。

8.4.2 管段沉放

1. 沉放方法

管段的沉放方法有吊沉法和拉沉法。

（1）吊沉法。吊沉法又可分为分吊法、扛吊法和 SEP 吊沉法三种。采用吊沉法施工的管段，一般均在管顶上预埋 3～4 具吊点。

1）分吊法。沉放作业时，用 2～4 艘起重船或浮箱提着各个吊点，逐渐给管段内压载而将其沉放到规定的位置上。

起重船的数量根据其起重能力的大小和管段的重量而定。此法占水面范围较宽，对航道干扰大。起重船分吊法如图 8-11 所示。

浮箱分吊法是用 1～1.5×10^3kN 浮重的方形浮箱四只，分前后两组，每组用钢桁架联在一起，起吊卷扬机和浮箱定位卷扬机均安放在浮箱顶部。管段设六根锚索定位，其卷扬机设在指挥塔或测量塔上，也可将所有定位锚索的卷扬机设在岸上，即“全岸控”作业，则可减少对航道的影响。浮箱分吊法如图 8-12 所示。

浮箱分吊法的主要特点是设备简单，适用于宽度在 25m 以上的大、中型管段。沉放时用四只方形浮箱直接将管段吊着，吊索起吊力要作用在各个浮箱的中心。

2）扛吊法。也称方驳扛沉法。用两副扛梁分吊管段，每副扛梁的两端分别由方驳支承。左右方驳之间的扛梁，一般为型钢梁或钢板梁。驳船组与管段各用六根锚索定位（四边及前后锚），所有的定位卷扬机均可安放在驳船上。吊索的吊力通过扛梁传到方驳上，起吊卷扬机安放在方驳或扛梁上。

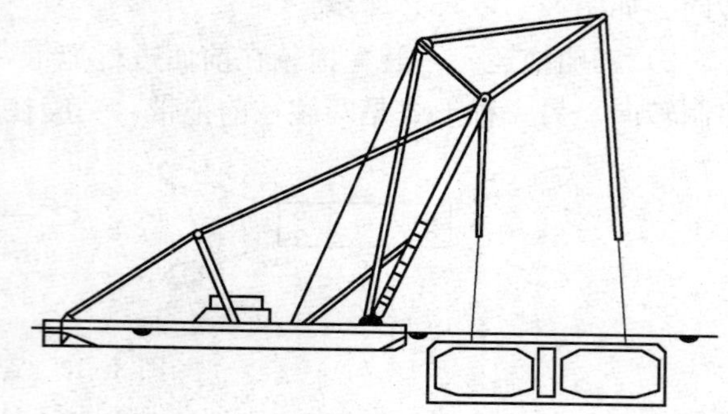

图 8-11 起重船分吊法

①四驳扛吊法。采用 1.2×10^3kN 的小型方驳四艘和钢梁两根组成。前后两组方驳之间，可用钢桁梁联系起来，构成一个整体的船组。前后两组方驳之间亦可毫无联系。各组方驳均设六根定位锚索，管段的六根定位索则由安设在指挥塔或测量塔上的定位卷扬机控制。如图 8-13 所示。

四驳扛吊法吊沉管段，设备费用少，因此应用较广。

②双驳扛吊法。采用两艘吨位较大，驳体长 60～85m、宽 6～8m、型深 2.5～3.5m 的方驳扛吊管段，称为双驳扛吊法。其船组整体稳定性较好，操作较为方便，施工时可充分发挥船组稳定性良好的有利条件，将管段的定位索省去，而改用斜对角方向张拉的吊索系于双驳船组上。此法因大型驳船较贵，一般很少采用。如图 8-14 所示。

3）SEP 吊沉法。SEP 为水上作业台（也称自升式海上作业平台）英文名称 Self Elevating Platform 的缩写，原是海洋钻探或开采石油的专用设备。它的工作平台实际上是个钢浮箱（常是方环形），如图 8-15 所示。就位时，向浮箱里灌水加载，使四条钢腿插入海底或河底。移位时，排出箱内储水，使之上浮，将四条钢腿拔出。在外海沉设管段时，只有用此法施工，其他的沉设方法均不能胜任。在内河或港湾内沉设管段时，如流速过大，亦采用此

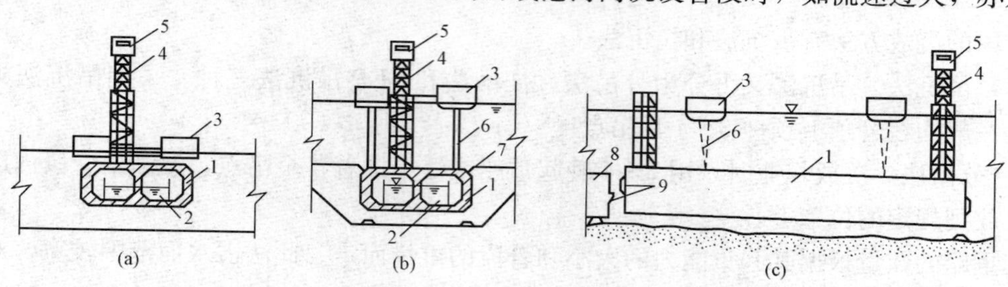

图 8-12 浮箱分吊法

（a）就位前；（b）加载下沉；（c）沉设定位

1—沉设管段；2—压载水箱；3—浮箱；4—定位塔；5—指挥室；6—吊索；7—定位索；8—既设管段；9—鼻式托座

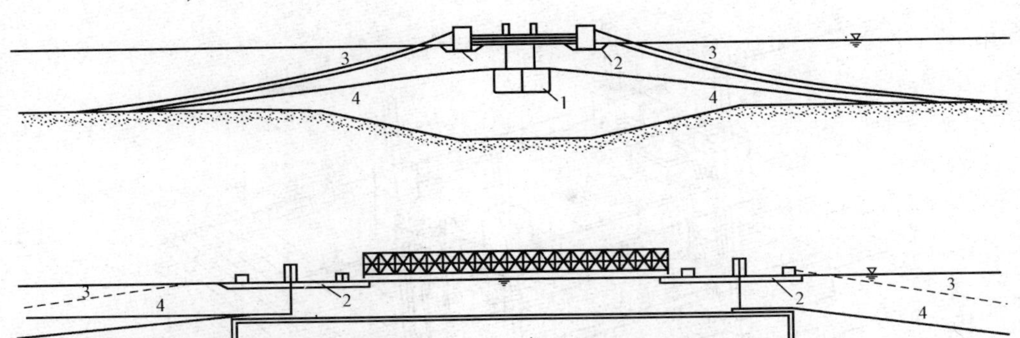

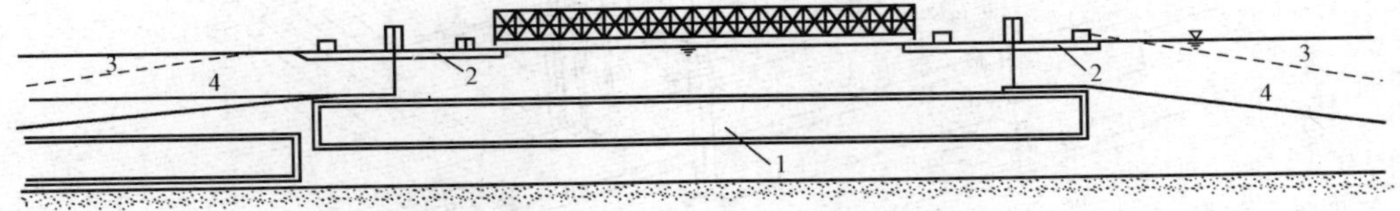

图 8-13　四驳扛吊法

1—沉管；2—方驳；3—船组定位索；4—沉管定位索

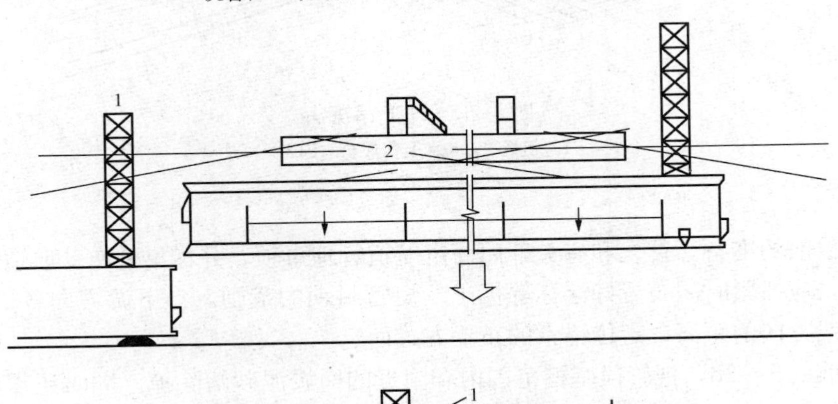

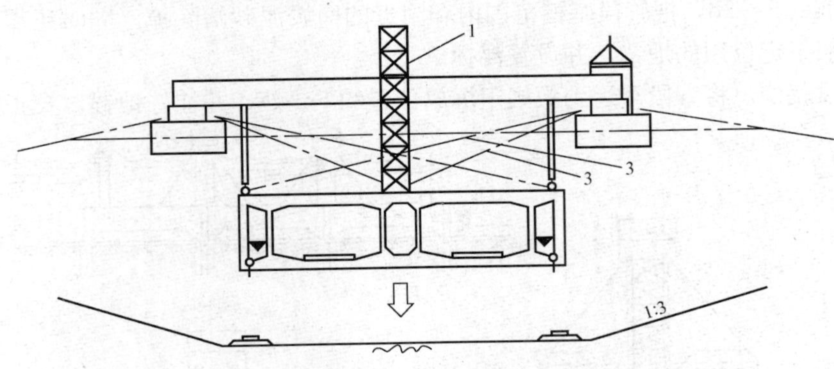

图 8-14　双驳扛吊法

1—定位塔；2—方驳；3—定位索

法施工。它还有不需抛设锚索的特点，作业时对航道干扰较小。

此法的主要缺点是设备费大，因此实际应用不多。

(2) 拉沉法。在槽基上预先打入桩墩作为地垄，依靠架设在管段上面的钢桁架顶上的卷扬机和扣在地垄上的钢索，将管段缓缓地“拉下水”，沉放在桩墩上，如图 8-16 所示。

此法必须设置水下桩墩，费用较高，故很少采用。

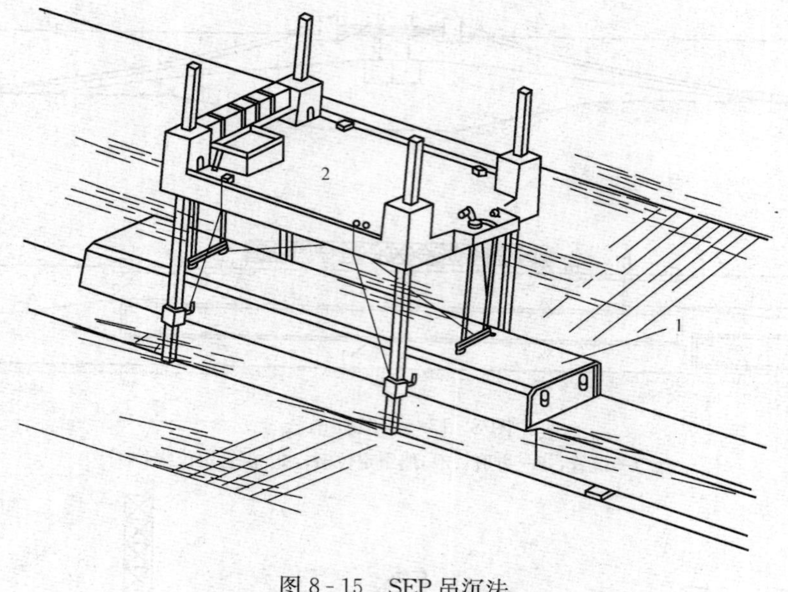

图 8-15 SEP 吊沉法

1—沉管；2—水上作业台（SEP）

2. 沉放

（1）沉放前的准备。首先和有关部门商定航道管理事项，并尽早公布。航道临时改造和局部封锁时，应抓紧时间布置好浮标等标志。短暂封锁的范围，上下游方向各 100～200m。沿隧道中轴线方向的距离视定位锚索的布置方式而定。

在沉放前的 1～2d，把管段基槽范围内和附近的回淤泥砂清除掉。同时还需事先埋设好管段与作业船组定位用的地锚，并设置浮标。

（2）管段就位。将管段浮运到距规定沉放位置约 5m 处，并挂好地锚，校正好方向，使

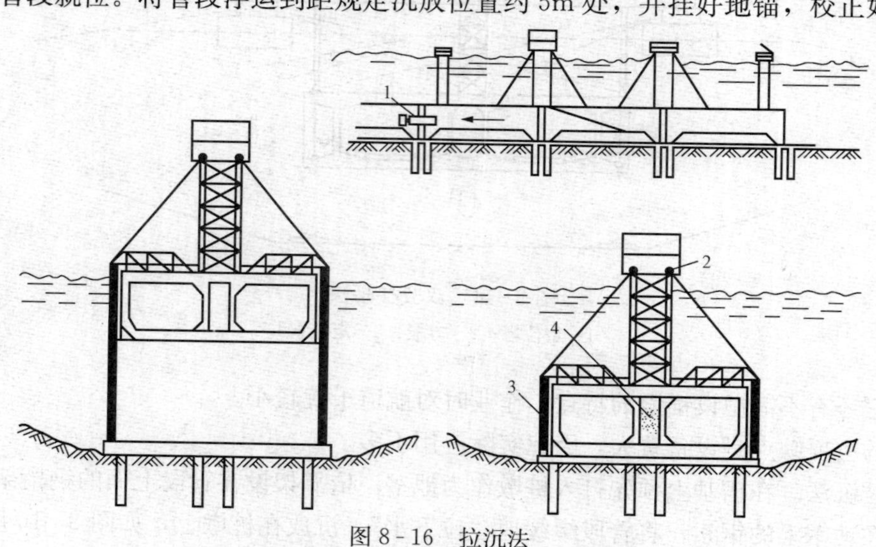

图 8-16 拉沉法

1—拉合千斤顶；2—拉沉卷扬机；3—拉沉索；4—压载水

管段中线与隧道轴线基本重合，误差±10cm，并把管段纵坡调整为设计坡度，定好位即可开始灌水压载至消除管段的全部浮力。

(3) 管段下沉。开始下沉时的水流速度，宜小于0.5m/s。若流速超过0.5m/s，就要采取措施，即加设水下锚碇，使管段安全就位。

下沉作业一般分3个步骤进行，即初步下沉、靠拢下沉和着地下沉，如图8-17所示。

1) 初步下沉。先灌水压载至下沉力达到规定值的一半（用绳索测力计测定）即进行位置校正，然后再继续灌水压载至下沉力达到规定值，并开始使管段按不大于30cm/min的速度下沉，直到管段底离设计高程4～5m为止。在下沉时，要随时校正管段位置。

2) 靠拢下沉。先将管段平移至距已沉放管段（或竖井、或暗埋段）1m左右处，然后再将管段下沉到管底离设计高度0.5m左右，并再次校正好管段位置。

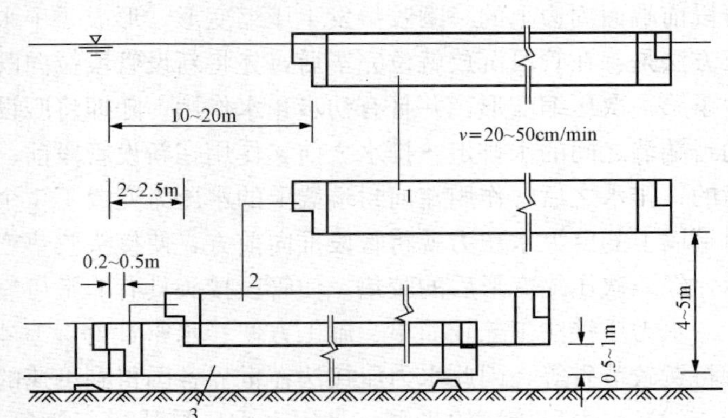

图8-17　下沉作业步骤

1—初步下沉；2—靠拢下沉；3—着地下沉

3) 着地下沉。先将管段降至距设计高程20～10cm处（用超声波测距仪控制），再将管段继续前移至距竖井（或暗埋段、或已沉放管段）20cm左右处，校正位置后即开始着地下沉。在最后20～10cm的下沉速度要很慢，并应随时校正位置。着地时，先将前端的上鼻式托座搁在竖井（或暗埋段、或已沉放管段）的下鼻式托座上，然后将后端轻轻地搁置在临时支座上（其位置可从管段里操纵千斤顶进行调整）。搁好后，各节点同时慢慢卸载，并校正位置。

管段沉放完毕后，应撤除管顶上的临时设备和附件，以便倒用。

8.4.3 管段水下连接

沉埋式隧道管段间的连接有两种施工方法：水下混凝土法和水力压接法。永久性的管段接头根据施工先后顺序、连接方法的不同，构造也各不相同，分为初始接头与最终接头。

1. 水下混凝土法

早期的沉埋式水底隧道，都采用灌筑水下混凝土的施工方法进行管段间的连接。

(1) 施工要点。先在接头两侧管段的端部安设平堰板（与管段同时制作），待管段沉放就位完毕后，于前后两块平堰板的左右两侧，在水中安放圆弧形堰板，围成一个圆形的钢围堰，同时在隧道衬砌的外边，用钢堰板把隧道内外隔开，最后往围堰里灌筑水下混凝土，形成管段的连接。

(2) 应用范围。水下混凝土法的主要缺点是水下作业，潜水工作量大，工艺复杂，隧道一旦发生变形，连接处则易开裂而漏水，故一般采用不多。但水下混凝土连接又不可避免，为此，对施工环境条件进行了改进，当水深较大时，则对接头处进行临时性封闭，排干管段间的水，进行干燥式施工。此法的优点是灌筑混凝土的施工环境得到改善，混凝土质量得到保证，但水下工作量仍较大。当水深不大时，则对接头处进行围堰（一般靠近岸边时），排水处理，以便在无水条件下浇筑混凝土，进行管段间的连接。

目前，此法仅在最终接头时采用。

2. 水力压接法

(1) 水力压接法的基本原理。水力压接法是利用作用在管段上的巨大水压力，使安装在管段前端面周边上的一圈胶垫发生压缩变形，形成一个水密性相当可靠的管段接头。具体施工方法是：在管段沉放就位完毕后，先将新设管段拉向既设管段并紧靠上，这时接头胶垫产生了第一次压缩变形，并且有初步止水作用；随即将既设管段后端的封端墙与新设管段前端的封端墙之间的水排走。排水之前，作用在新设管段前、后两端封端墙上的水压力是相互平衡的；排水之后，作用在前封端墙上的水压力变成了1个大气压的空气压力，于是作用在后封端墙上的巨大水压力就将管段推向前方，使接头胶垫产生第二次压缩变形，如图8-18所示。经二次压缩变形后的胶垫，使管段接头具有非常可靠的水密性。

水力压接法工艺较简单、施工方便、水密性好，基本上不用潜水作业，施工速度较快，工料费较节省等，因此水力压接法在世界各国得到迅速的推广和应用。

(2) 水力压接法的步骤。采用水力压接法进行管段水下连接的主要工序是：对位、拉合、压接、拆除封端墙。

1) 对位。管段沉放作业是按前述的工序初步下沉、靠拢下沉和着地下沉三步进行。着地下沉时须结合管段连接工作进行对位。对位精度应符合以下规定：管段前端的水平方向为±2cm，垂直方向为±0.5cm；管段后端水平方向±5cm，垂直方向为±1cm。

2) 拉合。拉合工序是：利用安装在既设管段竖壁上带有锤形拉钩的千斤顶，将刚对好位的管段拉向前节既设管段，使胶垫的尖肋产生初压变形和初步止水作用。拉合工作先推出拉杆，将锤形拉钩插入刚沉放的管段中的连接部分，再旋转90°即可快速固定，即完成拉合作业。拉合作业也可用定位卷扬机完成。拉合作业完成后，应再次测量与调整。

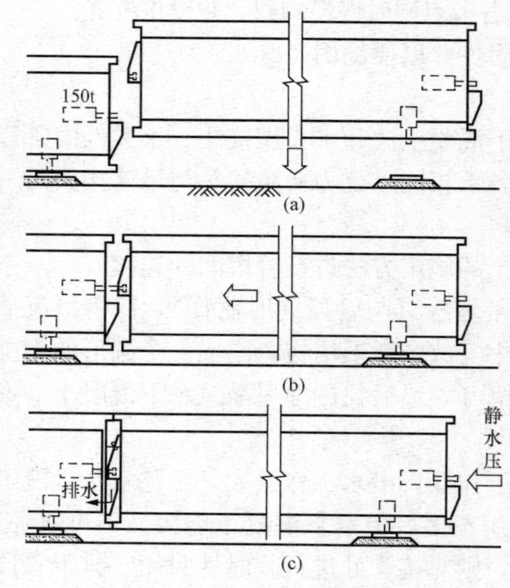

图8-18 水力压接法

3) 压接。拉合作业完成后，即可打开既设管段后封端墙下部的排水阀，排出前后两节沉管封端墙之间被胶垫所封闭的水。排水阀用管道与既设管段的水箱相连接。排水开始后，不久应打开安设在既设管段后封端墙顶部的进气阀，以防封端墙受到反向真空压力（一般设计封端墙时只考虑单向水压力）。当封端墙间水位降低到接近水箱水位时，应开动排水泵助排，否则水位不能继续下降。

排水完毕后，作用在整个胶垫上的压力，便等于作用在新设管段后封端墙和管段端面上的全部水压力，此压力可达数十兆牛到数百兆牛，视水深和管段断面尺寸而定。在全部水压力作用到胶垫上去后，胶垫必然进一步压缩，从而达到完全密封。这个阶段胶垫的压缩量约为胶垫高度的 1/3 左右，胶垫的尺寸和硬度，即按此压力和压缩变形量进行设计与施工。

4）拆除封端墙。压接工序完成后，即可拆除封端墙。因没有如盾构施工时那样的出土和管片运输的频繁行车，内装工作（包括浇筑压载混凝土、铺设路面、安装壁面、平顶、永久性照明灯具等）便可开始作业。这也是沉管隧道工期较短的一个重要因素。

3. 管段接头

管段在水下连接完毕后，无论连接时采用水下混凝土连接法还是水力压接法，均需在水下混凝土或胶垫的止水掩护下，于其内侧构筑永久性的管段接头，以使前后两节管段连成一体。管段接头的构造，主要有刚性接头和柔性接头两种。

（1）刚性接头。刚性接头是在水下连接完毕后，于相邻两节管段端面之间，沿隧道内壁（两侧与顶、底板）以一圈钢筋混凝土连接起来，形成一个永久性接头。刚性接头的构造应具有抵抗轴力、剪切力和弯矩的必要强度，一般应不低于管段本体结构的强度。刚性接头的最大缺点为水密性不可靠，往往在隧道通车后不久，即因沉降不匀而开裂渗漏。

自水力压接法出现后，许多隧道仍用刚性接头，但其构造迥异于以前的刚性接头。水力压接时所用的胶垫，留在外圈作为接头的永久止水防线。刚性接头处于胶垫防护之下，不再有渗漏之虞。这种刚性接头可称作“先柔后刚”式接头，如图 8-19 所示。其刚性部分一般在沉降基本结束之后，再以钢筋混凝土浇筑。

（2）柔性接头。水力压接法出现后，又有柔性接头问世。这种接头主要是利用水力压接时所用的胶垫，吸收变温伸缩与地基不均匀沉降所致角变，以消除或减小管段所受变温或沉降应力。在地震区中的沉管隧道，也宜采用柔性接头，如图 8-20 所示。

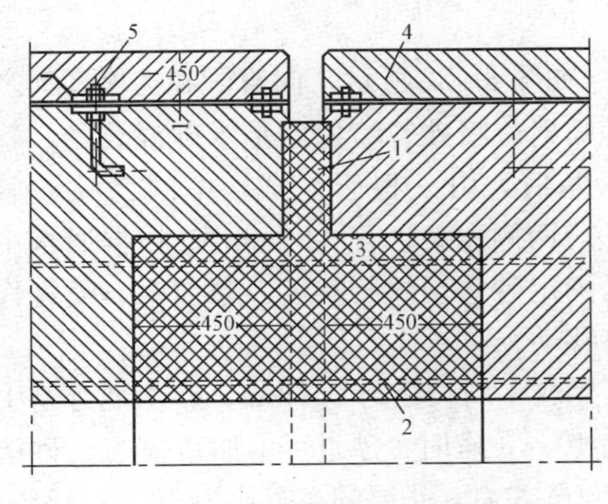

图 8-19 “先柔后刚”式接头

1—胶垫；2—后封混凝土；3—钢模；
4—钢筋混凝土保护层；5—锚栓

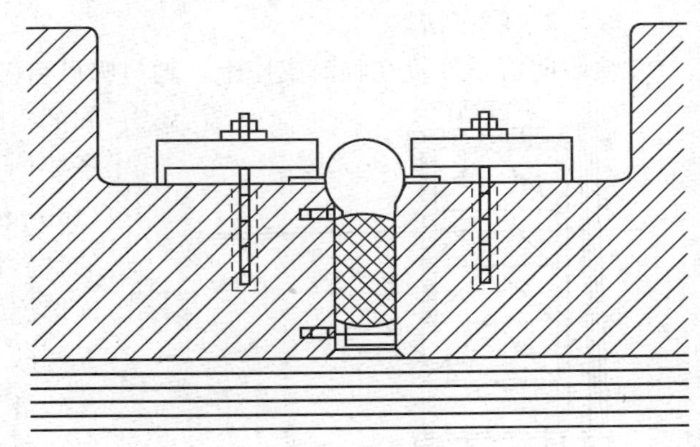

图 8-20 普通柔性接头

8.5 基础处理

在铺设基础之前，要挖基槽。挖槽的方法、机械和设备的类型完全取决于土壤和水工条件。对于基槽的主要要求是边坡稳定、槽底干净。

基础的施工方法有刮铺法、喷砂法、压砂法等方法。刮铺法是在管段沉放之前进行，而其他方法则是在管段沉放后进行。

8.5.1 刮铺法

在基底两侧打数排短桩安设导轨，以控制高程和坡度。在刮板船上安设导轨和刮板梁，刮板梁支承在导轨上，钢刮板梁扫过水底的砂子碎石而形成基础。刮板船用大块平衡重沉到海底，使船浮于水中稳定的水位上。

用抓斗或通过刮铺机喂料管向海底投放砂、石料。投放的范围为一节管段的长度，宽度为管段底宽加 1.5～2.0m。投放材料的最佳粒径为 1.3～1.9cm 的圆形砂砾石。纯砂粒径太细，在水流作用下，基础易遭破坏。刮铺机如图 8-21 所示。

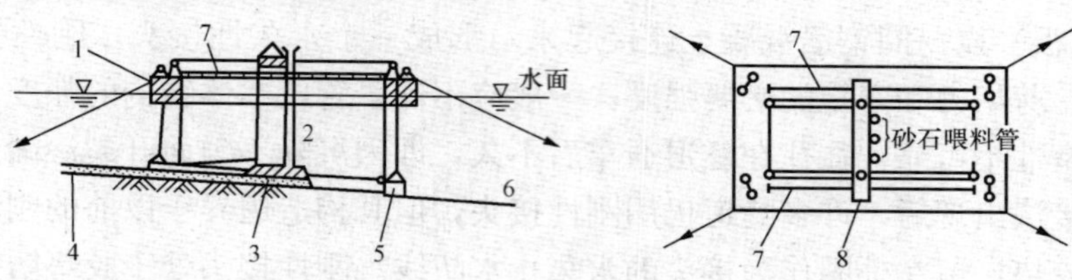

图 8-21 刮铺机

1—方环形浮箱；2—砂石喂料管；3—刮板；4—砂石垫层；5—锚块；6—沟槽底面；7—钢轨；8—移动钢梁

为保证基础密实，管段就位后，加过量的压重水，使基础沉降。刮铺法表面平整度变化范围为刮砂约±5cm，刮石约±20cm。

8.5.2 喷砂法

喷砂前管段放置在临时支座上，通过喷砂台架（如图 8-22 所示）向管段和沟槽底部之间的空隙喷射。喷砂管喷射的是水砂混合物，管子要伸入基底，由三根管组成，中间为喷砂管（100mm），两侧为吸水管（80mm）。根据回水中的含砂量测定砂垫层的密实度。喷射时，喷管作扇形旋转移动。

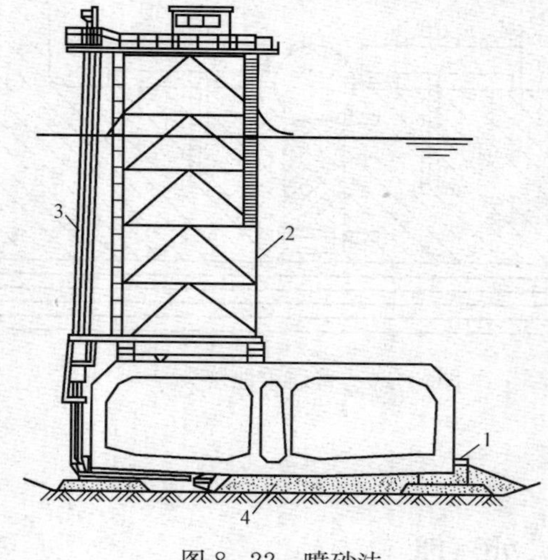

图 8-22 喷砂法

1—预制支承板；2—喷砂台架；3—喷砂管；4—喷入砂垫层

砂子颗粒平均粒径为 0.5mm，砂水混合物中含砂量为 10%，有时含砂量可增加到 20%。砂垫层的厚度 1m 左右，垫层的空隙比为 40%～42%。喷砂完成后，管段从临时支座上释放下来，引起垫层 5～10mm 的下沉。隧道的最终沉降取决于槽底的地层软硬，垫层并不是唯一的控制因素。

8.5.3 压注法

在管段沉放后向管段底面压注水泥砂浆或砂，作为管段的基础。根据压注材料的不同分为压砂法和压浆法两种。

因压注法不需要专用设备、操作较简单、施工费用较低，还不受水深、流速、浪潮及气象条件的影响，不干扰航运，不需要潜水作业，便于日夜连续施工的显著优点而得到更加普遍的推广应用。

1. 压浆法

采用压浆法时，沉管沟槽需先超挖 1m 左右，然后摊铺一层碎石（厚约 40～50cm），但不必刮平，再堆设临时支座所需碎石堆，完成后即可沉设管段。管段沉设结束后，沿着管段两侧边及后端底边抛堆砂、石混合料，以封闭管段周边（图 8-23）。

最后从隧道内部用通常的压浆设备，经预埋在管段底板上带单向阀的压浆孔，向管底空隙压注混合砂浆。

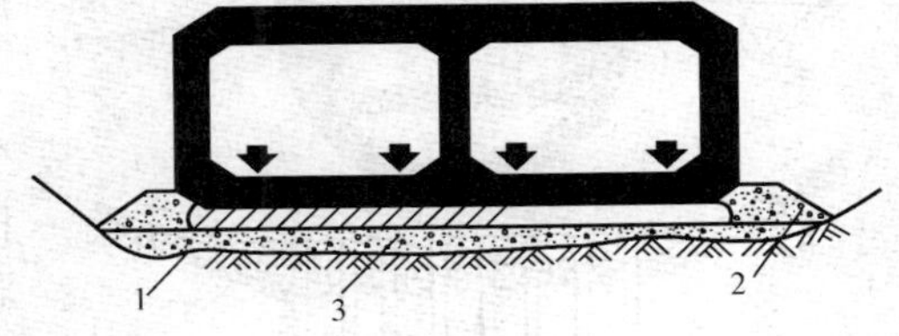

图 8-23 压浆法

1—碎石垫层；2—砂石封闭；3—压入砂浆

2. 压砂法

压砂法能省去喷砂台架，且不影响航运，还可省去浮吊，使价格便宜，对砂粒粒径要求比喷砂法低。基于这些优点，荷兰自从在弗拉克隧道首次应用之后，压砂法已取代了喷砂法。

压砂法是通过管底部预留孔向基底注砂（图 8-24），砂子在管段下空隙中向四周水平扩散，形成环形砂积盘，中间凹陷。砂子在周围沉积，砂层逐渐增高，并与管段底面接触。继续注砂时，砂流会突破四壁扩散，砂盘增大。与此同时“砂流”的摩阻力增高，直至凹陷部分被填满。

在施工中为保持砂流的流动，压力要适时变化，凹陷部分的水压必须高于砂积盘周围的水压。由于砂盘凹陷部分压力增高，会引起管段上浮，因此水压引起的向上竖向力要加以限制。通常把该力限制在 1000～3000kN 以内。

为了检查注砂过程应作以下监测：注料孔的水压；临时千斤顶的压力；混合物的含砂量和供砂量。

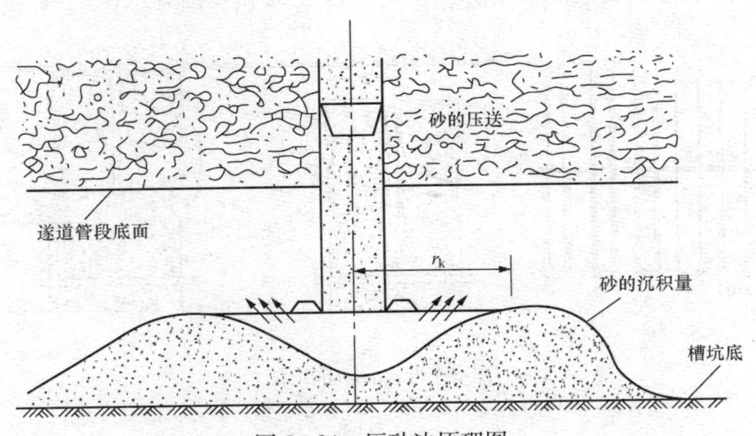

图 8-24 压砂法原理图

8.5.4 桩基法

当沉管下的地基极软弱时，其容许承载力很小，仅作“垫平”处理是不够的。采用桩基础支撑沉管，承载力和沉降都能满足要求，抗震能力也较强，桩较短，费用较小。

沉管隧道采用水底桩基础后，由于在施工中桩顶标高不可能达到齐平，为使基桩受力较均匀，必须在桩顶采取一些措施，这些措施大体有以下 3 种：

(1) 水下混凝土传力法。基桩打好后，在桩群顶灌筑水下混凝土，并在其上铺一层砂石垫层，使沉管荷载经砂石垫层及水下混凝土层均匀地传递到桩基础上，如图 8－25 所示。

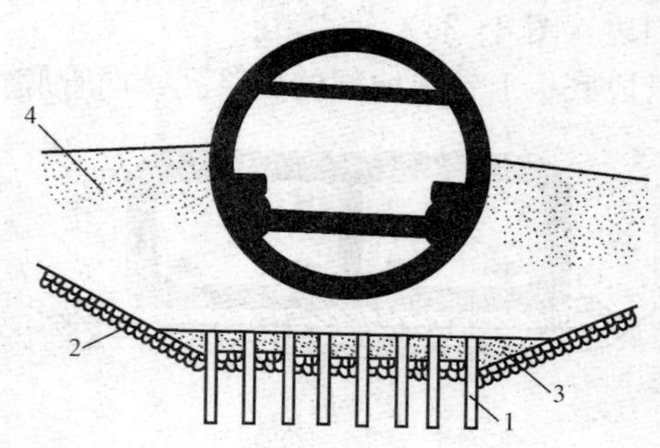

图 8－25 水下混凝土传力法

1—基桩；2—碎石；3—水下混凝土；4—砂石垫层

(2) 砂浆囊袋传力法。在管段底部与桩顶之间，用大型化纤囊袋灌筑水泥砂浆加以垫实，使所有基桩均同时受力。

(3) 活动桩顶法。该法在所有基桩顶端设一小段预制混凝土活动桩顶。在管段沉放完成后，向活动桩顶与桩身之间的空腔中灌筑水泥砂浆，将活动桩顶升到与管段密贴接触为止，如图 8－26 所示。可采用钢制活动桩顶，在基桩顶部与活动桩顶之间，用软垫层垫实，垫层厚度按预计沉降来确定。管段沉放完后，在管段底部与活动桩顶之间，灌筑水泥砂浆填实。

8.5.5 覆土回填

回填工作是沉管隧道施工的最终工序，回填工作包括沉管侧面回填和管顶压石回填。沉管外侧下半段，一般采用砂砾、碎石、矿渣等材料回填，上半段可用普通砂土回填。覆土回填作业应注意以下几点要求：

(1) 全面回填必须在相邻管段沉放完毕才进行，用喷砂法作基础处理或用临时支座时，要待管段基础处理完，落到基床上再回填。

(2) 用压注法作基础处理时，先回填管段两侧。

(3) 管段上、下游左右两侧应对称回填，管段顶面和基槽施工范围内应均匀回填。回填

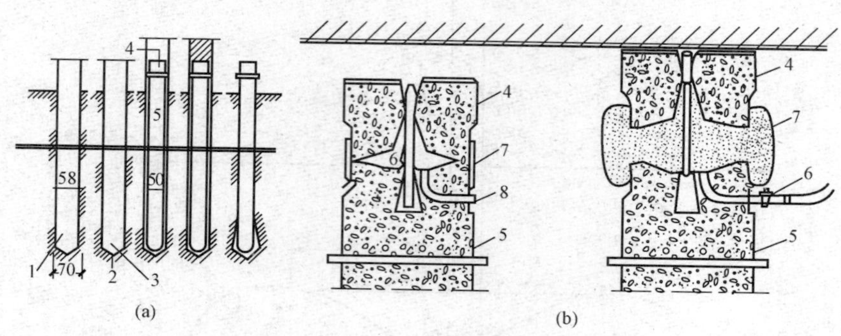

图 8－26 活动桩顶法

1—钢管桩；2—桩靴；3—水泥浆；4—活动桩顶；5—预制混凝土桩；6—导向管；7—尼龙布囊；8—压浆管

过多处会造成航道障碍，回填不足处则会形成漏洞。

本 章 小 结

本章主要讲述了管段的预制场地——干坞的修建及管段的预制；基槽的开挖、航道的疏浚；管段的浮运、沉放及连接；沉放完毕后，管段的基础处理。管段在预制时考虑了管段的干舷问题，应知道干舷的定义以及干舷在管段浮运过程中的作用。水下连接的方法和基础的处理方法也是本章学习的重点。

习 题

1. 简述干坞的组成。
2. 管段预制时为什么要设置封端墙？如何设置？
3. 简述管段沉放的步骤。
4. 管段水下连接是如何进行的？
5. 基础处理的方法有哪些？

第9章 浅埋隧道施工

知识要点

1. 明挖法施工；
2. 盖挖法施工；
3. 浅埋暗挖法施工。

浅埋隧道是一种特定条件下的隧道工程，其施工不仅受覆盖层地质因素的制约，而且还受地面环境的影响。

浅埋隧道有整座隧道浅埋和隧道部分地段浅埋两种情况。常用的施工方法有明挖法、盖挖法、浅埋暗挖法、地下连续墙法及盾构法等。

明挖法是指挖开地面，由上向下开挖土石方至设计标高后，自基底由下向上顺作施工，完成隧道主体结构，最后回填基坑或恢复地面的施工方法。盖挖法是由地面向下开挖至一定深度后，将顶部封闭，其余的下部工程在封闭的顶盖下进行施工，主体结构可以顺作，也可逆作。浅埋暗挖法则是在特定条件下，不挖开地面，全部在地下进行开挖和修筑衬砌结构的隧道施工方法。隧道工程采用盾构法在软弱地质条件下进行暗挖法施工已很普遍，当然也可适用于浅埋隧道的施工。本章重点介绍明挖法、盖挖法与浅埋暗挖法施工的要点。

9.1 明挖法施工

明挖法施工的隧道（有时称为明洞），其主体结构施工与地面上工程相似，故不再叙述。本节仅对常见的基坑开挖与支护方法作介绍。

9.1.1 放坡开挖

隧道埋深较浅，施工对周围环境影响较小，基坑开挖仅仅依靠适当坡度的边坡即可保持土体稳定，可采用放坡开挖。此法虽然开挖方量大，但机械化程度高，施工速度快，质量也易得到保证。受地下水影响的工程，可采用井点降水法提高边坡的稳定性及改善基坑内施工环境。

放坡开挖是明挖法施工的首选方案。

9.1.2 悬臂支护开挖法

基坑的悬臂支护开挖法（图9-1）是将基坑围护结构插入基坑底部以下，然后直接开挖基坑内土体。结构处于悬臂状态，靠本身刚度和插入开挖面下的深度来平衡外侧土压力，开挖到设计标高后，再进行主体结构施工。由于基坑内无支撑，便于基坑开挖和主体结构施工的机械化，也易保证工程质量。其缺点是围护结构较复杂，增加了造价及施工难度。此法有时也用在有支撑开挖基坑的上部。

围护结构常用木桩、钢桩、挖孔桩、灌筑桩、钢筋混凝土预制桩或连续墙等组成。为加强围护结构的强度与刚度，减少其变形与位移，常采用下列工程措施：

(1) 围护结构设计成刚度较大的截面形式。

(2) 围护结构顶部设圈梁等，可改善其整体受力状况，提高整体刚度。

(3) 基坑外一定范围内挖去表层覆盖土，减少侧压力。

(4) 基坑外进行井点降水，采用压密注浆、旋喷桩、搅拌桩或粉喷桩等方法加固土体，以减少侧压力。

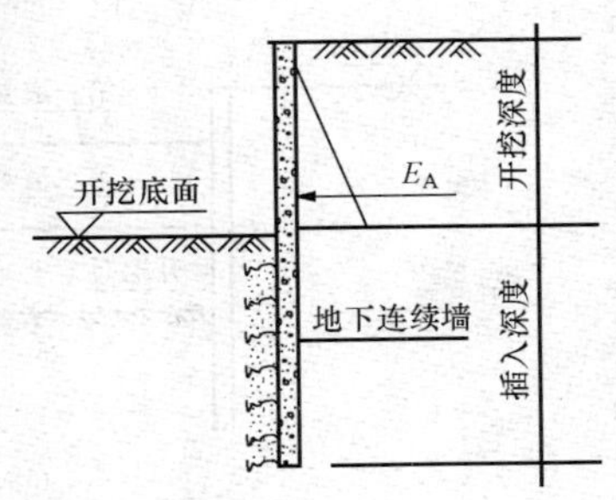

图 9-1 悬臂支护开挖法

(5) 基坑内用井点降水和加固土体方法，使坑底土体固结，增加土体抗力。

(6) 基坑内设置护脚，即预留一定高度和宽度的原状土台，以减少开挖时围护结构暴露高度。待基坑中间部分土体挖至设计标高，将中间底板灌筑完成后，用跳槽开挖护脚土台，然后逐块浇灌这部分底板。各种措施也可联合采用。

9.1.3 围护结构有支撑的开挖法

当基坑深度较大，开挖时除采用围护结构外，还常采用支撑加强围护结构以抵抗较大的侧压力。支撑分为水平支撑、斜支撑。也可采用锚杆加固围护结构。支撑的设置应考虑施工工艺的要求，支撑的强度、刚度、间距、层数及层位等应根据力学分析计算确定。施工中应经常检查支撑工作状态，必要时对其应力进行监控。

1. 水平支撑

水平支撑常用的形式有横撑和角撑。基坑拐角或断面变化处用角撑，其他一般用横撑。除环形围护结构采用环梁支撑外，其余是受轴向压力的直线型支撑。支撑可用木材、钢筋混凝土构件、钢管、型钢及型钢组合构件等。使用钢管、型钢及型钢组合构件作为支撑，拆装方便，占据空间较小，回收率高，还可以做成工具式支撑，故在实际工程中应用较多。

围护结构施工完毕，一般情况下可开挖至第一道支撑所需的标高，及时安装支撑并施加预应力。再采用挖槽法，先开挖支撑设计位置处土体（保留其两侧土体），挖至第二道支撑标高时，安装第二道支撑，并施加预应力，然后由上向下开挖土体至适当高度，继续用挖槽法安装下道支撑。重复以上方法，最后开挖至基底标高，再依次浇筑底板→下层侧墙→中板→上层侧墙→顶板。按要求的时序拆除支撑，完成结构体系转换。

采用水平支撑的优点是墙体水平位移小，安全可靠，开挖深度不受限制。但要求围护结构的平面形状比较规则，以矩形为最佳。开挖基坑宽度较大时，支撑应加设中间支柱来保持其稳定性。中间支柱应在开挖前按设计位置做好。水平支撑开挖支护如图 9-2 所示。

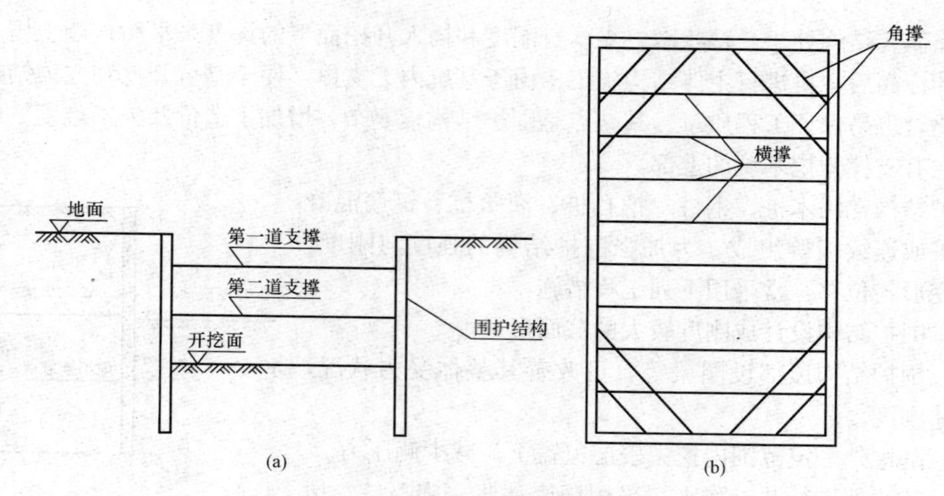

图 9-2　水平支撑开挖支护
(a) 立面图；(b) 平面图

2. 斜支撑

当基坑横向宽度较大或形状不规则，不便使用水平支撑时，可采用斜支撑。

斜支撑的施工常采用中心挖槽法开挖基坑内土体至斜支撑基础底标高，浇筑基础，及时安装斜支撑，使支撑一端支承在围护结构上，另一端支承在已浇筑的基础上，并施加预应力，然后开挖其余土体。设有两道或多道斜支撑时，先安装外侧的长支撑，后安装内侧的支撑，并把所有斜支撑基础连为整体，形成结构底板。最后依次浇筑下层侧墙、中板、上层侧墙、顶板，并按要求的时序拆除支撑，完成结构体系转换。

采用斜支撑时，围护结构上部水平位移比较大，易引起基坑外地面及附近建筑下沉，对沉降要求严格的地段应十分慎重，因此基坑开挖深度也受到一定限制，并且斜支撑基础及结构底板需分批施工，工序交错复杂，施工难度大，如图 9-3 所示。

3. 锚杆

锚杆是一种设在基坑外的支撑。一般由锚头、拉杆和锚固体三个基本部分组成。锚头锚固在围护结构上。锚固体在岩石中的为岩石锚杆，在土层中的为土层锚杆。基坑开挖时，作用在围护结构上的侧压力可由锚杆与岩土之间产生的作用力来平衡。锚杆是受拉杆件，可采用高强钢索，充分发挥其抗拉性能。由于锚杆设置在基坑外，可提供宽敞的施工空间，有利于机械开挖坑内土体及组织结构主体施工。锚杆易于施加预应力，更好地控制围护结构的水平位移，减小地面及建筑物的沉降量，并能适用于各种形状的围护结构。锚杆可设成单层或多层，开挖深度不受限制；在大面积的基坑中，应用锚杆的经济效益更为显著。其缺点是工艺复杂，锚杆不易回收，造价较高。当围护结构四周为密集建筑物的深基础时，不宜采用。锚杆的蠕变会降低其承载力。在流砂地层中，若锚头预留孔口与锚杆套筒之间的空隙过大时，易发生涌水涌砂，引起坑外地面和建筑物沉降（图 9-4）。

锚杆的施工方法是开挖至锚杆所需标高，钻孔插入钢索后注浆，注浆 7～10d 后对锚杆施加预应力。

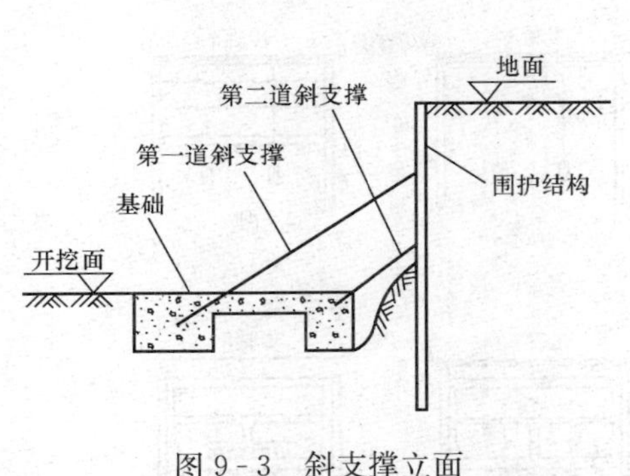

图 9-3　斜支撑立面

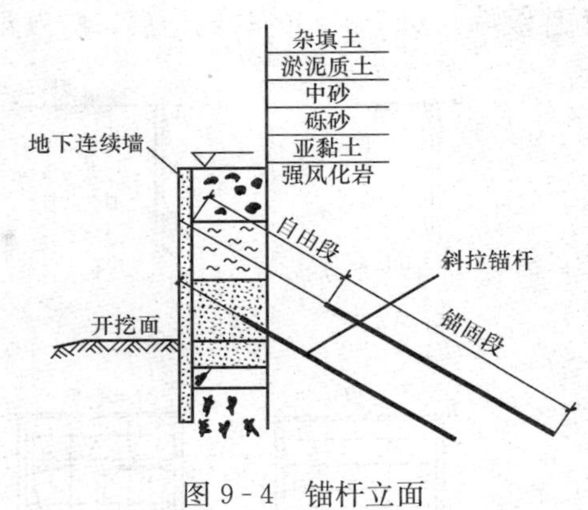

图 9-4　锚杆立面

9.2　盖挖法施工

采用明挖法修建城市附近浅埋隧道或地下铁道，其最大缺点是对城市交通及居民生活干扰较大，往往不易被人们所接受。而在交通繁忙的地段修建隧道工程，当需要严格控制基坑开挖引起的地面沉降时，则可采用盖挖法施工。

20 世纪 50 年代末期，意大利北部工业城市米兰修建地下铁道时，承担土建施工的伊科斯公司创造了一种“伊科斯工艺”，它把地下连续墙的施工方法首先应用于修筑地下铁道工程中的边墙结构。施工时先修筑边墙，然后铺设顶盖，在顶盖的掩护下向下开挖并修筑底板，这种方法在米兰地铁的区间隧道和车站工程中取得了成功，当时被称为“米兰法”。随后此法在欧洲和日本广泛推广并应用，成为在城市街道下修筑地下多层车站行之有效的一种施工方法。

盖挖法施工的优点是：结构的水平位移小；结构板作为基坑开挖的支撑，节省了临时支撑；缩短了占道时间，减少了对地面干扰；受外界气候影响小。其缺点是：出土不方便；板墙柱施工接头多，需进行防水处理；工效低，速度慢；结构框架形成之前，中间立柱能够支承的上部荷载有限。

盖挖法施工按其施工流程主要有以下几种类型：盖挖顺作法、盖挖逆作法、盖挖半逆作法、盖挖顺作法与盖挖逆作法的组合、盖挖法与暗挖法的组合以及盖挖法与盾构法的组合等。

9.2.1　盖挖顺作法

在路面交通不能长期中断的道路下修建地下铁道车站或区间隧道时，可采用盖挖顺作法。早期的盖挖法是在支护基坑的钢桩（或边墙）上架设钢梁、铺设临时路面维持地面交通。开挖到基坑底后，浇筑底板至浇筑顶板的盖挖顺作法。该方法系在现有道路上，按所需要的宽度，由地面完成挡土结构后，以定型的预制标准覆盖结构（包括纵、横梁和路面板）置于挡土结构上维持交通，往下反复进行开挖和架设横撑，直至设计标高。然后依次由下而上建筑主体结构和防水措施，回填和恢复管、线、路。最后视需要拆除挡土结构的外漏部分及恢复道路。其工艺流程如图 9-5 所示。盖挖顺作法主要依赖坚固的挡土结构，根据现场条件、地下水位高低、开挖深度以及周围建筑物的临近程度，可以选择钢筋混凝土钻（挖）孔灌筑桩及地下连续墙。对于饱和的软弱地层，应以刚度大、止水性能好的地下连续墙为首选方案。

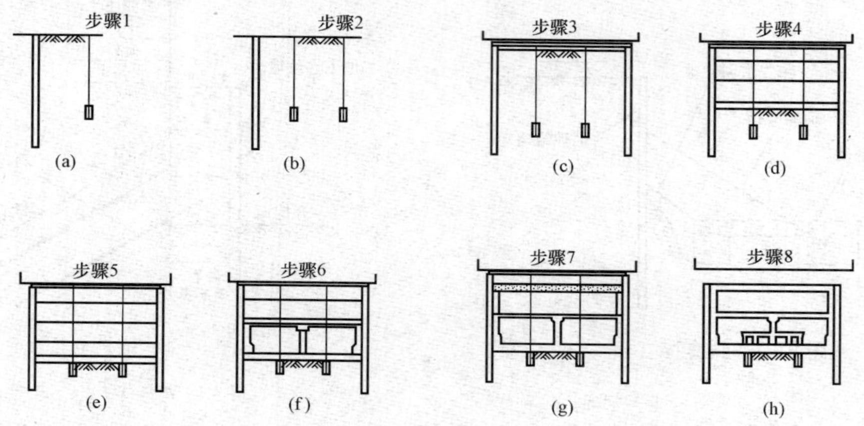

图 9-5　盖挖顺作法施工顺序

(a) 构筑连续墙中间支承桩及覆盖板；(b) 构筑中间支承桩及覆盖板；(c) 构筑连续墙及覆盖板；(d) 开挖及支承安装；(e) 开挖及构筑底板；(f) 构筑侧墙、柱及楼板；(g) 构筑侧墙及顶板；(h) 构筑内部结构及路面复旧

9.2.2　盖挖逆作法

如果开挖面较大，覆土较浅，周围沿线建筑物过于靠近，为尽量防止因开挖基坑而引起的邻近建筑物沉降，或需要及早恢复路面交通，但又缺乏大型定型覆盖结构时，可采用盖挖逆作法施工。即先施作围护结构及中间桩柱支撑，开挖表层后施作结构顶板，依次逐层向下开挖和修筑边墙，直至底层底板和边墙。即用刚度更大的围护结构取代了钢桩，用结构顶板作为路面系统和支撑，结构施作顺序是自上而下挖土后浇筑侧墙至底板完成。其施工步骤是：先在地表面向下做基坑的围护结构和中间桩柱，和盖挖顺作法一样，基坑围护结构多采用地下连续墙、钻孔灌筑桩或人工挖孔桩。中间桩柱则多利用主体结构本身的中间立柱以降低工程造价。随后即可开挖表层土体至主体结构顶板底面标高，利用未开挖的土体作为土模浇筑顶板。它还可以作为一道强有力的横撑，以防止围护结构向基坑内变形，待回填土后将道路复原，恢复交通。以后的工作都是在顶板覆盖下进行，即自上而下逐层开挖并建造主体结构直至底板。在特别软弱的地层中，且邻近地面有建筑物时，除以顶、楼板作为围护结构的横撑外，还需设置一定数量的临时横撑，并施加不小于横撑设计轴力 70%～80%的预应力，如图 9-6 所示。

9.2.3　盖挖半逆作法

该方法类似逆作法，其区别仅在于顶板完成及恢复路面后，向下挖土至设计标高后先建筑底板再依次序向上逐层建筑侧墙、楼板。在半逆作法施工中，一般都必须设置横撑并施加预应力，如图 9-7 所示。

施工程序为：围护结构→浇筑顶板→挖土到基坑底→底板及其侧墙→中板及其侧墙。

总之，盖挖法兼有明挖法和暗挖法的优点，而其造价根据国内外经验，只比普通明挖法高约 10%，大大低于暗挖法。

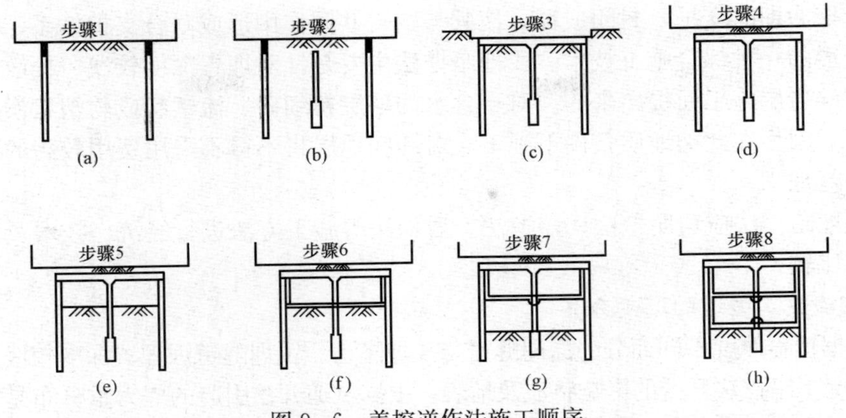

图 9-6　盖挖逆作法施工顺序

(a) 构筑围护结构；(b) 构筑主体结构中间立柱；(c) 构筑顶板；(d) 回填土，恢复路面；(e) 开挖中层土；(f) 构筑上层主体结构；(g) 开挖下层土；(h) 构筑下层主体结构

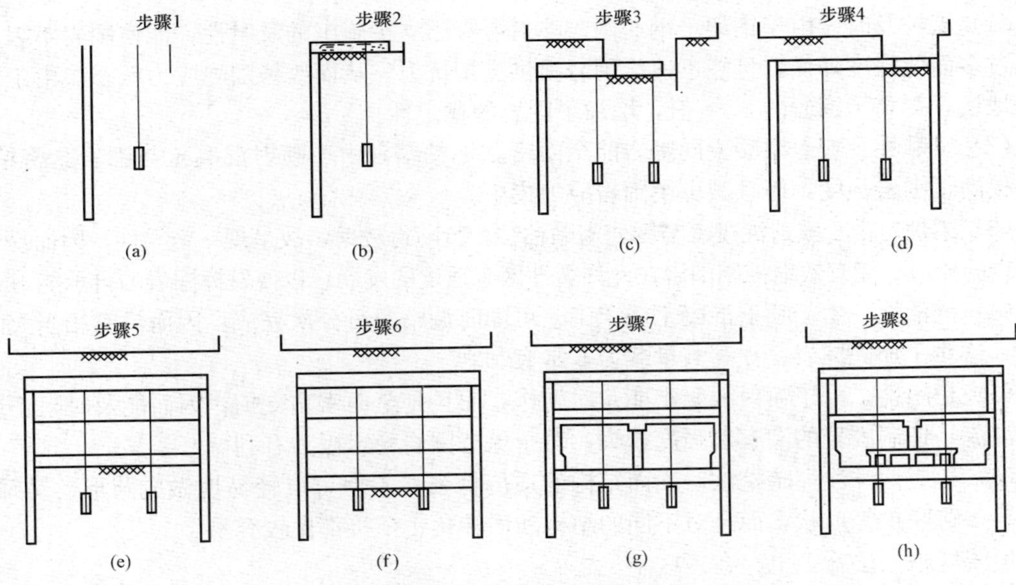

图 9-7　盖挖半逆作法施工顺序

(a) 构筑连续墙中间支承桩及临时性挡土设备；(b) 构筑顶板（Ⅰ）；(c) 打设中间桩、临时性挡土设备及构筑顶板（Ⅱ）；(d) 构筑连续墙及顶板（Ⅲ）；(e) 依序向下开挖及逐层安装水平支承；(f) 向下开挖、构筑底板；(g) 构筑侧墙、柱及楼板；(h) 构筑侧墙及内部之其余结构物

9.3　浅埋暗挖法施工

9.3.1　浅埋暗挖法概述

修建浅埋地段隧道有时因周围环境等要求需采用暗挖法施工，称为浅埋暗挖法。浅埋暗挖法是参照新奥法的基本原理，开挖中采用多种辅助施工措施加固围岩，充分利用围岩的自

承能力，开挖后即时支护，封闭成环，使其与围岩共同作用形成联合支护体系，有效地抑制围岩过大变形的一种综合施工技术。浅埋暗挖法主要是针对埋置深度较浅、松散不稳定的土层和软弱破碎岩层施工而提出来的。对于含水的厚层粉细砂、流塑状或软塑状淤泥质粘土层应慎重选用，因为在此类地质条件下施工，对周围地层将不得不采用费用较高的冻结法或其他的方法进行加固。

采用浅埋暗挖法应与明挖法、盖挖法、盾构法等施工方法进行经济、技术及环境因素等方面的分析比较。

1. 暗挖法施工隧道的深度分界

隧道根据覆盖厚度不同而分为深埋隧道与浅埋隧道。浅埋隧道因埋置深度较浅，覆盖厚度薄，一般情况下暗挖法开挖的影响将波及地表。根据坑道开挖引起的应力重分布是否波及地表的原则，在矿山法施工条件下，确定深、浅埋隧道覆盖厚度分界值 h_p 的计算见第 3 章第 4 节。

2. 浅埋暗挖法的优缺点

浅埋暗挖法有如下优点：

(1) 支护及时。由于钢架＋钢筋网＋喷射混凝土支护施工的及时性，能使围岩不因开挖暴露过多而使强度降低，且能迅速给围岩提供支护抗力，从而改善围岩应力状态。由于注浆加固地层，提高了围岩的 c、ϕ 值，增加了围岩的稳定性。

(2) 密贴性。喷射混凝土同围岩能全面密贴地粘结，由于喷射混凝土与围岩紧密粘结，不仅提高了围岩强度，而且减少了围岩应力集中。

(3) 柔性。由于喷射混凝土与围岩密贴粘结，且喷得较薄，故呈现一定柔性，因而易于调节围岩的变形，能有效地控制围岩在允许塑性区有适度的发展，以便发挥围岩的自承能力。

(4) 灵活性。由于喷射混凝土施工工艺可随时调整及可分次完成，因而具有相当大的灵活性，这对于加固围岩、提高其承载力非常有利。

(5) 封闭性。由于喷射混凝土能及时施作，而且是全面密贴支护，因而能及时阻止地下水的渗流，抑制围岩的潮解和强度损失，对于保持围岩稳定极为有利。

(6) 适应性。浅埋暗挖法对断面结构的适应性强，不但可以轻易地做成圆形、马蹄形、矩形、多跨联拱等形状，而且对不同的结构断面转化、衔接都比较容易。

但浅埋暗挖法施工也存在一些不足之处：

(1) 对地层的适应性有限。浅埋暗挖法对地层有一定的要求，对开挖面土层自稳时间短、大面积淤泥、含水砂层降水有困难时，不宜采用浅埋暗挖法施工。

(2) 安全性差。浅埋暗挖法施工，虽然拱顶有管棚护顶，但开挖面是敞开的，开挖面的稳定关系到隧道本身和地面的安全。

(3) 质量不易控制。浅埋暗挖法支护主要由人工完成，施工质量易受人为因素的影响，喷射混凝土质量离散性较大，二次衬砌施工缝、变形缝质量不易保证。

(4) 施工速度慢。浅埋暗挖法日平均进尺两个循环，月平均进尺 50m 左右。

9.3.2 浅埋暗挖法施工的技术特点

1. 围岩变形波及地表

浅埋隧道施工中开挖的影响将波及地表。为了避免对地面建筑物及地层内埋设的线路管网等的破坏，保护地面自然景观，克服对地上交通的影响，更好地适应周围环境的要求，必须严格控制地中及地表的沉陷变形。

在变形量方面，不仅考虑由于开挖直接引起围岩的沉降变形，还应计入由于围岩的作用引起支护体系的柔性变形及施工各阶段中基础下沉变位而引起的结构整体位移。

与变形量相对应而存在的地层塑性区的发展，除了对周围环境的影响外，还削弱了围岩的稳定能力，使施工更加困难。

2. 要求刚性支护或地层改良

与深埋隧道可以给支护以适量变形不同，浅埋暗挖法施工时，其支护时间要尽可能提前，支护的刚度也应适当加大，以便抑制地中及地表的变形沉陷。除必须选用适当的开挖方法、支护方式及施工工艺外，还应经常采用对前方围岩条件进行改良及超前支护等作为控制地层沉降变形的基本措施。

3. 通过试验段来指导设计及施工

由于周围环境及隧道所处地段地质的复杂性，往往需要选取地质条件和结构情况有代表性的一段工程作为试验段。在作出包括结构设计、施工方案、试验及量测计划的设计后，先期开工。对施工过程中引起地中及地表沉陷变形情况、支护结构及围岩应力状态、对地面环境的影响程度等情况进行观察、量测、分析和研究。试验段施工中所取得数据，还可以用反分析的方法获得更符合实际的围岩力学参数，并在此基础上进行力学分析计算。

通过对试验段施工的研究分析，除进行优化设计及施工方案外，还对量测数据管理标准进行验证。

9.3.3 浅埋暗挖法的开挖与支护技术

在松散不稳定地层中采用浅埋暗挖法开挖作业时，所选用的施工方法及工艺流程，应保证最大限度地减少对地层的扰动，提高周围地层自承作用和减少地表沉降。根据不同的地质条件及隧道断面选用不同的开挖方法。

总的原则是“预支护、预加固一段，开挖一段；开挖一段，支护一段；支护一段，开挖一段，封闭成环一段”。

浅埋暗挖法隧道工程施工时，应根据工程特点、围岩情况、环境要求以及施工单位的自身条件等，选择适宜的开挖方法及掘进方式。必要时，应通过试验段进行验证。

施工中常用的开挖方法是台阶法以及适用于特殊条件的各类型分部开挖方法。一般山岭隧道可采用正台阶法施工（图 9-8）。城市及附近地区的一般隧道可采用上台阶分部开挖法或短台阶法施工（图 9-9）。大断面的城市或山岭隧道可采用中隔墙台阶法、单侧壁导坑法或双侧壁导坑法施工（图 9-10）。城市地铁车站、地下停车场等多跨隧道多采用柱洞法、侧洞法或中洞法施工（图 9-11）。

浅埋隧道断面较大时不宜采用全断面开挖。施工中应尽量减少对围岩的扰动，优先采用掘进机或人工开挖。采用爆破开挖时，应采用短进尺、弱爆破，必要时要对爆破振动进行监控。爆破进尺一般不宜超过 1.0m。

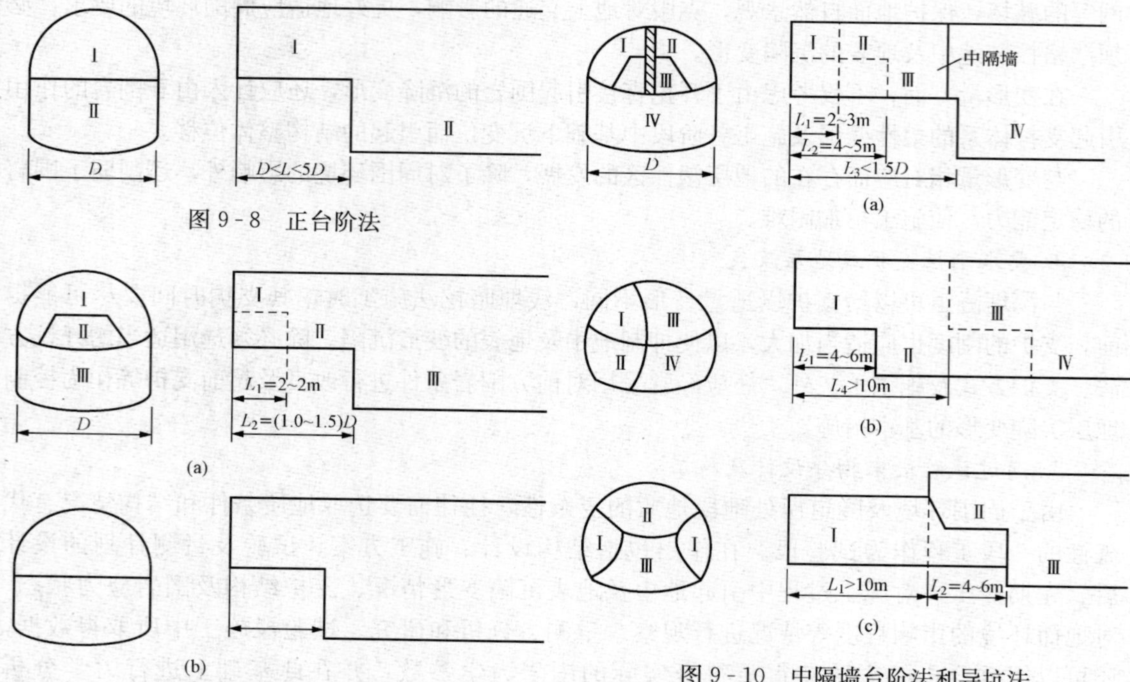

图 9-8　正台阶法

图 9-9　台阶分部开挖法和短台阶开挖法

图 9-10　中隔墙台阶法和导坑法

(a) 中隔墙台阶法；(b) 单侧壁导坑法；(c) 双侧壁导坑法

9.3.4　控制沉陷变形和防坍

1. 现场量测

利用监控量测信息指导设计与施工是浅埋暗挖法施工工序的重要组成部分，施工现场每时每刻均应处于监控之中，以确保工程安全及控制沉陷变形。监控量测项目分为 A 类和 B 类。量测内容详见表 9-1。

表 9-1　A、B 类监控量测项目

类别	项目名称	段距	安设测点数	Ⅱ		
				0～15d	16～30d	31d 后
A 类	开挖面地质观测	全隧道	开挖面	1 次/天	1 次/天	1 次/天
	净空收敛量测	每 10～50m	2～6 对测点	1 次/2 天	1 次/2 天	1 次/周
	拱顶下沉	10～50m	1 点	1 次/2 天	1 次/2 天	1 次/周
	地表下沉					
B 类	地层物理力学参数	200～500m				
	地层内位移量测	200～500m	3～5 个测孔	1～2 次/天	1～2 次/2 天	1～2 次/周
	锚杆轴向力	200～500m	3～5 个测孔	1～2 次/天	1～2 次/2 天	1～2 次/天
	衬砌内应力测定	200～500m	切向径向各 3～5 个测点	1～2 次/天	1～2 次/2 天	1～2 次/天
	支护接触应力测点	200～500m	5～9 个测点	1～2 次/天	1～2 次/2 天	1～2 次/天
	地层弹性波	500m	2～4 个测点	1 次	1 次	1 次

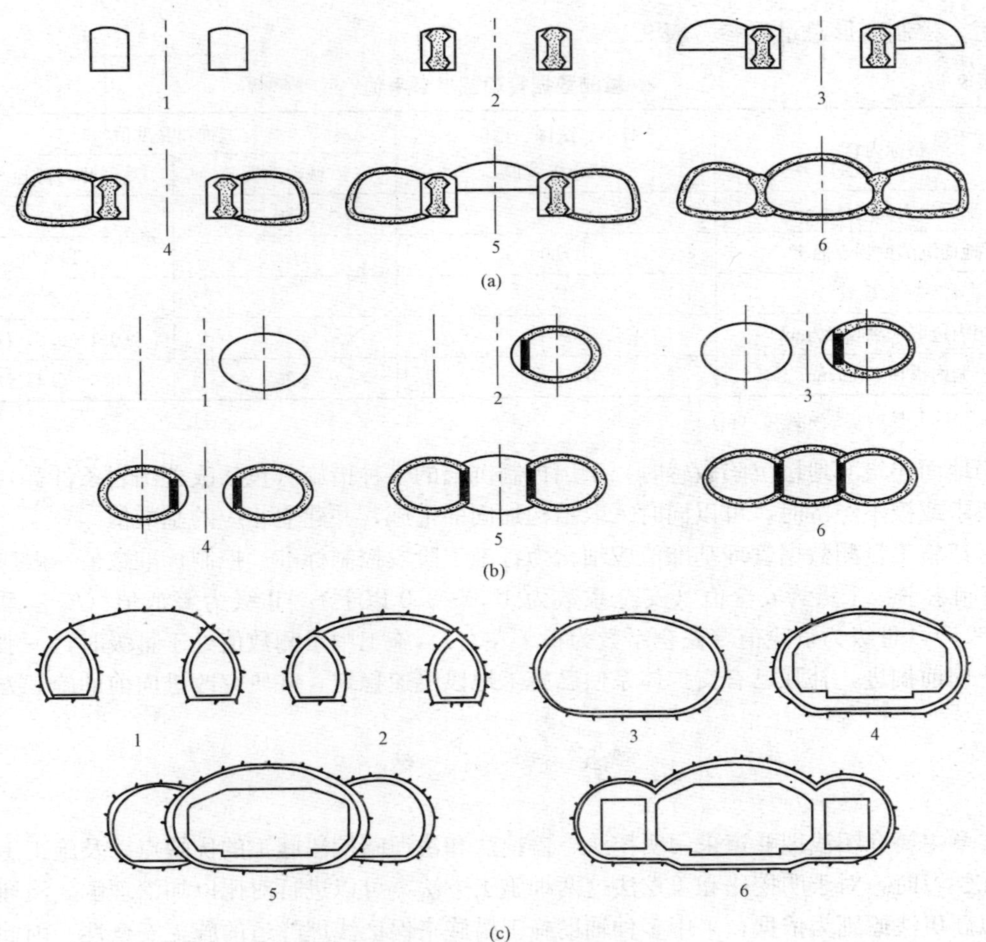

图 9-11　柱洞法、侧洞法和中洞法

(a) 柱洞法施工顺序；(b) 侧洞法施工顺序；(c) 中洞法施工顺序

现场监控量测的各种变量如位移、应力、应变等应及时绘出位移—时间曲线、应力—时间曲线和应变—时间曲线。横坐标为时间，纵坐标为各种变量（位移、应力、应变）。这条曲线可能形成极不规则的散点连线，如果将工序标在水平坐标上，就可以看出各工序对隧道变形的影响。当曲线趋于平缓时，应进行数据处理或回归分析，以推算基本稳定时间、最终位移值，掌握位移变化规律。根据量测管理基准及隧道施工各阶段沉陷变形控制标准进行施工管理。当量测值超过标准时，应研究超标原因。必要时，对已做支护体系进行补强及改进施工工艺。当曲线出现反弯点，即位移数据出现反常的急剧增长现象时，表明围岩与支护已呈不稳定状态，应加强监测和立即对支护体系补强，必要时应立即停止向前开挖及采取稳定工作面的措施以确保施工安全。经妥善处理后，才能继续向前施工。

2. 量测管理基准及施工各阶段沉陷变形控制标准的建立

施工中主要采用位移量测数据作为信息化管理目标。管理基准值应根据现场的特定条件来制定。控制变形总量可参考表9-2。

表9-2　量测数据管理基准参考值

指标内容	日本、法国、德国规范综合值	推荐基准值	
		城市地铁	山岭隧道
地面最大沉陷量/mm	50	30	60
地面沉陷槽拐点曲率	1/300	1/500	1/300
地层损失系数/%	5	5	5
洞内边墙水平收敛/mm	20～40	20	(0.1～0.2) D%
洞内拱顶下沉/mm	75～229	50	(0.3～0.4) D%

注：D为开挖洞室最大跨度（m）。

当地面建筑对地层沉陷敏感时，采用控制沉陷的多种措施（包括改善围岩条件等）不易达到要求或极不经济时，可以同时采取结构加固的措施，并建立相应的基准值。

隧道施工量测数据管理基准值应细化为各施工阶段控制标准。控制标准数值一般应分为3个控制水平：Ⅰ级为安全值（安全系数为1.5～2.0以上），Ⅱ级为警戒值（安全系数为1.2～1.5），Ⅲ级为危险值（安全系数为1.1左右）。施工中量测数值处于Ⅲ级时，一般应立即停止向前掘进，补强已有支护体系使已施工地段迅速稳定，并研究改进向前的施工方案。

本　章　小　结

本章主要介绍浅埋隧道采用明挖法、盖挖法和浅埋暗挖法施工的优缺点以及施工工艺流程。在学习时，对于明挖法和盖挖法这两种施工方法，可以进行对比以加深理解。浅埋暗挖法是以新奥法原则为依据，采用多种辅助施工措施来保证浅埋隧道的施工安全性。因此，深刻理解新奥法原理并且掌握辅助施工措施对于浅埋暗挖法的学习具有非常重要的意义。

习　　题

1. 试述浅埋隧道采用明挖法施工基坑开挖常见的方法。
2. 试述浅埋隧道采用盖挖法施工采用顺作法、逆作法和半逆作法的施工顺序。
3. 简述浅埋隧道采用浅埋暗挖法施工的技术特点、施工顺序和现场量测。
4. 试述浅埋隧道和深埋隧道如何划分。

第 10 章　隧道施工辅助稳定措施

知识要点

1. 隧道施工辅助稳定措施的适用范围；
2. 隧道施工辅助稳定措施的类型；
3. 辅助稳定措施的施工。

在修建隧道中，常遇到一些不利于施工的特殊地质地段。如膨胀性围岩、黄土、溶洞、断层、松散地层、流砂、岩爆、涌水、塌方等。在开挖、支护和衬砌过程中，由于各种因素的影响都可能发生围岩坍塌，坑道支撑受压变形，衬砌结构断裂和各种特殊施工问题，严重影响施工进度、安全和质量。隧道穿越含有瓦斯的地层，更严重地威胁着施工安全。因此有必要对不良地质隧道和特殊地质隧道的施工技术进行全面、系统地研究和总结。

本章将讲述一些在特殊地质条件下进行隧道施工时，应掌握的基本知识、采取相应的施工辅助稳定防范措施。

10.1　概　　述

10.1.1　施工辅助措施适用范围及一般规定

隧道在浅埋地段、自稳性差的软弱破碎地层、严重偏压、岩溶流泥地段、砂土层、砂卵（砾）石层、断层破碎带以及大面积淋水或涌水地段施工时，常会发生开挖面围岩失稳，或由于初期支护的强度不能满足围岩稳定的要求，以及由于大面积淋水、涌水而导致洞体围岩丧失稳定而产生坍塌、冒顶等，这不仅使围岩条件更加恶化，给施工带来极大的困难，而且影响施工安全，延误工期，费工费料，影响工程质量和隧道使用年限。为了避免上述情况，可在隧道开挖前或开挖中采用辅助施工方法以增强隧道围岩稳定。因此在浅埋、严重偏压、岩溶流泥地段、砂土层、砂卵（砾）石层、自稳性差的软弱破碎地层、断层破碎带以及大面积淋水或涌水地段进行施工时，可采用辅助施工方法对地层进行预加固、超前支护或止水。

隧道通过上述地质地段时，是否一定要采用辅助施工方法，这应根据隧道所处的地质和水文地质条件、隧道长度、埋置深度、施工机械装备、工期和经济等方面考虑决定。

采用辅助施工方法施工时，应遵守下列规定：

(1) 应根据工程地质及水文地质条件、施工队伍的技术水平、机械设备状况等，选用辅助施工方法，并作好相应的工序设计。

(2) 应按采用的辅助施工方法，准备所需的材料及机具，制定有关的安全施工条例。

(3) 施工中应经常观察地形、地貌的变化以及地质和地下水的变异情况，预防突然事故的发生。

(4) 作好详细的施工记录。

(5) 必须坚持先支护（强支护）、后开挖（短进尺、弱爆破）、快封闭、勤量测的施工原则。

10.1.2 隧道施工辅助稳定措施的类型

辅助施工的方法，有的是采用普通的设备、机械进行的，以稳定开挖面为主要目的施工手段，其中包括开挖面喷混凝土、开挖面锚杆、超前小导管、简便的药液压注等方法。这些方法是比较简便的，可组合在隧道施工循环中。开挖面喷射混凝土和打设锚杆，在其后的开挖作业中要拆除。所以，选择的辅助施工方法合适与否，对隧道掘进速度有很大的影响。

不能采用通常的设备、机械，而主要以围岩加固为目的辅助施工方法，有药液压注、冻结、管棚、高压喷射、超前围岩预注浆加固等。同时为降低地下水位的辅助施工方法，有井点、深层井点、喷射钻孔、喷射坑道等。这些辅助施工方法，多数是在隧道掘进之前进行的，规模比较大，所以，选择上述辅助施工方法时，要考虑对隧道开挖的安全性及经济性的影响。

10.2 适用施工辅助措施的围岩及地形条件

10.2.1 未固结围岩

未固结围岩其范围大致是：新第三纪鲜新世的低固结、未固结的砂岩、泥岩，第四纪洪积世的砂层、粘土层，其他的冲积层、表土、火山喷出物、风化岩、岩堆等。而山岭隧道遇到的未固结围岩，几乎都是洪积世以前的围岩。根据过去的施工实例调查的结果，山岭隧道施工方法适用于未固结围岩，其下限的大致标准是：单轴抗压强度为100kPa，变形模量是10MPa。

未固结围岩的问题，可归纳为以下三点：

(1) 围岩强度小，开挖面自稳性差。

(2) 刚性低，变形大。

(3) 因涌水，开挖面变得不稳定。

砂层、砂砾层围岩缺少凝聚力，从开挖到喷射开始之间，或喷射作业中，都会发生拱顶掉块，造成超挖的情况；或者还没有固结的喷混凝土剥离，造成施工困难的情况。为此，在这种围岩中，要采用防止掉块的超前支护等辅助施工方法。同时，在这种围岩中，如开挖面长期放置，会反复剥离，而使开挖面不稳定。因此，在施工中断时，要采取正面喷混凝土的稳定措施。

在砂层、砂砾层中有地下水时，涌水会造成围岩流失，甚至出现塌陷等事故。在这些隧道中，就是同样的砂层，也会有产生流砂和不产生流砂的情况，分析其不同的原因，主要是砂的粒径分布对有无流砂现象有很大的影响。

在互层围岩的情况，各砂层的地下水会被粘土层所隔离，靠近开挖面水头压力也不会减小，如开挖不透水层，地下水会喷出，并伴有流砂涌出。所以，在互层围岩时，达到开挖面之前，事前要采取措施排除砂层的地下水。但是，互层围岩与单一的砂层相比，喷射效果差，地下水会残留在不透水层上，有时可能从边界处涌水，而使砂层流出，这是要注意的。

在未固结围岩的粘土层中，多含有强度低的物质。因此，在开挖时，会因周围应力的增加，使粘土层塑性化而挤出且变形大，开挖面变得不稳定。在这种围岩中，需要采取防止变形和加固围岩的对策。

10.2.2 膨胀性围岩

我国是世界上膨胀性岩层分布面积最广的国家之一，现已发现有膨胀土发育的地方遍及西南、西北、东北、长江与黄河下游及东南沿海地区，分布十分广泛。

所谓膨胀性围岩，就是指能产生膨胀性地压的岩类。而膨胀性地压是指在因膨胀而使净空断面缩小的地质条件下，作用在衬砌和支护结构上的地压。其一般特征是随时间，围岩长期的位移或土压增大，能产生使支护结构破损的土压。狭义地说，起因于风化围岩和含有粘土矿物围岩的体积膨胀以及因围岩塑性变形而引起的都属于此类。膨胀性土压从现象上来看，一般在变形较大的情况下，与其他土压有时是很难区别的。

围岩体积膨胀的原因有：

（1）单纯吸水的物理膨胀。

（2）化学变化结果的膨胀。

（3）上覆荷载的塑性变形。

（4）破坏以及地壳运动时潜在能量的释放等。

在第（1）、（2）两种情况中，单独发生膨胀（膨润）性地压的程度还不是很清楚，就是含有膨润性矿物（如蒙脱石）的软岩，也不一定就发生膨润现象。膨胀性的主要原因是围岩强度比较小，而产生的塑性地压，结果就是膨胀性地压。第(3)种情况指围岩强度和初始垂直应力比（围岩强度比）小于2～3以下的岩石（特别是粘土岩），因矿物使隧道周边破碎（塑性化），沿一定厚度的断面吸水膨胀而软弱化，形成膨胀性地压。第(4)种情况指过去的膨胀性地质多集中在造山带和褶皱带中，而发生的膨胀性地压。但是，膨胀性地质的岩石强度是很小的，岩石内潜在的应力也不可能很大，因此，因潜在应力释放而引起强大地压的情况是很少的。

围岩强度小、细粒成分多（内摩擦角小）的软岩易发生膨胀性地压。这些岩石有第三纪的泥岩、页岩、凝灰岩、火山砾凝灰岩等。在这些软岩中，绿色凝灰岩地域或非绿色凝灰岩地域，其动态有所不同。非绿色凝灰岩地域的软岩，从经验上看，没有膨胀性，但绿色凝灰岩地域的软岩，从实测的地压看，属于中新纪后期的黑色泥岩、凝灰岩，易发生膨胀性地压。新时期堆积的软岩，其地压较小。

强风化岩是在长期的地质年代中，在露出地表的环境条件下形成的围岩，因风化粒子间的粘土成分增加，粒子本身也有的粘土化，而使强度显著降低。一般多出现在洞口和埋深小的地段，强风化岩也多属于膨胀性围岩。黑色片岩和绿色片岩、粘板岩、千枚岩等细粒子成分多的结晶片岩，沿破碎带会形成数 10m 厚的风化粘土带。

在隧道施工中，常常遇到膨胀性围岩，开挖后不久即产生强大的膨胀地压。这种膨胀性地压是由于岩石风化土质复原后的容积变化、原始荷重的解压或岩石的真正膨胀，使得设置在膨胀围岩中的隧道洞壁发生位移，导致围岩失稳、衬砌破坏。这些现象的发生，反映了膨胀围岩的极端复杂性。

膨胀围岩的特性，归纳起来主要表现在以下三个方面：

（1）超固结土体的应力特性。由于膨胀土体大多具有原始地层的超固结特性，使土体中储存有许多的初始应力。当隧道或地下洞室开挖后，引起围岩应力释放，强度降低，产生卸载膨胀。因此，膨胀围岩常常具有明显的塑性流变特征，开挖后将产生较大的塑性流变。

隧道穿过破碎的岩层，不含或只含少量的活性矿物成分，也不受水的影响，但围岩开挖后产生强大膨胀地压。这种情况的产生，可以认为是当岩层受到强烈的构造作用而发生较大范围的挤压和破碎，在这种破碎带往往聚集了潜在的压力，隧道开挖后，由于潜在应力的释放而产生强大的膨胀地压。

（2）多裂隙土体的力学特性。膨胀土隧道围岩，实际上是土块与各种裂隙和结构面相互组合成的集合体。膨胀土体的结构力学特征，主要表现为具有明显的非均质性和不连续性，以及围岩强度与变形的各向异性和随时间的衰减性。

土质岩层，干燥时岩质坚硬，易脆裂，具有明显的垂直和水平的张开裂隙，裂隙的发育和宽度随深度减少以致消失，被浸湿后，裂隙收缩变窄闭合。当岩层破碎，节理、裂隙中如含有活性强的矿物成分的粘土充填物时，往往暴露后即膨胀，吸收水分后，膨胀明显。

（3）胀缩效应的力学特性。膨胀围岩吸水而膨胀，失水而收缩，土体干湿循环产生膨胀效应。一是土体结构变化，导致围岩压力增大；二是围岩应力变化，特别是膨胀围岩产生的膨胀压力将对增大围岩压力起叠加作用。围岩产生胀缩变形的程度及其膨胀压力的大小，主要在于膨胀土类型与湿度条件。

当岩层粘土颗粒含量较多，塑性指数较大，土的结构强度较高，化学成分以 SiO_2 和 $Al_2O_3 \cdot Fe_2O_3$ 为主，或当矿物成分中含有大量蒙脱石、伊利石和多水高岭土时，就具有较强的水结合能力和吸水膨胀的性能。

10.2.3 涌水围岩

隧道涌水是对山岭隧道施工和运营后维修养护有重大影响的因素之一。隧道施工时发生的涌水不仅对作业环境有影响，也会使开挖面不稳定，使喷射混凝土和锚杆的施工不良。特别是在有大量、高压涌水的情况下，常常是造成重大事故的原因。在事故中要改变施工方法、增加辅助施工方法，会使工期拖后并使工程费增加等。

开挖面开挖中或支护施工完成之前，保持一定时间的开挖面自稳是山岭隧道施工方法的前提。此自稳性，主要是与构成开挖面地质的力学强度特性有关。在开挖面周边有涌水的情况，开挖面因渗透压而会出现崩塌流出等，会使其强度降低。特别是在未固结的围岩中，因初始强度低，伴随涌水会造成开挖面流失现象。

开挖面有涌水时，涌水易向支护底部集中而妨碍作业。同时使底部围岩劣化因局部压密而造成支护下沉，产生支护变异和断面异常等。

侧壁有涌水时，喷混凝土会粘附不良，或不能施工。对一定程度的涌水，可增加速凝剂的添加量，采用金属网等，提高粘附性。因施工后的冲刷，会形成空洞等粘附不良的现象，对此要十分注意。施工时，将涌水部分地集中进行排水是很重要的。

周边涌水是造成施工效率大幅度降低的重要原因。一般向隧道坡度低的一侧流动，在逆坡施工时，需要强制排水。在易于泥化的地质条件下，排水坡度就是采用1%也不充分，需配置足够的水泵。对突发的大量涌水，要增加辅助的设备。从竖井或斜井开挖时，要有独立的排水用电源，并准备好预备电源。

因涌水使路基地层劣化，在进行施工的场合会造成进行效率的降低、重型机械的走行不安全等，这是造成洞内事故的直接和间接原因。必须对洞内排水给予足够的注意。

空隙水会降低围岩的内摩擦角，危及开挖面的自稳性，而由于渗透水流也会造成细粒成分流失的流动现象。开挖面的崩塌会造成人身事故，也会危及开挖面稳定。因此，确保开挖面的稳定性是至关重要的。

施工中对涌水的处理应慎重，事先根据设计文件对隧道可能出现的涌水地段进行详细的调查、分析，掌握涌水量、补给方式、变化规律及水质成分等，然后按照“防、排、截、堵”相结合的原则，选择既因地制宜、经济合理，又能确保围岩稳定，并保护环境的治水方案。应该强调的是，在选择治理方法时，一定要考虑隧道周围的环境条件，否则后患无穷。

在工程中处理涌水现象，一般可采用超前钻孔或辅助坑道排水、超前小导管预注浆、超前围岩预注浆堵水和井点降水及深井降水等辅助措施的施工方法。

10.2.4 浅埋围岩

浅埋时，与深埋相比，主要是难以形成承载拱。同时，在这种情况下多数会有地形偏压、表面软弱堆积物、风化带等对隧道开挖有很大影响的特殊问题。为此，视地质条件会出现下沉急剧增大、地表开裂等变异，有时也会出现开挖面不稳定等现象。所以，在这种情况下，要采取开挖面稳定措施和控制地表下沉措施。

地表下沉与埋深有密切关系。埋深大时，在隧道横断面内形成了承载拱，开挖引起的下沉，局限在隧道周边；而埋深小时，没有形成承载拱，开挖下沉会直接达到地表面。在这种情况下，埋深小的隧道，因不能期待形成承载拱，故为防止支护下沉、增强支撑力而应采取必要的措施，并研究采用药液压注、垂直锚杆等辅助施工方法。

如上所述，浅埋隧道开挖面前方的先行下沉很大，会造成很大的地表下沉，因此，研究采用前方地层的改善、管棚、水平高压旋喷等辅助施工方法是必要的。

10.2.5 接近结构物的隧道

接近既有结构物的山岭隧道施工的实例越来越多。因此，接近结构物施工，已成为研究的重要课题之一。在这种情况下，施工前应预测对既有结构物的影响，采取适当的基本方法和辅助施工措施，并进行量测管理。接近建筑物施工与一般施工不同，对既有结构物的影响在设计、施工各阶段中要很好地加以考虑。

接近施工对既有结构物的影响，不仅存在于暗挖法，在明挖法及盾构法中也是存在的。但在暗挖法中，要更多地依赖于辅助施工方法。

在接近施工中，究竟采用什么样的措施，与既有结构物和新设结构物的位置关系、影响程度、既有结构物的种类和重要性等有密切关系，在设计施工中必须慎重地加以研究。

根据既有结构物与新设结构物的位置关系，通常分为无条件范围、要注意的范围和需采取措施的范围。除无条件范围外，都要确定对既有结构物的检查、量测等进行设计。

根据日本的一些规定，把接近度划分为一般范围、要注意范围和需采取措施范围三种。根据接近度的划分，应采取的措施内容，见表 10-1。

表 10-1　接近度的划分与措施的内容

接近度划分	划分的内容	措施内容
一般范围	不考虑新设结构物施工对既有结构物的影响范围	一般不需要采取措施
要注意范围	通常不会产生有害的影响，但有一定影响的范围	一般以采用合适的施工方法为对策，并根据既有结构物的位移、变形量等推定容许值，再决定是否采取其他措施。为施工安全，对既有结构物和新设结构物进行测量管理
需采取措施范围	产生有害影响的范围	必须从施工方法上采取措施并根据既有结构物的位移、变形量来研究影响程度，而后采取相应措施，同时对既有结构物和新设结构物进行量测管理

10.3 辅助稳定措施的施工

10.3.1 稳定开挖工作面辅助施工措施的施工

稳定开挖面、防止地表下沉常用的辅助方法较多。一般可分为对地层预支护和预加固两大类。使用时，可结合隧道所处的围岩条件、隧道的施工方法、进度要求、机械配套、工期等进行比选，有时可采取几种方法综合处理。稳定开挖工作面辅助施工的措施主要有以下几种：

（1）采用超前钻孔排水。超前钻孔排水是防止承压水突然涌入的措施。为达到较好的效果，应对地质和水文地质进行详细调查分析，判定地下水流方向，估计可能发生的涌水量，然后布置钻孔位置、方向、数目和每次钻进深度。应备足抽水设备，在钻孔口预先埋管设阀，控制排水量，以防承压水冲击及淹没坑道等意外险情的发生。必要时，施工人员撤出危险区。

超前钻孔或辅助坑道排水一般用于开挖面前方有高压地下水或有充分补给源的涌水，且排放地下水不会影响围岩稳定及隧道周围的环境条件。

采用超前钻孔排水时，应符合下列要求：

1）应使用轻型探水钻机或凿岩机钻孔。

2）钻孔孔位（孔底）应在水流上方。钻孔时孔口应有保护装置，以防人身及机械事故。

3）采取排水措施，保证钻孔排出的水迅速排出洞外。

4）超前钻孔的孔底应超前开挖面 1～2 个循环进尺。

（2）采用辅助坑道排水。采用辅助坑道排水，常可利用施工、通风、地质勘察等辅助坑道，也可经技术经济比较后，专门开挖一条辅助坑道排水。

采用辅助坑道排水时，应符合下列要求：

1）坑道应和正洞平行或接近平行。

2）坑道底标高应低于正洞底标高。

3）坑道应超前正洞 10～20m，至少应超前 1～2 个循环进尺。

（3）井点降水。井点降水是在隧道内用来降低地下水的一种方法。一般适用于渗透系数为 0.6～80m/d 的匀质砂土及粉质粘土地段，井点应根据地层的渗透系数、降水范围及降水深度而定。

轻型井点系统包括管路系统（井点管和总管）和抽水设备两大部分。

抽水设备常用的有真空泵和射流泵。射流泵较真空泵功率消耗小，重量轻，结构简单，价格便宜，可优先选用。

井点施工包括井管埋设和填砂、抽水设备安装及运转使用等。井管埋设常用的方法有高压冲枪冲孔埋管（冲管为 ϕ50mm～ϕ70mm 的钢管）与钻孔埋管两种。钻孔埋管的步骤为：钻孔→设置井点管→周围回填砂，形成的孔径不宜小于 20cm。填砂的目的是作为过滤透水层，因为它直接影响井点抽水的效果。

为了提高抽水效率，滤水管应深入到含水层中，且总管的标高宜接近原有地下水位，总管应有 1/300～1/500 的下坡度朝向水泵设备。为避免滤管孔口的堵塞，抽水机一旦启用，最好能连续不间断地工作。

井点降水施工应符合下列规定：

1）井点的布置应符合设计要求。当降水宽度小于 6m，深度小于 5m 时，可采用单排井点。井点间距宜为 1～1.5m。

2）有地下水的黄土地段，当降水深度为 3～6m 时，可采用井点降水；当降水深度大于 6m 时，可采用深井井点降水。

3）滤水管应伸入含水层，各滤水管的高程应齐平。

4）井点系统安装完毕后，应进行抽水试验，检查有无漏气、漏水情况。

5）抽水作业开始后，宜连续不间断地进行抽水，并随时观测附近区域地表是否产生沉降，必要时应采取防护措施。

（4）深井井点降水。深井井点降水主要用于覆盖较浅的均质砂土及粉质粘土地层中的隧道。

深井井点一般布置在地表面靠隧道两侧。它的特点是将水泵直接放入井管中，依靠水泵的扬程（可达 30～40m 以上）把地下水抽到地面。每井一泵，独立工作，在各井点之间不用集水管路连接。打井的设备及安装费用较高，并需要有专业队伍。

目前常用的深井泵有将电动机设置在地面的深井泵（如国产的 JD 型深水泵）和深井潜水泵（如国产的 JQB 型潜水泵）两种。

深井井点降水施工应符合下列要求：

1）在隧道两侧地表面布置井点，间距为 25～35m。井底应在隧道底部以下 3～5m。

2）作好深井抽水时地面的排水工作。

(5) 地面砂浆锚杆。地面砂浆锚杆是对地层预加固的一种方法，它适用于浅埋、洞口地段和某些偏压地段。为使预加固有较好的效果，锚杆砂浆在达到设计强度的70%以上时，才能进行下方隧道的施工。

地面砂浆锚杆的施工应符合下列要求：

1) 锚杆宜垂直地表设置，根据地形及岩层层面具体情况也可倾斜设置。

2) 锚杆长度可根据隧道覆盖层厚度和实际施工能力确定。

(6) 超前锚杆和超前小钢管支护。超前锚杆或超前小钢管支护是一种超前预支护的方法。一般适用于在浅埋松散破碎的地层内。首先用凿岩机或钻孔台车沿隧道外轮廓线向外钻孔，然后安设锚杆或用钻机将小钢管顶入。超前锚杆根据围岩情况，可采用双层或三层。一般超前锚杆或超前小钢管设置后，即可进行开挖，但应保证前后两组支护在纵向应有不小于100cm的水平投影搭接长度。超前锚杆支护若采用一般砂浆作胶结物时，爆破后很可能影响其强度。为此，宜采用早强砂浆作为锚杆与岩层孔壁间的胶结物，以使其尽早发挥超前支护作用。

超前锚杆或超前小钢管支护施工应符合下列要求：

1) 超前锚杆或超前小钢管支护宜和钢架支撑配合使用，并从钢架腹部穿过。

2) 超前锚杆或超前小钢管支护与隧道纵向开挖轮廓线间的外插角宜为5°～10°，长度应大于循环进尺，宜为3～5m。

3) 超前锚杆宜用早强水泥砂浆锚杆。

4) 超前小钢管应平直，尾部焊箍，顶部呈尖锥状。在安设前应检查小钢管尺寸，钢管顶入钻孔长度不应小于管长的90%。

10.3.2 围岩加固与预支护的施工

1. 超前小导管预注浆

超前小导管周壁预注浆是沿隧道开挖轮廓线向外将管壁带孔的小导管打入地层内（有时亦可在开挖面上将小导管打入地层），并以一定的压力向管内压注浆液。它既能将坑道周围岩体预先加固及堵住围岩裂隙水，又能起到超前预支护的作用。这种方法，施工简单，且注浆时间短。但由于注浆压力不高，一般为0.5～1.0MPa，所以加固的地层范围较小，有时还需辅以钢架支撑，以稳定围岩。适用于自稳时间很短的砂层、砂卵（砾）石层、断层破碎带、软弱围岩浅埋地段或处理塌方等地段。

为加速注浆，可在小导管前安装分浆器，一次可注入3～5根小导管。注浆前，拌浆可按下列步骤进行：

(1) 水泥浆液搅拌应在拌和机内进行，根据拌和机容量大小，严格按要求投料。

(2) 搅拌投料的顺序为：在放水的同时，将外加剂一并加入搅拌，待水量加足后，继续搅拌1min，再将水泥投入，搅拌时间不应小于3min，并在注浆过程中不停搅拌。

(3) 采用水玻璃浆液时，其浓度宜为25～400°Be。为稀释水玻璃，宜采取边加水边搅拌，边用波美计量测的办法进行。

(4) 配制水泥浆或稀释水玻璃浆液时，严防水泥包装纸及其杂物混入。拌好的浆液在进入贮浆槽及注浆泵之前均应对浆液进行过滤，未经过滤网过滤的浆液不允许进入泵内。

(5) 配制的浆液应在规定时间内注完。

注浆后至开挖的时间间隔，应视浆液种类决定。当采用单液水泥浆时，开挖时间为注浆后8h，采用水泥—水玻璃浆液时为4h左右。这主要是保证注浆材料有充分的胶凝时间，使与地层充分胶结硬化，达到加固、堵水的目的。

超前小导管预注浆的施工应符合下列要求：

(1) 小导管采用ϕ32mm焊接钢管或ϕ40mm无缝钢管制作，长度宜为3～5m。管壁每隔10～20cm交错钻眼，眼孔直径宜为ϕ6～8mm。

(2) 沿隧道纵向开挖轮廓线向外以10°～30°的外插角钻孔，将小导管打入地层。亦可在开挖面上钻孔将小导管打入地层。小导管环向间距宜为20～50cm。

(3) 小导管注浆前，应对开挖面及5m范围内的坑道喷射厚为5～10cm混凝土或用模筑混凝土封闭。

(4) 注浆压力应为0.5～1.0MPa。必要时可在孔口处设置止浆塞。止浆塞应能承受规定的最大注浆压力或水压。

(5) 注浆后至开挖前的时间间隔，视浆液种类宜为4～8h。开挖时应保留1.5～2.0m的止浆墙，防止下一次注浆时孔口跑浆。

2. 超前围岩预注浆堵水

超前围岩预注浆又称长孔注浆，它是加固地层、封堵水源的一种方法。主要适用于软弱围岩及断层破碎带、自稳性差的含水地质地段，以及地下水丰富且排水时挟带泥沙引起开挖面失稳，或排水后对其他用水（如灌溉用水、工业用水、生活用水）影响较大，或斜、竖井施工时排水费用较注浆堵水高时。注浆孔深一般在15～30m。注浆孔可在地表面或开挖面正面分层布置，在纵向呈伞形辐射状。要求注浆孔孔底间距按各个注浆孔的扩散半径相互重叠的原则确定。

注浆有效范围在一般情况下为隧道开挖半径的2～3倍。当地下静水压力大于2.5MPa时，为开挖半径的4～6倍。对周边封闭预注浆时，则为隧道开挖轮廓线外0～3m。

浆液扩散半径根据不同的地质条件、注浆压力、浆液种类等在现场试验确定，亦可按工程类比法选定，并在施工中不断修改。

注浆终孔间距根据注浆帷幕厚度、浆液扩散半径（一般为2～4m）以及各孔相互重叠的原则确定，一般为浆液扩散半径的1.5～1.7倍。注浆孔应按梅花型布置。

注浆量可根据浆液扩散半径、注浆段长度及地层孔隙按式（10-1）估算：

$$Q = \pi r^2 H n \alpha \beta \tag{10-1}$$

式中 Q——注浆量（m^3）；

r——浆液扩散半径（m）；

H——注浆段长度（m）；

n——地层孔隙率；

α——有效注浆系数（$0<\alpha<1$；一般可配0.7～0.9）；

β——浆液耗损系数（一般可取1.1～1.4）。

注浆压力根据涌水压力、岩性、注浆目的等因素决定。注浆终压一般为地下静水压的2～

6倍。

注浆堵水施作要点与注浆加固基本相同，但要求较高。当遇有高压涌水时，为使注浆堵水能取得较好的效果，除了采取先排水待降低地下水压后再进行注浆堵水的方法外，有时也可选择在地下水的稳定期或衰减终期进行。否则，由于地下水压力高、流速快，钻注施作困难，涌水对浆液的稀释作用强，注浆质量不易保证。

动水条件下，为减少动水对浆液的稀释排挤作用，根据地质情况和涌水量的大小，可在浆液中掺入适量的速凝剂。

超前围岩预注浆加固施工应符合下列规定：

(1) 注浆孔的布置角度及深度应符合设计要求。孔口位置与设计位置的允许偏差为±5cm；孔底位置偏差应小于孔深的10‰。

(2) 注浆钻孔应做到孔壁圆、角度准、孔身直、深度够、岩粉清洗干净。当出现严重卡钻、孔口不出水时，应停止钻孔，立即注浆。

(3) 钻孔结束后应掏孔检查，在确认无塌孔和探头石时，才可安设注浆管。

(4) 注浆前应平整注浆所需场地，检查机具设备，作好止浆墙，并准备注浆材料。

(5) 注浆压力应根据岩性、施工条件等因素在现场试验确定。

(6) 注浆方式可根据地质条件、机械设备及注浆孔的深度选用前进式、后退式或全孔式。注浆顺序为先注内圈孔，后注外圈孔；先注无水孔，后注有水孔，从拱顶顺序向下进行。注浆速度根据注浆孔出水量大小而定，一般应从快到慢。如遇窜浆或跑浆，则可间隔一孔或数孔灌筑。注浆结束后，应利用止浆阀保持孔内压力，直至浆液完全凝固。

(7) 注浆作业的要求。

1) 浆液的浓度、胶凝时间应符合设计要求，不得任意变更。

2) 应经常检查泵口及孔口注浆压力的变化，发现问题，应及时处理。

3) 采用双液注浆时，应经常测试混合浆液的胶凝时间，发现与设计不符，应立即调整。

(8) 注浆结束的条件。

1) 单孔结束条件：注浆压力达到设计终压或浆液注入量已达到设计值的80%以上。

2) 全段结束条件：所有注浆孔均已符合单孔结束条件，无漏注情况。

(9) 注浆后必须对注浆效果进行检查，如未达到要求，应进行补孔注浆。

8～16m的浅孔可采用钻孔台车钻注浆孔；当孔深超过16m时，则应采用重型风钻或钻机钻孔。注浆孔孔径为ϕ75～110mm；注浆终孔间距按1.5～1.7倍浆液扩散半径决定，一般为2～3m。浆液扩散半径为1～2m。注浆范围为开挖轮廓线以外0～3m。

安装注浆管时，应在注浆管孔口处用胶泥与麻丝缠绕，使之与钻孔孔壁充分挤压塞紧，实现注浆管的止浆和固定。胶泥凝固到有足够强度后，方可进行注浆。

注浆压力是促使浆液在地层裂隙中流动扩散的一种动力，必须有足够的压力来克服水压和地层裂隙阻力才能使浆液扩散充填，达到堵水和加固的作用。因此注浆压力应根据岩性、注浆目的、施工条件、涌水压力等因素在现场试验确定。但注浆终压一般为1.5～4MPa。对于密实性好，颗粒较小的中、细、粉质砂土及砂粘土，注浆压力可稍高些；有特殊要求的地段，如为防止地表隆起影响地面建筑物安全时，注浆压力应适当降低。一般应在现场试验确定。

注浆方式有前进式、后退式及全孔一次式等，可根据涌水量大小及注浆孔的深度选用。当钻孔中遇有较大涌水时，应暂停钻孔，待再压浆时，重复钻孔、注浆，这种注浆方式称为前进式注浆。当钻孔中涌水量较小时，则钻孔可直钻到设计深度，然后从孔底向孔口进行分段注浆，这种注浆方式称为后退式注浆。当钻孔直至孔底，然后一次注浆完毕，这种注浆方式称为全孔一次注浆。一般在软弱地层中多采用分段前进式注浆。

注浆结束后应及时对注浆效果进行检查，检查方法通常有下列3种：

（1）分析法。分析注浆记录，查看每个孔的注浆压力、注浆量是否达到设计要求；注浆过程中漏浆、跑浆是否严重，从而以浆液注入量估算浆液扩散半径，分析是否与设计相符。

（2）检查孔法。用地质钻机按设计孔位和角度钻检查孔，提取岩芯进行鉴定，同时测定检查孔的吸水量（漏水量），单孔时应小于1L/min·m；全段应小于20L/min·m。

（3）声波监测法。用声波探测仪测量注浆前后岩体声速、振幅及衰减系数等来判断注浆效果。

注浆效果如未达到设计要求时，应补充孔再注浆。

超前围岩预注浆加固地层，尤其是深孔预注浆加固地层是一种费工、费料、工期长、技术难度大、投资高的一种方法。注浆技术的成败取决于多种因素。如注浆孔口及注浆管封堵、浆液调制、配合比、胶凝时间、止浆墙、注浆孔的布置与注浆压力等。这些都应在现场根据实际情况来确定。因此，在进行超前围岩预注浆前，应搜集有关注浆地段的岩性、涌水量、涌水压力、水温、涌水的化学性质等，以决定注浆设计参数（包括注浆范围、浆液的选定和设计配合比、胶凝时间、注浆量、注浆孔的布置、注浆顺序和方式、注浆压力）。为了获得理想的注浆效果，并考虑由于注浆而引起对周围环境的变化，在现场还应作单孔或群孔的注浆试验，从而掌握岩土的渗透性、土颗粒的组成、空隙率、饱和度及地下水量、水压和水质等物理化学性质。整个过程难度大，故往往只用在特殊的地质地段上。

对于粒径小于0.05mm以下的粉质砂土及粘性软弱地层或断层地段，为节省注浆材料可使用周边劈裂预注浆或周边短孔预注浆。

周边劈裂注浆或周边短孔预注浆均是沿隧道开挖轮廓线周边布孔、注浆，所不同的是周边劈裂注浆是依靠浆液压力，将原来没有缝隙的地层压裂成缝，然后使浆液充填、固结，从而达到加固地层和堵水的作用。周边短孔注浆只是固结开挖面周边一定厚度的围岩，使之形成一个薄壳，从而提高围岩的整体性，防止漏渣坍塌或软化断层泥，堵住部分地下裂隙水。

值得提出的是注浆堵水有时不一定能完全将水堵住，这与很多因素有关。即使如此，由于大部分水量被堵留在离隧道较远处，部分未堵住的水必须经过较细小的通道，流过较长的路径，此时到达隧道的水量和水压自然会有所减小，在这一意义下也可说做到了大水堵成小水，达到了便于施工的目的。

3. 管棚钢架超前支护

管棚钢管超前预支护适用于极破碎的地层，塌方体、岩堆等地段。在这些地段内辅以灌浆效果更好。当遇有流塑状岩体或岩溶、严重流泥地段，采用与围岩预注浆相结合的方法，也是一种行之有效的方法。

管棚钢管沿隧道开挖轮廓线纵向设置，其长度为10～45m，应视地质情况选用。为保证开挖后管棚钢管仍有足够的超前长度，纵向两组管棚搭接长度应大于3.0m。管棚钻孔环向间距应视管棚用途而定，如果考虑防塌与防水，一般为30～50cm。

管棚钢架超前支护施工流程为：制作管棚钢架→测设中线及水平基点→检查已开挖断面尺寸及形状→安设管棚钢架→钻管棚钢管孔眼→打设管棚钢管→开挖断面→喷射混凝土→安设初期支护钢架→锚喷。

管棚钢架超前支护施工应符合下列要求：

(1) 检查开挖的断面中线及高程，开挖轮廓线应符合设计要求。

(2) 钢架安装垂直度允许误差为$\pm 2^{\circ}$，中线及高程允许误差为± 5cm。

(3) 在钢架上沿隧道开挖轮廓线纵向钻设管棚孔，其外插角以不侵入隧道开挖轮廓线越小越好。孔深不宜小于10m，一般为10～45m。孔径比管棚钢管直径大20～30mm。钻孔环向中心间距视管棚用途确定。钻孔顺序由高孔位向低孔位进行。

(4) 将钢管打入管棚孔眼中。管棚钢管外径宜为ϕ70～180mm。接头应采用厚壁管箍，上满螺栓，螺栓长度不应小于15cm。接头应在隧道横断面上错开。

(5) 当需增加管棚钢架支护的刚度时，可在钢管内注入水泥砂浆。水泥砂浆应用牛角泵灌筑。封堵塞应有进料孔和出气孔，在出气孔流浆后，方可停止压注。

本 章 小 结

本章主要介绍隧道施工辅助稳定措施的适用范围、一般规定、适用施工辅助稳定措施的围岩和地形条件，以及辅助稳定措施的施工方法。隧道施工辅助稳定措施在新奥法和浅埋暗挖法施工中得到了广泛的应用，在学习中一定要将上述两种施工方法联系起来，加深理解。

习 题

1. 试述隧道施工辅助稳定措施的适用范围及一般规定。
2. 试述隧道施工辅助稳定措施中排水的几种常见方法。
3. 简述隧道采用超前锚杆和超前小钢管辅助施工的步骤和施工注意事项。
4. 简述隧道采用超前小导管预注浆辅助施工的步骤以及施工要求。
5. 试述隧道采用超前围岩预注浆辅助施工浆液的拌制、注浆方式以及注浆结束后效果的检查。
6. 试述隧道采用管棚拱架超前支护辅助施工的工艺流程和施工注意事项。

第 11 章 隧道施工辅助作业

知识要点

1. 隧道施工作业区应符合的卫生标准；
2. 通风方式的选择及防尘措施；
3. 压缩空气供应及施工给排水；
4. 供电与照明方式及供电量计算；
5. 隧道施工辅助坑道类型及其特点。

11.1 施工通风

在隧道施工中，洞内氧气大大减少，且混杂各种有害气体与岩尘，造成洞内空气污浊。随着坑道不断开挖，不断向山体深处延伸，洞内温度和湿度相应提高，会对人体产生有害的影响。隧道施工通风与除尘的目的是，为了更换和净化坑道内的空气，供给洞内足够的新鲜空气，稀释、冲淡和排除有害气体，降低粉尘浓度，以改善劳动条件，保障施工作业人员身体健康，保证正常的安全生产，并提高劳动生产率等。

11.1.1 隧道施工作业区应符合的卫生标准

隧道施工中，由于钻眼、炸药爆破、装渣、喷射混凝土、内燃机械和运输汽车的排气、开挖时地层中放出有害气体等因素，使洞内狭窄空间的空气非常污浊，对人体的健康影响较严重。因此，必须向洞内供给新鲜空气、排除有害气体及降低粉尘浓度，同时也应尽量控制不利于施工的因素，如地热、噪声等。隧道施工作业环境应符合下列卫生标准：

(1) 坑道中氧气含量。按体积计不应小于 20%；坑道内气温不宜高于 30℃。

(2) 有害气体的浓度。

1) 一氧化碳 (CO)，一般情况下不大于 30mg/m^3，特殊情况下，施工人员必须进入工作面时，可为 100mg/m^3，但工作时间不得超过 30min。

2) 二氧化碳 (CO_2) 按体积计不得大于 0.5%。

3) 氮氧化物 (NO_2)，即二氧化氮，氧化物换算成二氧化氮应在 5～8mg/m^3 以下。

4) 甲烷 (CH_4)，即瓦斯浓度按体积计不得大于 0.5%，否则必须按煤炭工业部现行的《煤矿安全规程》有关规定办理。

(3) 粉尘的浓度。含 10%以上游离二氧化硅的粉尘，每 1m^3 空气中不得大于 2mg；含

10%以下游离二氧化硅的粉尘，每 $1m^3$ 空气中不得大于 4mg。

(4) 隧道洞内施工工作地点噪声。不宜大于 90dB（分贝）。

(5) 每人每分钟供应的新鲜空气。不宜小于 $3m^3/min$。

11.1.2 通风方式

一般来说，除 300m 以下的短隧道（穿过的岩层不产生有害气体）及导坑贯通后的隧道施工可利用自然通风（靠洞内外的温度差及高程差等所造成的自流风）外，均可采用机械通风，即利用机械设备向洞内送入新鲜空气，排除污浊空气。

实施机械通风，必须具有通风机和风道，按照风道的类型和通风安装位置，有如下几种通风方式：

(1) 风管式通风。风流经由管道输送，分为压入式、抽出式和混合式 3 种，如图 11-1 所示。必须指出，风管末端到开挖面的距离必须保证，因此随着开挖面的推进必须及时接长风管。

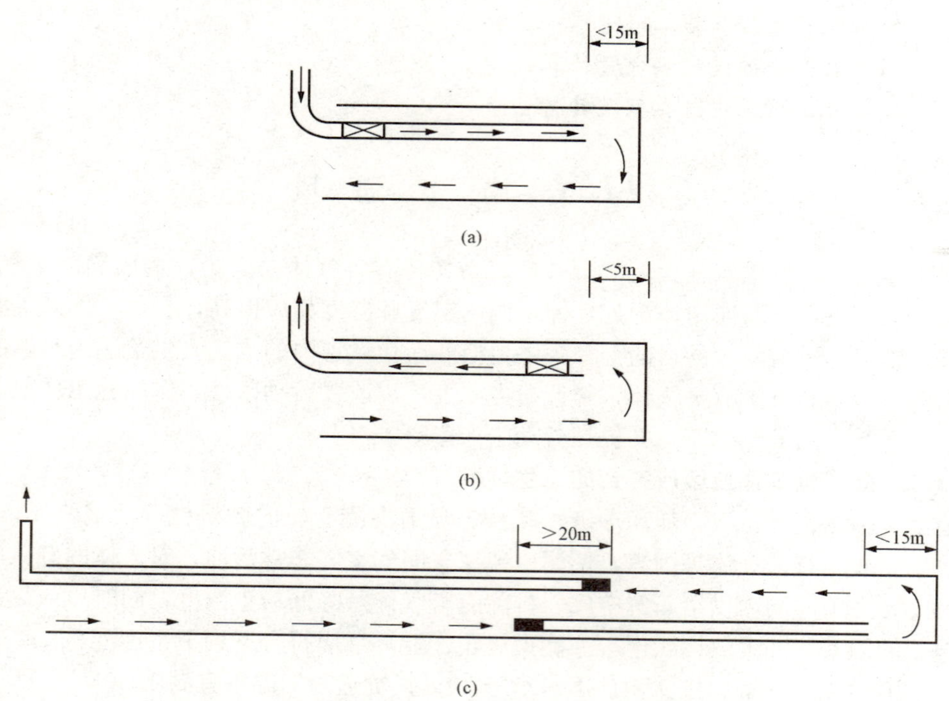

图 11-1 风管式通风

(a) 压入式通风；(b) 抽出式通风；(c) 混合式通风

风管式通风的优点是设备简单，布置灵活，易于拆装，故为一般隧道施工所采用。但由于管路的增长，通风阻力增长；另外由于管路的接头或多或少有漏风，若不保证接头的质量，就会造成因风管过长而达不到要求的风量。

(2) 巷道式通风。适用有平行导坑的长隧道。其特点是通过最前面的横洞使正洞和平行导坑组成一个风流循环系统，在平行导坑洞口附近安装通风机，将污蚀空气由平行导坑抽出，新鲜空气由正洞流入，形成循环风流，如图 11-2 所示。另外，对平行导坑和正洞前面的独头巷道，再辅以局部的内管式通风。

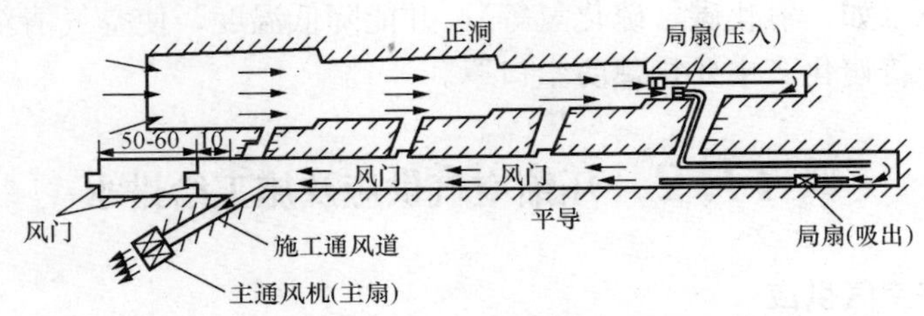

图 11-2 巷道式通风

这种通风方式，断面大、阻力小，可供应较大的风量，是目前解决长隧道施工通风比较有效的方法。

(3) 风墙式通风。这种方法适用于较长隧道，一般管道式通风难以解决，又无平行导坑可以利用的情况，它利用隧道成洞部分较大的断面，用砖砌或木板隔出一条 2～3m² 的风道，以减小风管长度，增大风量满足通风要求，如图 11-3 所示。

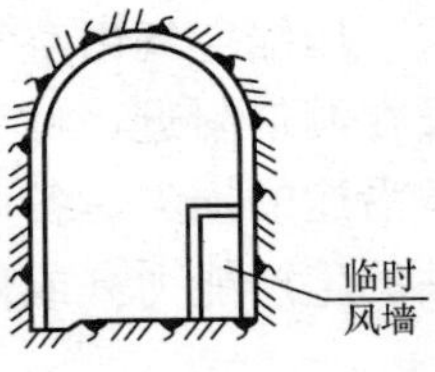

临时风墙

图 11-3 风墙式通风

11.1.3 防尘

隧道开挖时，由于凿岩、爆破、出渣等作业，将会产生大量的岩尘，对人体的危害性很大。从一些隧道施工的实测资料表明，岩尘的产生主要来自于凿岩作业，约占洞内空气中含尘量来源的 85%；其次是由爆破产生的约占 10%，而装渣作业只占 5%左右。为了使洞内空气中的岩尘量达到国家规定标准值（即含 10%以上游离二氧化硅的粉尘量应在 2mg/m³ 以下）。

因此必须大力推广湿式凿岩，这是防尘的主要措施。但是只靠湿式凿岩，还是不够的，必须要采取综合措施。这是经过长期实践而总结出的防尘工作，即湿式凿岩标准化，机械通风经常化，喷雾洒水正规化，个人防护普遍化。

(1) 湿式凿岩标准化。湿式凿岩，即打“水风钻”，根据风钻内供水方式不同，又分为旁侧供水和中心供水两种。

目前，我国一般均使用中心供水式，即高压水从机尾进入，经过水针（安在机体的中心）流向钻钎，最后达钻头。钻眼时，破碎的岩粉被湿润成浆，从炮眼流出，为了使湿式凿岩能正常进行，应注意以下 4 点：

1) 水压标准，高压水到达工作面处的压力不小于 300kPa，水量充足，每台风钻不少于 3t/min。

2) 钎尾标准，其长度一般为 107mm，钎孔正中。钎尾淬火硬度与凿岩机内活塞应一致。

3) 水针安装端正，拧紧螺栓，垫圈密贴，不漏水。

4) 操作正规，即应先开水后开风，先关风后关水。凿岩时机体与钻钎方向应一致。在特别缺水地区，可用“干式捕尘”装置来代替湿式凿岩，但效果欠佳。

(2) 机械通风正常化。机械施工可稀释空气中的粉尘含量，是降低洞内粉尘含量的重要手段。因此，在一般主要作业（钻眼、装渣等）进行期间，应始终保持风机的运转。

(3) 喷雾洒水经常化。喷雾洒水不仅能降低因爆破、出渣等所产生的粉尘，而且还能溶解少量的有害气体（如一氧化碳、硫化氢等），并能降低温度，使空气清新爽人。

(4) 个人防护普遍化。主要指戴防尘口罩。

11.2 压缩空气供应及施工给排水

11.2.1 压缩空气供应

在隧道施工中，以压缩空气为动力的风动机具主要有凿岩机、风钻台车、装渣机、喷射混凝土机具、锻钎机、压浆机等。要保证这些风动机具的正常工作，需有足够的压缩空气供应，即要有足够的风量和风压供应给各个风动机具，同时还应尽量减少压缩空气在管路输送过程中的风压和风量损失，以达到既能保证风动机具进行正常工作，又能达到降低消耗、节约能源、降低成本及保证施工质量的目的。

1. 空压机站供风能力

压缩空气由空气压缩机生产供应。空气压缩机有内燃及电动等类型，空压机通常集中安设在洞口附近，称为空压机站。空压机站的供风能力 Q 值，取决于由储气筒到风动机具设备沿途的损失、各风动机具的耗风量，以及风动机具的同时工作系数和备用系数，即空压机站的生产能力（或供风能力）Q 可用式 (11-1) 计算：

$$Q=(1+K_{备})(\sum qK+q_{漏})K_{m} \tag{11-1}$$

式中 K——同时工作系数，见表 11-1；

$K_{备}$——空压机的备用系数，一般采用 75%～90%；

$\sum q$——风动机具所需风量 (m^3/min)，可查阅风动机具性能表；

$q_{漏}$——管路及附件的漏耗损失，其值为 $q_{漏}=d\sum L(m^3/min)$；其中 d 为每公里漏风量，平均为 1.5～$2.0m^3/min$；L 为管路总长 (K_m)；

K_m——空压机所处海拔高度对空压机生产能力的影响系数，见表 11-2。

表 11-1　　同时工作系数 K

机具类型	凿岩机		装渣机		锻钎机	
同时工作台数	1～10	11～30	1～2	3～4	1～2	3～4
K	1.00～0.85	0.85～0.75	1.00～0.75	0.70～0.50	1.00～0.75	0.65～0.50

表 11-2　　海拔高度影响系数 K_m

海拔高度/m	0	305	610	914	1219	1524	1829	2134	2438	2743	3048	3658	4572
K_m	1.00	1.03	1.07	1.10	1.14	1.17	1.20	1.23	1.26	1.29	1.32	1.37	1.43

空气压缩机站设在洞口附近，主要是为了减少洞外管路长度，以免风压损失过多。为充分发挥设备潜力，应综合考虑电动、内燃空气压缩机的优缺点，合理配备使用。一般对于1000m 以下隧道，宜以内燃空气压缩机为主；对于 1000m 以上隧道，宜以电动空气压缩机

为主。空压机站处要求空气洁净，通风良好，地基稳固，且便于设备搬运等。

2. 高压风管道的安装使用

(1) 高压风管内径的选择。隧道开挖面工作风压，应不小于 0.5MPa。空气压缩机产生的压缩空气的压力一般为 0.7～0.8MPa。为保证风动机具的风压，要求钢风管终端的风压不得小于 0.6MPa，这样通过胶皮管输送至风动机具的工作风压才不小于 0.5MPa。

压缩空气在输送过程中，由于管壁摩擦、接头、阀门等产生沿程阻力，使其压力减少，一般称为风压力损失。钢管的风压力损失 ΔP 可由式（11－2）计算得出：

$$\Delta P=\lambda \frac{L}{d}\frac{V^2}{2g}\gamma \times 10^{-6} \tag{11-2}$$

式中 λ——摩阻系数，见表 11－3；

L——输送高压风管管路长度（m），包括配件当量长度，见表 11－4；

d——送风管内径（m）；

γ——压缩空气的容重，在大气压下，温度为 0℃时，空气容重为 12.90N/m³；温度为 t℃时，其容重为 $\gamma_t=12.9\times\frac{273}{273+t}$（N/m³），此时，压力为 P 的压缩空气的容重为 $\gamma=\frac{\gamma_t(P+0.1)}{0.1}$（N/m³），$P$ 为空气压缩机生产的压缩空气压力，由空压机性能可知，单位为 MPa；

V——压缩空气在风管中的速度（m/s），根据风量和风管面积可求得。

以上计算的风压力损失值若过大，则应选用较大管径 d 值的风管，以达到减少压力损失值，使钢管末端风压不得小于 0.6MPa。

表 11－3　风管摩阻系数 λ 值

风管内径/mm	λ
50	0.0371
75	0.0324
100	0.0298
125	0.0282
150	0.0264
200	0.0245
250	0.0234
300	0.0224

表 11－4　配件折合成管路长度

配件名称 \ 折合长度/m \ 钢管内径/mm	25	50	75	100	150	200	300
球心阀	6.0	15.0	25.0	35.0	60.0	85.0	
闸门阀	0.3	0.7	1.1	1.5	2.5	3.5	6.0
丁字管	2.0	4.0	7.0	10.0	17.0	24.0	40.0
异径管	0.5	1.0	1.7	2.5	4.0	6.0	10.0
45°弯头	0.2	0.4	0.7	1.0	1.7	2.4	4.0
90°弯头	0.9	1.8	3.2	4.5	7.7	10.8	18.0
135°弯头	1.4	2.8	4.9	7.0	12.0	16.8	28.0
逆止阀		3.2		7.5	12.5	118.0	30.0

胶皮风管连接钢管与风动机具，由于其压力损失较大，一般应尽量缩短其长度，从而保证压缩空气的工作气压不小于 0.5MPa。胶皮管的压力损失值见表 11-5。

表 11-5　　压缩空气通过胶皮风管的压力损失　　(单位：MPa)

通过风量/ (m^3/min)	胶管内径/ mm	胶管长度					
		5	10	15	20	25	30
2.5	19	0.008	0.018	0.020	0.035	0.040	0.055
	25	0.004	0.008	0.013	0.017	0.021	0.030
3	19	0.010	0.020	0.030	0.050	0.060	0.075
	25	0.006	0.012	0.018	0.024	0.040	0.045
4	19	0.020	0.040	0.055	0.080	0.100	0.110
	25	0.010	0.025	0.040	0.050	0.060	0.075
10	50	0.002	0.004	0.006	0.007	0.010	0.015
20		0.010	0.020	0.035	0.050	0.055	0.065

(2) 高压风管路安装使用的注意事项。

1) 管路应敷设平顺，接头密封，防止漏风，凡有裂纹、创伤、凹陷等现象的钢管不能使用。

2) 洞内风管路宜敷设在电缆、电线相对的另一侧，并与运输轨道有一定距离，管道高度不超过运输轨道的轨面。若管径较大而超过轨面，应适当增大距离，以免妨碍运输，影响边沟施工和排水。

3) 洞外地段，当风管长度超过 500m，温度变化较大时，应安装伸缩器；靠近空压机 150m 以内，风管的法兰盘接头宜用耐热材料石棉衬垫。

4) 高压风管道在总输出管道上，必须安装总闸阀以便控制和维修管道，主管道上每隔 300～500m 应分装闸阀；按施工要求，在适当地段（一般每隔 60m）加设一个三通接头备用；管道前端至开挖面距离宜保持在 30m 左右，并用高压软管接分风器；分部开挖法中通往上导坑开挖面使用的软管长度不宜大于 50m；分风器与凿岩机间连接的胶皮管长度不宜大于 10m，上导坑、马口、挖底地段不宜大于 15m。

5) 管道安装前应进行检查，钢管内不得留有残杂物和其他脏物；各种闸阀在安装前应拆开清洗，并进行风压或水压强度试验，合格的方能使用。

6) 管路使用中，应有专人负责检查、养护；冬季施工时，应注意管道的保温措施。

11.2.2　给水

隧道施工期间生产用水和生活用水的主要用途包括：凿岩机用水、喷雾洒水防尘用水、衬砌施工用水、混凝土养护施工用水、空压机冷却用水、浴池用水、施工人员的生活用水等，因此需要设置相应的供水设施。

隧道施工供水基本要求是，水质要求、用水量大小、水压及供水设施等应能满足工程和生活用水的需要。

1. 隧道施工时水质要求

凡无臭味、不含有害矿物质的洁净天然水均可作施工用水，但仍应做水质化验工作；生活用水要求符合国家饮水的水质标准，隧道工程施工用水水质要求，见表 11-6；生活用水的卫生标准见表 11-7。

表 11-6　　施工用水水质要求

用水范围	水质项目	允许最大值
混凝土作业	硫酸盐（SO_4）含量	不大于 1000mg/L
	pH 值	不得小于 4
	其他杂质	不含油、糖、酸等
湿式凿岩与防尘	细菌总数	在 37℃培养 24h，每毫升水中不超过 100 个
	大肠菌总数	每升水中不超过 3 个
	浑浊度	不大于 5mg/L，特殊情况不大于 10mg/L

表 11-7　　生活饮用水卫生标准

项目	允许最大值
色度	不大于 20℃，应保证透明和无沉淀
浑浊度	不大于 5mg/L，特殊情况（暴雨洪水）不大于 10mg/L
悬浮物	不得有用肉眼可见水生生物和令人厌恶的物质
嗅和味	在原水或煮沸后饮用时不得有异臭和异味
细菌总数	在 37℃培养 24h，每毫升水中不超过 100 个
大肠菌总数	每升水中不超过 3 个
总硬度	不大于 8.9mg—当量/L（25℃）
铅含量	不大于 0.1mg/L
砷含量	不大于 0.05mg/L
氧化物含量	不大于 1.5mg/L
铜含量	不大于 3.0mg/L
锌含量	不大于 5.0mg/L
铁总含量	不大于 0.3mg/L
pH 值	6.9～9.5
酚类化合物	加氯消毒时，水中不得产生氯酚臭
余氯含量	水池附近游离，氯含量不小于 0.3mg/L，管路末端不小于 0.05mg/L

2. 隧道施工用水量估算

（1）隧道施工用水。施工用水量应根据工程规模大小、机械用水量、施工进度、施工人员数量和气候条件等确定。在初步概略估算时，可参考表 11-8 来估算一昼夜的总用水量。

表 11-8　隧道施工用水估算表

用　途	单　位	耗 水 量	说　明
凿岩机用水	吨/时·台	0.20	
喷雾洒水车用水	吨/分·台	0.03	按每次放炮后喷雾 30min
衬砌用水	吨/时	1.50	包括洗石、拌和、养护
空压机用水	吨/天·台	5.00	按其循环水使用考虑
浴池用水	吨/次	15.00	
生活用水	吨/天·人	0.02	

(2) 生活用水。一般可按下列参考指标估算，并与上述按表 11-9 生活耗水量估算对照。一般生产工人平均耗水量 (0.1～0.15)m^3/d；非生产工人平均耗水量 (0.08～0.12)m^3/d。

(3) 消防用水。供消防用的水量、水压应满足消防的有关要求，同时水龙头距离应近一些。

3. 供水方案选择

主要根据水源实际情况选定。隧道施工常用水源有高山自然水、山上泉水、河水、钻井抽水、洞内地下水源等。

上述水源自流引导或采用机械提升到蓄水池储蓄，并通过水管送达使用地点。在高寒山区和缺水地区，则可采用汽车安装水箱运水，或分级抽水长距离管路供水。

(1) 贮水池。

1) 水池位置。水池高度应能保证洞内最高用水点的水压及用水量的需要。水池位置至最高配水点的高差 H 的计算，可按式 (11-3) 计算。

$$H \geqslant 1.2h + \alpha h_f \qquad (11-3)$$

式中 h——配水点要求水头高度 (m)，如湿式凿岩需要水压为 0.3MPa，则 h=30m；

α——水头损失系数（按管道水头损失 5%～10%计算），α=1.05～1.10；

h_f——管道内水头损失高度 (m)，确定用水量后选用钢管内径，按钢管水力计算而得。

2) 水池容积。

①若利用高山自流水供水，水源流量大于用水高峰耗水量时，则水池容积约为 20～30m^3。

②若水源流量小于耗水量时，则需根据每台班最大耗水量，并考虑必要贮备计算水池容积。

$$V = 24\alpha C(Q_c + Q_s) \qquad (11-4)$$

式中 V——水池容积 (m^3)；

α——调节系数，一般用 1.1～1.2；

C——贮水系数（为水池容量/昼夜用水量），昼夜用水量小于 1000m^3 时，取 1/4～

1/6；昼夜用水量在1000～2000m^3时，取1/6～1/8；

Q_c——生产用水量（m^3/h）；

Q_s——生活用水量（m^3/h）。

当然，水池的容量应有一定储备量，以保证洞内外集中用水高峰的需要。应充分利用洞内地下水源，通过高压水箱送到工作面（采用机械站供水时，应有备用的抽水机具）。

（2）水泵和泵水房。

1）扬程H值计算。

$$H = h' + \alpha h_f \tag{11-5}$$

式中 h'——水池与水源之间的高差（m）；

α、h_f——含义同式（11-3）。

根据扬程H和钢管内径d可选择合适的水泵。常用的水泵种类有单级悬臂式离心水泵、分段式多级离心水泵，其规格和性能可查阅有关的施工技术手册。

2）泵水房（站）。临时抽水泵房，可按临时生产用房的有关规定办理。水泵在安装前，应按图样检查基础位置、预留管道孔洞等各部分尺寸、水泵底座位置，才能灌筑水泥砂浆，并固定地脚螺栓等。

11.2.3 排水

地下水、施工废水需要及时排出洞外，排水方式应按水量多少、线路坡度等因素确定。

线路为上坡方向时，可采取顺坡自然排水方式，排水沟坡度与线路纵坡一致。有平行导坑时，因平行导坑较正洞标高为低，可将正洞的水引入平行导坑排出洞外。

隧道向下坡方向开挖称为反坡施工。当隧道较短、坡度又不大时，则在反坡施工时可修筑与路线纵坡相反的水沟进行排水。但在一般情况下是需要机械排水的，此时可采用下述两种方式：

（1）分段开挖反坡水沟（反坡不小于2%）。反坡水沟最大深度不宜超过0.7m，据此分段，分段处设集水坑，每个集水坑配备一台抽水机，由抽水机把水抽至下一段反坡水沟中，直至排出洞外。此法不需水管，但抽水机较多，适用于较短隧道。

（2）开挖面用辅助抽水机抽到近处集水坑。集水坑设主抽水机，洞内可隔较长距离设一集水坑，主抽水机将集水坑的水排至其他集水坑（当洞内不止一个集水坑时）或直接排至洞外。此时，抽水机数量减少，但需安装排水水管，抽水机需随开挖面而拆除前移。此方式适于长隧道及涌水量较大时采用。

此外，施工时需修筑好洞外排水工程及防止洞外洪水倒灌的防护工程，尤其在反坡施工时，洪水倒灌会导致重大安全事故，因此对于地下水含量、地下暗河、溶洞水等都应勘察清楚，防止突然涌入发生事故，并事先做好应急准备。

11.3 供电与照明

11.3.1 供电

隧道施工供电，包括生产用电（含电动机机械用电和施工照明用电）和生活用电。随着隧道施工机械化程度的提高，相应的机械化施工耗电量越来越大。为了保证施工质量和施工安全，对隧道施工供电的可靠性要求也越来越高，因此隧道施工供电显得非常重要。本节将隧道施工总用电量估算、供电方式、供电线路布置、隧道施工照明标准、隧道施工安全用电等基本知识内容作介绍。

1. 隧道施工总用电量估算

施工供电首先要确定总用电量，以便选用合适的发电机、变压器、各类配电开关设备和线路导线，以做到安全、可靠地供电、节约用电、减少投资等。

根据实践经验表明，确定施工现场总用电量时，并不能简单地将所有用电设备的容量相加，因为实际生产中，并非所有的电动设备都同时工作，并且处于工作状态的用电设备也不是都处在额定工作状态。一般施工现场总用电量，常采用估算式进行计算确定。

（1）施工现场动力和照明总用电量。

$$S_{总} = K\frac{\sum P_1 K_1}{\eta\cos\phi}K_2 + \sum P_2 K_3 \tag{11-6}$$

式中 $S_{总}$——隧道施工总用电量（kVA）；

K——备用系数，一般取1.05～1.10；

$\sum P_1$——全工地动力设备的额定输出功率总和（kW）；

$\sum P_2$——全工地照明用电量总和（kW）；

η——动力设备的平均效率，采用0.83～0.88；通常取η=0.85进行计算；

$\cos\phi$——平均功率因素，采用0.5～0.7；

K_1——动力设备同时使用系数（通风机的K_1=0.8～0.9，施工电动机械的K_1=0.65～0.75）；

K_2——动力负荷系数，主要考虑不同类型设备带负荷工作时的情况，一般取K_2=0.75～1.0；

K_3——照明设备同时使用系数，一般取K_3=0.6～0.9。

（2）单考虑动力用电量。当照明用电量相对于动力用电量所占比例较少时，为简化计算，可在动力用电量之外再加10%～20%，作为施工总用电量，其计算式如下：

$$S_{动} = \frac{\sum P_i}{\eta\cos\phi}K_1 K_2 \tag{11-7}$$

则

$$S_{总} = (1.1 \sim 1.2)S_{动} \tag{11-8}$$

式中 $S_{动}$——施工现场动力设备所需的用电量（kVA），其他符号意义同上，但当使用大型用电设备时，K_1可取1.0计算。

2. 隧道施工供电方式

（1）隧道施工供电方式。

1）自设发电站供电。一般只有地方供电不能满足施工用电需要，或施工现场距离地方电网太远时，才设置发电站供电。自发电可作为备用，在地方电网供电不稳定时，或在有些重要施工场所还需设置双回路供电网，以保证供电的稳定性。

2）采用地方现有电网供电。一般应尽量采用地方现有电网供电，既方便又安全。

(2) 施工供电变压器选用。一般变压器容量应按电气设备总用量确定，即应根据上述估算的施工总电量来选择变压器。其容量应等于或稍大于施工总用电量，一般在实际使用时，使变压器承受的用电负荷达到额定容量的 60%左右为佳。具体可按下述方法进行计算确定：

1）配备电动机械的单台电动设备最大容量占总用电量的 1/5 及以下时，变压器最大容量 S_e 为

$$S_e = \sum P_1 K_1 / \eta \cos\phi \tag{11-9}$$

2）配备电动机械的单台电动设备最大容量占总用电量的 1/5 以上时，变压器最大容量 S_e 为

$$S_e = 5 \sum P_1 K_1 \mu / \eta \cos\phi \tag{11-10}$$

式中 μ——配备电动机械中最大一台的容量与总用电量的比值。

式 (11-9) 和式 (11-10) 中其他符号意义同前。

根据上述计算需要变压器的容量后，就可从变压器产品目录中选用适合型号和规格的配电变压器。

(3) 变压器（变电站）位置的选择。变压器位置应设在便于运输、运行、检修、地基稳固、安全可靠的地方。因此，应满足以下几个方面的要求：

1）隧道洞外变电站，宜设在洞口附近，并应靠近负荷集中地点和设在电源来线同一侧。

2）变电站（变压器）应选择在高压线附近。

3）变压器应安设在供电范围的负荷重心，使其投入运行时线路损耗最小，并能满足电压要求。当配电电压在 380V 时，供电半径不应大于 700m，一般供电半径以 500m 为宜。即高压变电站之间的距离，一般为 1000m 左右。

4）洞内变压器应安设在干燥的避车洞或不用的横向通道处，变压器与周围及上下洞壁的距离不得小于 30cm，并按规定设置安全防护。

3. 供电线路布置和安装的技术要求

(1) 供电线路电压等级。隧道施工供电电压，一般采用三相四线 400/230（V）。

1）长大隧道施工，可用 6～10kV，动力机械的电压标准是 380V。

2）成洞地段的照明可采用 220V。工作地段照明和手持电动工具，应按规定选用安全电压供电。

(2) 隧道施工供电线路布置和安装有关要求。

1）成洞地段固定的电线路，应使用绝缘良好的胶皮线架设；施工地段的临时电线路宜采用橡套电缆；竖井、斜井宜采用铠装电缆；瓦斯地段的输电线必须使用密封电缆，不得使用皮线。

2）照明和动力线路安装在同一侧时，必须分层架设。电线悬挂高度距人行地面的距离，110V 以下时，不应小于 2m；400V 时，应大于 2.5m；6～10kV 时，应大于 3.5m。瓦斯地段的电缆应沿侧壁铺设，不得悬空架设。

3）涌水隧道的电动排水设备、瓦斯隧道的通风设备和斜井、竖井内的电气装置，应采用双回路输电，并有可靠的切换装置。

4）36V 低压变压器应设在安全干燥处，机壳接地，输电线路长度不应大于 100m。

5）动力干线上的每一支线，必须装设开关及保险丝具。严禁在动力线路上加挂照明设施。

6）输电干线或动力、照明线路安装在同一侧分层架设的原则是：高压线在上、低压线在下；干线在上，支线在下；动力线在上，照明线在下。风、水管道应在输电线路的另一侧。

11.3.2 施工照明

1. 照明标准

隧道施工一般采用电灯照明，要求光线充足均匀。各种工作地段的照明标准和要求详见表 11-9。

表 11-9　各种工作地段的照明标准和要求

工作地段		灯头距离/m	悬挂高度/m	灯泡容量/W
施工作业面		不少于 15W/m²（断面较大可适当采用投光灯）		
开挖地段和作业地段		4	2～2.5	60
运输巷道		5	2.5～3	～60
特殊作业地段或不安全因素较多地段		2～3	3～5	
成洞地段	用白炽灯时	8～10	4～5	60
	用日光灯时	20～30	4～5	40
竖井内		3		60

注：1. 在直线段灯头距离采用表中较大数，曲线段采用较小数。

2. 在有水地段应用胶皮电线，工作面附近应用防水灯头。

3. 按照法定计量单位规定照明采用“光照度 E”，计量符号为勒克斯（lx）；光通量“Φ”其计量符号为流明（lm）。

4. 本表根据隧道施工规范采用灯泡额定功率 W。

2. 照明安全变压器

隧道施工作业地段照明，必须使用安全变压器配电，其容量：输入电压为 220V，输出电压宜有 36V、32V、24V、12V 4 个等级，便于根据作业工作面安全要求选用照明电压（成洞段和不作业地段可用 220V，瓦斯地段不得超过 110V，一般作业地段不宜大于 36V，手提作业灯为 12～24V）；隧道应采用 400/230V 三相四线系统两端供电（动力设备应采用三相 380V）；隧道照明，选用的导线截面应使线路末端的电压降不得大于 10%；36V 及 24V 线不得大于 5%。

3. 新光源洞内外照明

（1）普通光源隧道施工照明优缺点。

1）优点：其使用的白炽灯或荧光灯灯管价格低，使用较方便。

2）缺点：其耗电量较大，且亮度较弱，不利于施工安全。

（2）采用新光源作隧道施工优点。新光源一般使用低压卤钨灯、高压钠灯、钪钠灯、钠铊铟灯、镝灯等，具有以下优点：

1）安全性能较好。

2）能大幅度增加施工地段和作业工作面及施工现场场地的照明亮度，从而为施工人员创造明亮的作业环境，以保证操作质量。

3）使用寿命较长，维修方便，可大大减少电工的劳动强度。

4）节电效果较明显。

新光源洞内外照明布置要求，见表11-10。

表11-10　　新光源洞内外照明布置

工作地段	照明布置
开挖面后40m以内作业段	两侧用36V500W卤钨灯各2盏（或300W卤钨灯7盏，以不少于2000W为准），灯泡距离隧道底面高4m
开挖面后40m～100m区段	安设2盏400W高压钠灯和2盏400W钠铊铟灯，间距约15m，灯泡距隧道底面高5m
开挖面后的100m至成洞末端	每隔40m，左右侧各设置400W高压钠灯1盏
模板台车衬砌作业段	台车前台10m～15m，增设400W高压钠灯各1盏，台车上亮度不足时，增设36V300W或500W卤钨灯
成洞地段	每隔40m安装400W高压钠灯1盏
斜井、竖井井身开挖面及喷射混凝土作业面	使用36V500W或36V300W卤钨灯，已施工井身部分选用小功率110V高压钠灯，间距为混合井30m安装1盏，主副井每25m安装1盏
洞外场地	每隔200m安装高压钠灯1盏

11.4　施工用辅助坑道

当隧道较长时，为了增加施工工作面、加快施工进度、改善施工条件（出渣、进料运输、通风、排水等），往往需要选择设置一些适宜的、辅助性的坑道，如横洞、斜井、竖井、或平行导坑等。辅助坑道的设置，可能使隧道工程造价提高；辅助坑道选择适当与否，将会影响其作用的发挥。因此，应根据隧道长度、施工期限、施工组织、地形、地质、水文、设备，并结合通风、排水及是否用作为永久通风通道、出渣及进料运输的需要等因素综合考虑，并通过经济技术比较和论证确定选择辅助坑道。

辅助坑道的断面尺寸应根据运输要求、地形和地质条件、支护类型、设备情况、通风和排水要求，行人安全及管、线、路的布置等因素确定；一般断面尺寸不宜过大，为了减少工程总造价等。若无特殊要求时，辅助坑道的支护一般只要求能够保证施工期的稳定和安全即可。辅助坑道的洞口、岔洞处及与正洞连接处应加强支护以保证安全。

辅助坑道的施工与正洞相同；对于洞口工程的整治处理应十分重视，稍有不慎，将有可能发生事故。坑道口是坑道的咽喉，要求在施工前应做好坑道口的截水、排水工程，防护冲刷的设施以及做好洞（井）口的锁口圈后才能进行掘进等，其目的在于防止洞（井）口的坍塌、落石，保证施工安全。

辅助坑道是否设永久支护应由设计单位决定，但在施工中根据地质情况需设支护时，开挖与支护应配合进行，以保证顺利施工。采用锚喷支护不仅安全可靠、快速，而且可减少开挖工程数量。

在辅助坑道的岔洞及与正洞连接处，因开挖断面及形状变化较大，结构受力条件复杂，故支护应特别加强并应紧跟开挖，以保证安全。

当辅助坑道有水时，对作业的效率和施工安全都有影响，尤其是斜井或竖井施工更是如此。为提高工效，保证安全，应做好防排水工作，如及时做好排水沟（地质松软地段，水沟应铺砌）、设置集水坑、配备足够数量的抽水设备等。

施工单位为解决提前进洞、缩短独头巷道通风距离，实现长隧短作，解决施工排水，缩短运距加快施工进度或利用进行地质预报等目的而设置辅助坑道时，应符合交通部现行《公路隧道设计规范》（JTG D70—2004）的有关规定。

11.4.1 横洞

傍山、沿河或山体侧向覆盖层较薄的隧道，设置辅助坑道时宜优先考虑采用横洞，设置的位置依地形条件和施工需要而定。横洞与正洞中线交角一般为40°～45°为宜，并应有向洞外不小于3‰的下坡，以便于出渣运输和排水。横洞的布置如图11-4所示。

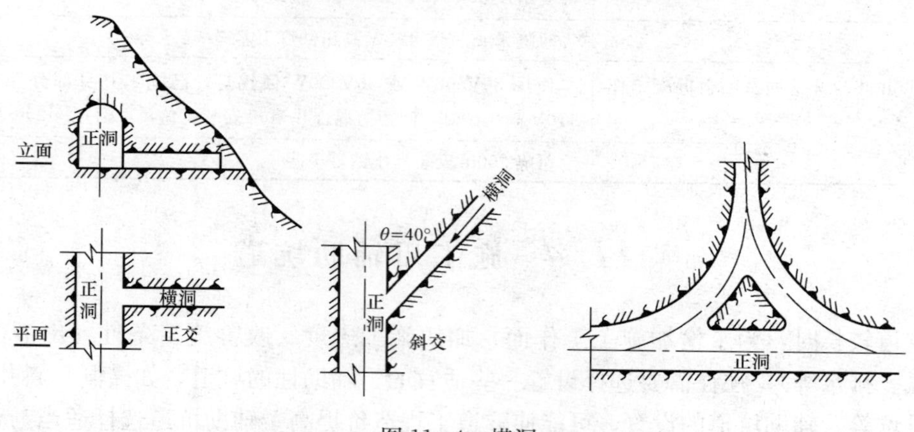

图11-4 横洞

横洞一般不会很长，所以不至于使隧道工程的造价增加很多，且横洞能增加新的工作面、出渣或进料运输更方便，横洞施工也较简单和快速。当隧道洞口路堑土石方工程数量较大，一时不能进洞时，可考虑用开辟横洞的方法抢前进洞，使隧道洞内施工与洞外路堑工程同时进行，互不干扰，可以大大加快施工的进度。

当横洞采用锚喷混凝土作支护时，横洞开挖断面宜采用拱形，能充分发挥围岩自承作用。

11.4.2 平行导坑

平行导坑是与隧道走向平行的坑道。越岭的特长隧道（$L>3000$m），或拟建双洞的隧道。

施工不宜选用横洞、斜井、竖井等辅助坑道时，往往采用开挖平行导坑的办法来处理，并可同时解决特长隧道施工中的出渣与进料运输、通风、排水、施工测量及安全等问题。

1. 平行导坑的位置选择

平行导坑位置选择应符合下列要求：

(1) 平行导坑应设在有地下水来源的一侧。

(2) 与正洞的最小净距应根据地质条件、施工方法等因素确定。如果将来有可能扩大为第二线或第三线隧道时，两相邻隧道最小净距视围岩级别、断面尺寸、施工方法、爆破震动影响因素确定。

(3) 其底面标高应低于正洞底面 0.2～0.6m。

(4) 平行导坑中每隔 120～180m 需要设置一个斜的横向通道与正洞连接，但应避开地质不良地段。平行导坑的平面布置如图 11-5 所示。

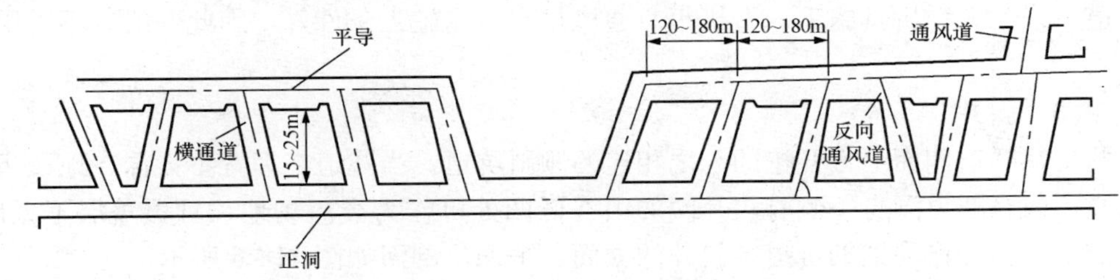

图 11-5 平行导坑平面布置

2. 平行导坑在隧道施工中的作用

(1) 平行导坑可比正洞超前掘进，可进行地质勘察及地质预报，充分掌握正洞开挖前方地质状况，便于及时变更设计和改变施工方法。

(2) 平行导坑通过横向通道与正洞连接，可增加正洞工作面掘进，加快施工速度，并可用作通风巷道、排水、降低水位、进料出渣运输，可将洞内作业分区段施工，减少互相干扰。

(3) 平行导坑可以构成洞内施工测量导线网，可提高施工测量精度等。

3. 平行导坑设计与施工要点

(1) 平行导坑平面布置时，一般设于有地下水来源的一侧，但宜与隧道正洞尽量平行，以利于使平行导坑工程量减少及利用其排水，可使正洞施工较干燥，但同时应结合地质条件及弃渣场地等条件综合考虑确定。平行导坑基本上应与隧道正洞纵坡一致，或出洞 3‰的下坡。

(2) 平行导坑洞口约 500m 左右可不设横向通道。再往里掘进，每隔 120～180m 设一个横通道，以便于出渣进料运输。亦可在适当位置设反向横通道，以方便调车。横通道与隧道中线交角，一般以 40～45°为宜。若夹角过小，则夹角为锐角处的围岩容易坍落，并增加横通道长度；若夹角过大则运输线路的运行条件较差、运输车调转较为困难。横通道的坡度则可由正洞与平行导坑的高差而定，一般此坡度不会大。

(3) 平行导坑的断面形式，当采用木构件或金属构件支撑时，一般多为矩形或梯形；如采用锚喷支护时，为能充分发挥围岩自承能力，宜采用拱形断面。

(4) 平行导坑是否衬砌，视地质条件而定，一般可以不修筑永久衬砌。当考虑作为永久通风道或泄水洞时，则应修筑永久衬砌。

(5) 为增加正洞工作面，以及利用平行导坑超前预测正洞的地质情况和通风及排水的作用，平行导坑应超前于正洞，超前的距离愈长愈好。通常需超前正洞导坑两个横通道的距离，但也不宜过长，以减少平行导坑施工通风等的困难。超前距离一般不小于 120m。

(6) 当洞内施工运输量大时，可以每隔 5～6 个横通道设置一个反向横通道，便于增加运输回路，利于运输车辆调度。连接平行导坑和正洞的横通道交叉口处的开挖，在平行导坑和正洞开挖至其位置时，应将该处一次挖好，以有利于通风、出渣，不影响平行导坑和正洞的掘进速度。

(7) 平行导坑一般采用有轨运输，应及时铺好道岔，接通轨道。正洞的各项作业应分区段进行，以减少互相干扰。分区分段的长度应根据横通道及运输组织管理来划分。大断面开挖的隧道，采用大型机具施工，干扰小，通风排水运输施工条件好，因此一般可不需用平行导坑。

11.4.3 斜井

斜井是在隧道侧面上方开挖的与之相连的倾斜坑道。当隧道在埋置不太深、地质条件较好的地段，或当隧道洞身一侧有较开阔的山谷低凹处可作为弃渣场地，且覆盖层不太厚时，可以考虑采用斜井作为辅助坑道。斜井的立面、平面、剖面如图 11-6 所示。

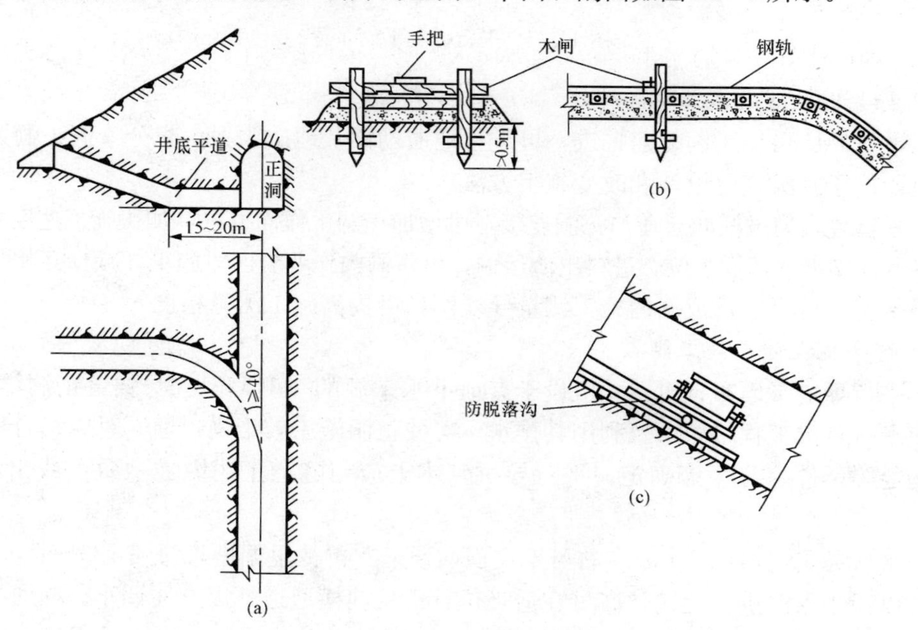

图 11-6　斜井及安全措施

(a) 立面；(b) 平面；(c) 剖面

斜井设计与施工的主要技术要求如下：

(1) 斜井斜度较大，出渣运输需要较强的牵引动力设备，如用卷扬机牵引提升机、皮带运输机、无轨运输、有轨运输等。

(2) 斜井井口不得设在可能被洪水淹没处，井口位置应高出洪水频率为1/100的水位至少0.5m的标高处；当设于山沟低洼处时，必须有防洪措施。井口场地最小宽度一般不应小于20m，以利于井口场地布置及出渣卸料。井身避免穿越含水量大及不良地质区段。斜井井口场地通常设有向洞外不小于3‰的下坡，以防车辆溜向洞内造成不安全事故，且有利于排水。

(3) 斜井倾角α的大小，是根据提升方式、提升量、井长及井口地形而定。不同提升方式的斜井倾角规定为：箕斗提升时，不大于35°；斗车提升时，不大于25°；胶带运输机提升时，不大于15°。斜井井身纵断面不宜变坡，井口和井底变坡点应设竖曲线，竖曲线半径一般采用12～20m。

(4) 提升机械一般用卷扬机牵引斗车。当斜井坡度很小时，也可采用皮带输送或无轨运输。斜井内的轨道数视出渣量而定。单线行车道的坑道底宽一般为2.6m；三轨双线行车道时，底宽为3.4m；双线行车道时，底宽为4.1m。以上均包括单侧设宽70cm的人行道。坑道的高度通常大于或等于2.6m。其中，以单线或三轨双线较为常用，并在斜井中部设有20～30m的四轨双线作为错车道，这样可减少开挖断面及节约运输器材和费用。在经济技术比较确定斜井需作为永久通风道时，断面大小应满足通风要求。

(5) 井口段应修衬砌，其他部分视地质条件及是否作为永久通风道等条件决定是否修筑永久衬砌。

施工期间应作好井口防水工程，严防被水淹没。卷扬机牵引斗车需防止钢丝绳破损拉断或脱钩事故。为此，应严格控制牵引速度，当斜井长度小于200m时，车速不大于3.5m/s；当斜井长超过200m时，车速可适当提高。在井口应设置安全闸，在斗车出洞后及时安好安全闸以防止溜车。为防止斗车在坡道上因脱钩或钢丝断裂而下滑，可在斗车上或在坡道上设置溜沟或设置安全索，阻止斗车继续下滑以确保安全。可在斜井坡道终点或在坡度中间适当位置设安全缆绳，应由专人负责看守，在斗车经过后，即在坑道的两侧间揽以钢丝绳，万一斗车脱钩，也不致冲入井底车场而发生严重事故。此外，在井底调车场及井身每隔30～50m，宜设避险洞以保证作业人员的安全。

为保证施工安全，还应注意在井底车场需加设支撑或修筑衬砌。为提高运输效率，可在井底调车场加设储渣仓，并尽量不在斜井口处进行摘挂作业。井内钢轨应固定，以防轨道滑移掉车。现代斜井的出渣运输方式已由轨道运输发展为皮带运输机的连续出渣运输，它在运量大及运输安全方面都有很大的优越性。

(6) 斜井施工开挖。斜井开挖应符合下列要求：

1) 炮眼方向应与斜井倾斜角一致，底眼应较井底标高略低，避免出现台阶。

2) 每一循环进尺应用坡度尺控制井身坡度。

3) 每隔20～30m应用测量仪器复核中线桩、水平标高，以保证斜井井身位置正确。

4) 斜井井口地段、不良地质或渗水的井身，以及井底作业室、调车场，在施工时应加强支撑，并及时衬砌以保证安全。

11.4.4 竖井

竖井是在隧道上方开挖的与隧道相连的竖向坑道。当隧道较长在覆盖层较薄的地段、或不宜设置斜井、具备提升设备、施工中很需要增加工作面时，可采用设置竖井增加工作面、增加出渣与进料运输线路。竖井深度一般不宜超过150m，否则其工程造价过高，施工更复杂，并且施工与运输效率较低。当有两个以上的竖井时，其间距不宜小于300m。其井口也不能设在洪水淹没处，井口位置标高应高出洪水频率1/100的水位至少0.5m，并要加强井口的防洪、防冻措施。由于竖井出渣运输是利用吊罐式罐笼进行的，所需提升机具设备较多，施工操作及技术要求均较横洞、斜井复杂，其出渣运输及排水都受到很大限制。所以，在隧道中间覆盖层不厚的地方，才采用竖井作为出渣和进料（运送混凝土的进料孔）或作为施工及运营阶段的通风道。

竖井位置以设隧道中心线一侧为宜，与隧道的距离一般为15～25m，如图11-7（a）所示，其间采用通道连通，施工安全、干扰少，但通风效果差。竖井也可设在隧道正上方直接连通，如图11-7（b）所示，此方法出渣与进料运输方面快速，不需另设水平通道，通风效果较好，造价较低．但施工干扰大，施工不太安全。

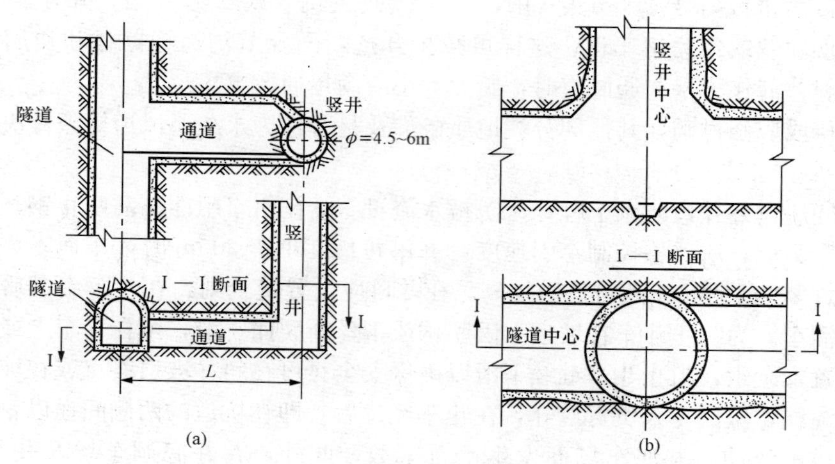

图11-7 竖井布置形式

竖井断面形状有长方形和圆形两种。圆形断面可以承受较大的地层压力，受力条件较好，施工较方便，并可留作隧道永久通风道。

竖井的位置、断面形状与尺寸，应根据施工要求、所使用的提升机具大小、通风管道、排水管道设备的尺寸、是否作永久通风道及制作等因素综合考虑确定。多采用直径为4～6m圆形断面。

竖井施工方法，最常用的是自上而下单行作业法施工，并采用分段作业，完成一段后再进行下段作业。而自下往上的开挖方法必须以正洞已超前竖井位置为前提才能使用。两种施工方法比较，前者较后者安全，但需要提升出渣，因而施工速度较慢，造价较高；后者施工方法的优点是可利用自由落体出渣，无需提升石渣，施工进度较快，造价较低。但后者向上钻炮眼、装药、爆破等均有一定的难度，施工安全措施也应加强。

竖井构造包括井口圈、井壁、壁座、井筒与隧道间的连接段、井下集水坑等部分，如图

11-8所示。井口段常处于松软土壤中，从地面往下1～2m（严寒地区至冻结线以下0.25m）应设置钢筋混凝土锁口圈，以承受土压力和经土壤传来的井口建筑物的重力、机具设备所产生的荷载，并承受施工时挂钩所悬吊的荷重。当围岩较破碎时需修永久衬砌，开挖面与衬砌之间的距离不宜超过30m，衬砌厚度由设计计算确定，并不小于20cm。壁座是为防止井壁下滑而设置的，视地质情况及衬砌结构确定壁座间距，一般为30～40m。施工中井口与井底间应设置联系用的通信信号设备。

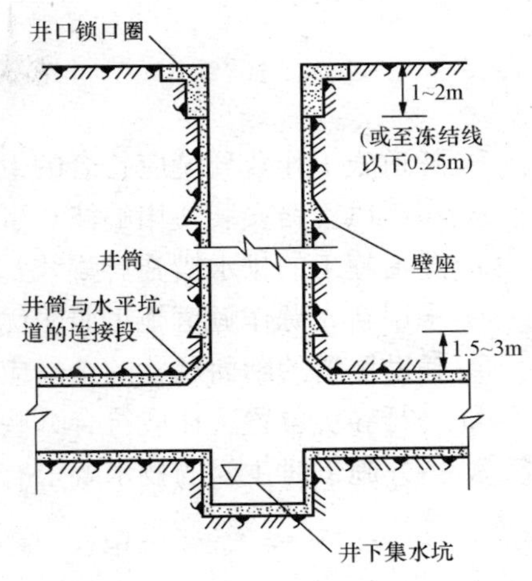

图11-8　竖井立体构造

根据工程地质和水文条件，竖井可采用人工开挖或下沉沉井的方法进行施工。

竖井开挖应符合下列技术要求：

(1) 为了能用多台钻机打眼和降低爆破抛掷高度，减少对设备的损坏，开挖宜采用直眼掏槽。为使开挖底面平坦，炮眼深度要求一致。有地下水时，应采用立式梯台超前掏槽法开挖。钻好的炮眼，为防止流沙流入应将眼口临时堵塞。此外，爆破时应需将水泵提起，就会暂时积水，为防止漏电应对连线绝缘加以保护。

(2) 每次爆破后应检查断面，不得欠挖。每掘进5～10m应核对中线及时纠正偏斜。若采用自下往上的开挖方法，一般先在地表竖井中央钻一个直径13cm的中心孔到井底，称为主孔。该主孔可与地质孔相结合，主孔壁要求光滑且坚固。另距主孔1m范围内再钻一个直径为10cm的副孔，作为通风和设置通信电缆及时喷射混凝土输料管。

(3) 竖井开挖装渣宜采用抓岩机，其操作高度宜保持距开挖面3～6m范围内。抓岩顺序为：有水时，先抓出水窝，及时排水，以便使石渣露出水面，然后抓筒窝，放置吊桶，以降低吊桶高度，缩小抓起落高度，达到减少装渣时间，加快吊桶出渣速度的目的。

(4) 竖井采用锚喷支护时，每次支护高度视围岩稳定程度而定。在井口段及地质较差的井身地段，采用混凝土衬砌时，应按需要设置壁座或打设锚杆，以增强井筒稳定性。

(5) 竖井内应设安全梯和提升罐道，提升罐应有防坠设备。竖井提升设施的使用能力、安全装置的种类和组装、使用、保养过程应做到的事项，应按有关规定及结合实际工作中的提升方式和各种设备，制定出实施性的操作、维修细则，才能达到安全的目的。

本　章　小　结

本章着重介绍了公路隧道施工的辅助作业，其内容主要包括隧道施工通风与防尘、供水、供电与照明、压缩空气的供应等，以及各种辅助作业的施工技术要求及相应施工要点等。同时介绍了为增加施工作业面、加快施工进度和改善施工条件而设置的辅助坑道及其形式、特点、适用场合和相关技术要求等。

习　　题

1. 隧道施工作业环境应符合的卫生标准是什么？
2. 高压风管路安装使用的注意事项有哪些？
3. 隧道施工的排水措施有哪些？
4. 采用新光源作隧道施工照明优点有哪些？
5. 辅助坑道的断面尺寸的选择应考虑哪些因素？
6. 平行导坑位置选择应符合哪些要求？
7. 斜井施工时主要的技术要求有哪些？

参 考 文 献

[1] JTG D70—2004 公路隧道设计规范 [S]. 北京：人民交通出版社，2004.
[2] GB 50086—2001 锚杆喷射混凝土支护技术规范 [S]. 北京：中国计划出版社，2001.
[3] JTJ 042—1994 公路隧道施工技术规范 [S]. 北京：人民交通出版社，1995.
[4] JTJ 026.1—1999 公路隧道通风照明设计规范 [S]. 北京：人民交通出版社，2000.
[5] JTJ 063—1985 公路隧道勘测规程 [S]. 北京：人民交通出版社，1986.
[6] JTG/T D71—2004 公路隧道交通工程设计规范 [S]. 北京：人民交通出版社，2004.
[7] GB 5768—1999 道路交通标志和标线 [S]. 北京：中国标准出版社，1999.
[8] GB 50016—2006 建筑设计防火规范 [S]. 北京：中国计划出版社，2006.
[9] 范智杰. 隧道施工与检测技术 [M]. 北京：人民交通出版社，2006.
[10] 关宝树. 隧道及地下工程 [M]. 成都：西南交通大学出版社，2000.
[11] 吕康成. 隧道防排水工程指南 [M]. 北京：人民交通出版社，2004.
[12] 刘钊. 地铁工程设计与施工 [M]. 北京：人民交通出版社，2004.
[13] 朱汉华. 公路隧道围岩稳定与支护技术 [M]. 北京：科学出版社，2007.
[14] 李晓红. 隧道新奥法及其量测技术 [M]. 北京：科学出版社，2001.
[15] 王毅才. 隧道工程 [M]. 北京：人民交通出版社，2000.
[16] 王毅才. 隧道工程 [M]. 北京：人民交通出版社，2006.
[17] 黄成光. 公路隧道施工 [M]. 北京：人民交通出版社，2001.
[18] 钱东升. 公路隧道施工技术 [M]. 北京：人民交通出版社，2003.
[19] 于书翰. 隧道施工 [M]. 北京：人民交通出版社，1999.
[20] 高少强. 隧道工程 [M]. 北京：中国铁道出版社，2008.
[21] 张志毅. 交通土建工程爆破工程师手册 [M]. 北京：人民交通出版社，2002.
[22] 张凤祥. 盾构隧道施工手册 [M]. 北京：人民交通出版社，2005.
[23] 周文波. 盾构法隧道施工技术及应用 [M]. 北京：中国建筑工业出版社，2004.
[24] 龚维明. 地下结构工程 [M]. 南京：东南大学出版社，2004.
[25] 王梦恕. 工程机械施工手册·7·隧道机械施工 [M]. 北京：中国铁道出版社，1992.
[26] 周爱国. 隧道工程现场施工技术 [M]. 北京：人民交通出版社，2004.